Dez. 2001

Liebe Familie Doll,
ich meine dieses Büchlein
passt wunderbar für
eine Geologenfamilie

Ein Gruß
Christian [?]

Carl Wilhelm von Gümbel
(1823–1898)

Leben und Werk
des bedeutendsten
Geologen Bayerns

Impressum

Die Deutsche Bibliothek - CIP-Einheitsaufnahme

Carl Wilhelm von Gümbel (1823-1898) :
Leben und Werk des bedeutendsten
Geologen Bayerns /
Thomas Sperling (Hrsg.).
[Autoren Herbert Hagn ...]. -
München : Pfeil, 2001
 ISBN 3-931516-87-3

Umschlag vorne:

Carl *Wilhelm* von Gümbel, etwa 70-jährig.
Öl auf Leinwand (94 × 81 cm).
Porträt von Professor Julius Kraut. –
Privatarchiv Gümbel; Foto: Thomas Sperling.

Umschlag hinten:

Das persönliche Wappen des königlichen Oberbergdirektors
Dr. Carl *Wilhelm* Ritter von Gümbel aus dem Jahre 1883. –
Bayerisches Hauptstaatsarchiv München:
Adelsmatrikel Ritter G 27 Matrikelbogen.

Copyright © 2001
Verlag Dr. Friedrich Pfeil, München, Germany

Druckvorstufe: Verlag Dr. Friedrich Pfeil, München
CTP-Druck: grafik + druck GmbH Peter Pöllinger, München
Buchbinder: Thomas, Augsburg

Printed in Germany

ISBN 3-931516-87-3

Verlag Dr. Friedrich Pfeil
Wolfratshauser Straße 27
D-81379 München, Germany
Tel. ++49-89-7428270 · Fax ++49-89-7242772
E-Mail: 100417.1722@compuserve.com
www.pfeil-verlag.de

Carl Wilhelm von Gümbel
(1823–1898)

Leben und Werk des bedeutendsten Geologen Bayerns

Thomas SPERLING
(Herausgeber)

Verlag Dr. Friedrich Pfeil
München 2001
ISBN 3-931516-87-3

Autoren

Prof. Dr. Herbert Hagn
Institut für Paläontologie und historische Geologie
Richard-Wagner-Straße 10
D-80333 München

Dr. Gerhard Lehrberger
Lehrstuhl für Allgemeine, Angewandte
und Ingenieur-Geologie
Technische Universität München
Arcisstraße 21
D-80290 München
E-Mail: gerhard.lehrberger@geo.tum.de

Dr. Elmar Linhardt
Bayerisches Geologisches Landesamt
(Außenstelle Marktredwitz)
Leopoldstraße 30
D-95615 Marktredwitz
E-Mail: elmar.linhardt@gla.bayern.de

Dr. Helmut Mayr
Bayerische Staatssammlung für Paläontologie
und Geologie, Funktionseinheit Paläontologie
Richard-Wagner-Straße 10/II
D-80333 München
E-Mail: h.mayr@lrz.uni-muenchen.de

Prof. Dr. Ernst Ott
Lehrstuhl für Allgemeine, Angewandte
und Ingenieur-Geologie
Technische Universität München
Arcisstraße 21
D-80290 München

Prof. Dr. Hubert Schmid
Bayerisches Geologisches Landesamt
Heßstraße 128
D-80797 München
E-Mail: hubert.schmid@gla.bayern.de

Thomas Sperling
Bayerisches Geologisches Landesamt
Heßstraße 128
D-80797 München
E-Mail: thomas.sperling@gla.bayern.de

Dr. Reinhard Streit
Freilassinger Straße 30
D-81825 München

Dr. Hans Wolff
Graspergerstraße 20
D-82131 Stockdorf

Inhalt

Vorwort *Hubert Schmid* 7

Wilhelm Carl von Gümbel *Thomas Sperling* 9
Vorbemerkungen 9
Ahnen 10
Geburt, Eltern und Geschwister 10
Kindheit und Jugend 14
Studium und Ausbildung 16
Beruf 26
Hochschullehrer und Konservator der mineralogischen Sammlung 44
Familie und Nachkommen 48
Verdienste und Leistungen 54
Ehrungen 58
Persönlichkeit und Charakter 67
Danksagung 72
Literatur 72
Archivalien 80
Anhang 1: Tabellarischer Lebenslauf von Carl *Wilhelm* Gümbel 86
Anhang 2: Zusammenstellung der jährlichen Gehälter und Bezüge von Carl *Wilhelm* Gümbel 87
Anhang 3: Ordensverleihungen an Carl *Wilhelm* Gümbel 87
Anhang 4: Mitgliedschaft Gümbels in naturwissenschaftlichen Gesellschaften und Vereinen 88
Anhang 5: Alphabetische Zusammenstellung aller Mitarbeiter Gümbels bei der geognostischen
            Untersuchung des Königreichs Bayern zwischen 1851 und 1898 88
Anhang 6: Chronologische Übersicht der Mitarbeiter Gümbels bei der geognostischen
            Untersuchung des Königreichs Bayern von 1851 bis 1898 90

**Der Beginn der geologischen Landesaufnahme in Bayern
und die Veröffentlichung ihrer Ergebnisse** *Reinhard Streit* 91
Einführung 91
Flurls Beschreibung der Gebirge von Bayern 91
Bestrebungen zur geologischen Landesaufnahme in der ersten Hälfte des 19. Jahrhunderts 93
Aktivitäten um die Mitte des 19. Jahrhunderts 99
Die geognostische Landesuntersuchung Bayerns kommt in Gang 100
Gümbels Beginn der geognostischen Landesuntersuchung 100
Untersuchungs- und Aufnahmearbeiten in den Revieren 101
Ausarbeitung und Reinzeichnung 103
Geognostische Sammlung 105
Publikation 105
Aus dem Briefverkehr von Gümbel und Perthes 107
Gümbel im Urteil seiner Zeitgenossen 109
Anmerkungen 112
Danksagung 116
Literatur 116

Geologische Karten Bayerns zur Zeit Gümbels *Hans Wolff* 119
Literatur 128

Carl Wilhelm von Gümbel (1823–1898) als Paläontologe *Herbert Hagn* 131
Bibliographische Übersicht 131

Zur Revision der eozänen Stockletten-Arten (GÜMBEL 1868a) 133
Zum Lebenswerk Gümbels 136
Literatur 137

Die Rolle Gümbels bei der Erforschung fossiler Wirtelalgen *Ernst Ott* 139
Der Kenntnisstand vor Gümbel 139
Gümbel auf dem Weg zu einer neuen Deutung 139
Die Monographie über die so genannten Nulliporen 140
Die Gattung *Petrascula* als Bindeglied zu den Tertiär-Formen 141
Der Umbruch 1877 und die Zeit danach 142
Die Ergebnisse zur Trias-Stratigraphie 142
Gümbels Dünnschliffe und ihr Schicksal 143
Literatur 143

Eozoon bavaricum GÜMBEL oder die Jagd nach dem »Tier der Morgenröte«
Helmut Mayr 145
Literatur 149

Kleine Wissenschaftsgeschichte der Geologie am Beispiel der Arbeiten Gümbels zur Petrographie der Ganggesteine des Fichtelgebirges *Elmar Linhardt* 151
Der Weg vom Naturselbstdruck zum Streckeisendiagramm 156

Gümbels moderne Sicht zur Lagerstättengenese des Sulfiderzvorkommens am Silberberg bei Bodenmais *Elmar Linhardt* 157
Die Lagerstätte heute 157
Zeitgeschichte 160
Die Diskussion zum Gneisrahmen der Erzlagerstätte am Silberberg 160
Der Schlüssel zur Erkenntnis 160
Die Bestätigung der Ideen Gümbels zur Lagerstättengenese 161
Literatur 163

Der Pfahl im Bayerischen Wald – ein geologisches und landschaftliches Lieblingsmotiv Carl Wilhelm von Gümbels *Gerhard Lehrberger* 165
Der Pfahl im Abbild 166
Entstehung des Pfahls 172
Wirtschaftliche Nutzung der Gesteine der Pfahlzone 172
Naturdenkmal Pfahl 174
Danksagung 174
Literatur 174

Der Beginn einer chemischen Analytik für die geologische Landesaufnahme in Bayern *Reinhard Streit* 175
Anmerkungen 178
Danksagung 179
Literatur 179
Anhang 1 177
Anhang 2 181

Verzeichnis der Veröffentlichungen Carl Wilhelm von Gümbels *Helmut Mayr* 183
Kurzer Kommentar zum Literaturverzeichnis Gümbels 183
Verzeichnis der Veröffentlichungen C. W. von Gümbels 185
Verzeichnis der Beiträge Gümbels für die Allgemeine Deutsche Biographie (1875–1898) 194

Index 197

Vorwort

»Wenigen Menschen ist es beschieden, sich durch eigene Kraft ein der Zeiten Flucht überdauerndes Denkmal zu setzen« schrieb Ludwig von Ammon im Jahr 1899 in einem Nekrolog auf den Oberbergdirektor Prof. Dr. Carl Wilhelm von Gümbel kurz nach dessen Tod. Das zeigt die unmittelbare Wertschätzung der Leistung Gümbels durch seinen Mitarbeiter und Nachfolger im Amt.

Aber schon vor Beginn seiner außerordentlich erfolgreichen beruflichen Laufbahn hat der junge Gümbel ganz offensichtlich zu großen Hoffnungen Anlass gegeben. Der Botaniker und Apotheker Friedrich Schultz schrieb jedenfalls im Jahr 1846: *»... der jüngere, der sich zu München dem Bergfache widmet, ist der Mann, der einmal, ich sehe es im Geiste voraus, unserer Geologie und Geognosie eine neue Wendung geben wird ...«.*

Heute, mehr als hundert Jahre nach Gümbels Tod können wir den Wert seines Schaffens objektiv einschätzen. Wir sehen, was geblieben ist, und wir können sein Werk in die Gesamtentwicklung einordnen. Daher können wir heute beurteilen, dass die damaligen Visionen richtig waren.

Carl Wilhelm von Gümbel ist der bedeutendste Geologe Bayerns. Er hat zur Entwicklung der Geologie zu einer modernen Naturwissenschaft ganz erheblich beigetragen, und er ist der Begründer der modernen geowissenschaftlichen Landesaufnahme in Bayern.

Unter seinen mehr als 400 wissenschaftlichen Veröffentlichungen sind die umfangreichen Bände zur »Geognostischen Beschreibung des Königreichs Bayern«, die nach wie vor zu den Standardwerken der bayerischen Geologie gehören. Vor allem wegen ihrer Fülle an exakten naturwissenschaftlichen Beobachtungen werden sie heute noch häufig benutzt. Es war daher sehr zu begrüßen, dass zum 100. Todestag im Jahr 1998 dieses, aus vier Bänden bestehende Hauptwerk Gümbels einschließlich der zugehörigen »Geognostischen Karten« als Faksimile-Nachdruck erschienen ist.

Das Ziel Gümbels wissenschaftlicher Arbeit war praktisch motiviert, da geologische Informationen in der Mitte des 19. Jahrhunderts, also auf einem Höhepunkt der Industrialisierung in Deutschland, dringend benötigt worden sind. Heute kommen zu den traditionellen praktischen Anforderungen an die Geologie noch diejenigen hinzu, die sich aus dem Umwelt- und Naturschutz und dem Streben nach einer nachhaltigen Entwicklung ergeben. Gümbels Vorarbeiten sind auch hierfür, d.h. für die Zukunft bedeutsam.

Zum 150-jährigen Jubiläum seiner Berufung zur »geognostischen Untersuchung des Königreichs Bayern« – im April 1851 – werden mit dem vorliegenden Band das Leben, die Person und das Werk der Forscherpersönlichkeit Carl Wilhelm von Gümbels dokumentiert und gewürdigt. Den Autoren ist eine fundierte und lebendige Darstellung gelungen.

Prof. Dr. Hubert Schmid
Präsident des Bayerischen Geologischen Landesamts

Wilhelm Carl von Gümbel

Thomas Sperling

Vorbemerkungen

»Die Entwickelung der Wissenschaften vollzieht sich selten in geradliniger Richtung und stetiger Weise. Auf stürmische Bewegung und raschen Fortschritt folgen Perioden des Stillstands, bis wieder ein genialer Mann mit starker Hand in die Speichen des Rades eingreift und durch befruchtende Ideen neue Bewegung und frisches Leben hervorruft. Zu den Männern, welche in ihrem Fachgebiet in dieser Weise gewirkt haben, gehört Wilhelm v. Gümbel, ...«

Mit diesen Worten beginnt der Nachruf des Paläontologen Karl von ZITTEL (1898: 1) auf Wilhelm von Gümbel, den »*grössten bayerischen Geologen*« (ZITTEL 1899a: 78).

Die vorliegende Biographie würdigt Wilhelm von Gümbel und die Bedeutung seines Lebenswerkes für Bayern.

Im Titel lautet die Reihenfolge der Vornamen bewußt *Wilhelm* Carl, weil diese in gleicher Folge auf amtlichen Schriftstücken, wie zum Beispiel der Geburtsurkunde [SAK 10], im Kirchenbuch [ZAEKS 1] und im Trauregister [FAH 3] stehen und Wilhelm sein Rufname war. Die Anordnung der Vornamen war damals nicht einheitlich geregelt. Um die Rufnamen kenntlich zu machen, sind sie im Text durch *Kursivschrift* hervorgehoben. In seiner Unterschrift und in Publikationen hat Wilhelm Gümbel jedoch den Rufnamen stets an die Stelle vor dem Familiennamen gesetzt, also Carl *Wilhelm* Gümbel. Gelegentlich wurde sein zweiter Vorname mit »K« anstelle des »C« geschrieben.

Detailangaben zu Gümbels Person, zu seinem Lebensweg und über seine Familie wurden in die Biographie nur dann aufgenommen, wenn die Angaben von einem Zeitgenossen Gümbels stammen und die Herkunft der jeweiligen Information durch eine entsprechende Quellenangabe eindeutig belegt werden kann.

Die benützten Quellen sind am Schluss des Aufsatzes, getrennt nach Literatur und Archivalien, zusammengestellt. Quellenangaben wurden durch Großbuchstaben hervorgehoben. Literaturzitate im Text sind durch runde und Archivangaben durch eckige Klammern kenntlich gemacht. Um das Auffinden und Beschaffen der angegebenen Literatur zu erleichtern, wurde auf Kürzungen im Literaturverzeichnis verzichtet. Die bei Archivalien verwendeten Buchstabenkürzel stehen jeweils für ein Archiv; daraus benutzte Archivunterlagen sind (jeweils mit 1 beginnend) fortlaufend nummeriert. Das Geburts- und Sterbedatum einer Person ist, soweit bekannt, in Klammern (* geboren, † gestorben) angegeben. Bei wörtlichen Zitaten sowie bei Eigennamen von wissenschaftlichen Gesellschaften, Vereinigungen und Behörden wurde die ursprüngliche bzw. die damals übliche Schreibweise beibehalten.

Wichtige gedruckte Quellen für den vorliegenden Aufsatz waren eine 1870 erschienene Biographie (ANONYMUS 1870) über Carl *Wilhelm* Gümbel, die Nekrologe seines langjährigen Mitarbeiters und Amtsnachfolgers Ludwig von AMMON (1898 und 1899), die Gedächtnisrede seines Freundes Carl von VOIT (1899) und ein Nachruf des Paläontologen Karl von ZITTEL (1898) in den »Münchner Neuesten Nachrichten«. Viele Angaben über Gümbels Familie und sein Elternhaus lieferte die zweiteilige Chronik der Familie Gümbel von Hans HOFFMANN (1930 und 1931).

Die wertvollsten Informationen stammen jedoch aus den im Quellenverzeichnis aufgeführten Archivalien.

Ein handgeschriebenes Feldtagebuch [GLA 1], das Gümbel zwischen 1846 und 1848 geführt hat, vermittelt die Liebe und Begeisterung, die der junge Geologe für seinen Beruf empfand. Ausgewählte Passagen aus diesem persönlichen Tagebuch wurden in den vorliegenden Aufsatz übernommen.

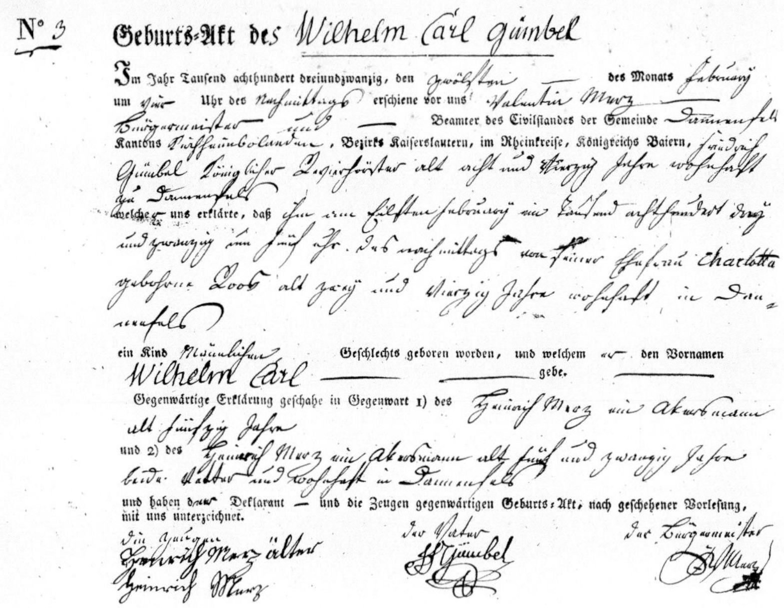

Abb. 1. Geburts-Akt [SAK 10] des *Wilhelm* Carl Gümbel. Mit freundlicher Genehmigung des Standesamts Kirchheimbolanden vom 11. Mai 1999.
Text der Urkunde: »*Im Jahr Tausend achthundert dreiundzwanzig, den zwölften des Monats February um vier Uhr des Nachmittags erschiene vor uns Valentin Merz Bürgermeister und Beamter des Civilstandes der Gemeinde Dannenfels Kantons Kirchheimbolanden, Bezirks Kaiserslautern, im Rheinkreise, Königreichs Bayern, Friedrich Gümbel königlicher Revierförster alt acht und vierzig Jahre wohnhaft zu Dannenfels welcher uns erklärte, daß ihm am Eilften February ein Tausend achthundert drey und zwanzig um fünf Uhr des nachmittags von seiner Ehefrau Charlotta gebohrne Roos alt zwey und vierzig Jahre wohnhaft in Dannenfels ein Kind männlichen Geschlechtes geboren worden, und welchem er den Vornamen Wilhelm Carl gebe. Gegenwärtige Erklärung geschahe in Gegenwart 1) des Heinrich Merz ein Akersmann alt fünfzig Jahre und 2) des Heinrich Merz ein Akersmann alt fünf und zwanzig Jahre beide Vetter und Wohnhaft in Dannenfels und haben der Deklarant und die Zeugen gegenwärtigen Geburts-Akt, nach geschehener Vorlesung, mit uns unterzeichnet.*

<table>
<tr><td>die Zeugen</td><td>der Vater</td><td>der Bürgermeister</td></tr>
<tr><td>Heinrich Merz älter</td><td>J F Gümbel</td><td>V. Merz«</td></tr>
<tr><td>Heinrich Merz</td><td></td><td></td></tr>
</table>

Ahnen

Der Stammbaum der Familie Gümbel (GÜMBEL 1956: 177) reicht ins 15. Jahrhundert zurück. Der älteste bekannte Stammvater der Familie Gümbel war nach GÜMBEL (1956: 177) der in Atzbach bei Wetzlar an der Lahn ansässige Ackersmann Mechel [Michel] Gumpel (* um 1480, † nach 1542).

Die heutige Schreibweise des Familiennamens ist nicht die ursprüngliche. Nach HOFFMANN (1930: 4) fanden sich im Atzbacher Kirchenbuch folgende Schreibungen: Gimpel (1590–1680), Gimbel (1680–1773), Gimbbell und Gümbell (1687–1694), Gymbel (1733) und Gümbel (seit 1773), wobei sich die Dannenfelser und Albisheimer Linie schon früher der Schreibart »Gümbel« bediente.

Urgroßvater, Großvater und Vater unseres Wilhelm Carl Gümbel waren Förster in Dannenfels (HOFFMANN 1930: 8–10). Auch das Wappen der Familie weist auf diesen traditionellen Beruf der Gümbels hin: ein aufgebäumter silberner Hirsch in grünem Feld und roter Umrandung. Auf dem Wappen findet sich zudem der Wahlspruch der Familie »In silva salus« – »Im Wald [liegt] das Wohlbefinden« (HOFFMANN 1930: 4).

Der Urgroßvater, Johannes Gümbel (* 18. November 1703 in Atzbach, † 16. April 1770 in Dannenfels), war im Jahre 1736 durch den Grafen Karl August von Nassau-Weilburg als Förster nach Dannenfels berufen worden (HOFFMANN 1930: 3–4, 8).

Bis zur Vereinigung der Pfalz mit Bayern im Jahre 1816 stand die Familie Gümbel in Herrschaft und Dienst der Grafen von Nassau-Weilburg. Die Namen der Herrscher und die Dauer ihrer Regentschaften waren: Ludwig (1593–1605), Ernst Casimir (1605–1655), Friedrich (1655–1675), Johann Ernst (1675–1725), Karl August (1725–1753), Karl Christian (1753–1788) und Friedrich Wilhelm (1788–1816). Als Ausdruck der Loyalität erhielten die Kinder der Familie Gümbel häufig die Vornamen dieser Fürsten (HOFFMANN 1930: 3–4).

Johannes Gümbel, der Urgroßvater Wilhelm Gümbels, heiratete 1737 Barbara Elisabetha Mans (~ 10. Juli 1721, † 12. Juli 1767), Tochter von Johannes Mans, hochfreiherrl. Ingelheimer wohlbestallter Oberjäger zu Mespelbrunn im Spessart. Aus dieser Ehe gingen vier Mädchen und fünf Buben (siehe Tafel 1) hervor (HOFFMANN 1930: 8-9; GÜMBEL 1956: 179).

Der Großvater, Johann Valentin Gümbel (* 10. Juni 1745 in Dannenfels, † 1. November 1797 in Dannenfels), war das vierte Kind aus dieser Ehe. Johann Valentin Gümbel verehelichte sich am 13. April 1771 mit Philippine Osterheld (* 1753, † 5. August 1832), der Tochter des kurpfälzischen Försters Dionys Osterheld in Rockenhausen. Die Großeltern Wilhelm Gümbels hatten fünf Mädchen und zwei Buben (siehe Tafel 1). Das dritte Kind war Johann *Friedrich* Gümbel, der Vater von *Wilhelm* Carl Gümbel (HOFFMANN 1930: 9–10).

Geburt, Eltern und Geschwister

Nach der am 12. Februar 1823 ausgestellten Geburtsurkunde (Abb. 1), die sich heute im Standesamt Kirchheimbolanden befindet [SAK 10], erblickte *Wilhelm* Carl Gümbel am 11. Februar 1823 um 17 Uhr in Dannenfels, königliches Bezirksamt und Landgericht Kirchheim-Bolanden [UAM 1], das Licht der Welt. Sein Geburtsort (Abb. 2) liegt, malerisch von Edelkastanien umrahmt, am östlichen Abhang

Abb. 2. Dannenfels am Donnersberg, der Geburtsort von *Wilhelm* Carl Gümbel, 3. Juni 1998. Blickrichtung: Westen. – Foto: Thomas Sperling.

Abb. 3. Das Geburtshaus von *Wilhelm* Carl Gümbel in Dannenfels, Hohlstraße 2, 3. Juni 1998. Blickrichtung: Südwesten. – Foto: Thomas Sperling.

Tafel 1. Ahnen, Eltern und Geschwister (Ahnentafel).
* geboren; ~ getauft; † gestorben.

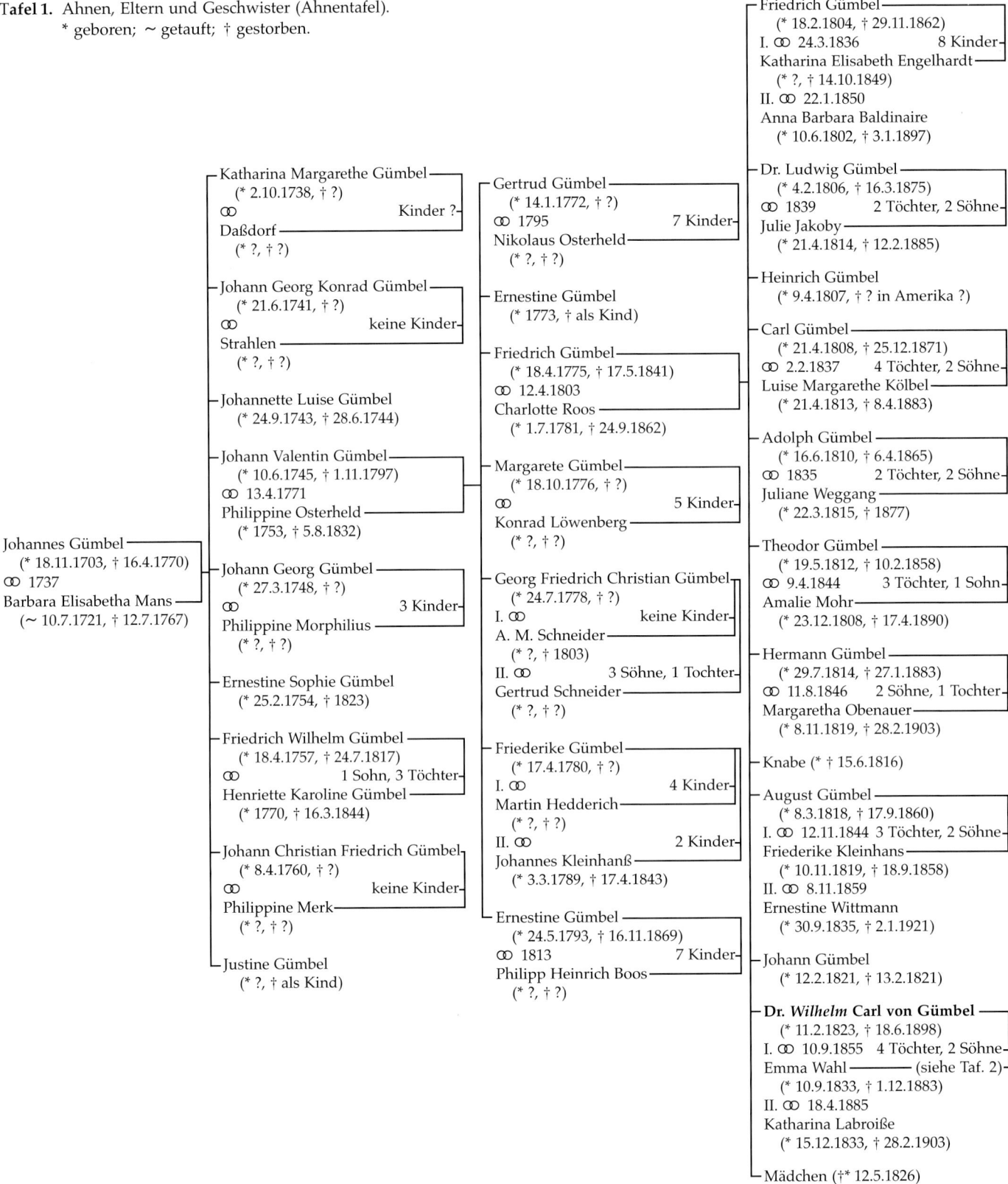

des Donnersberges im Herzen der – damals bayerischen – Rheinpfalz. Wilhelm Gümbel wurde im elterlichen Forsthaus in »der Hohl« geboren. Das um 1806 (GÜMBEL, E. 1983: 12) erbaute ehemalige Forsthaus in der Hohlstraße Nr. 2 (Abb. 3) befindet sich heute im Privatbesitz der Familie Hofmeister. Nach dem Eintrag im Kirchenbuch (Taufbuch) der Gemeinde Dannenfels [ZAEKS 1] wurde *Wilhelm* Carl Gümbel am 23. Februar 1823 in Dannenfels protestantisch getauft. Die Taufe nahm Vetter Christian Gottlieb Hahn (* 20. März 1775 in Kirchheimbolanden, † 5. Mai 1844 in Dannenfels) vor, der von 1799 bis 1844 Pfarrer in Dannenfels war (BIUNDO 1968: 160).

Wilhelm Carl war der elfte (siehe auch Taf. 1) und zugleich letzte Sohn aus der Ehe des königlichen Revierförsters Johann *Friedrich* Gümbel mit der Pfarrerstochter Charlotte Roos [nicht Boos, wie von VOIT (1899: 282–283) mehrfach falsch angegeben].

Zwei seiner Brüder waren bereits kurz nach ihrer Geburt gestorben. Der ältere davon verstarb am 15. Juni 1816, noch am Tag seiner Geburt (HOFFMANN 1930: 12), der jüngere, Johann Gümbel (* 12. Februar 1821 und † 13. Februar 1821 in Dannenfels), am Tag darauf (HOFFMANN 1930: 12) [SAK 9; SAK 11]. Das zwölfte Kind, ein Mädchen, kam am 12. Mai 1826 tot zur Welt (HOFFMANN 1930: 12) [SAK 11].

Wilhelm Gümbels Vater, Johann *Friedrich* Gümbel (* 18. April 1775 in Dannenfels, † 17. Mai 1841 durch einen Schlaganfall bei einem Spaziergang nach Jakobsweiler), war das dritte von sieben Kindern aus der Ehe des Dannenfelser Försters Johann Valentin Gümbel mit der Försterstochter Philippine Osterheld (siehe Kapitel »Ahnen«). Vater Gümbel wird als ernster und stiller Mann beschrieben, der sehr zuverlässig war und auch in den schwierigsten Situationen sein Gottvertrauen und seinen Gleichmut nicht verlor (HOFFMANN 1930: 10–11).

Am 12. April 1803 hatten Johann *Friedrich* Gümbel und *Charlotte* Marie Philippine Roos (* 1. Juli 1781 in Jakobsweiler, † 24. September 1862 in Speyer) geheiratet (HOFFMANN 1930: 10).

Charlotte Roos entstammte der Ehe des Pfarrers Johannes Roos (* 27. Juni 1729 in Idstein, † 30. Juli 1782 in Winnweiler) mit Felicitas Hahn (BIUNDO 1968: 383). Charlotte Gümbel wird als kluge und temperamentvolle Frau beschrieben, die sich vorbildlich um die Erziehung und Ausbildung ihrer neun Kinder kümmerte (HOFFMANN 1930: 10–11). Der erste Sohn aus dieser Ehe, *Friedrich* Ludwig Gümbel (* 18. Februar 1804 in Dannenfels, † 29. November 1862 in Wilgartswiesen), wurde 1840 Revierförster in Bobenthal und 1850 in Wilgartswiesen (HOFFMANN 1930: 13) [SAK 1]. Friedrich Gümbel war zweimal verheiratet. Aus der am 24. März 1836 geschlossenen Ehe mit Katharina Elisabeth Engelhardt († 14. Oktober 1849) stammten acht Kinder, von denen vier schon im ersten Lebensjahr starben. Am 22. Januar 1850 heiratete der Witwer Anna Barbara Baldinaire (* 10. Juni 1802, † 3. Januar 1897) aus Landau. Diese Ehe blieb kinderlos. Friedrich Gümbel war fast 19 Jahre älter als sein jüngster Bruder *Wilhelm* Carl Gümbel (HOFFMANN 1930: 13).

Das nächste Kind, Christian *Ludwig* Gümbel (* 4. Februar 1806 in Dannenfels, † 16. März 1875 in St. Julian), wurde später Jurist und promovierte zum Doktor beider Rechte [des weltlichen und kirchlichen Rechtes] und der Philosophie (HOFFMANN 1930: 15) [SAK 2]. Er heiratete 1839 Julie Jakoby (* 21. April 1814, † 12. Februar 1885), die vier Kinder zur Welt brachte. Dr. Ludwig Gümbel war ein großer Freund und Kenner der Naturwissenschaften – besonders der Mineralogie (HOFFMANN 1930: 15).

Der dritte Sohn, *Heinrich* Carl Christian Gümbel (* 9. April 1807 in Dannenfels, † unbekannt) [SAK 3], erlernte das Bierbrauereigeschäft und wanderte 1833 nach Amerika aus, wo sich seine Spur verlor (HOFFMANN 1930: 20).

Carl Ernst Gümbel (* 21. April 1808 in Dannenfels, † 25. Dezember 1871 in Niederauerbach) ergriff wie sein ältester Bruder Friedrich den Beruf des Vaters und wurde 1841 Revierförster in Hertlingshausen-Wattenheim und 1859 in Winterbach (HOFFMANN 1930: 20) [SAK 4]. Aus der am 2. Februar 1837 geschlossenen Ehe mit Luise Margarethe Kölbel (* 21. April 1813 in Winnweiler, † 8. April 1883) stammten sechs Kinder, welche, wie die Mutter, katholisch getauft und erzogen wurden (HOFFMANN 1930: 20).

Carls jüngerer Bruder, *Adolph* Gümbel (* 16. Juni 1810 in Dannenfels, † 6. April 1865) erlernte das Buchbinderhandwerk und arbeitete in Grünstadt und Homburg (HOFFMANN 1930: 23) [SAK 5]. 1835 heiratete er Juliane Weggang (* 22. März 1815, † 1877 in Klingenmünster), die vier Kinder zur Welt brachte (HOFFMANN 1930: 23).

Der sechste Sohn, Wilhelm *Theodor* Gümbel (* 19. Mai 1812 in Dannenfels, † 10. Februar 1858 in Landau) [SAK 6] (HOFFMANN 1930: 25) kam wegen der sehr bescheidenen Vermögensverhältnisse seiner Eltern frühzeitig in das Haus seines Onkels, des Pfarrers und späteren Kirchenrats und Dekans Johann *Ludwig* Christian Roos (* 17. Januar 1772 in Jakobsweiler, † 18. Dezember 1840) (BIUNDO 1968: 383) in Landau und besuchte dort das Progymnasium und darauf das Gymnasium in Zweibrücken das er 1833 absolvierte (GÜMBEL 1879a: 118–119). Im Herbst 1833 begann Theodor Gümbel in Heidelberg Theologie zu studieren. Weil ihm das Studium nicht zusagte, wechselte er im ersten Semester an die Universität Würzburg. Hier begann Theodor mit dem Studium der Forstwissenschaft, das er 1835 in München mit dem Examen abschloss. Zudem hat sich Theodor Gümbel sehr intensiv mit Philosophie und Naturwissenschaften beschäftigt und bei von Schelling (siehe Kapitel »Kindheit und Jugend«), von Martius (siehe Kapitel »Studium und Ausbildung«) und anderen Vorlesungen gehört (GÜMBEL 1879a: 118–119).

Um seinen Lebensunterhalt zu bestreiten, musste er 1837 der akademischen Laufbahn entsagen und eine Stelle als Lehrer der Naturwissenschaft, Landwirtschaft und Technologie an der Gewerbeschule in Zweibrücken annehmen (GÜMBEL 1879a: 119). Ab 1843 arbeitete Theodor Gümbel als Lehrer der Naturgeschichte an der Gewerbeschule in Landau in der Pfalz und wurde 1853 Rektor dieser Schule, die er bis zu seinem frühen Tod im 46. Lebensjahr leitete (GÜMBEL 1879a: 119).

Theodor Gümbel hatte am 9. April 1844 *Amalie Salomea* Mohr (* 23. Dezember 1808 in Landau, † 17. April 1890 in Annweiler), die Tochter eines Holzhofverwalters aus Landau, geheiratet. Aus dieser Ehe gingen vier Kinder hervor (HOFFMANN 1930: 25–30).

Theodor war ein hervorragender Botaniker und Kenner der Moosflora (siehe Kapitel »Kindheit und Jugend«). Während der gemeinsamen Jahre in Zweibrücken und auch später nahm er sich seines fast elf Jahre jüngeren Bruders Wilhelm Gümbel liebevoll an und war dem Jüngeren ein guter Lehrmeister (ANONYMUS 1870: 176).

Der siebte Bub, Heinrich *Hermann* Gümbel (* 29. Juli 1814 in Dannenfels, † 27. Januar 1883 in Speyer), ergriff ebenfalls den Beruf des Vaters und wurde Förster, wie zwei seiner älteren Brüder (HOFFMANN 1930: 30) [SAK 7]. Am 11. August 1846 heirateten Hermann Gümbel und Margaretha Obenauer (* 8. November 1819 in Niederflörsheim, † 28. Februar 1903 in Heilbronn), die drei Kinder gebar. Ab 1848 arbeitete er als Revierförster in Wolfstein und wurde 1859 wegen Krankheit in den Ruhestand versetzt (HOFFMANN 1930: 30) [EKAM 3]. Hermann Gümbel war der Großvater (HOFFMANN 1930: 30) des späteren Bundespräsidenten Dr. Theodor Heuß (* 31. Januar 1884 in Brackenheim, † 12. Dezember 1963 in Stuttgart) (BIBLIOGRAPHISCHES INSTITUT 1974: 821).

Wilhelm *August* Gümbel (* 8. März 1818 in Dannenfels, † 17. September 1860 in Rockenhausen) war der nächst ältere (lebende) Bruder *Wilhelm* Carl Gümbels (HOFFMANN 1930: 12, 34) [SAK 8]. Nach dem Besuch des Gymnasiums in Zweibrücken studierte er in Erlangen und Utrecht Theologie. August ergriff den Beruf seines Großvaters mütterlicherseits und arbeitete ab 1847 als evangelischer Pfarrer in Hochstätten und ab 1850 in Rockenhausen. 1854 gründete er bei Rockenhausen das Rettungshaus [Heim für schwer erziehbare Kinder und Jugendliche] Inkelthalerhof. Am 12. November 1844 hatten August Gümbel und Friederike Kleinhans (* 10. November 1819 in Niederflörsheim, † 18. September 1858 in Rockenhausen) geheiratet. Aus dieser Ehe gingen fünf Kinder hervor. Am 8. November 1859 verehelichte sich der Witwer in zweiter Ehe mit Ernestine Wittmann (* 30. September 1835 in Rockenhausen, † 2. Januar 1921 in Rockenhausen). Diese Ehe blieb jedoch kinderlos (HOFFMANN 1930: 34).

Kindheit und Jugend

In der Dorfschule seines Geburtsortes erhielt *Wilhelm* Carl Gümbel unter dem steten Einfluss seiner älteren Brüder den ersten Schulunterricht (ANONYMUS 1870: 176).

Hier wuchs er inmitten einer herrlichen Mittelgebirgslandschaft auf. Schon in frühester Jugend durchstreifte Wilhelm die ausgedehnten Buchenwälder und malerischen Felsenschluchten des aus Rhyolith bestehenden Donnersberges. Sein lebhaftes Interesse für Naturbeobachtungen wurde durch die Anregungen und das Vorbild seiner älteren Brüder, von denen einer Pflanzen, einer Käfer und der dritte Steine sammelte, verstärkt, und er begann selbst verschiedene Sammlungen anzulegen. Geradezu bestimmend für Wilhelm Gümbels spätere Neigungen scheint eine bescheidene kleine Sammlung von Mineralien und Gesteinen aus dem Spessart gewesen zu sein, welche die älteren Brüder von der Forstschule in Aschaffenburg mit nach Hause gebracht hatten – zumindest hinterließ sie bei dem Buben einen bleibenden Eindruck. Auch Geographie faszinierte ihn und dem jüngsten Bruder konnte keine größere Freude gemacht werden, als ihm eine Landkarte mitzubringen (ANONYMUS 1870: 176).

Wie seine beiden Brüder Wilhelm *Theodor* und Wilhelm *August* besuchte *Wilhelm* Carl Gümbel das Gymnasium in Zweibrücken. Wegen der sehr bescheidenen Vermögensverhältnisse seiner Eltern (GÜMBEL 1879a: 119) konnte Wilhelm Gümbel in diese Studienanstalt erst im Jahre 1835 (GYMNASIUM ZWEIBRÜCKEN 1836: 19), im 13. Lebensjahr, eintreten. Der vorausgegangene Unterricht durch die älteren Brüder und der Einfluss seiner gebildeten Mutter hatten dafür eine gute Grundlage geschaffen (ANONYMUS 1870: 176). In Zweibrücken blieb Wilhelm Gümbel acht Jahre lang, anfangs unter der Regie seines fast fünf Jahre älteren Bruders August. Hier widmete er sich fleißig und gewissenhaft dem Schulunterricht und ging gleichzeitig den alten Gewohnheiten nach, die ihn an die freie Natur banden. Eine Wohnung mit einem großen Garten bot hierzu die beste Gelegenheit (ANONYMUS 1870: 176). Zunächst absolvierte Wilhelm die vier Klassen der lateinischen Schule (GYMNASIUM ZWEIBRÜCKEN 1836: 19; 1839: 28) und anschließend die vier Gymnasialklassen (GYMNASIUM ZWEIBRÜCKEN 1840: 26; 1843: 10).

Wie aus den »Jahresberichten über das königliche Gymnasium und die lateinische Schule zu Zweibrücken in der Pfalz« (GYMNASIUM ZWEIBRÜCKEN 1836: 19 bis 1839: 28) und den Jahreszeugnissen der Schuljahre 1835/36 bis 1838/39 [PAG 1] hervorgeht, war Wilhelm Gümbel dort während der ersten vier Schuljahre Klassenbester. In den vier darauf folgenden Gymnasialklassen belegte er den zweiten (Schuljahr 1839/40), fünften (1840/41), dritten (1841/42) und schließlich den zweiten (1842/43) Fortgangsplatz (GYMNASIUM ZWEIBRÜCKEN 1840: 26; 1841: 16; 1842: 24; 1843: 10). Aus den oben zitierten Jahresberichten ist auch die naturwissenschaftliche Begabung Gümbels ersichtlich.

VOIT (1899: 283) berichtete über Gümbels Gymnasialzeit: »*Obwohl er durch seinen Fleiss, seine Intelligenz und sein hoch entwickeltes Pflichtgefühl in allen Classen den ersten Platz errang, gehörte die Gymnasialzeit für seinen an Freiheit gewöhnten Sinn nicht zu den liebsten Erinnerungen; er schrieb später darüber, dass der pedantisch quälende Zwang ihm immer wie ein Alp auf der Seele gelegen und das Botanisieren mit dem Bruder Theodor seine einzige Lust, sein einziges Vergnügen in Zweibrücken gewesen sei.*«

In die Naturstudien seines jüngsten Bruders Wilhelm hatte der gut zehn Jahre ältere Bruder Theodor Gümbel, welcher ab 1837 an der Gewerbeschule in Zweibrücken Naturgeschichte und am dortigen Gymnasium Arithmetik unterrichtete, eine gewisse Systematik gebracht. Theodor übernahm gleichzeitig die Rolle »*eines liebevollen Bruders und trefflichen Lehrers*« (ANONYMUS 1870: 176). Er führte den jüngeren Bruder spielend in die Geheimnisse der philosophischen Naturbetrachtung ein und leitete ihn bei den naturwissenschaftlichen Studien an, die oft gemeinsam vorgenommen wurden. Mit größtem Ernst wurden Bücher und Skripten des älteren Bruders Theodor studiert, welche überwiegend Chemie, Physik oder Botanik behandelten, ohne dabei jedoch zu vergessen, vor allem in der Natur selbst zu studieren. Die Freizeit wurde zu Exkursionen in die pflanzenreiche Umgebung Zweibrückens genutzt (ANONYMUS 1870: 176–177).

Inzwischen hatte die Bekanntschaft mit dem ebenfalls in Zweibrücken lebenden Altmeister der Bryologie [Laubmooskunde], dem Apotheker Philipp Bruch, die Aufmerksamkeit auf die Moose gelenkt, nachdem die Phanerogamen [Blütenpflanzen] nur noch wenig Ausbeute versprachen (ANONYMUS 1870: 177).

Philipp Bruch (* 11. Februar 1781 in Zweibrücken, † 11. Februar 1847) besaß damals in Zweibrücken eine florierende Apotheke, die ihm erlaubte, sich naturwissenschaftlichen Themen zu widmen. Bruch beschäftigte sich besonders mit Moosen und gab zusammen mit Wilhelm Philipp Schimper, dem Vetter von Carl Schimper (siehe unten), die »Bryologia europaea« [Europäische Laubmooskunde] heraus (CARUS 1876: 375–376).

Schon bald wurde Wilhelms älterer Bruder, Theodor Gümbel, Mitarbeiter der »Bryologia europaea«, und die meisten Tafeln darin sind von ihm gezeichnet worden. So gelangte Wilhelm Gümbel nebenher zur Kenntnis der europäischen Moose (ANONYMUS 1870: 177). Damals erhielt er auch eine geognostische Karte der Pfalz, die ihn stark inspirierte. Seit seiner Kindheit faszinierten ihn Landkarten und nun wurde diese Karte mit größtem Eifer mit der Natur verglichen und die geologischen Formationen studiert (ANONYMUS 1870: 177).

Im Haus des Apothekers Philipp Bruch trafen Theodor und Wilhelm Gümbel auch den Botaniker Dr. Friedrich Schultz.

Friedrich Wilhelm Schultz (* 3. Januar 1804 in Zweibrücken, † 30. Dezember 1876 in Weißenburg im Elsass) hatte 1829 in Tübingen promoviert und 1832 im französischen Bitsch eine kleine Apotheke erworben. Diese verkaufte er Anfang der vierziger Jahre, um sich ganz seiner Lieblingswissenschaft, der Botanik, widmen zu können. Zur Verbesserung seiner Einkünfte nahm Dr. Schultz eine Stelle als Zeichenlehrer am College in Bitsch an. Im Interesse seiner Kinder siedelte er 1853 nach Weißenburg im Elsass über. Schwere Schicksalsschläge begleiteten diesen Umzug. Beim Transport zerstörte ein Wolkenbruch die umfangreichen und wertvollen botanischen Sammlungen von Dr. Friedrich Schultz vollständig und bald darauf starben seine Kinder. Die Pflege durch seine Ehefrau sowie die leidenschaftliche Liebe zur Wissenschaft richteten den Tiefgebeugten wieder auf (WUNSCHMANN 1891: 706). SCHULTZ (1846: VII) gab seinen Eindruck von den Brüdern in der Vorrede zur »Flora der Pfalz« wieder: »*... In neuerer Zeit aber lernte ich bei Herrn Bruch zwei Brüder kennen, von denen sich die wissenschaftliche Welt einmal Grosses versprechen darf, nemlich die zwei Herren Gümbel. Der ältere, der sich neben seinem Berufe mit Moosen beschäftiget und meisterhafte mikroscopische Zeichnungen liefert, befindet sich jetzt in Landau und der jüngere, der sich zu München dem Bergfache widmet, ist der Mann, der einmal, ich sehe es im Geiste voraus, unserer Geologie und Geognosie eine neue Wendung geben wird. Mein Umgang mit beiden war von zu* *kurzer Dauer, um viel über dasjenige, was beide schon für die Flora der Pfalz gethan haben, erfahren zu können.«*

Das Bruchsche Haus vermittelte auch die Bekanntschaft mit Dr. *Carl* Schimper, der um 1842 (VOIT 1899: 284) für längere Zeit seinen Aufenthaltsort unfreiwillig (siehe unten) nach Zweibrücken verlegt hatte.

Dr. *Carl* Friedrich Jobst Wilhelm Franz Schimper (* 15. Februar 1803 in Mannheim, † 21. Dezember 1867 in Schwetzingen) (ADAM 1997: 33) lebte seit 1828 in München (WUNSCHMANN 1890: 275). Friedrich Wilhelm Joseph von Schelling (* 27. Januar 1775 in Leonberg, † 20. August 1854 in Bad Ragaz) (BOSL 1983: 671), der damalige Präsident der bayerischen Akademie der Wissenschaften, schätzte Schimper sehr und hatte ihm ein bescheidenes Jahresgehalt vom Kronprinzen, dem späteren König Maximilian II., verschafft (VOIT 1899: 284). Dieser erteilte Carl Schimper den Auftrag, 1840 die Bayerischen Alpen und 1841 die bayerische Pfalz geognostisch zu erkunden (ADAM 1997: 41) und Schimper widmete sich den Aufgaben mit großem Eifer. Weil er aber die fälligen Berichte zum gesetzten Termin nicht ablieferte, wurde die Zahlung seines Gehaltes eingestellt (WUNSCHMANN 1890: 276). Schimper siedelte darauf in die Pfalz über und hielt sich zunächst, völlig mittellos und dem Verhungern nahe, in Zweibrücken auf und zog im Sommer 1843 in seine Geburtsstadt Mannheim (ADAM 1997: 41). Weiterführende Angaben über den tragischen Lebensweg des genialen Gelehrten finden sich in ADAM (1997: 33–47).

Carl Schimper hat die mathematischen Grundverhältnisse des Pflanzenwuchses, das Gesetz der Blattstellung, der Verzweigung und der Blütenordnung entdeckt. Vor allem aber hat Schimper als Erster auf eine Eiszeit und ausgedehnte Gletscher in früheren Entwicklungsperioden der Erde hingewiesen (VOIT 1899: 284) und den Namen und Begriff »Eiszeit« geprägt (ADAM 1997: 33).

Dr. Carl Schimpers Mitteilungen über geognostische Begebenheiten, mit denen er sich damals vor allem beschäftigte, ließen den in Wilhelm Gümbel schlummernden Entschluss reifen, sich der Geognosie zuzuwenden und dem Bergwesen zu widmen. Schon damals war Gümbels Interesse auf die Alpen gerichtet. Die Meyersche Alpenkarte wurde von Dr. Carl Schimper nach eigenen Beobachtungen geognostisch koloriert und erläutert. Diese Karte wanderte 1843 [nicht 1842 wie irrtümlich von ANONYMUS (1870: 177) angegeben] als »Viaticum« [»Wegzehrung«] mit an die Münchner Universität, um Gümbel dort bald den Weg in die Alpen zu weisen (ANONYMUS 1870: 177).

Nach dem am 30. August 1843 in Zweibrücken ausgestellten »Gymnasial-Absolutorium« [Abiturzeugnis] [PAG 2] hat Wilhelm Gümbel das Gymnasium mit dem Prädikat »vorzüglich würdig« (in einer höheren Lehranstalt aufgenommen zu werden) absolviert.

Studium und Ausbildung

Nach Abschluss des Gymnasiums in Zweibrücken (GYMNASIUM ZWEIBRÜCKEN 1843: 10) [PAG 2] studierte Wilhelm Gümbel ab dem Herbst 1843 – »*mit allem Ernste und großer Begeisterung*«, wie er in seinem Lebenslauf schrieb [UAM 2] – in München (VOIT 1899: 285; ROTHPLETZ 1904: 624) [UAJ 2; UAM 2].

ANONYMUS (1870: 177) gab irrtümlich an, Gümbel habe bereits ab dem Herbst 1842 in München studiert. Diese Angabe ist falsch, wie aus den oben angegebenen Literaturzitaten und Archivalien eindeutig hervorgeht. Die falsche Jahreszahl »1842« wurde später von vielen Autoren übernommen.

Die falsche Angabe findet sich in ANONYMUS (1870: 177), HINRICHSEN (1891: 482), LEHER (1893: 1), ZITTEL (1898: 1), BRANCO (1898: 426), GROTH (1898: 1), KÖHLER & SCHNABEL (1898: 251), NEUMAYER (1898: 20), UMLAUFT (1898: 572), ZITTEL (1899a: 79), NATHAN (1951: 18), SCHUSTER (1951: 5), DEHM (1966: 259), BOSL (1983: 282), FRANK (1988: 102), KREMB (1990: 137), KILLY & VIERHAUS (1996: 235), ZEPP (1998: o. S.), EMMERMANN (1998: 16) und HAASS (2000: 387).

Ein am 2. April 1844 in München ausgestelltes »Zeugniß für das erste Semester des philosophischen Cursus« [PAG 3] bescheinigt, dass der Student die Prüfungen in den Fächern »*Encyclopaedie des acad. Stud., Anthropologie, Elem. Mathematik, Länder- und Völkerkunde, Logik und Metaphysik und Philologie*« mit der »ersten Note« bestanden hat.

Durch Selbststudium und den einflussreichen und belehrenden Umgang mit dem älteren Bruder Theodor war Wilhelm in den Naturwissenschaften, namentlich in den Fächern Botanik, Chemie, Physik und Mineralogie den anderen Studienanfängern weit voraus.

Gümbel konnte in München neben den philosophischen Studien, die ihm wegen ihrer Abstraktion weniger zusagten, sofort die naturwissenschaftlichen Fächer vertiefen (ANONYMUS 1870: 177). Er hörte bei Martius und Zuccarini Vorlesungen über Botanik, Chemie bei Buchner und Kaiser, Zoologie bei Wagner, vor allem aber beschäftigte er sich mit Mineralogie, Geognosie und Bergbaukunde, die von den Professoren Johann Nepomuk von Fuchs, Franz von Kobell und *Karl* Emil Schafhäutl gelehrt wurden (AMMON 1899: 2–3).

Ein »Akademisches Semestral-Zeugniß« (Abb. 4), das Professor Franz von Kobell am 3. März 1846 in München unterschrieben hat, befindet sich heute im Privatarchiv Gümbel [PAG 4]. Dieses Zeugnis bestätigt, dass »*Herr Gümbel, Karl Wilhelm Candidat der Cameralwissenschaft im I. Semester 1845/46 auf der königlich bayerischen Universität zu München*« von Kobells Mineralogie-Vorlesung besucht hat.

Während seines Studiums wurde Wilhelm Gümbel durch seinen älteren Bruder Theodor finanziell unterstützt [GLA 43]. Theodor Gümbel vermittelte auch die Bekanntschaft zum Geheimen Rath Dr. von Martius in München und Wilhelm Gümbel erhielt damit einen wohlwollenden Gönner (ANONYMUS 1870: 177).

Dr. Carl Friedrich *Philipp* von Martius (* 17. April 1794 in Erlangen, † 13. Dezember 1868 in München) war einer der bedeutendsten Naturforscher des frühen 19. Jahrhunderts (BOSL 1983: 509). Von 1817 bis 1820 unternahm er auf königlichen Befehl, zusammen mit Johann Baptist von Spix, eine große Forschungsreise nach Brasilien (HUBER 1998: 17–37). 1820 erfolgte seine Ernennung zum ordentlichen Mitglied der bayerischen Akademie der Wissenschaften in München und von 1841 bis 1868 war Dr. von Martius Sekretär der mathematisch-physikalischen Klasse der Akademie (THÜRAUF 1963: 7, 91). 1826 wurde er Professor an der Universität in München und ab 1832 Direktor des Botanischen Gartens (BOSL 1983: 509).

Am 2. August 1847 lernte Wilhelm Gümbel bei Dr. von Martius den berühmten Geologen Leopold von Buch kennen, wie aus dem folgenden Eintrag in seinem Tagebuch [GLA 1: Doppelseite 25–25R] hervorgeht: »*Heute sah ich Leopold v. Buch bei Hofrath v. Martius Abend, eine kleine eben durch eine angestrengte Fußreise nach Donauwörth und eine Erkältung mit dem lästigen Hexenstich leidende Gestalt, voll Geistesfülle und Erinnerungen aus seiner Reise durch das ganze Deutschland. Wir kamen weniger auf geognostische Probleme zu sprechen, als ich mich sehnte, einiges über die Alpen ohne vollständige Deutlichkeit ausgesprochen; Hinweisend auf eine Gervillia [ein Fossil], die bei Kreuth, u. überall ob die Alpenkette vorkömmt muß dieser Zug analog sein den Schichten im fränkischen Jura. Aus meiner Karte* [GÜMBEL (1845)] *will er einiges gelernt haben. Er deutete auf die schöne Zukunft hin, welche uns jüngeren Geognosten zu schauen vergönnt sein müsse. Ich geleitete ihn zu seinem Gasthofe und verabschiedete mich. Ein Mann eben so groß als einfach und gediegen als Gelehrter und Mensch.*«

Christian *Leopold* von Buch (* 26. April 1774 auf Schloss Stolpe bei Angermünde, † 4. März 1853 in Berlin) kam 15-jährig nach Berlin, um dort Vorlesungen über Mineralogie und Chemie zu hören und wechselte im 16. Lebensjahr an die Bergakademie in

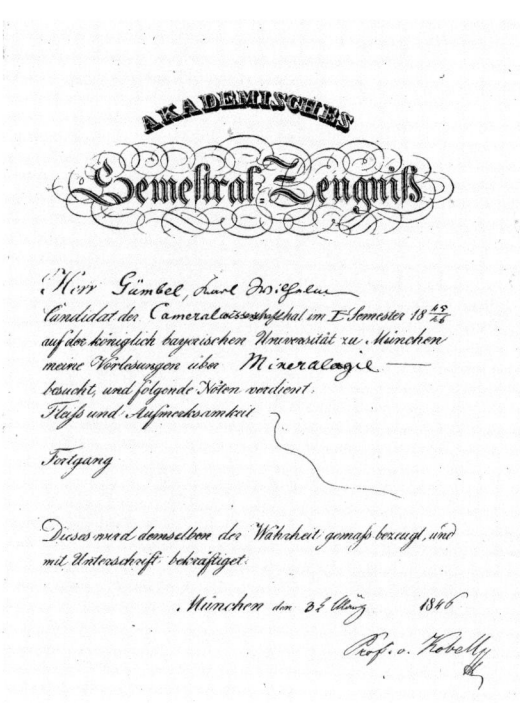

Abb. 4. »Akademisches Semestral-Zeugniß« über den Besuch der Vorlesung über Mineralogie im 1. Semester 1845/46 für Herrn Gümbel, Karl Wilhelm, Candidat der Cameralwissenschaft. Unterschrieben von Professor Franz von Kobell am 3. März 1846 in München. – Privatarchiv Gümbel [PAG 4]; Foto: Helmut Partheymüller.

Freiberg, wo er von Abraham Gottlob Werner in die Mineralogie und Geognosie eingeführt wurde. Später studierte von Buch in Halle und Göttingen. Im Jahre 1796 wurde er Bergreferendar in Schlesien, schied jedoch schon 1797 aus dem Staatsdienst aus, um sich als Privatier ganz der Wissenschaft zu widmen. Leopold von Buch unternahm bis ins hohe Alter zahlreiche geologische Studienreisen durch weite Teile Europas sowie zu den Kanarischen Inseln und publizierte die Ergebnisse seiner Untersuchungen. Später beschäftigte er sich vorzugsweise mit Versteinerungen und der Gliederung fossilführender Ablagerungen. Leopold von Buch (Abb. 5) galt als größter Geologe seiner Zeit (ZITTEL 1899b: 92–95; HAIDINGER 1853).

Der Botaniker Otto Sendtner (* 27. Juni 1813 in München, † 21. April 1859 in Erlangen) (BOSL 1983: 721) – mit dem Wilhelm Gümbel gemeinsam botanische Studien über Moose unternahm und eng befreundet war – verhinderte, dass sich der junge Student allzu sehr in sein Studium vergrub. Obwohl Gümbel die Vorlesungen an der Universität in München fleißig besuchte, stand doch für ihn das Quellenstudium an erster Stelle. Deshalb folgte er nicht strikt einer Studienrichtung, sondern suchte sich überall das Beste zusammen (ANONYMUS 1870: 177).

Gümbel schrieb hierzu in seinen Lebenslauf [UAM 2]: »*Zur Vervollständigung meiner Fachstudien*

Abb. 5. Leopold von Buch, der bedeutendste Geologe seiner Zeit. Druck von L. Sachse & Co in Berlin. – Aus dem Nachlass von Dr. Friedrich Wigand Pfaff; GLA, Zentralarchiv.

besuchte ich während der Universitätszeit zugleich als Hospitant die kgl. polytechnische Schule, deren Absolutorium ich mir schließlich erwarb.«

In München hat Gümbel als 22-jähriger Student – GÜMBEL (1845) bezeichnet sich selbst als »[einen] der Bergbaukunde Beflissenen« – eine geognostische Übersichtskarte von Bayern zusammengestellt, über welche später SCHAFHÄUTL (1851: VI) schreibt: »Im Jahre 1845 stellte der an der hiesigen Universität die Bergbaukunst und die Bergwerkswissenschaften studirende sehr talentvolle C. W. Gümbel eine neue geognostische Karte von Bayern her, indem er die hydrographische Karte des Generalquartiermeisterstabes von 1834 benützte und in sie die geognostischen Formationen Bayerns, so weit sie bis zu diesem Zeitraume bekannt waren, mit dem grössten Fleisse und mit Benützung aller nur aufzutreibenden Hilfsmittel malte. Er stellte nur wenige Exemplare mit eigener Hand her, und desshalb ist diese Karte eigentlich nie in den Handel gekommen.«

In der von GÜMBEL (1845) handkolorierten Übersichtskarte im Maßstab 1 : 500 000, die den Wissensstand bis 1845 repräsentiert, sind folgende 23 Legendeneinheiten unterschieden: »Granit; porphyrartiger Granit; Gneiß; Glimmerschiefer; Syenit; Porphyr; Grünsteine, Serpentine etc.; Basalt, Phonolith, Traß; Thonschieferformation; Kohlenformation; Rother Sandstein der Alpen; Todtliegendes [= Rotliegendes]; Zechstein mit Kupferschiefer; Bunter Sandstein; Muschelkalk; Keupergebilde; Liasformation; Juraformation; Kalk der Alpen; Kreide und Grünsand; Flysch, Alpengrünsand und Mergel; Tertiär-Gebilde; Diluvium und Alluvium.« Diese Karte war sicher ein wesentlicher Grund für Gümbels spätere Berufung zum Leiter der geognostischen Untersuchung des Königreichs Bayern.

Seine Semesterferien verbrachte der Student alljährlich bei seiner Mutter in Dannenfels am Fuße des Donnersberges (ANONYMUS 1870: 178).

Die folgende Schilderung einer Heimreise hat Wilhelm Gümbel nachträglich in seinem Elternhaus ins Tagebuch geschrieben [GLA 1: Doppelseite 19R–23R]. Sie ist in vielerlei Hinsicht interessant und wird deshalb ungekürzt wiedergegeben:

»*Dannenfels am 22ten 8ten 46.*

Mit welchen Hoffnungen ich München am 8ten August verließ, und einer schönen Ferienzeit entgegeneilte, das zeigte meine ausgelassene Freude an jenem Abschiedstage bei meinen Freunden. Mit etwas überfroher Heiterkeit stieg ich in den Wagen, der mich zu meinen so ersehnten Lieblingen abführen sollte, und da fiel mein erster Blick auf einen Reisegenossen, es war Hofrath v. Schubert. Mein Herz jubelte ob dieses mir als glückliche Vorbedeutung geltendn Zusammentreffens und halb in Verwirrung sprudelte der Mund über von dem was meine Brust erfüllte. Vor Weilheim stieg unter herzlichem Händedruck Schubert aus, und wir fuhren nun Weilheim rasch zu. Der großen Anstrengung zur Beredsamkeit folgte nun rasch eine gewaltige Abspannung, Kopfweh und die ähnlichen Folgen einer zu üppigen Abschiedsfeier. Der Tag ergraute endlich und ein Blick zum Himmel belehrte, daß heute der fallende Regen sobald nicht werde nachlassen, und ein Fortkommen zu Fuß hoffnungslos vernichte. Endlich fand sich eine Gesellschaft – junge Seitz, Sartorius; Salomon – zusammen und so fuhren wir um 8 Uhr, nachdem wir dem H Bräuwastel mit 42 Kr Lebewohl gesagt hatten mit frischem Muthe Füssen zu. Nach und nach hellte sich das Regengrau am Himmel auf und wir nahten mit heiliger Andacht den Alpen. Hohenschwangau vor uns im Hintergrunde die Voralpen links in herrlichen Bergen aufsteigend, an deren Wändn man deutlich die Schichtung des Kalks wahrnehmen konnte, und hat die Begeisterung nicht meine Sinne völlig bestochen, so glaube ich mit Bestimmtheit auch eine der Kalkformation entsprechende Verschiedenheit der Bergbildung in der Weise erkannt zu haben, daß jeder der 3 von mir durch Farbe und Schichtung im Großen unterscheidbaren Glieder des Kalks auch eine eigne Form der Berge entspricht. Mit unbeschreiblicher Sehnsucht wünsche ich mich in diese Alpennatur, wo die Schwierigkeit ihren Bau klar zu erkennen nur um so reißender [reizender] für den strebsamen Geist erscheinen, wogegen die Hoffnung wirklich etwas verstehen und bewältigen zu können heller widerstrahlt. Vor uns lag eine schöne Ebene mit vielen freundlichen Dörfchen und lieblich schattirt durch Gewässer, einen See und kleine Wäldchen von Nadelholz, die sich gewöhnlich an dunklen Moorgründen hinziehen. Endlich waren wir in die Ebene hinabgerollt, nachdem wir Peiting und Steingaden gesehen hatten, und eilten nun zu Fuß Hohenschwangau zu, das auf einem fast inselartig freistehenden mächtigen Alpenkalkfelsen erbaut, uns entgegenlachte. Wir besahen und bewunderten den schönen Bau zweier Seen nachbarlich winkend am Fuße des gewaltigen gemsenreichen Gaisbergs. Die kunstreiche Hand, welche die nächsten Umgebungen des Schloßes der verwilderten Natur entriß und bequeme Zugänge zu ihren Überresten bahnte, hat desto mehr Aufschlüße für den Geognosten geöffnet, die aber ein flüchtiges Anschauen nicht zu enthüllen vermag. Spät Abend erst kehrten wir nach Füssen zurück. Hier trennte sich unsre Gesellschaft und nach erquickender Ruhe im Gasthaus zur Post, die mich mit nichternem Magen um 42 kr leichter früh morgens entlud, machte ich heitren Sinns auf meine Fußwanderung. Linkshin zogen sich jetzt immer niedrigere Berge meist entholzt, oder mit Gebüsch bedeckt, zumeist mit zahlreichen Herden übersäht, die ihre Nahrung hier finden. Im Konstanzer Hofe, einem einzel stehenden Wirthshause machte ich Halt, um am folgenden Tage vollends bis Lindau zu gelangen, wohin ich gegen 5 Uhr gelangte schon in etwas düsterer Stimmung, die ich mir nicht recht zu erklären vermochte. In der Sonne eingekehrt, traf ich einen münchner Studenten Risch aus Freiburg im Breisgau, der in die Schweiz reiste. Wir durchwanderten die kleine Inselstadt in den noch übrigen Abendstunden und versäumten halb aus Übermuth, halb aus Scherz uns jenes Schreiben am Landgericht ausfertigen zu lassen: ›M N hat die Erlaubniß einzusteigen: L.[indau], 12. Aug. 46. X. Y.‹ Wir legten uns getrost nieder und erwachten getrost wieder auf.

Von Kranzegg an beginnt der Weg über Schichten der Molasse zu führen. Immer sieht man hier Molasse-Conglomerat sog. Nagelflue, darunter folgen Thonschichten mit starker Schichtenneigung, wechsellagericht grün und roth gefärbt. Auch an trifft man vorwaltend Molasseconglomerat bis zum Illerthal; von da an in einer Thaleinsenkung zwischen 2 Molassebergen geht man bis nach Lindau. Bei Staufen wird durch den soge. Nagelfels ein Tunnel gebaut. Weiterhin gegen Lindau findet man häufig Tertiär-Thonlager, grün und gelb ganz dem Münchener Thone gleich, doch liegt Molasse aufgelagert!? Dabei finden sich häufig Diluvial-Ablagerungen ein Geröll aus dunklen Kalkbruchstücken bestehend (Flyschkalk) umso häufiger je näher man dem Bodensee kommt.

Hübsch gerüstet stand ich am 13. Aug früh am Morgen am Hafen, wo das Dampfschiff zur Abreise nach Konstanz bereit lag. Die Schiffsglocke tönte, ich eile dem Einsteigpunkte zu; da tönte es wie Donnerschlag: ›Ihr Paß!‹ Hab' keinen, reise ja nach Haus. ›Dann dürfen Sie nicht einsteigen.‹ Punktum. Da half weder Bitten noch Fluchen. Das Schiff flieht davon, und trostlos irrte ich am Uferrand; bis ich mich ermanne und jenes erwähnte und hoch wichtige Aktenstück auf dem Landgericht in Empfang genommen, und nun erst Mittags 2 Uhr nach Constanz übersegelte. Nachdem ich mir die Merkwürdigkeiten in Constanz als da sind: der Consiliums-Saal mit allen auf das Consilium bezüglichn und von dort herstammenden Reliquien mit einer Menge bunter Raritäten aus allen Künsten, dann Huß's Bildniß in Stein, den Dom etc. [angesehen hatte], segelte ich morgens nach Schaffhausen, durcheilte im Sturmschritt diese Stadt, wo mich nur die kleinen noch Kindern gleichsehenden Soldätchen befremdeten, an den Rheinfall zu kommen. Da tönte von ferne her schon das Gebrause des mächtigen Stromes der hier mit dem Element Erde den heftigsten Kampf auskämpft. Eine Eisenhütte, an deren Eingängen überall ›verbotener Eingang‹ mich gewaltig ärgerte, sodaß ich mich bei dem übrigens noch dabei hervorstechenden ruinösen Ansehen keine Lust anwandelte, in ihre heiligen Räume einzutreten, liegt unmittelbar an dem Rheinfall. Ich durcheilte also doch mit einem gewissen Herzklopfen den Hof der Hütte und genoß hier den herrlichen Anblick des Rheinfalls in seiner ganzen Größe. Recht satt sah ich mich an dem schönen Naturgemälde und dann wandte ich mich rasch ab und eilte fort, als wollte ich das Bild mir unvergeßlich in die Seele pressen. – Ich wollte heute noch Stühlingen erreichen, wohin nach 4 Schweizerstunden Wegs meine Füße mich tragen sollten. Oberhalb stieß ich auf eine Bohnerz-Ablagerung in einer Mulde des Jurakalks, offenbar nur diluviales Gebilde. Schon begann es stark zu dunkeln, als ich an einem Berge vor mir ein Städtchen wunderlieblich hingelagert erblickte. Ich erreichte es endlich und ließ mir mein Abendbrod in der Post köstlich schmecken. Mit 43 kr erkaufte ich mir am Morgen den Auszug und da sah ich denn endlich wieder einen trauten Freund von frühern Tagen, Muschelkalk ganz wie der pfälzische. Ich erstieg den daraus gebildeten Berg und gelangte auf der Straße nach Bonndorf auf ein ungeheures Muschelkalk-Plateau, das in wellenförmigen Biegungen dem Auge keinen einzigen interessanten Punkt darbot. Jedesmal glaubt man wenn man den nächsten höchsten Punkt erreicht hat, dort die gehoffte Fernsicht endlich einmal zu erlangen, aber man erreicht die Höhe nur, um eine ähnliche wieder vor sich zum Ersteigen zu gewahren. Bei Bellenhofen senkt sich dann der Berg hinab zu einer thalähnlichen Vertiefe, und mit ihr tritt an die Stelle des Muschelkalks bunter Mergel, und dann gegen Bonndorf aufsteigend der eigentliche bunte Sandstein, der bis zum Schwarzwälder Granit aushält. Merkwürdig sind die Bildungen auf der Grenze zwischen Granit und buntem Sandstein, da glaubt man hier gefritteten Sandstein zwischen Granit zu sehen, dort sandsteingleichen Granit neben dem eigentlichen Sandstein, aber je interessanter diese Grenze ist, um so mehr muß man sich hüten, aus solch einzelnen Erscheinungen irgend einen allgemeinen Schluß ziehen zu wollen. Ich trat jetzt vollends in das Granitgebirge ein, wo nur die Formen der Berge das Interesse erregen.

Von Lenzkirch steigt man einen ziemlich steilen Abhang herab in die Niederung des Titisees, wo wie ich später von H Alex. Braun erfuhr, die Nymphaea Spenneriana u. Isoetes lacustris eben jetzt prachtvoll zu finden gewesen wären. Die Straße zieht sich nun längs einer links hinziehenden sumpfigen Niederung, und endlich steigt man in das jählings einbrechende Höllenthal hinab, mehr dem Namen als der Wirklichkeit nach furchtbar. Müde kehre ich in der alten Post zur Nachtherberge ein, wo ich den munteren Bezirksförster Gerweck von Kirchzarten beim Abendbrod fand. Am folgenden Morgen ging es anfangs hinkend, dem kleinen Bach folgend Freiburg zu, bis mir sein prächtiges Münster entgegen leuchtete. Ich fand im Mooren ein zwar nicht nobles, aber desto wohlfeileres Wirthhaus, und lebte noch in guten Plänen. Ich besuchte das Münster, den Schloßberg, traf im Tivoli v Höfner aus München, und bestimmte den Sonntag zum Ausflug auf den Kaiserstuhl. Nur im Fluge durchzog ich den selben und konnte auch nur weniges sammeln. Am meisten staunte ich über die Massen von Löß, welche bis zum Gipfel des Kaiserstuhls hinanreichen. Erst Abends 8 Uhr kam ich nach Freiburg zurück. Montags war es mir fast unheimlich zu Muthe, jenes dunkle Vorgefühl kämpfte gewaltig mit dem Vorsatze, noch alles sehenswerthe des Schwarzwaldes in Augenschein zu nehmen, während es mich andernseits gewaltsam nach der Heimath hinzog. Ich blieb Montags also mit dem Vorsatz in das Gebirge nach Ba[den]weiler, dann nach Wolfach etc. zu gehen. Ich kam zu Prof. Alex. Braun, der mich an einen jungen Bergmann H Schwarz empfahl und mit dem Versprechen, daß ich vor meiner Abreiße ihn noch sprechen werde entließ. Ich fand in Sch. einen höchst freundlichen Genossen, der mir rieth, die gleich abgehende Fahrgelegenheit nach Badenweiler zu benutzen; ich willigte wider mein Inneres in seinen Vorschlag, er begleitete mich, ich ging in mein Gasthaus, um Büchse und Hammer zu holen, kam aber nicht von meinem Zimmer weg, sondern ließ die Gelegenheit fahren und Schw. sich satt warten und beschloß schnurstracks nach Landau zu fahren. Der Dienstag brachte mich nach Landau. Ich war im gesegneten Pfälzer Lande und war doch nicht froh. So kam der Donnerstag, Freitag und der Samstag endigte endlich die vorgefühlte Ahndung, er war der Anfang einer Leidens- und Trauerzeit die leider heute nach beinahe 10 Wochen noch [nicht] ihr Ende erreicht hat.«

Der im Zitat genannte Heinrich *Alexander* Braun (* 10. Mai 1805 in Regensburg, † 29. März 1877 in Berlin) hatte, dem Wunsch seines Vaters entsprechend, von 1824 bis 1827 in Heidelberg Medizin studiert, obwohl er sich bereits als Kind leidenschaftlich mit Botanik befasste. 1827 war Braun zusammen mit seinen Freunden, Carl Schimper und Louis Agassitz, an die Universität in München gewechselt. Seinen Interessen entsprechend widmete er sich hier dem Studium der Botanik und der Naturwissenschaften. 1829 promovierte Braun in Tübingen. Nach einem längeren Aufenthalt in Paris trat er 1832 eine Professur für Botanik und Zoologie an der polytechnischen Schule in Karlsruhe an und war nebenbei Assistent am dortigen Naturalienkabinett. Ab 1846 hatte Alexander Braun für viereinhalb Jahre den Lehrstuhl für Botanik an der Universität Freiburg i.Br. inne und war gleichzeitig Direktor des Botanischen Gartens dieser Stadt. Darauf las er 1850 ein Semester lang in Gießen. Im Frühjahr 1851 ging Braun, auf Veranlassung des Geologen Leopold von Buch, als Professor der Botanik und Direktor des Botanischen Gartens nach Berlin. Hier konnte er eine an Erfolgen reiche Lehr- und Forschertätigkeit entfalten. Neben der Botanik als seinem Spezialfach beschäftigte sich Braun seit seiner Tätigkeit in Karlsruhe mit Geologie und Paläontologie (PONGRATZ 1963: 81–83).

Die am Ende des Zitats erwähnte »*Leidens- und Trauerzeit*« dürfte sich auf den Ausbruch des typhösen Fiebers beziehen, das damals gelegentlich in München grassierte. Die schwächenden Folgen waren Magen- und Darmerkrankungen, die sich über das ganze Leben Gümbels erstreckten und denen 1885 eine schwere Blinddarmentzündung folgte (REIS 1921: 151).

Nachdem Gümbel die vorgeschriebenen Fächer in München gehört und auch das Absolutorium [Bescheinigung über den Abschluss des Hochschulstudiums] an der Polytechnischen Schule bestanden hatte, wollte er sich noch ein paar Semester in Ruhe geognostischen Studien widmen (ANONYMUS 1870: 178). In dieser Absicht immatrikulierte er sich am 15. November 1847 als Student der Mineralogie an der Großherzoglich Badischen Universität in Heidelberg [PAG 5]. Hier erweiterte Gümbel im Wintersemester 1847/48 sein Fachwissen durch Vorlesungen und den persönlichen Kontakt zu den drei dort lehrenden Professoren von Leonhard, Blum und Bronn (ANONYMUS 1870: 178).

Dr. Karl Cäsar von Leonhard (* 12. September 1779 in Rumpenheim bei Hanau, † 23. Januar 1862 in Heidelberg) war in Heidelberg seit 1818 Professor der Mineralogie und Geognosie. Er hat mehrere Lehrbücher und Nachschlagewerke zu beiden Fachgebieten verfasst. Außerdem gab Leonhard von 1807 bis 1829 das »Taschenbuch für die gesammte Mineralogie« und von 1830 bis 1858, zusammen mit H. G. Bronn, das »Neue Jahrbuch für Mineralogie, Geognosie, Geologie und Petrefakten-Kunde« heraus (POGGENDORFF 1863a: 1472; FEDDERSEN & OETTINGEN 1898a: 796).

Dr. Johann Reinhard Blum (* 28. Oktober 1802 in Hanau, † 22. August 1883 in Heidelberg) war Pro-

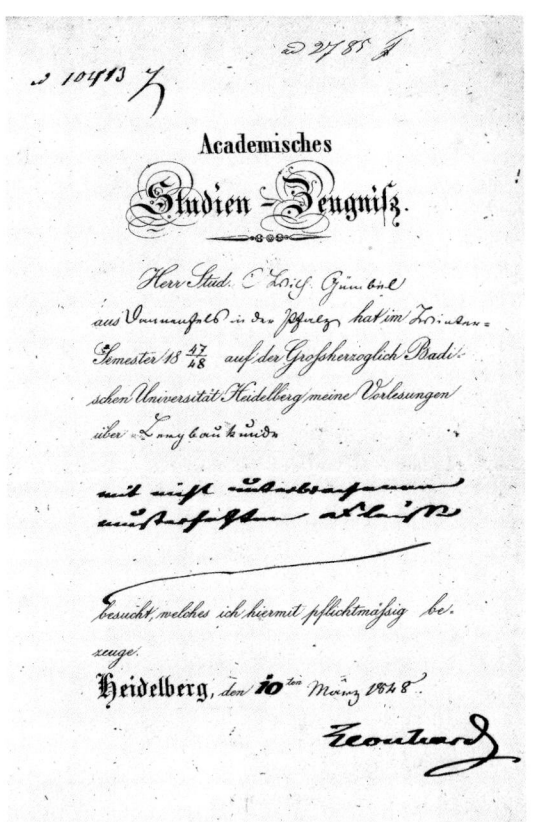
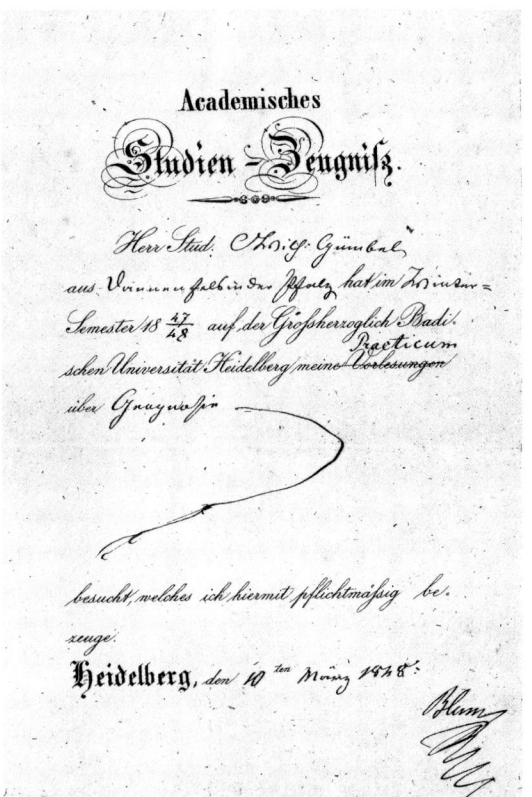

Abb. 6. »Academisches Studien-Zeugniß« über den Besuch der Vorlesung über Bergbaukunde im Wintersemester 1847/48 für Herrn Stud. C. Wilh. Gümbel. Unterschrieben von Professor Leonhard am 10. März 1848 in Heidelberg. – Privatarchiv Gümbel [PAG 7]; Foto: Helmut Partheymüller.

Abb. 7. »Academisches Studien-Zeugniß« über den Besuch des Practicums über Geognosie im Wintersemester 1847/48 für Herrn Stud. C. Wilh. Gümbel. Unterschrieben von Professor Blum am 10. März 1848 in Heidelberg. – Privatarchiv Gümbel [PAG 6]; Foto: Helmut Partheymüller.

fessor der Mineralogie und Direktor der dortigen Mineraliensammlung. Er beschäftigte sich hauptsächlich mit spezieller Mineralogie und insbesondere mit Pseudomorphosen [»Lügengestalten«, Mineralien welche die äußere Form anderer Mineralien aufweisen]. Berühmt wurde sein Werk »Die Pseudomorphosen des Mineralreichs«, das 1843 in Stuttgart erschienen ist und von ihm durch vier Nachträge ergänzt wurde (POGGENDORFF 1863a: 214; FEDDERSEN & OETTINGEN 1898a: 145–146). Dr. Heinrich Georg Bronn (* 3. März 1800 in Ziegelhausen bei Heidelberg, † 5. Juli 1862 in Heidelberg) war Professor der Natur- und Gewerbswissenschaften an der Universität Heidelberg und beschäftigte sich hauptsächlich mit paläontologischen Themen. Eines seiner Hauptwerke, die »Lethaea geognostica«, ein zweibändiges Werk über Leitfossilien, erschien 1836 und 1838 in Stuttgart. Zudem gab Bronn zusammen mit K. C. von Leonhard, später mit dessen Sohn Gustav, das »Neue Jahrbuch für Mineralogie, Geognosie, Geologie und Petrefakten-Kunde« heraus (POGGENDORFF 1863a: 307, 1544).

»Scheine« aus der Heidelberger Studienzeit sind im Privatarchiv Gümbel ebenfalls erhalten. Das von Professor Leonhard am 10. März 1848 in Heidelberg unterschriebene »Academische Studien-Zeugniß« (Abb. 6) bestätigt, dass Wilhelm Gümbel im Wintersemester 1847/48 Leonhards Vorlesung über Bergbaukunde »*mit nicht unterbrochenem musterhaftem Fleiße*« besucht hat [PAG 7]. Professor Blum bezeugte in seinem am 10. März 1848 in Heidelberg unterzeichneten »Academischen Studien-Zeugniß« (Abb. 7) Gümbels Teilnahme an seinem »*Practicum über Geognosie*« im Wintersemester 1847/48 [PAG 6].

Als im Frühjahr 1848 die Revolution ausbrach, die für große Verwirrung in allen Gesellschaftskreisen sorgte, war zur Fortsetzung und weiteren Vertiefung des Studiums keine Zeit mehr; Gümbel musste sein Staatsexamen schleunigst ablegen (ANONYMUS 1870: 178). Im April und Mai 1848 [PAG 10] absolvierte er in München dazu 16 Prüfungen und legte schließlich das Staatsexamen mit Auszeichnung ab [PAG 8].

Nachstehend die Übertragung des am 10. Juli 1848 ausgestellten [Staatsexamens-]Zeugnisses (Abb. 8), das sich heute im Privatarchiv Gümbel [PAG 8] befindet:

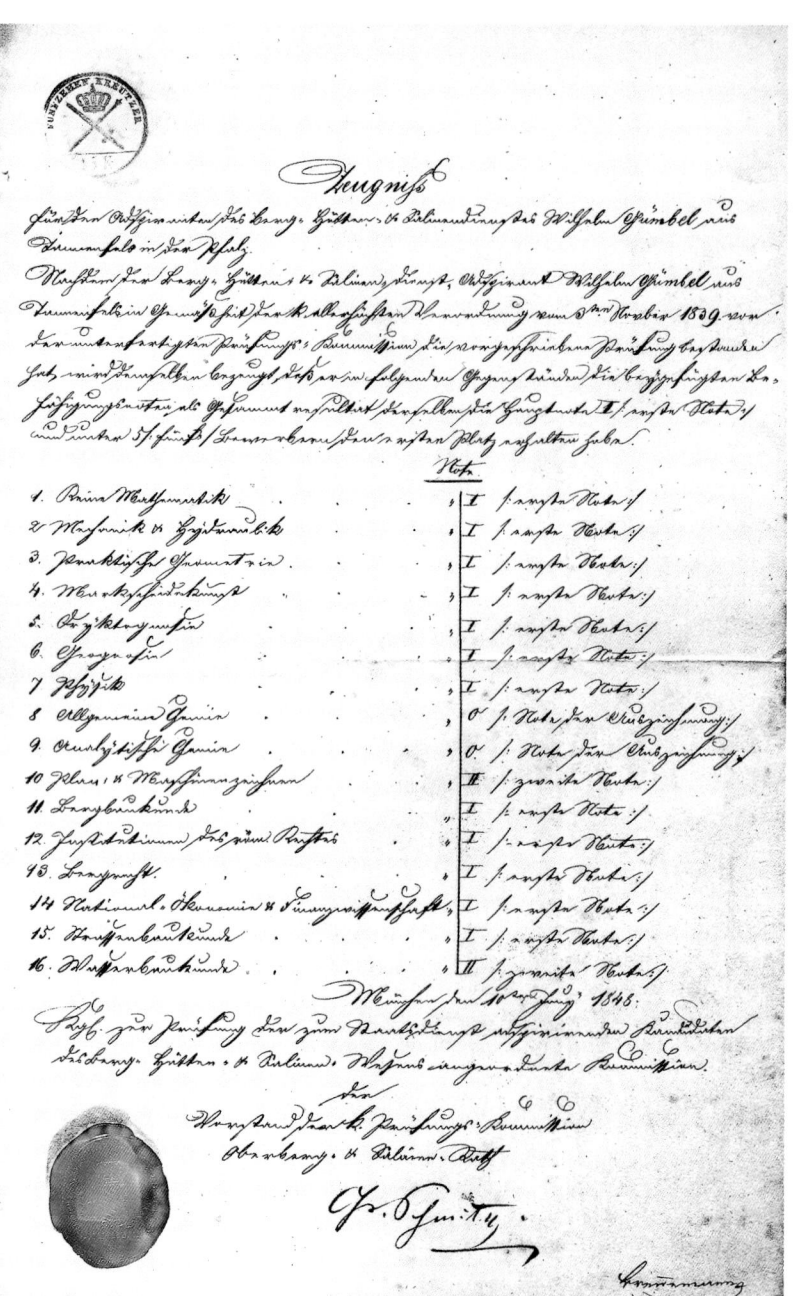

Abb. 8. [Staatsexamens-]Zeugnis für den Aspiranten des Berg-, Hütten- und Salinendienstes Wilhelm Gümbel aus Dannenfels in der Pfalz. Unterzeichnet am 10. Juni 1848 vom Vorstand der königlichen Prüfungs-Kommission, Oberberg- und Salinen-Rath Chr. Schmitz. – Privatarchiv Gümbel [PAG 8]; Foto: Helmut Partheymüller.

»Zeugniß
für den Adspiranten des Berg-, Hütten- & Salinendienstes Wilhelm Gümbel aus Tannenfels in der Pfalz.

Nachdem der Berg-, Hütten- & Salinen-Dienst-Adspirant Wilhelm Gümbel aus Tannenfels in Gemäßheit der k. allerhöchsten Verordnung vom 3ten Nov[em]ber 1839 vor der unterfertigten Prüfungskommission die vorgeschriebene Prüfung bestanden hat, wird demselben bezeugt, daß er in folgenden Gegenständen die beygefügten Befähigungsnoten als Gesammtresultat derselben die Hauptnote I (erste Note) und unter 5 (fünf) Bewerbern den ersten Platz erhalten habe.

1. Reine Mathematik: I (erste Note)
2. Mechanik & Hydraulik: I (erste Note)
3. Praktische Geometrie: I (erste Note)
4. Markscheidekunst: I (erste Note)
5. Oryktognosie [Mineralogie]: I (erste Note)
6. Geognosie: I (erste Note)
7. Physik: I (erste Note)
8. allgemeine Chemie: 0 (Note der Auszeichnung)
9. analytische Chemie: 0 (Note der Auszeichnung)
10. Plan- und Maschinenzeichnen: II (zweite Note)
11. Bergbaukunde: I (erste Note)
12. Institutionen des röm. Rechtes: I (erste Note)
13. Bergrecht: I (erste Note)
14. National-Ökonomie & Finanzwissenschaft: I (erste Note)
15. Strassenbaukunde: I (erste Note)
16. Wasserbaukunde: II (zweite Note)

München den 10ten Juny 1848.
Kgl. zur Prüfung der zum Staatsdienst adspirirenden Kandidaten des Berg-, Hütten- & Salinen-Wesens angeordnete Kommision.
Der Vorstand der k. Prüfungs-Kommission
Oberberg- & Salinen-Rath
Chr. Schmitz«

Über die Zeit während und nach dem Studium findet sich in Gümbels Tagebuch folgendes Resümee [GLA 1: 68R–69], das er am 11. des Heumonats [Juli] 1848 in Landau verfasst hat:

»Der lange Aufenthalt in München hatte bei der Nähe der Alpen wenig Nutzen für mich gehabt, ich sah nur 3mal die selben, und jedesmal in Begleitung von Freunden, denen die wissensschaftlichn Untersuchungen d. h. das langsame u. so oftmals unterbrochene Reisen nicht zusagten. Erst nachdem ich München verlassn hatte, fühlte ich den Verlust und die versäumte Benüzung in ganzen Maaße, und ich wünschte nichts sehnlicher, als wenigstens in Etwas das Versäumte nachholen zu können. Die Ostern 1848 brachten mich wieder nach München zurück, ich hatte meine Prüfung zu bestehen, deren ersten Lebensfunken ich in Speyer am Neujahrstage gesehen hatte. Mit welchem Ernste und Vorsatze ich *damals an die Wiederholung der Prüfungsgegenstände damals gegangen war, der 24te Hornung [Februar] machte ihnen ein rasches Ende, und seit die Kunde der Pariser Ereigniße zu uns gedrungen war, konnte das Studium nur nothdürftig gedeihen.*

Und endlich trotz alln zwischen Fürchten und Hoffen getheilten Erwartungen, daß die Prüfung verschoben werden könnte oder möchte, ward der 28te im Blüthemonat [April] als Tag der Eröffnung der Bewerbungsprüfung bekannt gemacht. Mit nicht leichtem Herzen nahm ich Abschied von der Pfalz, fast fest entschlossen so bald nicht wieder zurückzukehren. Denn ich hoffte die Prüfung zu bestehen, und eine Verwendung an einem Werke in den Alpen zu finden. Ich kam nach München, bis auf die flatternde deutsche Fahnen, die Menge dreifarbiger Bänder an den Studentenköpfen, dem Schleppen von Schießprügeln der mit weißen und schwarzen, aufgekrempten Hüten bekleideten Künstler und Beamten ganz das alte Bierbegeisterte München. Es war bald der Anfang mit dem ›Feuern‹ in der Prüfung gemacht, u. wir waren kalt geworden auf jeden Erfolg gefaßt. (Doch bald sahen wir ein gutes Ende – wie wohl schauderhaft langsam heran nahen, und endlich war auch die letzte schwere Zeit vorüber, und wir athmeten wieder, wie gewöhnliche Menschen ohne Beklemmung. Aber leider trübte sich jede Aussicht, daß ich eine Verwendung in den Alpen finden könnte, es war nirgends eine Stelle offen, und ich hatte die schönste Hoffnung auf die böhmisch-bayrischen Wälder; jetzt aber galt es meine Pfalz wieder hervorzuholen, und ich hatte es bald bis zu einiger Hoffnung gebracht. Jetzt konnte ich es nicht länger aushalten, ich wollte die Pfalz nicht wieder sehen, bevor ich meine Alpensehnsucht mindestens ein wenig gestillt hätte, u. so zog ich Samstag vor Pfingsten zu einem Alpenbesuche.«

Die mehrtägige Exkursion ging in den Teil der Alpen, der München am nächsten liegt. Gümbel besuchte unter anderem die Benediktenwand und die Jachenau, ging dann von Tölz das Isartal aufwärts über die Sylvensteinenge nach Fall und wanderte anschließend über Vorderriß, Hinterriß, Wallgau und Klais weiter nach Garmisch. Hier besichtigte Gümbel zusammen mit »Kriegs-Commissär« Biebel dessen Bleibergwerk im Höllental, machte Beobachtungen im Partnachtal, bei Oberau, Ohlstadt und Murnau und kehrte dann nach München zurück [GLA 1: 69R–85] (REIS 1921: 171). Als Quintessenz seiner zwölftägigen Exkursion notierte Wilhelm Gümbel in sein Tagebuch [GLA 1: 84–84R]: *»Die Ergebniße dieser Reise im Ganzen genommen waren vor Allem die Überzeugung, daß die Geognosie der Alpen, wie schwierig sie auch sein möge, nicht unübersteigliche Schwierigkeiten biete und daß sie für den Geognosten einen unnennbaren Schatz von Erscheinungen enthalte, von deren Erklärung leicht die Geognosie andrer Lande u. früherer Zeiten bedeutende Berichtigungen erfahren dürfte.«*

Bald nach seiner Tour durch die Alpen reiste Wilhelm Gümbel nach Landau zu seinem Bruder Theodor (siehe Kapitel »Geburt, Eltern und Geschwister«). Theodor Gümbel, der als Lehrer der Naturgeschichte an der Gewerbeschule in Landau arbeitete, und seine Frau Amalie wohnten damals mit ihren drei Kindern in einem eigenen Haus mit großem Garten am Augustinergässchen (HOFFMANN 1930: 25–29).

In Landau erhielt der Aspirant für den Berg-, Hütten- und Salinendienst, Wilhelm Gümbel, im August 1848 die schriftliche Zusage der General-Bergwerks- und Salinen-Administration in München, dass seine Aufnahme als Berg- und Salinen-Praktikant durch höchstes Reskript (Nr. 12655) des k. Staatsministeriums der Finanzen vom 26. Juli 1848 bewilligt worden sei [HSTA 6; PAG 9]. Wilhelm Gümbel wurde den staatlichen Steinkohlen-Gruben der Pfalz zugeteilt und erhielt ab dem 1. August 1848 die gewöhnliche jährliche Unterstützung von 300 Gulden [PAG 9].

Mit dem Schreiben Nr. 12986 der Königl. Bayer. Regierung der Pfalz, Kammer der Finanzen in Speyer vom 14. August 1848 [PAG 10], wies man Wilhelm Gümbel schließlich eine Stelle als Berg- und Salinen-Praktikant beim Aerarialbergbau [= Staatsbergbau] zu St. Ingbert [im Saarland] zu, um ihn hier praktisch auszubilden.

Noch als Student hatte GÜMBEL (1846) seine erste (gedruckte) Publikation über die geognostischen Verhältnisse des Donnersberges, an dessen Fuß er im elterlichen Forsthaus alljährlich die Semesterferien verbracht hatte, verfasst. Der Aufsatz mit dem Titel »Geognostische Bemerkungen über den Donnersberg« erschien im Neuen Jahrbuch für Mineralogie, Geognosie, Geologie und Petrefakten-Kunde.

Diese Arbeit erregte die Aufmerksamkeit des anerkannten Geologen Dr. Ernst *Heinrich* Carl von Dechen (* 25. März 1800 in Berlin, † 15. Februar 1889 in Bonn) (POGGENDORFF 1863a: 532–533; FEDDERSEN & OETTINGEN 1898a: 339–340), damals Berghauptmann und Direktor des rheinischen Oberbergamts in Bonn. Von Dechen, der zu seiner Zeit als bester Kenner der regionalen Geologie der Rheingebiete galt, bemerkte in einem Brief (DECHEN 1847: 319–320) an Karl Cäsar von Leonhard über diese Veröffentlichung unter anderem: *»Die interessanten Bemerkungen, welche Hr. GÜMBEL in Ihrem vortrefflichen und unentbehrlichen Jahrbuche 1846, Heft V über den Donnersberg mitgetheilt hat, kamen mir zu meinem Bedauern erst zu Gesicht, als ich bereits einige freie Tage auf diesen merkwürdigen Eck-Pfeiler des Pfälzischen Kohlen-Gebirges verwendet hatte. Ich würde mehr gelernt und gesehen haben, wenn ich mit denselben in der*

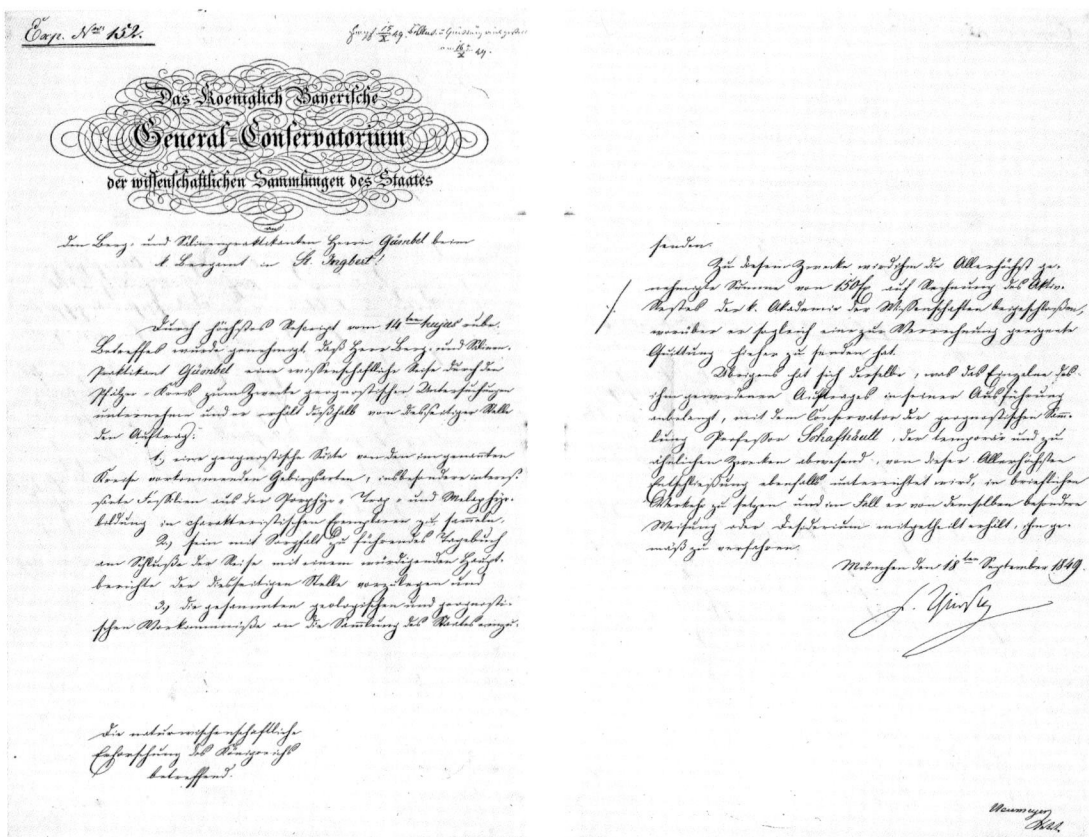

Abb. 9. Schreiben des K. B. General-Conservatoriums der wissenschaftlichen Sammlungen des Staates in München an den Berg- und Salinen-Praktikanten Gümbel beim k. Bergamt in St. Ingbert vom 18. September 1849. Gümbel erhält den Auftrag, eine geognostische Untersuchungsreise durch die Pfalz zu unternehmen. – Privatarchiv Gümbel [PAG 11]; Foto: Helmut Partheymüller.

Hand die kleine Reise hätte machen können. Nur die Freude wurde mir dadurch zu Theil, einige der Ansichten, welche ich so ohne Führer gefasst hatte, durch Hrn. GÜMBEL bestätigt zu finden. …«

Jost HANEKE (1998) verglich die Arbeiten von GÜMBEL (1846; 1848) mit den neuesten wissenschaftlichen Erkenntnissen über den Donnersberg und stellte fest, dass die meisten der von GÜMBEL (1846; 1848) publizierten Resultate richtig waren und noch heute gültig sind.

Insbesondere der Einfluss Heinrich von Dechens förderte die weitere wissenschaftliche Entwicklung des jungen Bergmannes (ANONYMUS 1870: 178). Nach VOIT (1899: 286) stand Gümbel mit von Dechen in regem Briefwechsel und berichtete ihm stets über den Fortgang seiner Arbeiten.

Bereits im August 1849 war auf Allerhöchsten Befehl (SCHAFHÄUTL 1851: VII) des Königs Maximilian II. an der Akademie der Wissenschaften in München eine große Kommission zur naturwissenschaftlichen Untersuchung Bayerns eingesetzt worden. Mit den geognostischen Arbeiten waren die Professoren Schafhäutl, von Kobell und Wagner betraut (VOIT 1899: 286).

Vermutlich auf Initiative Heinrich von Dechens (VOIT 1899: 286) stellte die Regierung der Pfalz beim Ministerium den Antrag, den Praktikanten Gümbel eine geognostische Untersuchung der Pfalz vornehmen zu lassen. Auf eine Anfrage des Ministeriums bezeichnete das General-Conservatorium Gümbel als vorzüglich dazu geeignet. Die Empfehlung ging damals von Schafhäutl aus, der Gümbels Dozent an der Münchner Universität gewesen war (VOIT 1899: 286).

Wie aus einem Schreiben (Abb. 9) des Koeniglich Bayerischen General-Conservatoriums der wissenschaftlichen Sammlungen des Staates an den Berg- und Salinen-Praktikanten Herrn Gümbel beim k. Bergamt in St. Ingbert hervorgeht, wurde durch höchstes Reskript vom 14. September 1849 genehmigt, *»daß Herr Berg- und Salinen-Praktikant Gümbel eine wissenschaftliche Reise durch den Pfälzer-Kreis zum Zwecke geognostischer Untersuchungen unternehme«* [PAG 11]. In diesem, am 18. September 1849 in München unterzeichneten Schreiben [PAG 11], heißt es weiter: *»… und er erhält deßhalb von diesseitiger Stelle den Auftrag:*

*1., eine geognostische Suite von den im genannten Kreise vorkommenden Gebirgsarten, insbesondere interessante Fossilien aus der Porphyr, Trap und Melaphyrbildung in charakteristischen Exemplaren zu sammeln,
2., sein mit Sorgfalt zu führendes Tagebuch am Schluße der Reise mit einem würdigenden Hauptberichte der diesseitigen Stelle vorzulegen und
3., die gesammten geologischen und geognostischen Vorkommniße an die Sammlung des Staates einzusenden.
Zu diesem Zwecke wird ihm die Allerhöchst genehmigte Summe von 150 fl [= Gulden] auf Rechnung des Aktiv-Restes der k. Akademie der Wissenschaften beigeschloßen, worüber er sogleich eine zur Verrechnung geeignete Quittung hierher zu senden hat.
Übrigens hat sich derselbe, was das Einzelne des ihm gewordenen Auftrages in seiner Ausführung anbelangt, mit dem Conservator der geognostischen Sammlung Professor Schafhäutl, der temporär und zu ähnlichen Zwecken abwesend, von dieser Allerhöchsten Entschließung ebenfalls unterrichtet wird, in brieflichen Verkehr zu setzen und im Fall er von demselben besondere Weisung oder Desiderium mitgetheilt erhält, ihm gemäß zu verfahren.«*

VOIT (1899: 286–287) schrieb, dass sich Gümbels damaliger Bericht über die von ihm unternommenen geognostischen Reisen in den Akten der bayerischen Akademie der Wissenschaften befunden hätte. Dieser Bericht habe so ungewöhnliche theoretische und praktische Kenntnisse verraten, dass Gümbels Fähigkeiten nicht hätten verborgen bleiben können.

Ein weiteres Resultat dieser Untersuchungen war eine geognostische Karte der bayerischen Pfalz, die der funktionierende Markscheider Gümbel im Jahre 1850 angefertigt hat. Als topographische Grundlage für die handkolorierte Manuskriptkarte diente ihm die Karte der bayerischen Pfalz im Maßstab 1:150 000 des topographischen Bureaus des kgl. bayr. Generalquartiermeister-Stabes von 1845. In dieser Karte (Inventar-Nr. M23a1), die sich in der Bibliothek des Bayerischen Geologischen Landesamts in München befindet, wurden 25 Legendeneinheiten unterschieden.

Ein mit »1852« datiertes Exemplar der geognostischen Manuskriptkarte der bayerischen Pfalz wird in der Kartenabteilung (Inventar-Nr. Mapp. XXIV, 82 m) der Bayerischen Staatsbibliothek aufbewahrt (vgl. WOLFF, dieses Buch S. 122).

Das K. B. Staatsministerium der Finanzen in München teilte der Regierung der Pfalz in einem Schreiben (Nr. 19476) vom 17. Dezember 1849 mit, dass die unbesetzte Markscheiderstelle in St. Ingbert interimistisch mit dem Berg- und Salinen-Praktikanten Gümbel zu besetzen sei. Diese Stelle war frei geworden, weil der bisherige Markscheider Friedrich Reinsch zum Obereinfahrer in der Kohlengrube Mittelbexbach ernannt worden war [HSTA 6; PAG 12].

Am 3. Januar 1850 erhielt der Berg- und Salinen-Praktikant Gümbel vom Bergamt St. Ingbert die schriftliche Mitteilung [PAG 13], dass die Markscheiderstelle interimistisch durch ihn zu versehen sei und die Einweisung in seine neue Funktion demnächst erfolgen werde. Mit der interimistischen Markscheiderstelle war eine Funktionszulage von 200 Gulden jährlich, die Überlassung von drei Fuder [= drei Kubikmeter] Steinkohle für den Eigenbedarf und die üblichen Diäten für auswärtige Dienstverrichtungen verbunden [PAG 12].

ANONYMUS (1870: 178) berichtete über Gümbels Zeit in St. Ingbert: »*Das ganze neue und ungemein anregende Bergmannsleben, das sich ihm hier mit allen seinen Eigenthümlichkeiten aufthat, vertiefte seinen Forschereifer so ganz in das Dunkel der Stollen und Schächte, daß er gerne allen äußeren Sturm hätte ungehört vorübersausen lassen. Doch blieb in den Jahren 1849 und 1850 auch er nicht von manchem Schlage verschont, obwohl sich das Gewitter [die Revolution] verzog, ohne bleibenden Schaden verursacht zu haben.*«

Der letzte Satz des obigen Zitates dürfte sich auf einen Vorfall beziehen, welcher sich 1849 ereignet hat und der in einem Antrag der Regierung der Pfalz, Kammer der Finanzen in Speyer an das k. Staats-Ministerium der Finanzen in München nochmals erwähnt wird. Wörtlich heißt es in dem Schreiben vom 27. Dezember 1850 [HSTA 6], das eine Erhöhung der Funktionszulage für Gümbel um 150 Gulden vorschlägt und seine Arbeit lobt:

»*... Wir fühlen uns, diesen Antrag der höchsten Genehmigung empfehlen zu sollen, um so mehr verpflichtet als g. Gümbel mit ausgezeichneten Kenntnißen einen seltenen Diensteifer und vorzüglichen moralischen Wandel verbindet, und ein zum Markscheiderdienst gleich gut qualifiziertes Individuum nicht leicht gefunden werden dürfte.*

Sein Benehmen während der vorjährigen aufständischen Bewegung, wie bereits in der vorgelegten Qualificationsliste bemerkt, war zwar nicht tadelfrei, da er in mißverstandenem Eifer für das Beste des Bergwesens zu sorgen, die Stelle eines Wahlcommißärs zu den uniden Gemeindewahlen annahm, wofür wir ihn mit Verweis bestraft und statt zu einer Anstellung nur zur funktionsweisen Versehung der Markscheiderstelle in Vorschlag brachten. Indessen ist sein Benehmen zeither so wie vor jenem Vorfalle ganz tadelfrei und seine Dienstleistung wie sein Eifer im Dienste ausgezeichnet. ...«

Durch die Tätigkeit als funktionierender Markscheider gewann Gümbel einen größeren Wirkungskreis für seine geognostischen Studien, die er mit größtem Engagement fortsetzte (ANONYMUS 1870: 178).

Abb. 10 zeigt das Mundloch des Rischbachstol-

Abb. 10. Grubenstollen »in der Rischbach« der kgl. Steinkohlengrube St. Ingbert, Aufnahme um 1900. – Postkarte aus der Sammlung Dr. Günter Grundmann, Neufahrn.

lens in St. Ingbert (vermutlich um 1900). Dieser Stollen hatte eine Länge von 2635 Metern und durchfuhr quer alle bekannten »*tiefsten Kohlegebirgs-Schichten*« in nordwestlicher Richtung (GÜMBEL 1894: 949–950). Die Rischbachanlage wurde am 1. Juli 1957 geschlossen und gegen Ende 1959 erfolgte die endgültige Stilllegung des Steinkohlebergbaus in St. Ingbert (HELLENTHAL 1979: 135).

Beruf

Mittlerweile hatte sich die Unzulänglichkeit der akademischen geognostischen Kommission für die Lösung ihrer Aufgabe ergeben: es mangelte an einer einheitlichen Leitung und an den Mitteln (VOIT 1899: 287).

Da stellte der Abgeordnete und spätere Staatsrath Dr. Friedrich von Hermann im Jahre 1850 in der Kammer der Abgeordneten den Antrag zur geognostischen Durchforschung Bayerns (VOIT 1899: 287).

Der Nationalökonom Dr. *Friedrich* Benedikt Wilhelm von Hermann (* 5. Februar 1795 in Dinkelsbühl, † 23. November 1868 in München) war ab 1832 ordentlicher Professor für Staatswirthschaft an der Universität in München, ab 1835 außerordentliches und ab 1842 ordentliches Mitglied der bayerischen Akademie der Wissenschaften. Im Jahre 1844 wurde er aufgrund der Verleihung des Ritterkreuzes des Verdienstordens der Bayerischen Krone in den persönlichen Adelsstand erhoben. Von 1849 bis 1855 war von Hermann wiederholt Mitglied der Kammer der Abgeordneten der bayerischen Ständeversammlung für den Bezirk Lindau. Unter anderem hat er Bayern 1852 auf der Wiener Zollkonferenz vertreten und bekam im gleichen Jahr die Leitung der von König Max II. von Bayern eingesetzten naturwissenschaftlich-technischen Kommission bei der königlichen Akademie der Wissenschaften. Am 20. Februar 1855 wurde Friedrich von Hermann zum Staatsrath berufen und gleichzeitig zum Vorstand der General-Bergwerks- und Salinen-Administration ernannt. Die Vorstandschaft dieser Behörde hatte von Hermann bis zum Januar 1862 inne (GENERALDIREKTION DER STAATLICHEN ARCHIVE BAYERNS 1999).

Professor von Hermann hatte mit Weitblick erkannt, dass die genaue Kenntnis des geologischen Aufbaus eines Landes von großer Bedeutung für seine Wirtschaft ist (VOIT 1899: 287).

Die Kammer der Abgeordneten bewilligte für die geognostische Untersuchung einen Jahresetat von 10 000 fl [Gulden]. Auf Anregung des Finanzministers [GLA 50: 2] wurde diese Summe jedoch von der Kammer der Reichsräthe auf 5000 fl reduziert, im Übrigen aber dem Antrag der Kammer der Abgeordneten zugestimmt (VOIT 1899: 287) [GLA 50: 2]. Für die geognostische Untersuchung des Königreichs Bayern standen damit jährlich nur 5000 fl zur Verfügung [GLA 20] und nicht 10 000 fl, wie von DORN (2000: 19, 21) angegeben. Die Gelder wurden erst ab 1868 auf 11 000 fl erhöht, wie aus einer Kostenaufstellung für die Jahre 1850 bis 1873 vom Juni 1874 hervorgeht [GLA 20].

Nachdem die Finanzmittel zur Verfügung standen, wurde Wilhelm Gümbel vermöge höchsten Rescripts (Nr. 6331) vom 14. April 1851 von König Max II. nach München zu den geognostischen Untersuchungsarbeiten des Königreichs Bayern berufen [HSTA 6; UAM 1].

Die Leitung der Untersuchung sowie die Bearbeitung und Veröffentlichung ihrer Resultate war durch Allerhöchstes Signat Seiner Majestät des Königs vom 4. Oktober 1850 der königlichen General-Bergwerks- und Salinen-Administration übertragen worden (AMMON 1899: 3–4) [GLA 50: 3].

Der »leitende Geognost« Gümbel war als Berg- und Salinen-Praktikant der bereits 1849 zur geognostischen Aufnahme berufenen Kommission untergeordnet (VOIT 1899: 288).

VOIT (1899: 288) schrieb darüber: »… *Die Leitung der Untersuchung, die Bearbeitung und Veröffentlichung der Resultate war dieser Kommission übertragen, deren Mitglieder die Arbeiten Gümbel's zwar revidiren sollten, sich aber wenig darum kümmerten. Die Organisation war wohl keine glückliche zu nennen, wenigstens wusste keines der Mitglieder der Kommission, wo es seine Kraft am wirksamsten anzuwenden habe, und Gümbel war in der freien Bewegung vielfach gehindert. In dieser untergeordneten Stellung blieb Gümbel 5 Jahre lang, obwohl er das ganze Unternehmen in Gang hielt.* …«

Über die erheblichen Schwierigkeiten mit den akademischen Mitgliedern der Kommission schrieb Gümbels langjähriger Mitarbeiter und Amtsnachfolger, Oberbergamtsassessor Ludwig von AMMON (1899: 12): »*…; seine durch äusserste Hingebung an die Sache gewonnenen wissenschaftlichen Errungenschaften fanden bei der Aufsichtskommission nicht die Anerkennung, die sie verdient hätten. Diese bemängelte die meisten der von GÜMBEL gewählten Ausdrücke, beispielsweise die Benennung Phyllit, obwohl der Name schon von NAUMANN in die Wissenschaft eingeführt war, und warf dem Forscher starke Eigenliebe und unbezähmbaren Ehrgeiz vor, welche Ausdrücke sogar in einem amtlichen Schriftstück Aufnahme fanden. Auf welche Hindernisse die unzweifelhaft richtigen Ansichten GÜMBELS stiessen, mag man daraus ersehen, dass ihm (noch im Jahre 1854!) die Bezeichnungen ›eruptiver Granit‹ und ›nach Spaltungsrichtungen angeordnete Basalte‹ gerügt worden sind; die eruptive Natur des Basaltes, hielt ihm ein Kommissionsmitglied (es war allerdings nicht der Geologe der Kommission) entgegen, wäre eine moderne, durch Nichts bewiesene Hypothese.* …«

Die Leitung dieser Kommission befand sich in den Händen des damaligen Vorstandes der General-Bergwerks- und Salinen-Administration Friedrich von Schenk und des Oberberg- und Salinenrathes Christoph Schmitz unter Beirat und Mitwirkung dreier Professoren der Universität in München, die gleichzeitig Mitglieder der bayerischen Akademie der Wissenschaften waren (AMMON 1898: 5). Die Professoren Schafhäutl, von Kobell und Wagner waren bereits Gümbels Dozenten während seiner Studienzeit in München gewesen.

Carl *Friedrich* von Schenk (* 1784, † 12. Dezember 1866) wurde 1804 als Berg- und Hüttenzögling bei der General-Bergwerks- und Salinen-Administration aufgenommen und war nach der Bergelevenausbildung ab 1807 zunächst als Berg- und Salinen-Praktikant tätig. 1810 zum Salinenrath ernannt, arbeitete Schenk als Salinenoberinspektor in Hallein [HSTA 4]. 1820 wurde ihm der Civil-Verdienstorden der Bayerischen Krone verliehen, der mit dem persönlichen Adel verbunden war [HSTA 14]. Anschließend war von Schenk als Oberberg- und Salinenrath in Berchtesgaden und wurde 1823 zur General-Bergwerks- und Salinen-Administration in München berufen. Am 15. Oktober 1849 erfolgte die Ernennung Friedrich von Schenks zum Generaladministrator und Vorstand dieser Behörde, die er bis zu seiner Versetzung in den Ruhestand am 20. Februar 1855 leitete. Am 8. Dezember 1855 wurde ihm der Titel und Rang eines k. Geheimen Rathes zuteil [HSTA 4]. Der Amtsnachfolger Friedrich von Schenks war Dr. *Friedrich* Benedikt Wilhelm von Hermann (siehe oben).

Christoph Schmitz (* 25. Januar 1795 in Bonn, † 15. Juni 1866 in München) war 1813 als Aspirant bei der General-Bergwerks- und Salinen-Administration aufgenommen worden, wo er nach Absolvierung des Bergelevenkurses im Dezember 1815 zunächst als Praktikant tätig war. Ab 1819 arbeitete Schmitz am k. Berg- und Hüttenamt Bodenwöhr als Kassier und Kontrolleur. 1824 erfolgte seine Ernennung zum Kassier und Rechnungsführer bei der Porzellanmanufaktur in Nymphenburg. Hier fungierte Christoph Schmitz als Betriebsbeamter und wurde 1829 zum Inspektor der Porzellanmanufaktur ernannt. Ludwig I. beförderte Schmitz am 27. Dezember 1836 zum Oberberg- und Salinenrath [HSTA 5]. 1851 wurde ihm das Ritterkreuz I. Klasse des königlichen Verdienst-Ordens vom heiligen Michael verliehen [HSTA 15]. Christoph Schmitz war unter anderem Vorstand der k. Prüfungskommission für die zum Staatsdienst aspirierenden Kandidaten des Berg-, Hütten- und Salinenwesens [PAG 8] und Mitglied des oberberggerichtlichen Senats am k. Oberappellations-Gericht [HSTA 15].

Prof. Dr. phil. Dr. med. *Karl* Emil Schafhäutl (* 16. Februar 1803 in Ingolstadt, † 25. Februar 1890 in München) war – nach einem bewegten Vorleben [siehe ERNST (1994)] – seit 1843 Professor der Geognosie, Bergbaukunst und Hüttenkunde an der Universität in München (BOSL 1983: 665). Schafhäutl war eine ungewöhnlich vielseitig begabte, höchst originelle Persönlichkeit, die sich unabhängig von jeder Schule durch eigene Kraft entwickelt hatte (ZITTEL 1899a: 76). Er hat sich unter anderem bei der Erforschung der Bayerischen Alpen bleibende Verdienste erworben und ist der Gründer der geologischen Staatssammlung (ZITTEL 1899a: 77, 83). Schafhäutls »häretische« [irrgläubige] Ansichten zur Alpengeologie sind durch die Wiener Geologen und vor allem durch Wilhelm Gümbel einer herben Kritik unterworfen worden (ZITTEL 1899a: 78). VOIT (1899: 290) berichtete darüber: »…; *aber da er* [Schafhäutl] *in der Geognosie Autodidakt war und das, was von Anderen gelehrt wurde, nicht genügend kannte und schätzte, so war die Deutung seiner Beobachtungen häufig verfehlt; unbekümmert um die harte Kritik von allen Seiten setzte er seine Untersuchungen fort und war nicht abzubringen von dem einseitigen theoretischen Standpunkt der damals hauptsächlich durch Fuchs vertretenen neptunistischen Theorie;* …«.

Verstimmt durch die ungünstige Beurteilung seiner geognostischen Leistungen und die geringen Erfolge seiner Lehrtätigkeit, wandte sich Schafhäutl in den letzten zwei Jahrzehnten seines Lebens wieder seiner alten Liebe, der Musik und Akustik zu (ZITTEL 1899a: 78). Dennoch hielt er bis 1885 – also bis ins hohe Alter von 82 Jahren – fast täglich Vorlesung über allgemeine Hütten- und Salinenkunde, Eisenhüttenkunde, (spezielle) Salinen- und Bergbaukunde (LUDWIG-MAXIMILIANS-UNIVERSITÄT 1884b: 5, 11 – 1885a: 5, 10). Ausführliche Angaben über *Karl* Emil von Schafhäutl finden sich bei ERNST (1994). Schafhäutls Hauptaufgabe bei der zur geognostischen Aufnahme berufenen Kommission bestand in der Revision der geognostisch kartierten Gebiete [GLA 50: 3].

Der Mineraloge Prof. Dr. Franz von Kobell (* 19. Juli 1803 in München, † 11. November 1882 in München) (BOSL 1983: 430), das zweite akademische Mitglied der Kommission, entstammte einer Pfälzer Familie, die seit 1793 in München lebte und dem bayerischen Königshaus eng verbunden war. Vor allem der kgl. bayerische Staatsrath Aegid Ritter v. Kobell (* 1792, † 1847), der Onkel und zugleich Schwiegervater Franz von Kobells, war ein sowohl von König Maximilian I. als auch von Ludwig I. hochgeschätzter Beamter und Diplomat (BIRZER 1968: 173–174). Franz von Kobell wurde bereits 1826 – 23-jährig – in München außerordentlicher Professor für Mineralogie und 1834 – 31-jährig – ordentlicher Professor in diesem Fach. Aufgrund seiner guten Beziehungen zum bayerischen Königshaus konnte er die Mineralogische Staatssammlung in München zu einer der bedeutendsten Sammlungen dieser Art in Europa machen. Mit König Max II., welcher vor allem das poetische Talent des Mineralogen schätzte, ging er häufig zur Jagd (JUNGHÜTTL 1988: 100). Von 1869 bis 1882 war Franz von Kobell Sekretär der Mathematisch-Physikalischen Klasse der bayerischen Akademie der Wissenschaften (BOSL 1983: 430). Er ist heute in weiten Kreisen vor allem durch seine bayerische Mundartdichtung – wie die 1871 erschienene Erzählung »Die Gschicht von Brandner-Kasper« – bekannt. Dr. Franz von Kobell war in der oben genannten Kommission vor allem für die mineralogischen Arbeiten zuständig [GLA 50: 3].

Das älteste akademische Kommissionsmitglied war der Zoologe Prof. Dr. Johann *Andreas* Wagner (* 21. März 1797 in Nürnberg, † 17. Dezember 1861 in München) (BOSL 1983: 815). Er hatte sich 1828 an der Universität in Erlangen habilitiert, wo er als Konservator beim »Zoologischen Kabinet« tätig war. Wagner wurde 1833 als Professor der Zoologie an die Universität München berufen. Sein Arbeitsgebiet wurde die Paläontologie, es liegen jedoch auch einige geologische Arbeiten aus seiner Feder vor (BIRZER 1968: 174). Andreas Wagner ist der Begründer der paläontologischen Staatssammlung in München (ZITTEL 1899a: 83). HOCHSTETTER (1866: 62) charakterisierte Andreas Wagner als höchst ehrenwerten und biederen, aber auch pedantischen und schroffen Gelehrten.

Dr. Andreas Wagner war in der Aufsichtskommission hauptsächlich mit paläontologischen Fragen betraut [GLA 50: 3].

So tüchtig auch jeder der beteiligten Gelehrten in seinem Fach war, so machte sich doch das Fehlen einer einheitlichen, kraftvollen Leitung bald bemerkbar (AMMON 1899: 3).

Die schwierige Aufgabe, welche eine geologische Landesaufnahme an den Leiter eines solchen Unternehmens stellt, erforderte in Bayern – einem Land, das die unterschiedlichsten geologischen Formationen aufweist – umfassende Kenntnisse auf allen Gebieten der Geowissenschaften. Man brauchte einen Mann, der sich dieser anspruchsvollen Aufgabe voll und ganz bewußt war und bei der Ausübung seines Berufes keine Mühen scheute: »*einen Mann nicht allein von der Feder, sondern einen vom Leder*« – wie AMMON (1898: 5) anschaulich schreibt – das heißt einen, der nicht nur geistig einer solchen Aufgabe gewachsen war, sondern auch die physischen Voraussetzungen erfüllte.

Zunächst wurde dabei an Dr. Carl Schimper (siehe Kapitel »Kindheit und Jugend«) gedacht, welcher erstmals die Theorie der von ihm benannten »Eiszeit« vorgetragen hatte (LEHER 1893: 1). Die endgültige Wahl fiel damals jedoch auf den 28-jährigen Berg- und Salinen-Praktikanten Carl *Wilhelm* Gümbel.

Im bis dahin geognostisch am wenigsten bekannten Gebiet Bayerns, dem ostbayerischen Grenzgebirge, wurde mit den Aufnahmearbeiten begonnen. Die Auswahl dieses Gebietes war dadurch erleichtert worden, dass hier am ehesten Hoffnung auf unbekannte Vorkommen nutzbarer Bodenschätze bestand (GÜMBEL 1861a: III; GÜMBEL 1877: 19).

Am 12. Juni 1851 fuhr Gümbel, zusammen mit den Berg- und Salinen-Praktikanten Heinrich Laubmann, Carl Ostler und Anton Strauß und den beiden »der Geognosie Beflissenen« Moritz Gugenheimer und Carl von Riedheim mit der Eisenbahn von München nach Bamberg, um die dortige Naturaliensammlung zu besichtigen. Am 13. Juni ging die Reise von Bamberg weiter nach Wunsiedel, um gemeinsam die Sammlung fichtelgebirgischer Mineralien und Gesteine des Apothekers Schmidt zu studieren [GLA 5].

Der Apotheker *Friedrich* Heinrich Christoph Schmidt (* 9. Februar 1819 in Wunsiedel, † 15. Juni 1865 in Wunsiedel) (FREYBERG 1974b: 137) besaß eine sehenswerte Mineralien- und Gesteinssammlung und war Verfasser mehrerer Aufsätze über Gesteine und Mineralien des Fichtelgebirges. Im Jahr zuvor hatte SCHMIDT (1850) eine seiner wichtigsten Arbeiten – »Die Gesteine der Centralgruppe des Fichtelgebirgs in ihren Lagerungsverhältnissen und ihrem Vorkommen übersichtlich zusammengestellt und beschrieben für Freunde der Natur, Berg- und Forstleute und Landwirthe« – veröffentlicht. Dem kleinen Buch lag eine handkolorierte geognostische Übersichtskarte (etwa im Maßstab 1:200 000) des Fichtelgebirges bei.

Von Wunsiedel begaben sich Gümbel und seine Mitarbeiter in die Gegend von Waldsassen, wo die geognostische Landesaufnahme Bayerns begann [GLA 5] (AMMON 1899: 11).

Dabei konnten die jungen »Berg- und Salinen-Praktikanten« und die »der Geognosie Beflissenen« nur teilweise auf Vorarbeiten anderer zurückgreifen. Große Teile des ostbayerischen Grenzgebirges waren damals geologisches Neuland.

Adolf WURM (1961: 5) schrieb hierzu in der Einleitung zu seiner Geologie von Bayern: *»Die älteren Forschungen gingen kaum über eine erste geologische und mineralogische Bestandsaufnahme hinaus, sie machten auch meist keinen Versuch einer erdgeschichtlichen Verknüpfung der Beobachtungen. Die systematische geologische Erforschung des Fichtelgebirges und des Frankenwaldes ist ganz und gar das Werk CARL WILHELM VON GÜMBELs.«* … *»Die Größe dieser Leistung kann nur der ganz ermessen, der selbst in diesem Gebiet geologische Aufnahmen gemacht hat. Man muß sich vergegenwärtigen, daß damals die erdgeschichtliche Gliederung des deutschen Paläozoikums noch in den Kinderschuhen steckte.«*

Nach dem Abschluss der Geländesaison wurden die Wintermonate jeweils zur Ausarbeitung der Ergebnisse, der Inventarisierung und Untersuchung der im Gelände gesammelten Belegstücke und für vorbereitende Studien genutzt.

Die geognostischen Aufnahmen erfolgten auf den Blättern der Steuerkataster-Vermessung (siehe hierzu den Aufsatz von R. STREIT in diesem Buch). Diese Flurkarten hatten einen ausreichend großen Maßstab (1:5000), um alle wissenschaftlich und praktisch bemerkenswerten Einzelheiten darauf eintragen zu können. Gleichzeitig wurde eine umfangreiche Sammlung von Belegstücken angelegt. Auf dem jeweils zugehörigen Etikett waren die Schichte und Nummer der Flurkarte vermerkt, auf der sich der Fundort des Gesteinshandstücks oder der Mineralstufe befand. Auf diese Weise waren die Belegstücke den jeweiligen Flurkarten(nummern) eindeutig zugeordnet (GÜMBEL 1877: 19–20).

An der östlichen Landesgrenze hat Gümbel damals gemeinsame Untersuchungen mit Ferdinand von Hochstetter durchgeführt, der zur gleichen Zeit in Böhmen geognostische Kartierungen vornahm (VOIT 1899: 294–295).

Gümbel verrichtete anfangs seinen Dienst als Berg- und Salinen-Praktikant, hatte jedoch als »leitender Geognost« die Aufsicht über die an den geognostischen Aufnahmen beteiligten Mitarbeiter zu führen. Diese wurden in amtlichen Schreiben meist als Hilfsarbeiter oder Hilfsgeognosten bezeichnet. Während der ersten Jahre der geognostischen Untersuchung des Königreichs Bayern rekrutierten sich die Mitarbeiter Gümbels (vergleiche Anhang 6) hauptsächlich aus den Reihen der Berg- und Salinen-Praktikanten. So wurden die »Referendare des Bergfaches« nach erfolgreichem Studienabschluss bezeichnet, die der königlichen General-Bergwerks- und Salinen-Administration unterstanden. Sie waren abwechselnd an verschiedenen Bergämtern, in Salinen, Hüttenwerken, Bergwerken oder Versuchsbergbauen beschäftigt und arbeiteten – wenn sie sich als geeignet erwiesen – zeitweise bei der geognostischen Untersuchung Bayerns mit. In dieser Anfangszeit waren nur vereinzelt »gelernte Geologen« – so genannte »der Geognosie Beflissene« – unter Gümbels Anleitung tätig. Erst ab etwa 1865 wurden für die geologischen Kartierungen und die Arbeiten im geognostischen Bureau vermehrt ausgebildete Geologen eingesetzt. Nach der Eingliederung der geognostischen Untersuchung ins neu gegründete Oberbergamt im Jahre 1869 wurden die Bergleute allmählich durch Geologen ersetzt. Die Anzahl der Mitarbeiter Gümbels betrug im Durchschnitt etwa vier Personen (siehe Anhang 6) und schwankte zwi-

Abb. 11. »Der leitende Geognost CW Gümbel«, Unterschrift auf einem Bericht [GLA 4] über den Fortgang der geognostischen Untersuchung im Dezember 1851, München am 2. Januar 1852.

Abb. 12. »unterthänigst gehorsamster CW Gümbel kgl. B u S. Pkt«, Unterschrift auf einem Bericht [GLA 4] über den Fortgang der geognostischen Untersuchung im Oktober 1852, vom 1. November 1852.

schen null und maximal acht Mitarbeitern pro Jahr [GLA 3, GLA 4, GLA 8 – GLA 28].

Während der Anfangsjahre der geognostischen Untersuchung des Königreichs Bayern unterzeichnete Wilhelm Gümbel dienstliche Schreiben mit dem Zusatz »der leitende Geognost« (Abb. 11), »Leitgeognost« oder schlicht »kgl. Berg- und Salinen-Praktikant« (Abb. 12).

Gümbel hatte in seiner Funktion als »leitender Geognost« mannigfaltige Aufgaben. So leitete er während der Sommer- und Herbstmonate der Jahre 1851–1854 die geognostischen Aufnahmearbeiten in Nordostbayern. GÜMBEL (1877: 20) berichtete darüber: »*Langsam ging dabei die Arbeit allerdings von Statten. Auch ist nicht zu läugnen, dass bei der Anwendung von Karten mit so grossem Maasstabe die Uebersicht der einzelnen aufnehmenden Geognosten erschwert wird. Diese wurde jedoch durch den steten Contact mit dem das ganze Aufnahmsgeschäft beherrschenden Leitgeognosten vermittelt und ersetzt, zugleich auch kartistisch dadurch bewirkt, dass die Ergebnisse der Untersuchung auf die 10fach kleinerem Maassstab angefertigten topographischen Atlasblätter und auf die Landgerichtsübersichtblätter (1:100 000) übertragen worden sind.*«

Zudem musste Gümbel damals für seine Dienststelle, die königliche General-Bergwerks- und Salinen-Administration, monatlich Berichte über den Fortgang der geognostischen Untersuchung des Königreichs Bayern abfassen [GLA 4].

Mit allerhöchstem Reskript Nr. 12205 vom 9. August 1853 [HSTA 6] erhielt Gümbel seine erste pragmatische Anstellung [»Verbeamtung«] als königlicher Bergmeister bei der kgl. General-Bergwerks- und Salinen-Administration in München. Mit der Ernennung vom k. Berg- und Salinen-Praktikanten zum k. Bergmeister wurden 101 fl (einhundert und ein Gulden) für Taxen, Ausschreib- und Botengebühr fällig. Bergmeister Wilhelm Gümbel hat diese hohe Gebühr am 12. Dezember 1853 bei der kgl. bayer. Bergwerks- und Salinen-Haupt-Kasse in bar entrichtet [PAG 14].

Bis zum August 1854 war der ganze östliche Grenzstrich Bayerns – vom Fichtelgebirge bis zur Donau – in der oben beschriebenen Art und Weise aufgenommen worden. GÜMBEL (1877: 21) schrieb über die Kartierung des ostbayerischen Grenzgebirges resümierend: »*Trotz dieser Ameisenarbeit der Detailaufnahme, von der v. Dechen sagt, dass sie zu den mühevollsten von der Naturwissenschaft ihren Jüngern auferlegten Dienstleistungen gehört, wurden doch in vier Jahren (Sommer 1851–54) über 2500 Steuerkataster-Blätter mit Sorgfalt geognostisch aufgenommen, controlirt, revidirt und in den Wintermonaten ins Reine ausgearbeitet.*«

In den Vorbereitungen zur Publikation der Arbeiten im ostbayerischen Grenzgebirge häuften sich, bei der Wahl des Maßstabs für die zu veröffentlichenden geognostischen Karten, unüberwindbare Schwierigkeiten – deshalb wurde die Publikation zurückgestellt (ANONYMUS 1870: 179).

Die Publikation der Ergebnisse beschäftigte die geognostische Kommission in einer Sitzung am 22. März 1854. Oberberg- und Salinenrath Christoph Schmitz beantragte, die im Maßstab 1:50 000 angefertigten Blätter des großen militärtopographischen Atlasses als Kartengrundlage zu verwenden und die Kommission stimmte diesem Antrag zu. Ein detailliertes Programm für die Publikation der Resultate wurde jedoch erst ausgearbeitet, nachdem Dr. von Hermann (am 20. Februar 1855) zum Vorstand der General-Bergwerks- und Salinen-Administration ernannt worden war. Dieses Programm wurde dem Finanzministerium mit Bericht vom 18. Juli 1855 vorgelegt. Geplant waren 113 farbig gedruckte geognostische Karten im Maßstab 1:50 000, 120 Gebirgsprofil-Tafeln in Schwarzdruck und 12 Bände Beschreibungen mit zusammen 260 Druckbogen. Die Gesamtkosten wurden auf 67 000 fl, die Kosten eines Exemplars auf 336 fl berechnet. Dr. von Hermann glaubte, mit einer Verteilung der Kosten auf 18 Jahre und der Abnahme von 160 Exemplaren durch staatliche Stellen, Schulen usw. rechnen zu können [GLA 50: 4–5].

Das Finanzministerium stand dem Programm jedoch ablehnend gegenüber. Seine Bedenken richteten sich gegen die hohen Kosten, welche die Abnahme des Werkes durch eine so große Zahl von Behörden ausgeschlossen erscheinen ließen. Außerdem wünschte das Ministerium, dass die Publikation aus dem jährlichen Etat (5000 fl) der geognostischen Untersuchung bestritten werden sollte [GLA 50: 5].

Angesichts dieser Haltung des Ministeriums reduzierte die General-Bergwerks- und Salinen-Administration ihr Programm wesentlich. Im Bericht vom 20. Oktober 1855 bemerkte Dr. von Hermann, dass der erste Antrag von einer würdigen und den technischen und wissenschaftlichen Anforderungen völlig entsprechenden Ausstattung des Werkes ausgegangen sei. Nachdem die Publikation aus dem Gesamtjahresetat von 5000 fl bestritten werden solle, sei es notwendig, auf eine spezielle Berichterstattung und Detailkarten zu verzichten. Die Resultate der geognostischen Untersuchung sollten lediglich in einer Übersichtkarte veröffentlicht werden. Wer Detailkarten zu benützen wünsche, solle diese, gegen Entrichtung einer Gebühr, als Kopie erhalten. Im gleichen Bericht beantragte Dr. von Hermann die Auflösung der geognostischen Kommission, deren Bestehen er als der Sache nicht förderlich bezeichnete. Zudem sei mit der Aufhebung der Kommission eine Ersparnis von 600 fl jährlich verbunden, weil die drei nicht der General-Bergwerks- und Salinen-Administration angehörenden Mitglieder je 200 fl bezögen [GLA 50: 5–6].

Dem Antrag auf Auflösung der Kommission wurde zunächst nicht stattgegeben, sondern Dr. von Hermann angewiesen, die Kommission über das neue Publikationsprogramm einzuvernehmen. Auf ausdrücklichen Königlichen Befehl sollten die Berichte der drei Akademiker über ihre Tätigkeit in der Kommission eingefordert werden. Am 24. Januar 1856 fand eine Kommissionssitzung statt, in der Dr. von Hermann den Inhalt seines Berichtes vom 20. Oktober 1855 mitteilte. Die Kommission erklärte sich mit dem reduzierten Publikationsprogramm einverstanden. Bei der Vorlage der Tätigkeitsberichte der drei Gelehrten wiederholte Dr. Friedrich von Hermann mit Nachdruck seinen Antrag auf Auflösung der Kommission. Mit Allerhöchstem Signat vom 16. März 1856 wurde die Auflösung genehmigt und zugleich der General-Bergwerks- und Salinen-Administration allein die Besorgung der geognostischen Landesaufnahme übertragen. Zudem genehmigte der König das reduzierte Publikationsprogramm [GLA 50: 6–7].

Diesem Programm entsprach der erste Verlagsvertrag, den Dr. von Hermann am 7. Juni 1856 mit Justus Perthes in Gotha abgeschlossen hat. Als geognostische Karte sollte eine Übersichtskarte publiziert werden, deren Grundlage die Terrainkarte von Bayern des kgl. Generalquartiermeisterstabs in 15 Blättern (1:250 000) sein sollte [GLA 50: 7].

Dieser erste Verlagsvertrag scheint ohne Beiziehung Gümbels abgeschlossen worden zu sein, denn Gümbel äußerte, nachdem er davon Kenntnis bekam, in einem Bericht vom 30. Juni 1856 die entschiedensten Bedenken gegen den kleinen Maßstab der geplanten Karte, der für praktische Zwecke unbrauchbar sei. Die Einwände Gümbels veranlassten Dr. von Hermann sich wiederholt mit Justus Perthes in Verbindung zu setzen. In einem Gutachten vom 13. Dezember 1856 [GLA 50: 7–8] schrieb Gümbel unter anderem, dass der eigentliche praktische Wert einer geognostischen Karte in der Genauigkeit und Treue des Details liege. »*Wählt man also zur Veröffentlichung einen Kartenmassstab, worin das Detail in seinem vollen Umfang nicht mehr erkannt werden kann, so vernichtet man damit die ganze praktische Brauchbarkeit der Karten. Es kann daher der 250 000-teilige Massstab des 15blätterigen Atlas in keinem Fall genügen und es scheint wünschenswert, die topographischen Atlasblätter (1:50 000) mit geognostischer Kartierung zur öffentlichen Benützung zu bringen.*« Es sei jedoch nicht nötig, das ganze Königreich in diesem großen Maßstab zu veröffentlichen. Gümbel schrieb, es würde genügen, einzelne wichtigere Teile in diesem Maßstab zu publizieren. Andere Teile könnten in Übersichtskarten im Maßstab 1:250 000 erscheinen. Er nahm an, dass etwa 40 Blätter im Maßstab 1:50 000 erforderlich wären. An Justus Perthes sollten die Schwarzabdrücke der Karten geliefert werden. Gümbel [GLA 50: 8] fuhr fort: »*Sollte sich Perthes zur Uebernahme dieser wahrhaft nutzenbringenden Veröffentlichungsweise nicht verstehen, so wären versuchsweise die 100 000teiligen Landgerichtsübersichtskarten im Sinne des vorigen Vorschlages in Erwägung zu ziehen, obwohl das geringe Detail, die Ungleichheit der Ausführung und das Mangelhafte ihrer topographischen Darstellung sie nur als schwaches Surrogat für die topographischen Blätter erkennen lässt.*«

Justus Perthes erlärte, auf die Lieferung der Schwarzabdrücke könne er sich aus technischen Gründen nicht einlassen. Man könne die Sache nur so machen, dass Überdrucke von den Kupferplatten der topographischen Atlasblätter auf Stein genommen würden.

An dieser Forderung von Perthes scheiterte der Plan jedoch, weil der Generalquartiermeisterstab es ablehnte seine Kupferplatten benützen zu lassen. Man befürchtete, Perthes könnte die Platten missbräuchlich nutzen und es würde ihm dadurch möglich sein, sehr wohlfeile bayerische Karten zu liefern [GLA 50: 7–9].

In dem von Gümbel konzipierten Bericht der General-Bergwerks- und Salinen-Administration an das Finanzministerium vom 21. März 1857 [GLA 50: 9-10] wurde ausgeführt:

»*Wir waren bei diesem Stand der Dinge genötigt, auf die Herstellung einer besonderen zum Zwecke der Herausgabe der geognostischen Untersuchungsresultate zu entwerfenden Karte Bedacht zu nehmen und haben hiezu eine aus den Landgerichtsübersichtsblättern der K. Steuerkatasterkommission herzustellende Karte im Massstab*

Abb. 13. Preis-Medaille (Kupfer), verliehen anlässlich der Ausstellung Deutscher Industrie- und Gewerbs-Erzeugnisse im Münchner Glaspalast, 1854.
Gewicht: 192,36 g.
Durchmesser: 68 mm.
Vorderseite: Bildnis des Königs von Bayern, Maximilian II.; Signatur (klein): C. VOIGT.
Rückseite: Allegorische Frauengestalt mit Lorbeerkranz, Spinnrocken und Füllhorn, auf einem Wagen mit geflügelten Rädern sitzend.
Rand: K. B. GENERAL-BERGWERKS- U. SALINEN-ADMINISTRATION, MÜNCHEN.

Die Medaille ist im Besitz des Bayerischen Geologischen Landesamts in München.

1:100 000 am zweckentsprechendsten erachtet … . *Sie soll zur Ersparung grösserer Kosten ohne Terrainzeichnung* [Darstellung der Geländeform] *bleiben, dafür aber durch sorgfältige Einzeichnung des Wassernetzes und sämtlicher Strassen- und Wegezüge eine so genaue Orientierung möglich machen, dass sie allen an eine geognostische Detailkarte zu stellenden Anforderungen vollständig entspreche. Damit ist aber der sehr wesentliche Vorteil verbunden, dass, da jene 15blätterige Terrainkarte eine detaillierte Darstellung der geognostischen Verhältnisse untunlich macht und ebenso eine genaue Orientierung nicht gestattet, bei einer nun doppelt grösseren Anzahl von Kartenblättern für das gesamte Königreich wir nicht genötigt sind, über einzelne der technisch wichtigeren Landesteile besondere Karten in grösserem Massstabe herzustellen, sondern dass diese Karten für alle, auch technische und Bergbau-Zwecke, genügen.«*

Das Finanzministerium genehmigte den neuen Vertrag mit der Firma Justus Perthes in Gotha am 19. März 1857, mit Entschließung vom 27. März 1857. Nach der Zustimmung durch das Finanzministerium ging Gümbel an die Ausarbeitung seiner Publikationen [GLA 50: 9–10].

Auf der »Ausstellung Deutscher Industrie- und Gewerbs-Erzeugnisse«, im Jahre 1854, im Münchner Glaspalast war eine große Manuskriptkarte (Maßstab 1:50 000) für das ostbayerische Grenzgebirge zu sehen, die Wilhelm Gümbel zusammengestellt hatte (ANONYMUS 1870: 179). Für die ausgestellte Karte bekam er eine Preis-Medaille (Abb. 13) mit dem Bildnis des Königs von Bayern, Maximilian II.

Am 24. Februar 1855 erhielt Bergmeister Gümbel von der kgl. General-Bergwerks- und Salinen-Administration den Auftrag, eine geognostische Übersichtskarte von Bayern herauszugeben. Diesem Auftrag war am 19. Februar 1855 die Entscheidung (Nr. 2723) des k. Staatsministeriums der Finanzen vorausgegangen, dass »*Gümbel mit Zugrundelegung der im Jahre 1845 von ihm gelieferten Zusammenstellung* [gemeint ist GÜMBEL (1845)] *und mit Benützung des inzwischen gesammelten Materials vorläufig eine geognostische Uebersichtskarte von Bayern«* herausgeben sollte [PAG 15]. Als Resultat lieferte Gümbel eine vierteilige »Geognostische-Karte des Königreichs Bayern und der angrenzenden Länder«, im Maßstab 1:500 000, die in München bei der »Literarisch artistischen Anstalt der I. G. Cotta'schen Buchhandlung« verlegt wurde. Als Erscheinungsjahr ist »1858« aufgedruckt (GÜMBEL 1858), obwohl die Karte erst im Jahre 1859 vorgelegen hat (GÜMBEL 1860: 67). GÜMBEL (1860: 67) bemerkte darüber: »… *Leider muss ich beklagen, dass seit der Herstellung der Karte und ihrer nunmehrigen Vollendung eine sehr lange Zeit verfloss, innerhalb welcher viele neue Forschungen und z. Th. wichtige Untersuchungen vorgenommen wurden, in ihren Resultaten aber für die Karte nicht mehr verwerthet werden konnten. Seit 1856, wo der Farbendruck bereits begann, konnten keine Nachträge mehr eingezeichnet werden, und es darf daher die Karte, die das neueste Datum 1859 trägt, nicht als das End-Ergebniss der letzten geognostischen Forschungen betrachtet werden, sondern muss nach dem Standpunkt von 1856 beurtheilt werden. …*«

Im Juni 1855 war Gümbel mit bergmännischen und geognostischen Untersuchungsarbeiten zur Erforschung des Kohlereviers bei Peißenberg betraut [GLA 12].

Ebenfalls im Jahre 1855 wurde auf speziellen Befehl Seiner Majestät des Königs, Maximilian II., eine kursorische Untersuchung der Rhön vorgenommen, um neue nutzbare Rohstoffvorkommen aufzufinden und damit für die notleidenden Rhönbewohner eine neue Einnahmequelle zu erschließen (GÜMBEL 1877: 79). Vom August 1855 bis gegen Ende Oktober 1855 [GLA 12] war Gümbel mit der geognostischen Erforschung dieser Gegend beschäftigt. Im August und September unterstützten ihn die Berg- und Salinen-Praktikanten Joseph Herb, Julius Höchstetter und Cölestin Wurmer bei den Aufnahmearbeiten [GLA 12]. Das Resümee dieser Untersuchungsarbeiten teilte GÜMBEL (1877: 79–80) gut 20 Jahre später in der Arbeit »Die geognostische Durchforschung Bayerns« der Öffentlichkeit mit: »Dabei hatte sich ergeben, dass eine wesentliche und durchgreifende Besserung der Erwerbsverhältnisse der Rhönbewohner weniger durch eine ausgedehnte Benützung von Mineralstoffen in Aussicht gestellt werden könne, als durch eine allgemeine Zurückführung der durch die Beschaffenheit des Gebirgs bedingten und gebotenen natürlichen Verhältnisse. Dahin gehört in erster Linie eine kräftige Bewaldung und Wiederaufforstung der grossen z. Th. früher bewaldeten, jetzt kahlen Flächen, um das Klima zu verbessern, den Boden gleichmässig zu befeuchten und den Hauptkrebsschaden vieler Rhönorte, den Viehbetrieb zu beseitigen, dafür aber den Betrieb der Landwirthschaft zu heben.«

Inzwischen hatte Gümbel nur gelegentlich kleinere wissenschaftliche Arbeiten publiziert – sein Interesse galt jetzt den Alpen. Endlich glückte es, der Wichtigkeit einer geognostischen Alpenuntersuchung auch in den maßgebenden Kreisen Anerkennung zu verschaffen, sodass deren Inangriffnahme beschlossen wurde (ANONYMUS 1870: 179). Gümbel stand damals noch unter der Aufsicht der zur Überwachung der geognostischen Aufnahmen eingesetzten Kommission (siehe oben). Diese (VOIT 1899: 288) belehrte Gümbel beispielsweise in einem Schreiben der General-Bergwerks- und Salinen-Administration vom 24. Februar 1855 [PAG 15]: »..., daß er das jenige Material, welches er als besoldeter Beamte[r] und mit namhaftem Aufwande aus der ärarialischen [staatlichen] Kasse bei der geognostischen Untersuchung des Königreichs gesammelt hat, keinesfalls als seine Arbeit zur Geltung zu bringen habe, sondern gehalten sei, von solchem Material ohne höchste Bewilligung keinen andere[n] Gebrauch, als zu dienstlichen Zwecken zu machen.«

Noch im Jahre 1856 sandte die General-Bergwerks- und Salinen-Administration die Zusammenstellung der von Gümbel im Allgäu gemachten Beobachtungen zur »Einsicht und allenfallsigen Erinnerungsabgabe« an Schafhäutl, obwohl diesem bereits 1855 die geognostische Untersuchung an der Akademie entzogen worden war, um nicht das Gleiche durch zwei Stellen bearbeiten zu lassen (VOIT 1899: 288–289).

Ein diesbezüglich sehr aufschlussreiches Schriftstück [GHA 1] befindet sich im so genannten Geheimen Hausarchiv, der Abteilung III des Bayerischen Hauptstaatsarchivs in München. Den mit dem Kürzel »v. H.« versehenen Bericht [GHA 1] über »die geognostische Untersuchung des Koenigreichs Bayern und die Kgl.-General-Bergwerks- und Salinen-Administration« hat im November 1853 wahrscheinlich der damalige Abgeordnete und Berater von Max II., Dr. Friedrich von Hermann (siehe oben), verfasst:

»Mängel der Untersuchung.
Die geognostische Untersuchung des Königreiches wird von der General-Bergwerks- u. Salinen-Administration in derselben unverantwortlich lässigen büreaukratischen Weise behandelt, wie alle Geschäfte, deren Besorgung dieser Stelle anvertraut sind.
Sie mußte wiederholt zur Berichterstattung gemahnt werden, u. sucht die Veröffentlichung der Commissionsberichte auf jede Weise zu verzögern u. zu hintertreiben. Gegen die äußere Untersuchung, die von dem jungen tüchtigen Berg-Praktikanten Guimpel [Gümbel] geleitet wird ist nichts einzuwenden; aber die ihm gegebenen Vorschriften sind theilweise zu pedantisch und bloß formal; auch mit zu viel Schreiberei u. leerer Controle verbunden, während die materielle Controle durch eine Reise des Oberbergrathes Schmitz, dem es an umfassender Anschauung fehlt, nicht genügend vollzogen wird. Schafhäutl hat einmal die Oberpfalz bereist; aber, wie gewöhnlich, keinen Bericht erstattet.
Gebrechen der General-Bergwerks- u. Salinen-Administration überhaupt.
Überhaupt ist es an der Zeit, in der ganzen Verwaltung des Berg-, Hütten- u. Salinenwesens eine gründliche Reform vorzunehmen.
Die General-Administration ist veraltet, ihre (meist alten) Räthe im Eifer gelähmt; sie sind mit der Wissenschaft nicht vorangeschritten; sie hatten Jahre lang die Werke nicht gesehen; bei der Besetzung der Ämter waltet Nepotismus in sehr ärgerlicher Weise; unter dem äußeren Personal herrscht die jämmerlichste Wohldienerei; das Defizit wächst von Jahr zu Jahr; die Staatsgelder werden in heilloser Weise vergeudet, u. s. w. kurz; es herrscht bei dieser Stelle der jämmerlichste Schlendrian, und dabei bildet sie einen Staat im Staate; der mit Eitelkeit u. Anmassung dem vorgesetzten Finanz-Ministerium gegenüber tritt.
Verbesserungs Vorschlag.
Das Beste wäre, wie beim Bauwesen, so auch für das Berg- u. Salinenwesen eine Ministerial-Abtheilung zu bilden, deren Chef zugleich Referent wäre. Mit 3 Räthen könnte dieser das ganze Geschäft der General-Administration besorgen; ein Paar jüngere Arbeiter würden zur Heranbildung beigegeben.
Wäre nun Einer dieser Räthe eine Autorität im Fache der Geognosie, so könnte die geognostische Untersuchung

ihm speziell untergeben werden.
Personal Vorschlag.
Ein großes Glück für das bayer. Bergwesen wäre die Gewinnung Naumann's von Leipzig *eines ausgezeichneten Geognosten, der die geognostische Untersuchung v. Sachsen so rasch zum Abschluß brachte.«*

Erst als der Staatsrath Dr. Friedrich von Hermann (siehe oben) im Februar 1855 die Vorstandschaft der General-Bergwerks- und Salinen-Administration übernahm, änderte sich die Situation. Von Hermann verfolgte den Fortgang der geognostischen Untersuchungsarbeiten mit dem regsten Interesse und unterstützte und förderte Gümbel (VOIT 1899: 288).

Nach der Aufhebung der Untersuchungskommission durch König Maximilian II. am 16. März 1856 (AMMON 1898: 5) [GLA 50: 6] übernahm Gümbel die Führung des »geognostischen Bureaus«, das der obersten Bergbehörde (der General-Bergwerks- und Salinen-Administration) angegliedert war, und machte sich die geognostische Untersuchung des Königreichs Bayern zur wichtigsten Lebensaufgabe (ZITTEL 1899a: 79). Er war ab diesem Zeitpunkt nur noch der königlichen General-Bergwerks- und Salinen-Administration verantwortlich. Nun konnte sich bei der Organisation der Landesuntersuchung seine ganze Kraft entfalten.

Im August 1854 begann Gümbel – auf ausdrücklichen Befehl des Königs – die geognostische Untersuchung der Alpen. In sehr kurzer Zeit – Herbst 1854, wenige Wochen im Jahre 1855 (wegen der Untersuchungsarbeiten im Peißenberger Kohlerevier und der Kartierung in der Rhön), vom Mai bis November 1856, vom Juli bis Oktober 1857 und teils im Jahre 1859 [GLA 11 bis GLA 14] – durchwanderte nun Wilhelm Gümbel die gesamten Bayerischen Alpen. Die geognostischen Kartierungen führte er meist alleine durch, nur zeitweise (einige Wochen in den Jahren 1854 und 1856) unterstützten ihn dabei einzelne Berg- und Salinen-Praktikanten (GÜMBEL 1861a: V).

ANONYMUS (1893: 1) bemerkte über die geognostische Untersuchung der Bayerischen Alpen: *»Als Gümbel seine Arbeit begann, waren die großen Räthsel noch vollständig ungelöst.«* ANONYMUS (1893: 1) zitierte des Weiteren aus einem Brief, den Gümbel im Jahre 1857 an Franz von Hauer geschrieben hatte: *»Seit drei Monaten bin ich nun wieder hier im Winterquartier aus den Alpen eingerückt, von denen ich im letzten Sommer ein gut Stück, nämlich den Theil zwischen Isar und Salzach durchflog, um mit meiner Aufgabe fertig zu werden. Ich erachte auch als namentlich von Erfolg meiner so rasch ausgeführten Alpenuntersuchung – ich war im ganzen nur 10 Monate während 3 Jahren damit beschäftigt – daß es mir gelungen ist, die einzelnen geognostischen Gebirgsglieder durch den ganzen Zug unsrer Alpen zwischen Bodensee und Salzach Berg für Berg verfolgend, nachzuweisen und zu zeigen, wie diese in ihrem Fortstreichen abändern. In dem sich die an einem Punkte ganz schwachen Schichten an anderen Orten mächtig entwickeln oder ganz neue Zwischenschichten sich einschieben, anderntheils die in den Alpen höchst trügerische Gesteinsbeschaffenheit nach und nach sich umgestaltet, entstehen jene schwierigen Verhältnisse, welche in den Alpen so oft Hindernisse waren und es noch immer bleiben, sich zu orientieren.«*

Franz von Hauer (* 30. Januar 1822 in Wien, † 20. März 1899 in Wien) und Wilhelm Gümbel standen, nahezu seit der Gründung der geologischen Reichsanstalt in Wien, in freundschaftlich kollegialem Kontakt (ANONYMUS 1898b: 261). Franz von Hauer studierte vom Oktober 1839 bis März 1843 an der Bergakademie in Schemnitz und wurde nach dem Studium zunächst der Bergverwaltung in Eisenerz zugeteilt. Im Januar 1844 erfolgte seine Vereidigung für den Staatsdienst und 1846 ernannte man Franz von Hauer zum Assistenten Haidingers am montanistischen Museum. Bei der am 15. November 1849 erfolgten Gründung der k. k. geologischen Reichsanstalt in Wien wurde er Bergrath und erster Geologe des neuen Instituts. Franz von Hauer leitete die geologische Reichsanstalt als ihr Direktor vom 1. Dezember 1866 bis 1885 (TIETZE 1900).

Gümbel hatte die Untersuchungsarbeiten im Westen mit dem Allgäu begonnen und durchforschte die Bayerischen Alpen in Richtung Osten, unter Berücksichtigung der angrenzenden Gebiete von Vorarlberg, Tirol und Salzburg (VOIT 1899: 292).

VOIT (1899: 291) schrieb unter anderem darüber: *»Dies geschah nun mit einem Fleisse, einer Energie, einer Feinheit der Beobachtung und einer Sachkenntniss, die wahrlich unübertroffen dastehen. Nur die Begeisterung für die Wissenschaft und der Drang nach Erkenntniss vermochten den Anforderungen an die körperliche und geistige Leistungsfähigkeit zu genügen und die Schwierigkeiten zu überwinden, welche der enorm verwickelte Aufbau der Alpen und die mannigfaltigen Versteinerungen der Sedimentärgesteine der Erklärung entgegenstellten. Die gewöhnlichen Wege der Touristen und Führer boten zumeist nicht das zur Beobachtung nöthige blossgelegte Gestein; er musste sich selbst die Pfade in den entlegensten Schluchten, den gefährlichsten Abhängen und Rinnsalen suchen. Von früh bis spät kletternd, unbekümmert um die Unbilden der Witterung und zufrieden mit der dürftigsten Unterkunft und Nahrung, häufig alleine oder nur von einem halbwüchsigen Burschen als Träger begleitet, zeigte der nicht besonders kräftig gebaute, später häufig an Katarrhen und Verdauungsbeschwerden leidende Forscher eine Ausdauer in Ertragung von Strapazen und eine Kühnheit in Ueberwindung schwer zugänglicher Stellen, dass es öfter* unmöglich war, Begleiter zu finden, welche solchen Anstrengungen auf die Dauer gewachsen waren. …«

Mehrere tausend Höhenmessungen, von denen Gümbel über 950 (GÜMBEL 1861a: 41–106) selbst vorgenommen hat, dienten zur topographischen Orientierung. Auch die Pflanzenwelt, namentlich die Steinflechten, welche in enger Beziehung zu dem Gestein stehen, das sie bedecken, wurde bei der geognostischen Aufnahme berücksichtigt. Die Wintermonate dienten jeweils zur Sichtung des gesammelten Materials und zur Ausarbeitung (ANONYMUS 1870: 179–180).

Ursprünglich hatte Gümbel die Absicht gehabt, in den Alpen nur orientierende Untersuchungen vorzunehmen. Die geognostischen Kartierungen wurden deshalb größtenteils auf topographischen Atlasblättern (1:50 000) und Forsteinrichtungskarten (1:25 000) vorgenommen. Die Steuerkatasterblätter (1:5000) wurden bei den Aufnahmearbeiten in den Alpen nur in beschränktem Maß verwendet (GÜMBEL 1877: 27).

Die orientierenden Voruntersuchungen hatten jedoch so interessante und ausführliche Resultate und unerwartet neue Erkenntnisse geliefert, dass GÜMBEL (1861a) sich entschloss, diese zu veröffentlichen (GÜMBEL, 1861a: IV–V; GÜMBEL 1877: 27).

GÜMBEL (1877: 26) bemerkte über seine Alpenkartierung: »… Es war der Späthsommer 1854. Zu jener Zeit fehlten in unserem Gebiete fast noch alle brauchbaren Vorarbeiten und trotz der damals schon bekannten grundlegenden Arbeiten eines F. v. Hauer für die österreichischen und eines Escher v. d. Linth für die ostschweizerischen Alpen stellte sich das Hochgebirge doch immer noch als ein schwer entwirrbarer Knäuel durcheinander geworfener, ganz fremdartiger Gebilde unseren durch die ausseralpinen Verhältnisse an ein anderes Sehen gewöhnten Augen dar. Ohne eine orientirende Voruntersuchung, welche die Grundlinien für die spätere Detailaufnahme zu ziehen bestimmt war, schien es unthunlich, in diese schwierige Arbeit einzutreten. Es fiel mir als dem leitenden Geognosten die Lösung dieser Aufgabe zu, der ich in dem Maasse, in welchem Begeisterung etwas zu leisten vermag, im Laufe weniger Sommer gerecht zu werden bestrebt war …«.

Begünstigend auf die Aufnahmearbeiten Gümbels in den Bayerischen Alpen wirkte sich aus, dass diese Untersuchungen wenigstens teilweise parallel mit jenen der österreichischen Geologen im benachbarten Tirol vorgenommen wurden. Um die stratigraphischen Bezeichnungen international abzugleichen, nahm Gümbel im Sommer 1857 gemeinsame Begehungen mit Franz von Hauer, Foetterle und von Richthofen vor, denen als Mitgliedern der kaiserlich-königlichen geologischen Reichsanstalt die geognostische Durchforschung Tirols übertragen war. Auch der Schweizer Geologe Professor Arnold Escher von der Linth beteiligte sich an diesen gemeinsamen Untersuchungen (GÜMBEL 1861a: V–VI).

Aus dem gleichen Grund reiste Gümbel, vom 12. bis zum 17. Juli 1857, nach Innsbruck [GLA 46], wo eine Kommission der österreichischen Geologen ihre Sitzung abhielt (AMMON 1899: 9). Von den dort anwesenden Geologen wurden alle wesentlichen Ergebnisse der Forschungen Gümbels über die Alpen bestätigt (AMMON 1899: 9) [GLA 47].

Die gemeinsamen Geländebegehungen mit den österreichischen Geologen wurden durch eine schwere Erkrankung von Emma Gümbel für mehrere Tage unterbrochen [GLA 47].

Gümbel berichtete darüber in einem Brief an die k. General-Bergwerks- und Salinen-Administration [GLA 44]: »Der u. g. Unterzeichnete sieht sich in die traurige Nothwendigkeit versetzt, H. St. [Hoher Stelle] zur Kenntniß zu bringen, daß seine begonnene amtliche Thätigkeit durch ein plötzlich eingetretenes Unglück auf einige Zeit unterbrochen wurde. Bei seiner Rückkunft von Innsbruck traf er nämlich seine inzwischen in Garmisch etwas unwohl zurückgelassene Frau von tonischen Krämpfen dergestalt ergriffen, daß seine persönliche Gegenwart am Krankenbett unumgänglich nothwendig war. …«

Wilhelm Gümbel pflegte seine Frau Emma neun Tage lang [GLA 47], bis ihn eine benachrichtigte Verwandte seiner Frau am Krankenbett ablöste [HSTA 6].

Karl Alfred von ZITTEL (1898: 2) schrieb über Gümbels Alpenaufnahmen unter anderem: »Es war eine große Genugthuung für Gümbel, als sich im Sommer 1857 bei einer kommissarischen Begehung von Nord-Tirol, an welcher sich Franz v. Hauer, v. Richthofen, Pichler, Escher von der Linth und Bernh. Cotta betheiligten, alle wesentlichen Ergebnisse seiner Forschungen als richtig anerkannt wurden. Ich habe zehn Jahre später manche der von Gümbel untersuchten Gebiete durchwandert und von seinen Führern und Trägern erfahren, mit welcher Energie und Zähigkeit der körperlich keineswegs sehr kräftige Forscher seine Aufgabe durchführte. Unbekümmert um die Unbilden der Witterung, zufrieden mit der dürftigsten Unterkunft und Nahrung, ausdauernd und kühn in der Bewältigung bergsteigerischer Schwierigkeiten, fand er nur mit Mühe Begleiter, welche derartige Strapazen längere Zeit zu ertragen vermochten.«

Unter welchen enormen körperlichen und geistigen Anstrengungen die Bayerischen Alpen kartiert wurden, lässt der erste Band der »Geognostischen Beschreibung des Königreichs Bayern« erahnen. Diese insgesamt 970 Seiten und 42 Profiltafeln umfassende »Geognostische Beschreibung des bayerischen Alpengebirges und seines Vorlandes« erschien 1861 bei Justus Perthes in Gotha. Dem

Buch waren fünf geognostische Karten (Maßstab 1:100 000) und ein Blatt mit kunstvollen, geognostisch kolorierten Gebirgsansichten beigegeben.

Ein Vergleich der älteren, noch höchst unklaren Vorstellungen über den geologischen Aufbau der Bayerischen Alpen mit der scharfen Gliederung und tektonischen Darstellung in Gümbels »Alpenwerk« lässt die Bedeutung dieses bahnbrechenden Forschers erst richtig ermessen (ZITTEL 1899a: 79–80).

Nach den ersten Jahren seiner Alpentouren stellte sich – vielleicht als Folge zu großer Anstrengungen (ANONYMUS 1870: 181) oder wegen der erheblichen Schwierigkeiten mit der im März 1856 aufgelösten Untersuchungskommission (persönliche Anmerkung des Verfassers) – bei Gümbel ein Magenleiden ein, das ihn zwang, den Sommer 1861 der Erholung zu opfern. Am 7. Juni 1861 beantragte der k. Bergmeister hierzu einen dreimonatigen Urlaub, um seine Gesundheit durch eine Molketrinkkur und einen daran anschließenden »Badeaufenthalt« wieder herzustellen [HSTA 6].

Im Herbst 1861 widmete sich Gümbel neu gestärkt – neben den laufenden geognostischen Aufnahmearbeiten – der Vorbereitung für den zweiten Band der »Geognostischen Beschreibung des Königreichs Bayern«, welcher das ostbayerische Grenzgebirge behandeln sollte (ANONYMUS 1870: 181). Die hervorragende Beurteilung, die das Alpenwerk in der Fachwelt – so zum Beispiel von Seiten eines Heinrich von DECHEN (1862a, b), Naumann, von Hauer und Bronn – und durch Seine Majestät König Maximilian II. [PAG 16] erhalten hatte, fand ihren Widerhall unter anderem in der Erteilung des Doktorgrades ehrenhalber am 23. Mai 1862 [UAJ 5], der Wahl Gümbels zum außerordentlichen Mitglied der bayerischen Akademie der Wissenschaften in München am 19. Juli 1862 [AAW 2] (Ernennungsurkunde vom 28. November 1862 [PAG 17]) und der Ernennung zum Mitglied zahlreicher wissenschaftlicher Gesellschaften (siehe Kapitel »Ehrungen«). Gümbel war mit einem Schlag in die vorderste Reihe der damals lebenden Geologen gerückt (VOIT 1899: 295).

Am 16. Mai 1863 [UAM 4] erfolgte schließlich die Ernennung des kgl. Bergmeisters Dr. Gümbel zum Honorarprofessor an der Universität in München (siehe Kapitel »Hochschullehrer und Konservator der mineralogischen Sammlung«).

Drei Wochen später teilte ihm seine Dienststelle, die königliche General-Bergwerks- und Salinen-Administration in München, die Ernennung zum Assessor und die Verleihung des Titels »kgl. Bergrath« mit. Wörtlich heißt es in dem Schreiben [PAG 19] vom 8. Juni 1863:

»Seine Majestaet der König haben vermöge allerhöchsten Rescripts det. Schloß Berg den 4ten Juni 1863 Num. 6743 Sich allergnädigst bewogen gefunden, den königlichen Bergmeister Dr. Wilhelm Gümbel unter Belassung in seiner gegenwärtigen Stellung als Leiter der geognostischen Untersuchung des Königreiches, der unterfertigten königlichen General-Administration mit dem Range eines Assessors und Verleihung des Titels als Bergrath beizugeben und demselben in dieser Eigenschaft vom 1ten Juli laufenden Jahres an, unter Einziehung seines bisherigen Gehaltes von jährlich 1200 fl, übrigens unter Belassung des bisher bezogenen jährlichen Wohnungs-Beitrages von 200 fl (zweihundert Gulden) einen nach Maßgabe der allerhöchsten Verordnung vom 20ten Juli 1848 auszuscheidenden Hauptgeldgehalt von jährlich 1600 fl (eintausend sechshundert Gulden) zu bewilligen. ...«

Bis zur Ernennung zum Ehrenprofessor hat Gümbel – neben seinem monumentalen Alpenwerk – noch einige »kleinere« wissenschaftliche Arbeiten (siehe die Zusammenstellung von H. MAYR) publiziert. So zum Beispiel im Jahre 1858 die bereits erwähnte Geognostische-[Übersichts-]Karte des Königreichs Bayern und der angrenzenden Länder (GÜMBEL 1858). Besonders erwähnenswert ist auch die Beteiligung an dem ebenfalls bei Cotta in München erschienenen Sammelwerk »Bavaria« (ein mehrbändiges Werk zur Landes- und Volkskunde des Königreichs Bayern, bearbeitet von einem Kreis bayerischer Gelehrter), in welchem Gümbel in fünf einzelnen Abtheilungen übersichtliche Darstellungen der geognostischen Verhältnisse Bayerns mitteilte (siehe Literaturverzeichnis von H. MAYR in diesem Buch).

Im Jahre 1867 besuchte Dr. Gümbel die Weltausstellung in Paris, um die dort ausgestellten neuen geognostischen Karten, Publikationen und Produkte der gesamten Montanindustrie zu besichtigen. Er war dafür beurlaubt worden und hatte einen Reisekostenbeitrag von 400 Gulden erhalten. Die »2. Abtheilung« der »Geognostischen Beschreibung des Königreichs Bayern«, die »Geognostische Beschreibung des ostbayerischen Grenzgebirges ...« wurde bei dieser Weltausstellung bereits mit einer silbernen Preis-Medaille (Abb. 14) mit dem Bildnis des Kaisers (Napoleon III.) ausgezeichnet, obwohl damals erst die Hälfte dieses Werkes gedruckt vorlag [HSTA 6].

Im Jahre 1868 erschien schließlich der vollständige zweite Band der »Geognostischen Beschreibung des Königreichs Bayern«, die ebenfalls bei Justus Perthes in Gotha verlegte, insgesamt 976 Seiten und 16 lithographische Tafeln umfassende »Geognostische Beschreibung des ostbayerischen Grenzgebirges oder des bayerischen und oberpfälzer Waldgebirges«, wiederum mit fünf Blättern geognostischer Karten des Königreichs Bayern und einem Blatt mit geognostisch kolorierten Gebirgsansichten. Dieses

Werk ist zudem mit 16 Farbtafeln und 199 Holzschnitten (= 169 Abbildungen) im Text geschmückt.

Die Zeichnungen zu den farbigen ganzseitigen Tafeln stammen vom Berg- und Salinen-Praktikanten Max Reisenegger (* 11. Oktober 1830 in Neuburg a. d. D., † 28. Januar 1884 in Peißenberg), einem Mitarbeiter Gümbels bei der geognostischen Untersuchung des Königreichs Bayern.

Nach dem Staatsexamen im Dezember 1856 in München war Reisenegger, vom Februar bis August 1857, als Berg- und Salinen-Praktikant auf der Kohlengrube Peißenberg beschäftigt. Anschließend arbeitete er bis April 1858 beim Eisenerzbergbau am Frei- und Kressenberg und bis Juni 1859 bei der Maximilianshütte in Bergen. Zwischenzeitlich – Juli bis Oktober 1858 – war er bei der geognostischen Untersuchung tätig. Vom Juli 1859 bis März 1862 unterstand er der Kommission für die geognostische Untersuchung des Königreichs Bayern. Hier wurde der Berg- und Salinen-Praktikant zunächst bei Aufnahmearbeiten im Bayerischen Wald und der Oberpfalz eingesetzt. Die Aufschlussansichten und Landschaftsdarstellungen im Bayerischen Wald, die später im 2. Band der »Geognostischen Beschreibung des Königreichs Bayern« veröffentlicht wurden, hat er im Frühsommer 1861 gezeichnet, wie aus einem Bericht an die königliche General-Bergwerks- und Salinen-Administration (vom 30. Juli 1861) hervorgeht, den Reisenegger in Regen verfasst hat [GLA 15]. Anschließend arbeitete er als funktionierender Markscheider bis Juni 1864 in Sonthofen und bis Januar 1865 als funktionierender Einfahrer in Amberg. Darauf wurde Reisenegger bis November 1865 wieder bei der geognostischen Untersuchung des Königreichs Bayern – zu Aufnahmearbeiten im Jura (AMMON 1899: 17) – eingesetzt. Dann hat man ihn nach Steben beordert, wo er am Bergamt bis September 1867 als funktionierender Einfahrer diente. In der folgenden Zeit war Reisenegger wieder bei der geognostischen Untersuchung des Königreichs tätig. Am 1. Juli 1869 wurde Reisenegger zum königlichen Markscheider am Bezirksbergamt München ernannt. Im selben Jahr heiratete er die Kaufmannstochter Bertha Bosch aus Friedrichshafen am Bodensee. Am 4. November 1880 erfolgte Reiseneggers Ernennung zum Bergmeister und Vorstand der k. Grubenverwaltung in Peißenberg [HSTA 3].

Die Skizzen und Vorlagen zu den Holzschnitten im »ostbayerischen Grenzgebirge« sind teils von Gümbel selbst gezeichnet worden, wie die im Zentralarchiv des Bayerischen Geologischen Landesamts in München noch vorhandenen Skizzen in den Feldtagebüchern Gümbels und seine handgezeichneten Vorlagen für den Verlag belegen. Die beiden wiedergegebenen Zeichnungen (Abb. 15 und 16) stammen aus Feldbüchern Gümbels aus den Jahren 1853 [GLA 6] und 1854 [GLA 7]. Rechts daneben sind die jeweils zugehörigen Holzschnitte aus GÜMBEL (1868: 586 bzw. 727) abgebildet.

Auch der zweite Band der »Geognostischen Beschreibung des Königreichs Bayern« fand in der Fachwelt große Anerkennung und wurde entsprechend gewürdigt.

Nebenher hat Wilhelm Gümbel einige kleinere Aufsätze veröffentlicht (siehe Publikationsverzeichnis von MAYR). So war beispielsweise die 1868 in den Abhandlungen der kgl. bayer. Akademie der Wissenschaften erschienene, 80seitige Abhandlung »Beiträge zur Kenntnis der Procän- oder Kreideformation im nordwestlichen Böhmen in Vergleichung mit den gleichzeitigen Ablagerungen in Bayern und Sachsen« das Resultat einer Reise nach Böhmen.

Am 13. August 1868 wurde Gümbel zum [ersten] Konservator der mineralogischen Sammlung (vergleiche Kapitel »Hochschullehrer und Konservator der mineralogischen Sammlung«) der Polytechnischen Schule [heute Technische Universität] in München ernannt [HATUM 1; UAM 1].

Unterdessen schritten die Vorbereitungen zu einer »3. Abtheilung« der »Geognostischen Beschreibung des Königreichs Bayern« – das Fichtelgebirge umfassend – sowie die Aufnahmearbeiten eines vierten Gebietes – der Fränkischen Alb – voran.

Über die Probleme bei den Aufnahmearbeiten im Fichtelgebirge sagte GÜMBEL (1877: 32–33): »... *Man ist oft nicht sicher, auf wenige 100 Schritte drei oder vier dieser Formationen zu überschreiten. Dieser ständige Wechsel macht die geognostische Aufnahme eines solchen Gebirgs zu einer der schwierigsten geognostischen Arbeiten.*

Dazu kommt, dass streckenweis auf der einen Seite sich sehr wenige constante Unterschiede in der Gesteinsbeschaffenheit der verschiedenen Schichtensysteme bemerkbar machen, während auf der anderen Seite wieder dieselben Schichten oft auf ganz geringe Entfernungen

Abb. 14. Preis-Medaille (Silber), verliehen anlässlich der Weltausstellung in Paris, 1867.
Gewicht: 64,73 g.
Durchmesser: 50 mm.
Vorderseite: Bildnis des Kaisers von Frankreich, Napoleon III.; Signatur (klein): H. PONSCARME F.
Rückseite: Inschrift.
Rand: glatt; klein: Argent [= Silber].
Die Medaille ist im Besitz des Bayerischen Geologischen Landesamts in München.

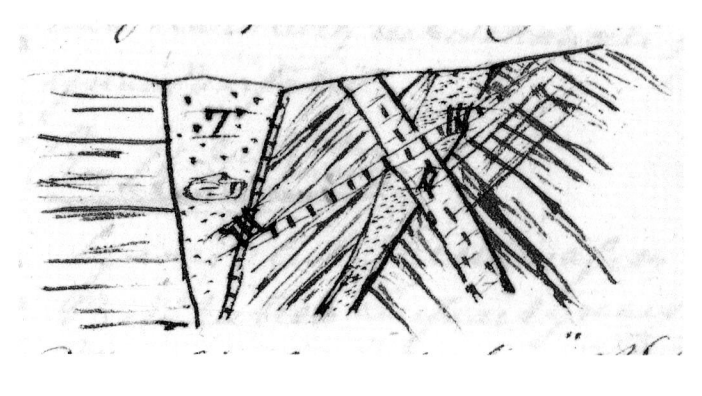

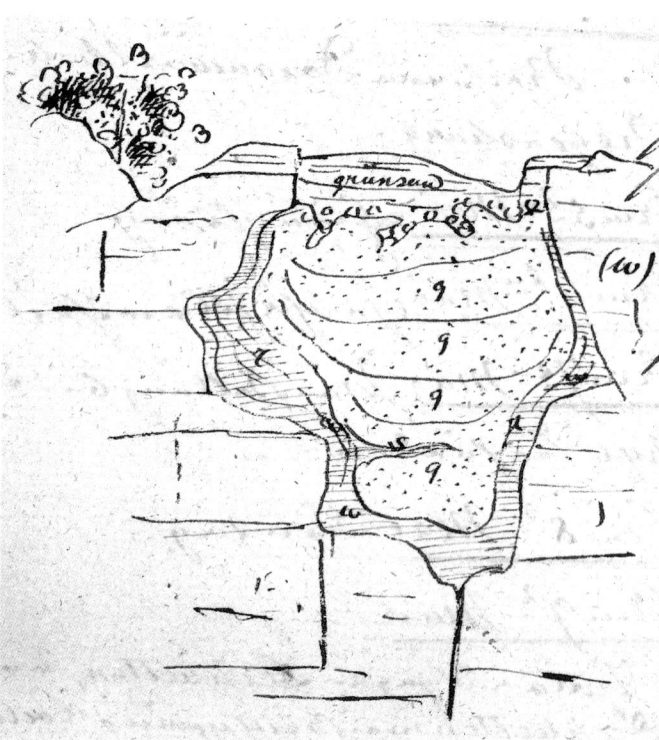

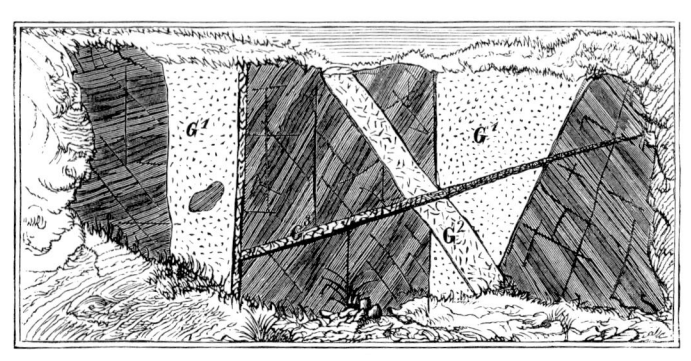

Abb. 15. Aufschluss bei Ohbruck unterhalb Fürsteneck (östlich Tittling) im Bayerischen Wald: Gneisblöcke »schwimmen« im feinkörnigen Granit (G1). Gneis und Granit (G1) werden von einem jüngeren Granitgang (G2) durchsetzt. Ein grobkörniger Granitgang (G3) durchschlägt die älteren Gesteine und liegt saalbandartig zwischen dem feinkörnigen Granit (G1) und dem Gneis. Oben links: Zeichnung aus dem Feldtagebuch Wilhelm Gümbels vom 26. Juni 1854 [GLA 7]. Oben rechts: Der entsprechende Holzschnitt aus GÜMBEL (1868: 586).

Abb. 16. Steinbruch im Jurakalk am Schutzfelsen (Schwalbennest) bei Regensburg: Die so genannten »Schutzfelsschichten« – sandige und tonige Kluftfüllungen der Kreidezeit – im Jurakalk. Unten links: Zeichnung aus dem Feldtagebuch Wilhelm Gümbels vom 9. Mai 1853 [GLA 6]. Unten rechts: Der entsprechende Holzschnitt aus GÜMBEL (1868: 727).

mit sehr wechselndem lithologischen Charakter auftreten. Auch sind die organischen Einschlüsse äusserst spärlich und noch dazu oft eigenthümlich geartet, so dass eine genaue Vergleichung mit Versteinerungen anderer Gegenden sehr erschwert ist. Ausserdem fehlt es in Folge der zahllosen Durchbrüche von Eruptivmassen auch nicht an Seitenstauchungen und Verwerfungen der Schichten, welche den an sich schon so complicirten Schichtenbau bis zum Uebermaasse verwirren. Gegenüber diesen verwickelten geotectonischen Verhältnissen eines auch nach Gliederung und Formationseinreihung fast noch unbekannten Gebirgs konnte die geognostische Aufnahme hier nur langsam durchgeführt werden – (die Detailuntersuchung 1860–1864), die Revision und Correkturen zeitweise (1869–1874). In keinem Aufnahmsgebiete waren bei der kartistischen Darstellung grössere Schwierigkeiten zu überwinden, wie ein Blick auf die beiden dieses Gebirge umfassenden Kartenblätter, die bereits zur Publikation bereit liegen, wohl leicht erkennen lässt.«

Zur geologischen Erforschung des Fichtelgebirges durch Gümbel schrieb WURM (1961: 6): »... *Es gehörte schon ein ungewöhnlicher Scharfblick und eine ausgezeichnete Kombinationsgabe dazu, um sich in dem tektonischen Wirrwarr zurechtzufinden. Daß dies GÜMBEL gleich beim ersten Wurf geglückt ist, daß er aus der verwirrenden Fülle von Einzelerscheinungen ein im großen zutreffendes stratigraphisches Gesamtbild geformt hat, zeugt für sein großes Können. Es war eine Pionierleistung ersten Ranges. Im Gegensatz zu vielen anderen* kartierenden Geologen hat GÜMBELS umfassender Geist von Anfang an die entscheidende Bedeutung paläontologischer Forschung für eine exakte stratigraphische Gliederung erkannt. ...«

»... Auf den von GÜMBEL geschaffenen Grundlagen baut alle spätere Forschung auf. Mögen auch manche von seinen Vorstellungen überholt sein, GÜMBELS Werk ist auch heute noch von bleibendem Wert. Aus der Fülle seiner Beobachtungen wird jeder, der im Alten Gebirge arbeitet, reiche Anregungen schöpfen.«

Die geognostische Kartierung der Frankenalb, die ungefähr 2800 Steuerkatasterblätter (Maßstab 1:5000) umfasste, wurde in den Jahren 1865–1876 vollendet (GÜMBEL 1877: 35).

In jedem Sommer reiste Gümbel während dieser Jahre in einen anderen Landesteil, um dort persönlich die Aufnahmearbeiten einzuleiten und so zu koordinieren, dass später die geologischen Kartierungen der einzelnen Mitarbeiter ein einheitliches Bild ergeben würden. REIS (1898: 82) berichtete, dass sich Gümbel im Alter von den geologischen Kartierungsarbeiten mehr und mehr fern gehalten habe. In den letzten zehn Jahren habe er sich auf kurze, nicht einmal alljährlich erfolgende Inspektionsreisen – bezüglich der neuesten Resultate der aufnehmenden Geologen – beschränken müssen.

Bis zum Jahre 1877 waren bereits mehr als 6600 Steuerkatasterblätter und topographische Atlasblätter geognostisch ausgearbeitet und fertiggestellt (GÜMBEL 1877: 51–52).

In Abb. 17 sind die von Wilhelm Gümbel und seinen Mitarbeitern seit dem Beginn der geologischen Landesaufnahme (1851) bis zum Tode Gümbels (1898) kartierten Gebiete des heutigen Freistaats Bayern dargestellt. Als Grundlage für diese Abbildung dienten zwei Übersichtskarten, in denen Gümbel die zwischen 1851 und 1859 [GLA 15] bzw. bis Juni 1866 [GLA 18] jährlich untersuchten Gebiete eingezeichnet hat. Bei den nach 1866 aufgenommenen Gebieten wurde jeweils das Erscheinungsjahr der geologischen Karten (GÜMBEL 1885; 1886; 1888b; 1889b; 1891a) in die Übersicht eingetragen.

Wiederholt wurde Gümbel durch seinen Gesundheitszustand zur Unterbrechung seiner Arbeiten für die geognostische Landesaufnahme gezwungen. So reiste er im Herbst 1868 zu einer Traubenkur nach Südtirol und besuchte bei dieser Gelegenheit Verona, Padua, Venedig und Mailand und besichtigte die Sammlungen in diesen Städten (ANONYMUS 1870: 181).

Etwa ab 1882 machte Gümbel wegen seines Magen- und Darmleidens regelmäßig Kuren [HSTA 6]. Kur- und Badeorte, in denen sich Gümbel aufgehalten hat, sind beispielsweise Kissingen, Ems, Karlsbad, Tarasp, Gastein, Bormio, Pfäfers, das Brennerbad und St. Moritz. Selbst an diesen Orten führte er Untersuchungen über die geologischen Verhältnisse sowie das Vorkommen und den Ursprung der Mineralwässer durch. Die wissenschaftlichen Resultate seiner Kur- und Badeaufenthalte veröffentlichte Gümbel meist in den Sitzungsberichten der bayerischen Akademie der Wissenschaften (siehe hierzu das von H. MAYR zusammengestellte Publikationsverzeichnis). Außerdem sammelte er bei diesen Gelegenheiten zahlreiche Belegstücke, die der Sammlung der Technischen Hochschule einverleibt wurden (siehe Kapitel »Hochschullehrer und Konservator der mineralogischen Sammlung«).

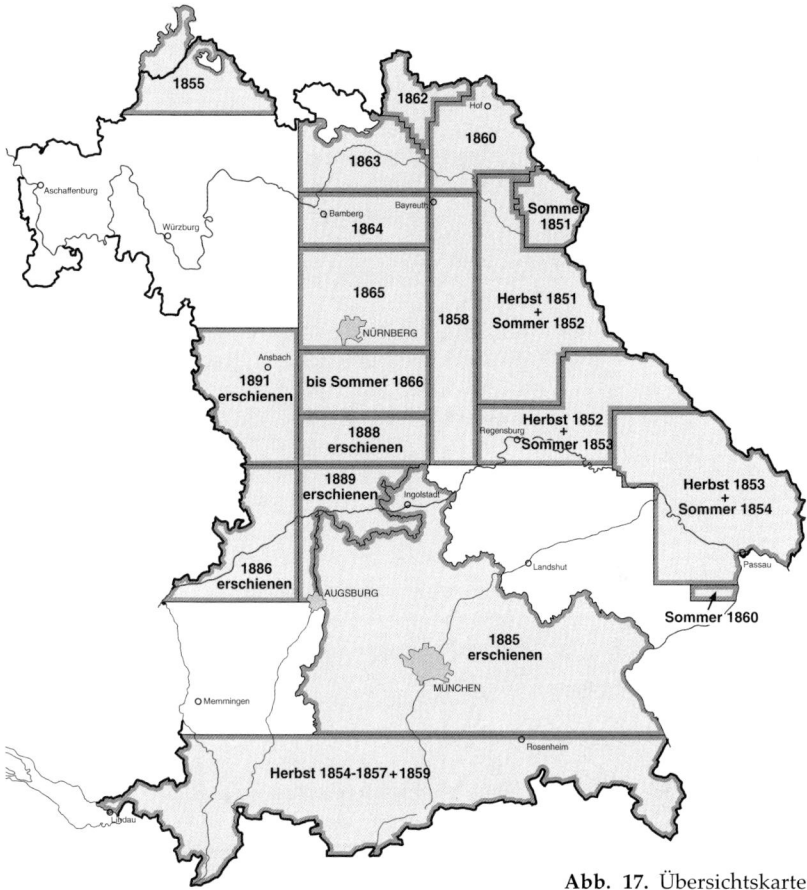

Das Frühjahr 1869 nutzte Gümbel zu einem größeren Ausflug in die Alpen, ins Salzkammergut und nach Berchtesgaden, bis ihn die Berufung in das Kollegium des neu errichteten Oberbergamts als Oberbergrath wieder zur Rückkehr nach München veranlasste (ANONYMUS 1870: 182). Durch die Gründung des Oberbergamts am 1. Juli 1869 wurde die Ausübung der dem Staat nach dem neuen Berggesetz obliegenden Hoheitsrechte vom Betrieb und der Verwaltung der staatlichen Bergwerke getrennt. Für die Verwaltung der staatlichen Berg-

Abb. 17. Übersichtskarte der von Wilhelm Gümbel und seinen Mitarbeitern, zwischen 1851 und 1898, geologisch kartierten Gebiete in Bayern. – Entwurf: Thomas Sperling; Grafik: Robert Reichel.

baubetriebe war weiterhin die königliche General-Bergwerks- und Salinen-Administration zuständig. Neben der Wahrnehmung der hoheitlichen Aufgaben wurde dem neu gegründeten Oberbergamt mit königlicher Allerhöchster Verordnung vom 16. Juni 1869, § 5 auch die Aufgabe der geognostischen Untersuchung zugeteilt.

Mit Schreiben vom 26. Juni 1869 beförderte König Ludwig II. den Assessor bei der General-Bergwerks- und Salinen-Administration, Bergrath Dr. Wilhelm Gümbel, zum 1. Juli 1869 zum Oberbergrath in der neuen Behörde. Sein damaliges Jahresgehalt von 2000 Gulden blieb unverändert [HSTA 6].

Der erste Vorstand des neu gegründeten Oberbergamts war Joseph Knorr (* 1809, † 18. Oktober 1890) [HSTA 7]. Knorr war – nach sehr guter »Concursprüfung« – 1833 als Berg- und Salinen-Praktikant bei der General-Bergwerks- und Salinen-Administration aufgenommen worden. 1838 wurde er Sudfaktor in Traunstein und 1839 erfolgte seine Ernennung zum Bergmeister in Berchtesgaden. Ab 1843 arbeitete Bergmeister Knorr als Salineninspektor in Kissingen und wurde 1855 zum Oberberg- und Salinenrath befördert. 1864 berief ihn der König ins Staatsministerium der Finanzen und ernannte den Oberberg- und Salinenrath schließlich mit dem 1. Juli 1869 zum Oberbergdirektor und Vorstand des Oberbergamts [HSTA 7]. Am 1. Januar 1875 empfing Joseph Knorr den Verdienstorden der Bayerischen Krone, der mit dem persönlichen Adel verbunden war [HSTA 10]. 1879 wurde Joseph von Knorr wegen Krankheit in den Ruhestand versetzt [HSTA 7].

Dem Oberbergrath Dr. Wilhelm Gümbel blieb auch in der neuen Behörde die Aufgabe der geognostischen Landesaufnahme in der bisherigen Art und Weise übertragen. In den folgenden Jahren arbeitete Gümbel mit allem Eifer an der Weiterführung der geognostischen Untersuchung und versah zudem mit größter Gewissenhaftigkeit die Dienstgeschäfte eines Collegialmitgliedes des Oberbergamts (AMMON 1898: 6).

Im Herbst 1869 war er mit den geognostischen Aufnahmearbeiten in Franken und insbesondere im Nördlinger Ries beschäftigt. Das Resultat dieser Untersuchungen war der 1870 in den Sitzungsberichten der kgl. bayer. Akademie der Wissenschaften erschienene Aufsatz »Ueber den Riesvulkan und über vulkanische Erscheinungen im Rieskessel«. Außerdem besuchte Gümbel im Herbst 1869 die Versammlung der Mitglieder der Deutschen geologischen Gesellschaft in Heidelberg; unter anderem, um dort alte Freunde zu treffen, die er seit den von ihm besuchten Naturforscherversammlungen von Karlsruhe (1858) und Speyer (1860) nicht mehr gesehen hatte. Zudem war es eine gute Gelegenheit, Heidelberg wieder einmal einen Besuch abzustatten, das er als Student liebgewonnen hatte (ANONYMUS 1870: 182).

Der Winter 1869/70 verging mit vielfältigen Vorbereitungen für die Bearbeitung der geognostischen Verhältnisse des Fichtelgebirges, so zum Beispiel mit mikroskopischen und chemischen Untersuchungen der Eruptivgesteine (ANONYMUS 1870: 182). Wie aus den Reisekostenabrechnungen des Jahres 1870 [GLA 19] hervorgeht, reiste Oberbergrath Wilhelm Gümbel zusammen mit Carl Ostler am 16. April 1870 nach Wien, um dort die geologische Reichsanstalt zu besuchen und die wissenschaftlichen Schätze der Donaumetropole zu studieren.

Gümbel stand nahezu seit der Gründung der k. k. geologischen Reichsanstalt in Wien mit dieser und ihren älteren Mitarbeitern, insbesondere mit Franz von Hauer, in freundschaftlich kollegialem Kontakt. Seit 1854 war Gümbel Korrespondent der k. k. geologischen Reichsanstalt (ANONYMUS 1898b: 261). Im »Jahrbuch« und in den »Verhandlungen«, den beiden von dieser Behörde herausgegebenen Zeitschriften, sind etliche seiner Veröffentlichungen erschienen (siehe das von Helmut MAYR zusammengestellte Publikationsverzeichnis).

Carl Ostler, Gümbels Begleiter nach Wien, hatte zu den sechs Männern gehört, die im Juni 1851 zusammen mit Wilhelm Gümbel in der Gegend von Waldsassen mit der geognostischen Landesaufnahme des Königreichs Bayern begonnen hatten. Sehr wahrscheinlich waren die beiden Männer auch befreundet. Am 4. Mai 1870 kehrten Gümbel und Ostler von ihrer fast dreiwöchigen Dienstreise wieder nach München zurück.

Gümbel war stets bemüht, sich über geologische Landesanstalten in anderen Staaten zu informieren und die dabei gewonnenen Erkenntnisse auch für das bayerische geognostische Bureau zu nutzen, wie dies unter anderem aus der Rede »Die geognostische Durchforschung Bayerns« (GÜMBEL 1877) hervorgeht.

Wie die im Archiv der Bayerischen Staatssammlung für Paläontologie und Geologie, Funktionseinheit Paläontologie, erhaltenen Briefe [ABSP 1] aus den Jahren 1865 bis 1870 belegen, stand Wilhelm Gümbel zudem mit vielen bedeutenden Gelehrten in freundschaftlichem Kontakt und Informationsaustausch.

Im Jahre 1870 war Gümbel bis zur gewöhnlichen Geländesaison mit Untersuchungen über Tiefseeschlamm und die so genannten Nulliporen – kleinste kalkabsondernde Lebewesen – beschäftigt.

Mitten in diesen friedlichen Arbeiten brach am 16. Juli 1870 (Mobilmachung in Bayern) der Deutsch-Französische Krieg aus und blockierte bis zum Frühling 1871 jedes wissenschaftliche Arbeiten, weil alle

Gedanken von den aktuellen Ereignissen erfüllt waren (MAYR 1989: 23).

Im Jahre 1875 fand in München die Versammlung der Deutschen geologischen Gesellschaft statt. GÜMBEL (1875) hatte dafür einen Exkursionsführer verfasst. Der Broschüre »Abriss der geognostischen Verhältnisse der Tertiärschichten bei Miesbach und des Alpengebiets zwischen Tegernsee und Wendelstein« war eine »Geognostische Karte der miocänen und oligocänen Molasse-Schichten im Leitzach-Thale bei Miesbach« (Maßstab 1:10000) mit einem »Querprofil durch das Leitzach-Thal vom Heimberg bis zum Rohnberg« und eine »Geognostische Ausflugskarte in dem bayerischen Alpengebirge zwischen Tegernsee und Wendelstein« (Maßstab 1:50000) beigegeben. Bei den dafür notwendigen Vorarbeiten wurde der kgl. Oberbergrath durch die Assistenten Hermann Loretz und Ludwig von Ammon unterstützt (AMMON 1875: 752).

Am 12. August 1875 eröffnete Gümbel als Geschäftsführer die erste Sitzung dieser Tagung (DEUTSCHE GEOLOGISCHE GESELLSCHAFT 1875: 720). In das Einschreibbuch [GLA 40] für die 23. allgemeine Versammlung haben sich 99 Teilnehmer eingetragen, darunter zahlreiche berühmte Gelehrte wie Ernst Beyrich (Berlin), Hermann Credner (Leipzig), Cornelius Doelter (Wien), Heinrich von Dechen (Bonn), Paul Groth (Straßburg), Franz von Hauer (Wien), Carl Hintze (Straßburg), Franz von Kobell (München), Melchior Neumayr (Wien), Karl Schafhäutl (München), Ernst Erhardt Schmid (Jena), Alfred Stelzner (Freiberg), Ferdinand Zirkel (Leipzig) und Karl Zittel (München).

Nach der allgemeinen Versammlung fand eine dreitägige Exkursion in die Alpen statt. Am Morgen des 15. August 1875 versammelten sich rund 40 Mitglieder der Gesellschaft am Münchner Hauptbahnhof und fuhren mit dem Zug nach Miesbach (AMMON 1875: 752). Die kgl. bayerische Staatsregierung hatte den Exkursionsteilnehmern freie Fahrt auf der Bahnstrecke München-Miesbach gewährt (DEUTSCHE GEOLOGISCHE GESELLSCHAFT 1875: 721). Von Miesbach aus wurden in Tagesausflügen die tertiären Aufschlüsse im Leitzachtal, der Wendelsteinstock und die Berge um den Spitzingsee besucht (AMMON 1875).

Im Jahr darauf fand in Philadelphia (Vereinigte Staaten von Amerika) die Weltausstellung statt. Dr. C. W. Gümbel aus München [PAG 21] erhielt für seine dabei ausgestellten geologischen Karten von Bayern eine Auszeichnung. Die vom Generaldirektor, Präsidenten und Sekretär der »United States Centennial Commission« unterzeichnete Preisverleihungsurkunde [PAG 21] trägt das Datum 27. September 1876.

Gümbel befasste sich damals sehr intensiv mit

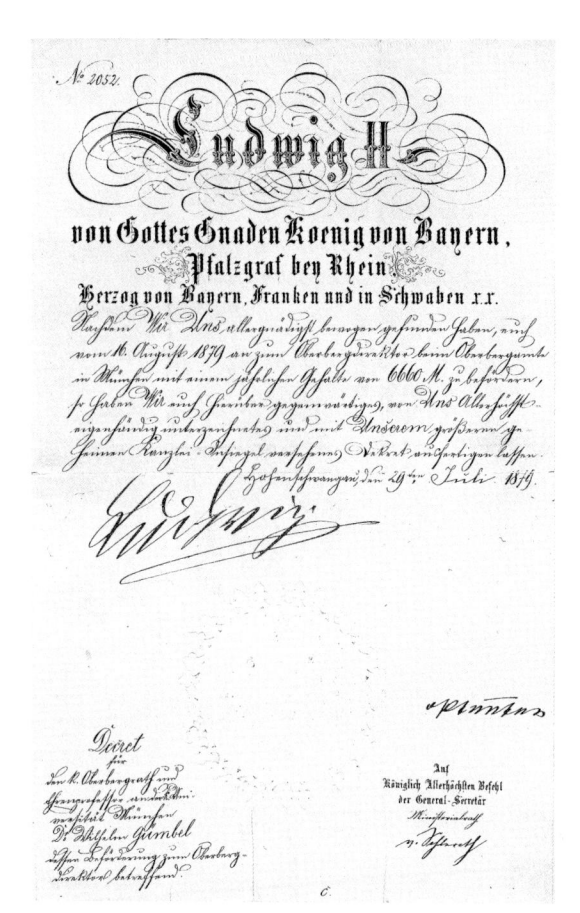

Abb. 18. Ernennungsurkunde Nr. 2052 für den k. Oberbergrath und Ehrenprofessor an der Universität München Dr. Wilhelm Gümbel zum Oberbergdirektor. Unterzeichnet von Ludwig II. in Hohenschwangau am 29. Juli 1879. – Privatarchiv Gümbel [PAG 22]; Repro: Helmut Partheymüller.

dem geologischen Aufbau des Münchner Untergrundes, den Grundwasserverhältnissen der Stadt und der Hydrogeologie der Umgebung Münchens. Er war nämlich seit 1874 Mitglied eines Ausschusses [GLA 41], der die Stadt bei der Planung und den Vorbereitungen zum Bau der Münchener Wasserversorgung (siehe Kapitel »Verdienste und Leistungen«) beraten hat. Gümbel war mit der Untersuchung des Bodens und dem Ausfindigmachen von großen Mengen reinen Quellwassers betraut. Er hat die ihm gestellte Aufgabe glücklich gelöst, indem er auf die ergiebigen Quellen im Mangfalltal hingewiesen hat (AMMON, 1899: 25; VOIT 1899: 304–305).

Mit der Versetzung des bisherigen Vorstandes des Oberbergamts, dem Oberbergdirektor Joseph von Knorr, in den Ruhestand, beförderte König Ludwig II. den k. Oberbergrath Dr. Wilhelm Gümbel mit Wirkung vom 16. August 1879 zum Oberbergdirektor. Die am 29. Juli 1879 von Ludwig II. in Hohenschwangau unterzeichnete Ernennungsurkunde Nr. 2052 (Abb. 18) befindet sich heute im Privatarchiv Gümbel [PAG 22]. Mit der Beförderung zum Oberbergdirektor übernahm Gümbel auch

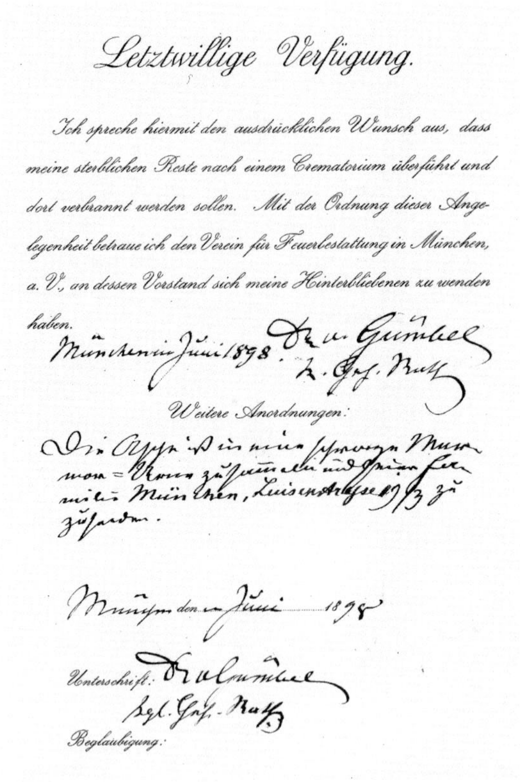

Abb. 19. Letztwillige Verfügung die Verbrennung seines Leichnams und den Verbleib der Asche betreffend. Unterzeichnet München im Juni 1898, Dr. v. Gümbel kgl. Geh. Rath. – Privatarchiv Gümbel [PAG 25]; Foto: Helmut Partheymüller.

die Vorstandschaft des Oberbergamts. Dadurch ergaben sich bessere Möglichkeiten, sich erfolgreich für die Interessen der geognostischen Untersuchung einzusetzen (AMMON 1899: 4). Gümbel leitete die oberste Bergbehörde über 18 Jahre.

Am 1. Oktober 1879 richtete Oberbergdirektor Dr. Gümbel an das kgl. Staatsministerium des Innern, Abteilung für Landwirtschaft, Gewerbe und Handel, die Bitte, als Berater bei Wasserversorgungsangelegenheiten größerer bayerischer Städte und für die fürstlich Thurn und Taxissche Steinkohlengrube »Mathildenzeche« bei Pilsen in Böhmen, als bergtechnischer Beirat fungieren zu dürfen [HSTA 6]. Die dienstliche Bewilligung hierzu erhielt Gümbel von der zuständigen Abteilung des Ministeriums am 20. Oktober 1879 [HSTA 6].

Neben dem Gutachten, das Gümbel erstellte (siehe auch Kapitel »Verdienste und Leistungen«), verfasste GÜMBEL (1889d) später auch einen kurzen Aufsatz »Ueber einen aufrechtstehenden Kohlenstamm der Pilsener Mulde«, der in den »Verhandlungen der k. k. geologischen Reichsanstalt« erschienen ist.

Anfang Mai 1882 erkrankte Gümbel an einer schweren Dickdarmentzündung und es waren ihm einige Wochen Bettruhe verordnet worden. Doch bereits am 12. Mai 1882 arbeitete er wieder [HSTA 6].

Einen dreiwöchigen Urlaub im Juli 1882 nutzte Gümbel, um mit einer Trinkkur in Karlsbad seine Gesundheit wieder herzustellen. Auch in den drei folgenden Sommern fuhr der Oberbergdirektor jeweils für drei Wochen in den böhmischen Badeort, um sich dort auszukurieren [HSTA 6]. Gümbels Eindrücke erschienen im dortigen Fremdenblatt (4. Jg., Nr. 32) am 12. Juli 1884 unter dem Titel »Geologische Aphorismen über Karlsbad« (AMMON 1899: 34).

Immer wieder hat Gümbel an Kongressen, Tagungen und Ausstellungen teilgenommen oder einen seiner Mitarbeiter entsandt, um mit Fachgenossen in Verbindung zu bleiben und sich über aktuelle Entwicklungen in den Naturwissenschaften zu informieren. Beispielsweise nahm er 1885, zusammen mit seinem Schüler, Mitarbeiter und späteren Amtsnachfolger Ludwig von Ammon, am 3. internationalen geologischen Kongress in Berlin teil [GLA 23]. Im Jahre 1888 besuchte Gümbel, zusammen mit seinem Freund Dr. Karl von Zittel, den 4. internationalen Geologenkongress in London (MAYR 1989: 30).

Über persönliche Interessen und Neigungen Wilhelm Gümbels ist nur wenig überliefert. Ludwig von AMMON (1899: 26) schrieb in seinem Nekrolog auf Wilhelm von Gümbel: »…; *die Forschung war seine Freude und in der Arbeit fand er das Glück.* …« Besondere Freude scheint Gümbel analytisches Arbeiten gemacht zu haben. So berichtete REIS (1919: 334), Gümbel habe bis in die letzten Jahre seines Lebens jeden Tag eine bis zweieinhalb Stunden im chemischen Laboratorium des geognostischen Bureaus selbst analysiert. Adolph Schwager – der als Geologe und Chemiker gut 23 Jahre lang Gümbels Mitarbeiter war – wurde dadurch unterstützt, weil Gümbel einen Teil der für die Landesuntersuchung so nötigen und mehr und mehr dringlich werdenden chemischen Analysen selbst ausführte. Nach Gümbels Tod mussten die hydrochemisch-geologischen Arbeiten abgebrochen werden, da zunächst Schwager der einzige Analytiker war, die Ansprüche an Analysen sich vermehrten und ein später eingestellter zweiter Gesteinschemiker, zum Teil auch aus Platzmangel und wegen Schwagers Widerstand, nicht als solcher eingesetzt wurde (REIS 1919: 334).

Den Urlaub verbrachte der kgl. Oberbergdirektor in den letzten Lebensjahren zusammen mit seiner Familie in Garmisch. Jedoch erholte er sich hier nicht nur, sondern betrieb von Garmisch aus auch die geologische Neuaufnahme des Wettersteingebirges.

Die Kartierungen führte Gümbel teils selbst durch (AMMON 1898: 8; VOIT 1899: 291–292), größtenteils wurden sie jedoch von seinen Assistenten Dr. Friedrich Wigand Pfaff und Dr. Otto Maria Reis vorgenommen (REIS 1911: 61), die er dabei beaufsichtigte. Die Regentage benutzte der Oberbergdirektor dazu, Abbildungen für die in Aussicht stehende Publikation anzufertigen (AMMON 1898: 8). Die Ergebnisse der Untersuchungen im Wettersteingebirge wurden jedoch erst Jahre nach Gümbels Tod von REIS (1911) in den »Geognostischen Jahresheften« veröffentlicht.

Mitte Dezember 1896 stellten sich die ersten heftigen Symptome eines schweren Darm- und Magenleidens ein und Gümbel war ab dieser Zeit im Krankenstand und bis auf weiteres beurlaubt [HSTA 6]. Der arbeitsfreudige Mann durfte das Haus nicht mehr verlassen (AMMON 1898: 8).

Am 1. Januar 1897 [HSTA 6] erhielt Gümbel den Titel und Rang eines kgl. Geheimen Rathes – eine hohe Auszeichnung, die ihn ganz besonders freute (AMMON 1899: 4).

Während seiner Krankheit war Dr. Wilhelm von Gümbel über ein Jahr beurlaubt, und sein langjähriger Mitarbeiter Bergrath Carl Ostler führte während seiner Abwesenheit die Dienstgeschäfte im Oberbergamt [HSTA 6].

Schwer krank übernahm Dr. Wilhelm von Gümbel am 1. April 1898 die Vorstandschaft des Oberbergamts wieder. Er erledigte die Dienstgeschäfte von seiner Wohnung aus [HSTA 6], die sich damals in der Luisenstraße 19 im dritten Stock befunden hat [STAM 1]. Das Wohnhaus existiert heute nicht mehr, es lag an der Kreuzung Luisenstraße/Gabelsbergerstraße (etwa an der Stelle des heutigen Hauses Gabelsbergerstraße 22).

Gümbels Stellvertreter und Amtsnachfolger im geognostischen Bureau – Dr. Ludwig von AMMON (1898: 8) – schrieb dazu: »... *Mit wunderbarem Eifer versah er bei vollen geistigen Kräften trotz der zunehmenden Schwäche des Körpers die Arbeit. Er starb im Dienst. Kurze Zeit vor seinem Tode hatte er Abschied von den Seinigen, von seinen befreundeten akademischen Kollegen und den ihm nahe stehenden Beamten genommen.*«

Am 18. Juni 1898, um 13 Uhr, verschied im 76. Lebensjahr, in seiner Wohnung in der Luisenstraße 19/3 [SAM 3; STAM 1] in München, der Geheime Rath Dr. Carl *Wilhelm* Ritter von Gümbel, königlich bayerischer Oberbergdirektor und Professor, Mitglied der königlichen Akademie der Wissenschaften, Ehrenbürger der Stadt München, Komtur und Ritter hoher Orden.

Laut Todesanzeige [HSTA 6] fand die Leichenfeier in München am Dienstag, den 21. Juni um 8³⁰ Uhr, auf dem [Alten] Nördlichen Friedhof statt. An dieser Abschiedsfeier nahmen, außer seinen Angehörigen, eine Deputation der Stadt München und Vertreter verschiedenster wissenschaftlicher Institute teil (REIS 1898: 82). So war die k. Technische Hochschule durch eine aus drei Mitgliedern des Direktoriums bestehende Abordnung vertreten, der sich mehrere Professoren dieser Hochschule angeschlossen hatten [HATUM 1]. Aus Peißenberg waren zur Trauerfeier vier Bergleute des dortigen Kohlenbergwerks angereist [HSTA 2].

Anschließend brachte man Gümbels Leichnam zum Münchner Hauptbahnhof, um ihn nach Gotha zu überführen [HATUM 1].

In einer »Letztwilligen Verfügung« (Abb. 19) vom Juni 1898 hatte der kgl. Geheime Rath Dr. von Gümbel den ausdrücklichen Wunsch geäußert, dass seine sterblichen Reste an ein Krematorium überführt und dort verbrannt werden sollten. Mit der Ordnung dieser Angelegenheit hatte er den Verein für Feuerbestattung in München, a.V. [anerkannter Verein], betraut. Des Weiteren ordnete Dr. von Gümbel an, »*die Asche ist in einer schwarzen Marmor-Urne zu sammeln und seine*[r] *Familie München, Luisenstraße 19/3 zuzusenden*« [PAG 25].

Gümbels Leichnam wurde am 22. Juni 1898 um

Abb. 20. Grabmal des k. Geheimraths und Oberbergdirektors Dr. C. Wilhelm Ritter von Gümbel und seiner beiden Ehefrauen: Emma von Gümbel, geborene Wahl (* 10. September 1833, † 1. Dezember 1883) und Katharina von Gümbel, geborene Labroiße (* 15. Dezember 1833, † 28. Februar 1903). SSW-Mauer des Alten Nördlichen Friedhofs in München, 18. Juni 2000; – Foto: Thomas Sperling.

Abb. 21. Zustand des Grabmals des Geheimraths und Oberbergdirektors Dr. Wilhelm von Gümbel und seiner beiden Ehefrauen, etwa 1934. SSW-Mauer des Alten Nördlichen Friedhofs in München. – Aufnahme von H. Niesner, aus REIS (1935: Abb. 23).

15:00 Uhr in Gotha verbrannt [GAG 2]. Dort befand sich das erste deutsche Krematorium, das im Jahre 1878 eröffnet worden war. Die Verbrennung erfolgte im »Ausland«, weil damals in Bayern die Feuerbestattung gesetzlich nicht zugelassen war (HERDERSCHE VERLAGSHANDLUNG 1905: 651).

Die Überreste (Knochenasche) sandte man, seinem Wunsch entsprechend, zurück nach München [GAG 2].

Das Wandgrabmal Gümbels (Abb. 20) befindet sich an der SSW-Mauer des Alten Nördlichen Friedhofs in München. Man erreicht die Grabstätte mit der Nummer: M-li-127 (ZUBER 1984: 37), wenn man sich, vom mittleren Eingang an der Zieblandstraße kommend, nach links wendet und an der Mauer rund 30 Meter entlang geht. Wandtafel, Sockel und Urnensäule bestehen aus tiefschwarzem schwedischem Trapp (Diabas) vom Immelnsee [Immel Sjö] aus der schwedischen Provinz Skåne (REIS 1935: 188–189). Dieses Gestein trägt nach GRIMM, SCHWARZ & DEMEL (1991: 83) heute die Handelsbezeichnung Schwedisch-Schwarz-Basalt.

Die Grabstätte befindet sich heute leider nicht mehr im Originalzustand, wie das um 1934 aufgenommene Foto (Abb. 21) aus dem Buch »Die Gesteine der Münchner Bauten und Denkmäler« von Otto Maria REIS (1935: Abb. 23) zeigt. Die Urne, die ursprünglich das Grabdenkmal zierte, ist während des 2. Weltkrieges verschwunden (NATHAN 1951: 25). Sie wurde später durch die heutige, nicht zum Grabmal passende Urne (Abb. 20) aus Zöplitzer Granatserpentinit (GRIMM, SCHWARZ & DEMEL 1991: 83) ersetzt. Auf der Urnensäule stehen die Worte:

»*Te saxa loquuntur!*« [Von dir sprechen (künden) die Steine! bzw. Dich rühmen (preisen) die Steine!]

Hochschullehrer und Konservator der mineralogischen Sammlung

Am 30. Januar 1863 stellte der kgl. Bergmeister Dr. C. W. Gümbel an den König von Bayern, Maximilian II., das »*allerunterthänigstgehorsamste Bittgesuch um Verleihung einer Honorar Professur für Geognosie, Markscheidekunde, dann für Bergwerks- und Hüttenkunde an der kgl. Universität München*«. Das Gesuch [UAM 2] enthält unter anderem einen Lebenslauf und ein Verzeichnis der wissenschaftlichen Publikationen Gümbels.

In dieser Angelegenheit verfasste der damalige Dekan der staatswirtschaftlichen Fakultät an der kgl. Universität München, Professor Dr. Cajetan Georg Kaiser (* 5. Juni 1803 in Kehlheim, † 28. August 1871 in München) (BOSL 1983: 401), einen Bericht [UAM 3]. Aus dem Schriftstück [UAM 3] vom 11. März 1863 geht hervor, dass Professor Schafhäutl in seinem Votum, das dem Bericht als Separatum beiliegt, gegen die Ernennung Gümbels zum Professor honorarius war. Prof. Dr. Dr. Schafhäutl führte unter anderem folgende Begründung dafür an: »*... Daß übrigens Herr Dr. Gümbel, welcher seine ganze Dienst- und Studienzeit wohl ausschließlich der Geologie geweiht hat, Bergbaukunst und Hüttenkunde lehren will, mit welchen er sich praktisch nie beschäftigt hat, zeugt, gelinde gesagt, wohl von einem allzu starken Vertrauen in seine Kräfte ...*«.

Das zweite Separatum, das dem Bericht beigegeben ist, stammt vom Staatsrath und ordentlichen Professor Dr. Friedrich von Hermann (siehe oben). Dr. von Hermann befürwortete die Verleihung einer Ehren-Professur an Dr. Gümbel und schrieb in seinem Votum [UAM 3] unter anderem: »*... Der Unterzeichnete freut sich, seine Ansicht dahin aussprechen zu können, daß wohl nicht leicht ein Fall vorkommen dürfte, in welchem die Verleihung einer Ehren-Professur so durchaus begründet ist, wie der vorliegende. Die bedeutendsten Männer des Faches haben das große geognostische Werk Dr. Gümbels unter die ersten Leistungen gestellt, welche die Geognosie kennt; ...*«

Professor Kaiser selbst äußerte sich in seinem Bericht [UAM 3] über Wilhelm Gümbel durchaus positiv. Er bemerkte, dass Gümbel bei ihm ein volles Jahr »*Studien und praktische Übungen im Fach der Chemie*« absolviert habe und ihm durch seinen »*überaus großen Fleiß*« in gutem Andenken sei. Weiter berichtete Kaiser, dass er ihn 1848 im Staatsexamen geprüft habe und dass er [Kaiser] die Auszeichnung veranlasst habe, welche Gümbel schließlich nach seinem Examen zuerkannt wurde. Er schätze ihn hoch, wenn er auch als ehemaliger Lehrer der Mineralogie mit der wissenschaftlichen Anschauungsweise Gümbels nicht ganz übereinstimme, und Gümbel würde »*als schätzbare junge Kraft für die Wissenschaft*« jede Unterstützung verdienen.

Nach dem Sitzungsbeschluss der Fakultät vom 7. März 1863 [UAM 3] wurde »*... die Bitte des königlichen Berg-Meisters Dr. Guimbel einstimmig und beifälligst befürwortet, jedoch nur für das Fach der Geognosie, da literarische Nachweise seiner Leistungen im Bergbau und in der Hüttenkunde zur Zeit nicht vorliegen.*«

Am 16. Mai 1863 erfolgte schließlich die Ernennung des 40-jährigen kgl. Bergmeisters Dr. Gümbel zum Honorarprofessor an der Universität in München [UAM 1; UAM 4].

Der akademische Senat der königl. Universität München teilte Dr. Gümbel in einem Schreiben vom 18. Mai 1863 [PAG 18] unter anderem mit, »*... daß gemäß höchster Ministerial-Entschließung vom 16ten lf. Mts. Num. 4168 Seine Majestät der König denselben zum Ehrenprofessor der Geognosie und Markscheidekunst in der philosophischen Facultät der k. Universität München allergnädigst zu ernennen geruht haben. ...*«.

Damit erhielt Gümbel die Möglichkeit, Vorlesungen zu halten und als Lehrer seine umfangreichen Kenntnisse weiterzugeben. Zudem fand er unter seinen Hörern immer wieder qualifizierte Mitarbeiter für sein Lebenswerk, die geognostische Untersuchung des Königreichs Bayern. Etwa ab 1865 rekrutierten sich die Mitarbeiter Gümbels zunehmend aus den Reihen der Geognosiestudenten an der Münchner Universität.

Wie aus einem Bericht (Nr. 6743) des königlichen Staats-Ministeriums der Finanzen an König Maximilian II. [HSTA 6] hervorgeht, hat Dr. Wilhelm Gümbel im Mai 1863 auch einen Ruf als Professor an die polytechnische Schule in Karlsruhe erhalten. In dem Schriftstück vom 2. Juni 1863 [HSTA 6] heißt es weiter: »*..., wodurch sein Einkommen gegen jenes in seiner dermaligen Stellung bedeutend vergrößert würde.*

Wenn auch Bergmeister Gümbel nicht verkennt, daß ihm bei der für seine Leistungen zu Theil gewordenen Unterstützung die Pflicht obliege, das von ihm begonnene Werk zu vollenden; so würde es ihm doch schwer werden, mit Rücksicht auf seinen Familienstand und auf seine durch die beschwerliche Berufsausübung angegriffene Gesundheit die ihm angetragene ruhigere und einträglichere Stelle auszuschlagen ...«.

Eine am 1. Juli 1863 erfolgte Erhöhung seines Jahresgehaltes um 400 Gulden (siehe Anhang 2) und Gümbels Begeisterung für seine Lebensaufgabe dürften ihn schließlich bewogen haben, dem Ruf an die polytechnische Schule in Karlsruhe nicht zu folgen.

Am 14. Juni 1863 stellte der kgl. Bergrath und Honorarprofessor an den König die Bitte [UAM 5] um Bewilligung der für die Vorträge über Geognosie und Markscheidekunde benötigten Lehrapparate. Gümbel veranschlagte für das Studienjahr 1863/64 Gesamtkosten von 755 Gulden. Im Einzelnen sind in seinem Antrag fünf Schubladenkästen (180 Gulden) für die Unterbringung der Gesteinshandstücke und ein Grubentheodolit [Vermessungsgerät für Bergwerke] samt allem Zubehör (350 Gulden) als Grundausstattung aufgeführt. Für die Ersteinrichtung des Lehrsaales waren 25 Gulden veranschlagt. An laufenden jährlichen Kosten plante Gümbel: 150 Gulden für die Vervollständigung der Gesteinssammlung und die Anschaffung von Kästen, 25 Gulden für kleinere Anschaffungen bei den Vorträgen über Markscheidekunde und 25 Gulden für die Bezahlung eines Dieners für die Vorlesungen [UAM 5].

Seine Aufgabe als Professor honorarius der Geognosie und Markscheidekunde hat Gümbel stets sehr ernst genommen, wie aus den Vorlesungsverzeichnissen der Universität (LUDWIG-MAXIMILIANS-UNIVERSITÄT 1863a–1897a und 1864b–1898b) hervorgeht.

Seine ersten regulären Vorlesungen hielt Professor Gümbel im Wintersemester 1863/64. Im Vorlesungsverzeichnis (LUDWIG-MAXIMILIANS-UNIVERSITÄT 1863a: 10) sind in der philosophischen Fakultät folgende Lehrveranstaltungen Gümbels aufgeführt:
»*1) Allgemeine Geognosie mit besonderer Rücksicht auf die geognostischen Verhältnisse Bayerns und auf seinen Boden, zweimal wöchentlich;
2) Markscheidekunde mit Demonstrationen und practischen Uebungen, einmal wöchentlich.*«

Im Sommersemester 1864 referierte Professor honor. Dr. Gümbel über die praktische Anwendung der Geognosie (LUDWIG-MAXIMILIANS-UNIVERSITÄT 1864b: 10).

Seine zweite und zugleich letzte Vorlesung über Markscheidekunde und die Vorlesung über allgemeine Geognosie mit besonderer Berücksichtigung der in Bayern herrschenden Verhältnisse hielt Dr. Gümbel im Wintersemester 1864/65 (LUDWIG-MAXIMILIANS-UNIVERSITÄT 1864a: 10).

Als man 1868 in München eine technische Hochschule gründete, die bis zum Jahre 1877 »Polytechnische Schule München« hieß (TECHNISCHE UNIVERSITÄT MÜNCHEN 1999: 17), wurden dringend Dozenten benötigt.

Seine Majestät König Ludwig II. genehmigte am 13. August 1868, dass dem k. Bergrath und Honorar-Professor an der Universität Herrn Dr. Wilhelm Gümbel die Vorträge über Geognosie und Geologie und die Vorstandschaft der mineralogischen Sammlung der Polytechnischen Schule übertragen wurden [HATUM 1; UAM 1]. Gümbel hat diese zusätzliche Aufgabe hauptsächlich in der Absicht übernommen, einige Schüler auszubilden und bei den Technikern die Geognosie stärker zur Geltung zu bringen als bisher (ANONYMUS 1870: 182). Gümbel erhielt für seine Tätigkeit an der Polytechnischen Schule ab dem 1. Oktober 1868 eine jährliche Vergütung von 500 fl und hatte zudem Anspruch auf die Unterrichtsgebühren seiner Hörer [HATUM 1].

AMMON (1898: 9) berichtete über die Sammlung der Technischen Hochschule [heute Technische Universität], Gümbel habe zahlreiche Suiten mit eigener Hand zusammengetragen. Die Gesteinshandstücke, Mineralstufen und Fossilreste brachte er teils von seinen Kuraufenthalten, teils von wissenschaftlichen Reisen mit.

Dr. Wilhelm Gümbel war über 27 Jahre lang Konservator der mineralogisch-geognostischen Sammlung der Technischen Hochschule. Den Grundstock zu dieser Sammlung, die eine der bedeutendsten geowissenschaftlichen Sammlungen in Bayern war, bildeten die unter seiner Vorstandschaft zusammengetragenen Stücke. Außer durch selbst gesammelte Handstücke und Stufen erhielt die Sammlung damals auch durch Schenkungen Zuwachs. Eine diesbezügliche Aktennotiz befindet sich im Historischen Archiv der Technischen Universität München. In dem Schriftstück [HATUM 2], das Gümbel am 11. Juli 1888 »an das hohe Direktorium der kgl. technischen Hochschule« adressiert hat, heißt es: »*Auf die gefällige Vermittlung des Herrn Prof. Dr. W. Dyck dahier wurde von Fräulein Clotilde Dyck z. z. in Hohenaschau eine Sammlung von Versteinerungen aus dem Nachlasse ihres Hr. Vaters des königl. Eisenbahn-Direktors C. v. Dyck der geognostischen Sammlung der k. technischen Hochschule überlassen.*«

Am 6. November 1895 entband man Dr. von Gümbel – auf eigenen Wunsch – von der Vorstandschaft der mineralogisch-geognostischen Sammlung (siehe unten). Sein Nachfolger als Sammlungskonservator wurde Dr. Konrad Oebbeke [HATUM 2], ein ehemaliger Mitarbeiter Gümbels bei der geognostischen Untersuchung des Königreichs Bayern (siehe Anhang 5).

In den Sommersemestern der Jahre 1865 bis 1881 veranstaltete Professor Gümbel wöchentlich zweistündige praktische Übungen im Bestimmen von Gebirgsarten. In den Jahren 1882 und 1884 fanden diese Übungen nicht statt und im Sommersemester 1885 hielt Prof. hon. k. Oberbergdirektor Dr. v. Gümbel sein letztes Praktikum in Gesteinsbestimmung (LUDWIG-MAXIMILIANS-UNIVERSITÄT 1865b: 10 – 1898b: 22).

Über drei Jahrzehnte (Wintersemester 1863/64 bis 1894/95) hat Gümbel Vorlesungen über allgemeine Geognosie (mit besonderer Berücksichtigung der in Bayern herrschenden geognostischen Verhältnisse) gehalten. Diese Lehrveranstaltung war zunächst dreistündig und wurde ab dem Wintersemester 1869/70 in fünf Wochenstunden gehalten (LUDWIG-MAXIMILIANS-UNIVERSITÄT 1863a: 10 – 1894a: 19).

VOIT (1899: 300–301) berichtete über Gümbels Vorlesungen: »*… Er hat gerne die Lehrthätigkeit ausgeübt, da er erkannte, dass er durch die Vorlesungen genöthiget werde sein Fach ganz zu übersehen und seinen Blick zu erweitern. Seine begeisterten Vorträge waren für solche, denen es ernst mit der Sache war, in höchstem Grade belehrend und anregend; seine Kenntnisse waren so gross, dass er in dem Bestreben sein Bestes zu geben, bei dem Unterricht für solche, welche nur einen Ueberblick über die Geologie thun wollten, vielleicht zu viel brachte; aber er hat zahlreiche dankbare Schüler in die Wissenschaft eingeführt. …*«

AMMON (1898: 9) schrieb, Gümbels Vorlesungen seien attraktiv und überzeugend gewesen; er habe mit klarer, kräftiger Stimme vorgetragen und sei dabei stets mit ganzem Eifer und Begeisterung bei der Sache gewesen. Seine Vorlesung, die auch von den Studenten der Universität besucht wurde, hielt Gümbel wahrscheinlich ab 1877 (LUDWIG-MAXIMILIANS-UNIVERSITÄT 1877b: 16) im Gebäude der Technischen Hochschule [heute Technische Universität] in München ab (AMMON 1899: 26).

Manchmal unternahm Gümbel größere Exkursionen ins Ausland, obwohl er durch seine Tätigkeit als Leiter der geognostischen Untersuchung wenig Zeit hatte. So schloss sich Gümbel Pfingsten 1880 einer Exkursion zum St.-Gotthard-Tunnel in der Schweiz an, die von Professoren und Studenten einer Abteilung der Technischen Hochschule in München unternommen wurde. Die Exkursion, für die er sich hatte beurlauben lassen, bezahlte Gümbel aus eigener Tasche. Bereits im September 1879 hatte Gümbel einen dreiwöchigen Urlaub genutzt, um diese Baustelle zu besichtigen [HSTA 6].

Auf vielfaches Drängen seiner Freunde (ZITTEL 1898: 2) hat Gümbel den Inhalt seiner Vorlesungen, stark erweitert und sorgfältig ausgearbeitet, in einem 1160 Seiten starken Lehrbuch der Geologie niedergelegt, das 1888 (zwischen 1884 und 1888 mehrere Lieferungen, siehe das von MAYR zusammengestellte Werksverzeichnis in diesem Buch) im Verlag von Theodor Fischer in Kassel erschienen ist. Diese »Grundzüge der Geologie« enthalten 504 teils farbige Abbildungen (GÜMBEL 1888a).

Die »Quintessenz« seiner Erfahrungen über die geologischen Verhältnisse Bayerns hat er – wenige Jahre vor seinem Tod – im 1192 Seiten umfassenden zweiten Band der Geologie von Bayern, welcher 1894 (zwischen 1892 und 1894 mehrere Lieferungen) ebenfalls bei Theodor Fischer in Kassel herausgekommen ist, kurz und übersichtlich (ZITTEL 1898: 2) zusammengefasst. Die »Geologische Beschreibung von Bayern« enthält 371 Abbildungen und als Beilage eine geologische Übersichtskarte von Bayern im Maßstab 1:1 000 000 (GÜMBEL 1894). Der Ladenpreis des Buches betrug damals 60 Mark. Den Behörden und Beamten im Ressort des k. Staatsministeriums des Innern wurde das Werk zu einem ermäßigten Preis, und zwar zu 40 Mark für ein geheftetes und 42 Mark für ein gebundenes Exemplar, angeboten (K. STAATSMINISTERIUM DES INNERN 1894: 414).

Durch die von Gümbel geleiteten geognostischen Untersuchungsarbeiten waren seit Beginn der Landesaufnahme große Mengen von Gesteinshandstücken, Versteinerungen und Mineralstufen aufgesammelt worden. Aus diesen Stücken, welche Gümbel und seine Mitarbeiter zusammengetragen haben, entstand die Belegsammlung der geognostischen Landesuntersuchung. Den Grundstock der Sammlung bildeten die zwischen 1851 und 1854 bei der geognostischen Untersuchung und Kartierung Ostbayerns gefundenen Stücke. Die Sammlung der geognostischen Landesuntersuchung stand für wissenschaftliche Untersuchungen offen und gehörte zu den bedeutendsten geowissenschaftlichen Sammlungen in Süddeutschland.

Dionys Stur (* 5. April 1827 in Beczkó/ Ungarn, † 9. Oktober 1893 in Wien) (FEDDERSEN & OETTINGEN 1898b: 1311), damals Geologe an der k. k. geologischen Reichsanstalt in Wien, besuchte die Sammlung im Juni 1865. STUR (1865: 172) berichtete darüber: »*Die ersten Tage meines Aufenthaltes in München habe ich mit Herrn königl. bayer. Bergrath C. W. Gümbel in seiner sehr werthvollen Sammlung zugebracht, die die Grundlage eines grossen Werkes über die Geologie der südbayerischen Alpen bildet. Seiner freundlichen Gewogenheit verdanke ich viele Aufschlüsse und Aufklärungen über die wichtigsten Schichten der bayerischen Alpen. Die Originalien zu seinen vielen neu aufgestellten Arten wurden mir vorgezeigt, und nach Bedarf die Zusendung derselben nach Wien, zum Behufe genauer directer Vergleichung in zuvorkommenster Weise in Aussicht gestellt. Auch konnte ich mehrere Stücke von Petrefacten insbesondere den Ammonites multinodosus und A. falcifer als Geschenke für unsere Sammlungen von Herrn Bergrath Gümbel in Empfang nehmen. Ich ergreife hier die Gelegenheit Herrn Bergrath Gümbel für freundlichen Empfang, kräftige Förderung meiner Reisezwecke und für die werthvollen Geschenke, meinen verbindlichsten Dank zu sagen.*«

Es war Gümbel stets ein großes Anliegen, diese Sammlung in Stand zu halten und entsprechend zu vergrößern. Sie war beim Tod Gümbels im nördlichen Parterregeschoss des Gebäudes der kgl. General-Bergwerks- und Salinen-Administration [heute Universitätsbibliothek] untergebracht und umfasste in kleinen Sälen sieben einzelne Abtheilungen. Diese Abtheilungen entsprachen geologisch in sich abgeschlossenen Aufnahmegebieten: I. Alpen, II. Ostbayerisches Grenzgebirge, III. Fichtelgebirge, IV. Fränkische Alb, V: bayerische Rheinpfalz, VI. Unterfranken und VII. bayerische Hochebene (AMMON 1899: 19). Diese Belegsammlung der geognostischen Landesuntersuchung bildet heute den Grundstock der geowissenschaftlichen Sammlungen des Bayerischen Geologischen Landesamts in München.

Noch im Jahre 1895 – also 72-jährig – war Wilhelm von Gümbel als Hochschullehrer tätig. Dreimal wöchentlich hielt er im Wintersemester 1894/ 95 seine insgesamt fünfstündige Vorlesung »Allgemeine Geognosie in besonderer Berücksichtigung der in Bayern herrschenden Verhältnisse« (LUDWIG-MAXIMILIANS-UNIVERSITÄT 1894a: 19).

Auf sein eigenes Gesuch wurde Oberbergdirektor Professor Dr. von Gümbel, mit Rescript Nr. 17259 des k. bayerischen Staatsministeriums des Innern für Kirchen- und Schulangelegenheiten vom 6. November 1895 an den Senat der k. Universität München und (in Abschrift) das Direktorium der k. Technischen Hochschule in München, von der Verpflichtung zur Abhaltung der Vorträge über Geognosie und Geologie, sowie von der Vorstandschaft der mineralogisch-geognostischen Sammlung an der Technischen Hochschule in München, »*unter wohlgefälliger Anerkennung seiner langjährigen, treuen und ausgezeichneten Dienstleistung*« – wie es in dem Schreiben heißt – entbunden [HATUM 1; HSTA 6; UAM 7].

Bei dieser Gelegenheit sprach ihm auch das k. Direktorium der Technischen Hochschule in einem Schreiben vom 8. November 1895 für seine bisherige Lehrtätigkeit und sein Wirken als Vorstand der mineralogisch-geognostischen Sammlung den wärmsten Dank aus. Gleichzeitig äußerte man die Hoffnung, Gümbel noch viele Jahre zu den Mitgliedern des Lehrkörpers zählen zu dürfen [HATUM 1]. Der kgl. Oberbergdirektor hatte schon vorher die Absicht zu erkennen gegeben, »*auch ferner*

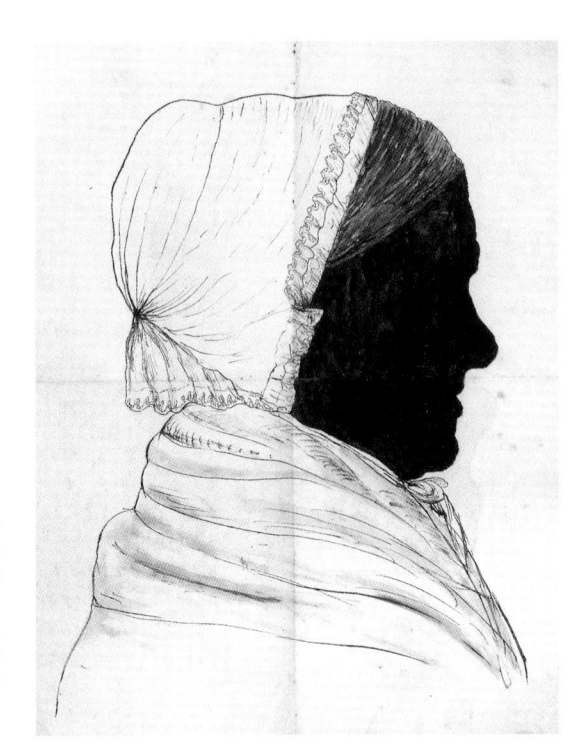

Abb. 22. Porträt-Silhouette von Julie *Emma* Caroline Gümbel (* 10. September 1833, † 1. Dezember 1883), der ersten Ehefrau Wilhelm Gümbels. Schwarze Tinte auf Papier (41 × 32,5 cm). – Privatarchiv Gümbel; Foto: Thomas Sperling.

Abb. 23. Emma (* 13. Dezember 1858), Wilhelm (* 13. Juli 1860) und Hermine Gümbel (* 12. Oktober 1864), aufgenommen um 1866 in München; Foto: Engelbert Laifle. – Foto im Familienarchiv Horst-Eberhard von Horstig, Zeppelinheim.

fortlaufende fakultative Vorträge über Gegenstände aus dem Gebiete der Geognosie und Geologie an der technischen Hochschule abzuhalten« [HATUM 1]. Das Direktorium der Technischen Hochschule befürwortete dies, weil es Gümbels Vorträge als Bereicherung des Vorlesungsprogrammes ansah [HATUM 1]. Mit Rescript Nr. 17258 des königlichen Staatsministeriums des Innern für Kirchen- und Schulangelegenheiten vom 6. November 1895 wurde Gümbel mit der Abhaltung *»fortlaufender, nicht obligatorischer Vorträge über ausgewählte Gegenstände der Geognosie und Geologie betraut«* [HATUM 1; UAM 6]. Die jährliche Vergütung hierfür wurde bis auf weiteres auf 900 Mark festgesetzt und aus dem Personaletat der Technischen Hochschule bestritten [HATUM 1].

Diese erneute Lehrtätigkeit Professor von Gümbels war jedoch nur von kurzer Dauer. So las er im Wintersemester 1895/96 zwei Stunden pro Woche über *»Ausgewählte Kapitel aus der Geologie«* (LUDWIG-MAXIMILIANS-UNIVERSITÄT 1895a: 20).

Im Wintersemester 1896/97 zeigten sich die ersten heftigen Symptome eines schweren Darm- und Magenleidens (AMMON 1899: 27), und Anfang Dezember 1896 (AMMON 1898: 8) hielt Wilhelm von Gümbel seine letzte Vorlesung: *»Technische Geologie von Bayern«* (LUDWIG-MAXIMILIANS-UNIVERSITÄT 1896a: 21).

Familie und Nachkommen

Durch die Ernennung Gümbels zum kgl. Bergmeister am 9. August 1853 [HSTA 6] waren die finanziellen Voraussetzungen für die Gründung einer Familie geschaffen. Wie aus dem polizeilichen Meldebogen [STDAM 4] hervorgeht, wurde Wilhelm Gümbel erst am 14. August 1855 als »Insasse« in München beheimatet.

Am 10. September 1855 – dem 22. Geburtstag seiner Braut – heiratete der königliche Bergmeister *Wilhelm* Carl Gümbel, 32-jährig, Julie *Emma* Caroline Wahl. Die protestantische Trauung wurde in der Stiftskirche in Kaiserslautern von Vikar L. Koeß vorgenommen. Als Trauzeugen waren Wilhelms ältester Bruder Friedrich Gümbel (k. Revierförster in Wilgartswiesen), Emil Wahl (Oberleutnant im kgl. Genieregiment [= Pionierregiment] in Landau), Wilhelms ehemaliger Klassenkamerad (GYMNASIUM ZWEIBRÜCKEN 1836: 19) Wilhelm Hanus (Forstamtsaktuar) und sein zweitältester Bruder Dr. Ludwig Gümbel (quiest. [im Ruhestand befindlicher] Rentmeister aus Kaiserslautern) anwesend. Die bürgerliche Eheschließung hatte am selben Tag ebenfalls in Kaiserslautern stattgefunden [FAH 3].

Julie *Emma* Caroline Wahl (* 10. September 1833

Abb. 24. Hermine (* 12. Oktober 1864) und Albert Gümbel (* 3. Oktober 1866), fotografiert um 1868 in München; Foto: Franz Neumayer. – Foto im Familienarchiv Horst-Eberhard von Horstig, Zeppelinheim.

Abb. 25. Caroline Charlotte *Emma* Gümbel (* 13. Dezember 1858 in München, † 8. Januar 1923 in Saarbrücken) war das erste Kind aus der Ehe von Carl *Wilhelm* Gümbel mit Julie *Emma* Caroline Wahl. Aufgenommen im August 1879 in München. – Foto im Familienarchiv Horst-Eberhard von Horstig, Zeppelinheim.

in Kaiserslautern, † 1. Dezember 1883 in München) entstammte der Ehe des Gymnasialprofessors Emil Wahl aus Kaiserslautern mit Caroline Euler (DEHM 1966: 259; HOFFMANN 1930: 38) [SAM 2; STDAM 4]. Sie war eine Nichte des Markscheiders Euler, der ein Kollege Gümbels in der Pfalz gewesen war (ANONYMUS 1870: 181) und der zusammen mit Günther eine erste genauere geognostische Karte des Pfalzkreises angefertigt hatte (GÜMBEL 1892: 17).

Eine 41 cm hohe und 32,5 cm breite Porträt-Silhouette von Wilhelm Gümbels (erster) Ehefrau Emma (Abb. 22) befindet sich heute im Privatarchiv Gümbel.

Aus der Ehe mit Emma Wahl gingen sechs Kinder hervor: Emma, Wilhelm (»Willi«), Hermine, Albert, Karoline (»Lina«) und Auguste (siehe auch Taf. 2). Auf einer Aufnahme (Abb. 23) des Fotografen Engelbert Laifle in München (Schellingstraße 37), die aus dem Jahre 1866 stammen dürfte, sind Emma, Willi und Hermine Gümbel als Kinder abgelichtet. Eine Fotografie (Abb. 24) von Franz Neumayer in München (»Neue Pferdstraße 2«), die wahrscheinlich 1868 aufgenommen wurde, zeigt Hermine und Albert Gümbel als kleine Kinder. Die beiden Aufnahmen (Abb. 23 und 24) der Kinder von

Abb. 26. *Wilhelm* Edmund von Horstig (* 23. Mai 1884 in Limburg, † 22. März 1949 in Freiburg i. Br.) [FAH 5] war der erste Sohn von Emma und Oskar von Horstig und C. Wilhelm von Gümbels erster Enkel. Fotografiert in Saarbrücken um 1898, wahrscheinlich mit der vom Großvater ererbten »*kleinen goldenen Uhr mit Kette*«. – Foto im Familienarchiv Horst-Eberhard von Horstig, Zeppelinheim.

Abb. 27. *Wilhelm* Friedrich Emil Gümbel (* 13. Juli 1860 in München, † 7. Oktober 1913 in Pasing) war der erste Sohn von C. *Wilhelm* und Emma Gümbel. Aufnahme aus dem Jahre 1885. – Foto im Familienarchiv Horst-Eberhard von Horstig, Zeppelinheim.

München protestantisch getauft. Paten waren ihre beiden Großmütter Lina Wahl (Professorsgattin) und Charlotte Gümbel (Revierförsterswitwe) [EKAM 1]. Emma Gümbel (Abb. 25) heiratete am 17. Mai 1883 Eugen *Oskar* Ritter von Horstig genannt d'Aubigny von Engelbrunner (* 29. Mai 1856 in Michelbach, † 10. Juli 1926 in Saarbrücken) [FAH 4], der als Ingenieur in Limburg und später in Saarbrücken arbeitete. Aus dieser Ehe stammen drei Söhne: *Wilhelm* Edmund (* 23. Mai 1884 in Limburg, † 22. März 1949 in Freiburg i. Br.) [FAH 5], *Rudolf* Reinhard (* 4. Januar 1886 in Limburg, † 25. Februar 1941 in Bodenmais) [FAH 7] und *Ernst* Rudolf Karl Ritter von Horstig genannt d'Aubigny von Engelbrunner (* 22. Mai 1893 in Malstatt-Burbach, † 7. Juni 1969 in Korbach) [FAH 6; FAH 8]. Abb. 26 zeigt Wilhelm Edmund Ritter von Horstig genannt d'Aubigny von Engelbrunner, das (erste) Patenenkelkind Dr. Wilhelm von Gümbels, wahrscheinlich mit der vom Großvater ererbten »kleinen goldenen Uhr mit Kette« [STAM 2].

Wilhelm Friedrich Emil Gümbel (* 13. Juli 1860 in München, † 7. Oktober 1913 in Pasing) (Abb. 27) war der erste Sohn des königlichen Bergmeisters Carl *Wilhelm* Gümbel und seiner Frau Emma. Taufpaten waren sein Onkel Emil Wahl (k. Oberleutnant bei der Genie-Direktion in München) und sein Onkel Friedrich Gümbel (k. Revierförster in Wilgartswiesen) [EKAM 2]. Wilhelm Gümbel besuchte in München und Erlangen das Gymnasium und wurde später Beamter der bayerischen Versicherungsbank in München (HOFFMANN 1930: 38). Am 11. September 1888 schlossen Wilhelm Gümbel und

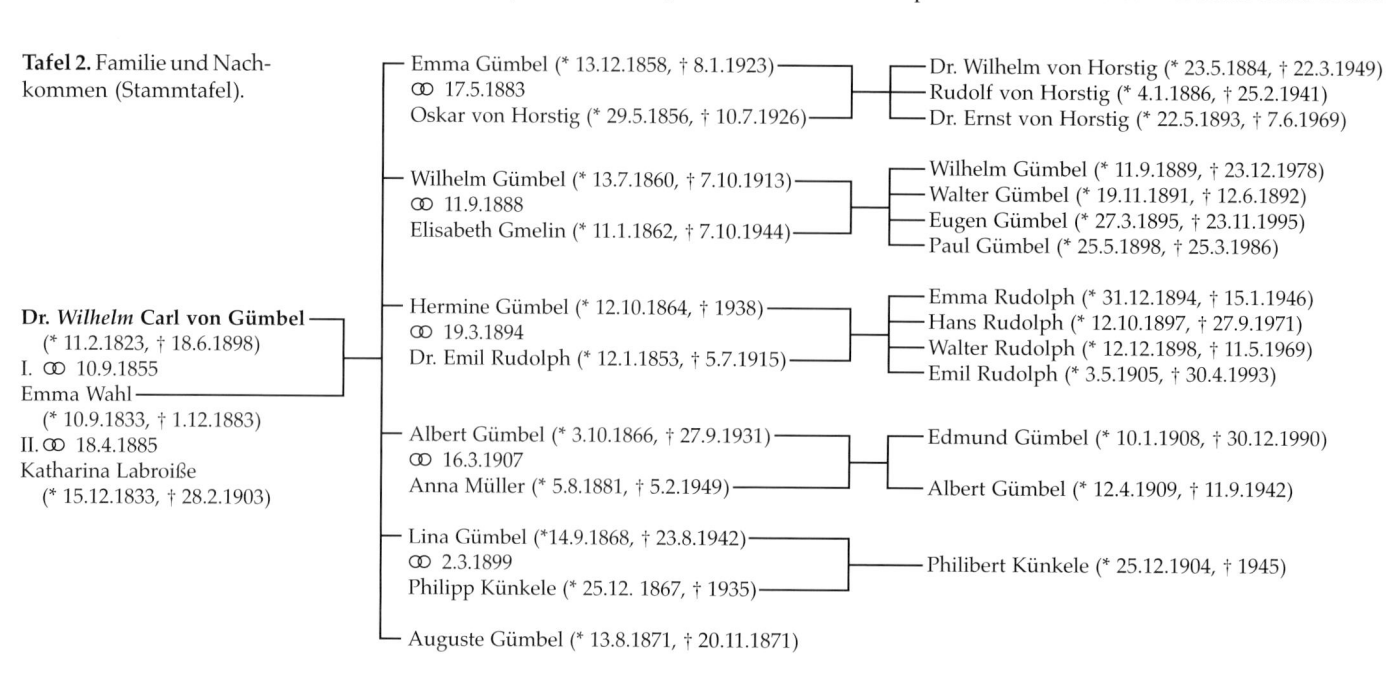

Carl *Wilhelm* Gümbel befinden sich heute im Familienarchiv von Herrn Horst-Eberhard von Horstig in Zeppelinheim.

Ihre erste Tochter Caroline Charlotte *Emma* Gümbel (* 13. Dezember 1858 in München, † 8. Januar 1923 in Saarbrücken) wurde am 2. Januar 1859 in

Tafel 2. Familie und Nachkommen (Stammtafel).

Dr. *Wilhelm* Carl von Gümbel
(* 11.2.1823, † 18.6.1898)
I. ⚭ 10.9.1855
Emma Wahl
(* 10.9.1833, † 1.12.1883)
II. ⚭ 18.4.1885
Katharina Laboiße
(* 15.12.1833, † 28.2.1903)

— Emma Gümbel (* 13.12.1858, † 8.1.1923)
⚭ 17.5.1883
Oskar von Horstig (* 29.5.1856, † 10.7.1926)
  — Dr. Wilhelm von Horstig (* 23.5.1884, † 22.3.1949)
  — Rudolf von Horstig (* 4.1.1886, † 25.2.1941)
  — Dr. Ernst von Horstig (* 22.5.1893, † 7.6.1969)

— Wilhelm Gümbel (* 13.7.1860, † 7.10.1913)
⚭ 11.9.1888
Elisabeth Gmelin (* 11.1.1862, † 7.10.1944)
  — Wilhelm Gümbel (* 11.9.1889, † 23.12.1978)
  — Walter Gümbel (* 19.11.1891, † 12.6.1892)
  — Eugen Gümbel (* 27.3.1895, † 23.11.1995)
  — Paul Gümbel (* 25.5.1898, † 25.3.1986)

— Hermine Gümbel (* 12.10.1864, † 1938)
⚭ 19.3.1894
Dr. Emil Rudolph (* 12.1.1853, † 5.7.1915)
  — Emma Rudolph (* 31.12.1894, † 15.1.1946)
  — Hans Rudolph (* 12.10.1897, † 27.9.1971)
  — Walter Rudolph (* 12.12.1898, † 11.5.1969)
  — Emil Rudolph (* 3.5.1905, † 30.4.1993)

— Albert Gümbel (* 3.10.1866, † 27.9.1931)
⚭ 16.3.1907
Anna Müller (* 5.8.1881, † 5.2.1949)
  — Edmund Gümbel (* 10.1.1908, † 30.12.1990)
  — Albert Gümbel (* 12.4.1909, † 11.9.1942)

— Lina Gümbel (* 14.9.1868, † 23.8.1942)
⚭ 2.3.1899
Philipp Künkele (* 25.12.1867, † 1935)
  — Philibert Künkele (* 25.12.1904, † 1945)

— Auguste Gümbel (* 13.8.1871, † 20.11.1871)

Abb. 28. Wilhelm Gümbel (erster Sohn des C. W. v. Gümbel), seine Frau Elisabeth (geborene Gmelin) und ihre Söhne (von links): Wilhelm (* 11. September 1889 in München, † 23. Dezember 1978 in Freudenstadt), Eugen (* 27. März 1895 in Pasing, † 23. November 1995 in Köngen) und Paul Gümbel (* 25. Mai 1898 in Pasing, † 25. März 1986 in Kassel) (HOFFMANN 1930: 39) [PAG 28 – PAG 30], Pasing um 1909. – Foto im Privatbesitz von Dr. Ruth Gümbel, Ingersheim.

Elisabeth Friederike Gmelin (* 11. Januar 1862 in Vaihingen/Enz, † 7. Oktober 1944 in Tübingen) in Göppingen den Bund fürs Leben (GMELIN 1973: 238). Elisabeth Gümbel wurde Mutter von vier Söhnen: Wilhelm, Walter (starb als Säugling), Eugen und Paul Gümbel (siehe Tafel 2). Wilhelm Gümbel, seine Frau Elisabeth und ihre drei Söhne (Abb. 28) wohnten in Pasing (HOFFMANN 1930: 38–39). Ihr erstgeborener Sohn Wilhelm Gümbel (* 11. September 1889 in München, † 23. Dezember 1978 in Freudenstadt) [GLA 49; PAG 28], ein Patenenkelkind des königlichen Oberbergdirektors, erbte von seinem Großvater dessen goldene Remontoiruhr samt Kette und Petschaft [STAM 2].

Als drittes Kind des königlichen Bergrathes und Honorarprofessors Dr. Wilhelm Gümbel kam *Hermine* Franziska Emilie Margaretha Gümbel (* 12. Oktober 1864 in München, † 1938 in Jena) zur Welt. Ihre Taufpaten waren: Franziska Hänchen (Pfarrersgattin in Erlangen), Emil Hänchen (Pfarrer in Erlangen), ihr Onkel Hermann Gümbel (Revierförster in Speyer) und ihre Tante Margaretha Gümbel (Frau von Hermann Gümbel). Bei der Taufe am 30. Oktober 1864 wurden die Taufpaten durch die Bezirks-Ingenieurswitwe Josephine Balbier vertreten [EKAM 3]. Hermine Gümbel (Abb. 29) verehelichte sich am 19. März 1894 mit Dr. *Emil* Julius Friedrich Rudolph (* 12. Januar 1853 in Straßburg,

Abb. 29. Die 20-jährige *Hermine* Franziska Emilie Margaretha Gümbel, aufgenommen Ostern 1885 in München. Foto: Friedrich Müller. – Foto im Familienarchiv Horst-Eberhard von Horstig, Zeppelinheim.

† 5. Juli 1915 in Straßburg). Dr. Rudolph war Oberlehrer am Protestantischen Gymnasium und wurde 1911 Honorar-Professor der Universität Straßburg. Aus dieser Ehe gingen vier Kinder hervor: Emma, Hans, Walter und Emil Rudolph (HOFFMANN 1930: 39) [IDP 1–IDP 6].

Das vierte Kind des Bergrathes Dr. Wilhelm Gümbel und seiner Frau Emma war *Albert* Heinrich Karl Ludwig Gümbel (* 3. Oktober 1866 in München, † 27. September 1931 in Nürnberg) [HSTA 8]. Er bekam seinen Rufnamen wahrscheinlich in Erinnerung an den verstorbenen Paläontologen Professor Dr. Albert Oppel, einen lieben Freund seines Vaters. Die protestantische Taufe fand am 14. November 1866 statt. Paten waren: Anna Oppel (Professorswitwe in Stuttgart), Josephine Balbier (Ingenieurswitwe), sein Onkel Ludwig Gümbel (Rentbeamter) und dessen Gattin Julie Gümbel [EKAM 4]. Nach dem Besuch des Gymnasiums in München studierte Albert Gümbel in München, Würzburg und Erlangen Geschichtswissenschaften und arbeitete ab 1892 am Reichsarchiv in München. Im Jahre 1900 wurde er Archivar und am 1. März 1926 Oberarchivrat [HSTA 8] in Nürnberg. Er heiratete am 16. März 1907 in Nürnberg [WST 2] die Opernsängerstochter Anna Müller (* 5. August 1881 in Frankfurt a. M., † 5. Februar 1949 in Nürnberg) [WST 1]. Die beiden bekamen zwei Söhne: Edmund und Albert Gümbel (HOFFMANN 1930: 39).

Karoline Adele Ottilie Klara Gümbel (* 14. September 1868 in München, † 23. August 1942 in Allenstein/Ostpreußen, heute Olsztyn/Polen) [EKAM 5], das fünfte Kind von Emma und Dr. Carl *Wilhelm* Gümbel, wurde am 19. September 1868 protestantisch getauft. Adele Wahl (Hauptmannsgattin), Otto Wahl (Rechnungscommissär) und Clara Wahl (Professorstochter) waren ihre Taufpaten [EKAM 5]. Lina Gümbel heiratete am 2. März 1899 Philipp Künkele (* 25. Dezember 1867 in Annweiler, † 1935) [WST 5]. Philipp Künkele hatte das Gerberhandwerk erlernt und arbeitete als Kaufmann in Kassel. Er war ein Enkelkind des *Friedrich* Ludwig Gümbel, dem ältesten Bruder von Carl *Wilhelm* Gümbel, und zudem der Halbbruder von Dr. Theodor Künkele (siehe auch Kapitel »Persönlichkeit und Charakter«) (HOFFMANN 1930: 13–15, 29–30). Dr. Carl *Wilhelm* von Gümbel, der Vater von Lina, war also sein Schwiegervater und Großonkel und nicht, wie von HOFFMANN (1930: 15) irrtümlich angegeben, sein Onkel. Der Ehe von Philipp Künkele mit Lina Gümbel entstammte ein Sohn – Philibert (= Philipp Albert) Künkele (HOFFMANN 1930: 14–15, 39).

Das letztgeborene Kind des königlichen Oberbergrathes Dr. Gümbel, *Auguste* Adele Friederike Gümbel (* 13. August 1871 und † 20. November 1871 in München), wurde am 3. September 1871 in München protestantisch getauft. Taufpaten waren: *Auguste* Charlotte Friederike Gümbel (die Tochter ihres verstorbenen Onkels, des Pfarrers Wilhelm *August* Gümbel, aus Rockenhausen) und Adele Wahl (Hauptmannsgattin aus München) [EKAM 6]. Auguste Gümbel starb als Säugling – nur drei Monate alt – an Brechdurchfall [EKAM 7]. Das von HOFFMANN (1930: 39) für sie angegebene Geburts- und Sterbedatum ist falsch.

Im Dezember 1883 stand Dr. Wilhelm von Gümbel weinend am Grab seiner geliebten Frau (AMMON 1898: 7). Die 50-Jährige war, nach längerem Krankenlager [HSTA 6], am 1. Dezember 1883, um 21³⁰ Uhr, in der Wohnung der Familie (Gabelsbergerstraße 20a) gestorben [SAM 2]. Die jüngste (lebende) Tochter der Verstorbenen, Lina Gümbel, war damals 13 Jahre alt. Die Grabstätte (Abb. 20 und 21) ihrer Mutter Emma von Gümbel liegt an der SSW-Mauer des Alten Nördlichen Friedhofs in München.

Am 23. Mai 1884 (HOFFMANN 1930: 38) wurde Dr. Carl *Wilhelm* von Gümbel – mit der Geburt seines ersten Enkelkindes *Wilhelm* Edmund Ritter von Horstig genannt d'Aubigny von Engelbrunner (* 23. Mai 1884 in Limburg; † 22. März 1949 in Freiburg i. Br.) [FAH 5] – Großvater. Wie aus dem Testament [STAM 2] des kgl. Geheimen Rathes und Oberbergdirektors hervorgeht, war Willi von Horstig sein Patenenkel (Abb. 26), dem er zum Andenken seine kleine goldene Uhr mit Kette vermachte.

Bei Gümbels Tod (am 18. Juni 1898) waren es immerhin acht (lebende) Enkelkinder (siehe Tafel 2). Ein Bub (Walter Gümbel) war bereits als Säugling – sieben Monate alt – am 12. Juni 1892 gestorben (HOFFMANN 1930: 39). Insgesamt war Wilhelm von Gümbel Großvater von 13 Buben und einem Mädchen (HOFFMANN 1930: 38–39).

Mit 62 Jahren entschloss sich Oberbergdirektor Dr. von Gümbel nochmals zu heiraten. Am 29. März 1885 stellte er an das kgl. Staatsministerium des Innern, Abteilung für Landwirtschaft, Gewerbe und Handel ein Gesuch um Bewilligung der Heirat mit Katharina Labroiße (* 15. Dezember 1833 in Bergzabern in der Pfalz, † 28. Februar 1903 in München) (HOFFMANN 1930: 38) [HSTA 6; SAM 4]. Sie war die unverheiratete Tochter des verstorbenen kgl. Gerichtsschreibers Wilhelm Labroiße in Kaiserslautern [HSTA 6] und seiner Ehefrau Angelika, geborene Berna [SAM 4; STDAM 3]. Die Genehmigung zur Verehelichung erteilte die zuständige Abteilung des Staatsministeriums des Innern am 1. April 1885 [HSTA 6].

Wie aus einem ärztlichen Zeugnis hervorgeht, das dem amtlichen Verehelichungszeugnis vom 18. April 1885 beiliegt, war Dr. von Gümbel bereits seit dem 11. April wegen einer Blinddarmentzündung

Abb. 30. Katharina von Gümbel im Kreis der Familie beim Kegelspiel vor dem Haus ihres Stiefsohns, Wilhelm Gümbel, in Pasing, Sommer 1899. Auf dem Foto, das Wilhelm Gümbel (Sohn des C. W. v. G.) aufgenommen hat, befinden sich (von links nach rechts): Luise Staiger (geb. Gmelin, älteste Schwester von Elisabeth Gümbel), Willi Gümbel (Patenenkel des C. W. v. G., Sohn von Elisabeth und Wilhelm Gümbel), Paul Gmelin (mit Bart, Bruder von Elisabeth Gümbel, Mann von Sibylle und Vater von Irene Gmelin), Hermann Gmelin (Pauls Neffe), Martha Gmelin (jüngste Schwester von Elisabeth Gümbel), Elisabeth Gümbel (geb. Gmelin, Schwiegertochter des C. W. v. G., Frau von Wilhelm Gümbel, Mutter von Willi, Eugen und Paul Gümbel), auf ihrem Arm Sohn Paul Gümbel (Enkel des C. W. v. G.), Sophie Gümbel aus Tutzing (1. Enkelkind von *Friedrich* Ludwig Gümbel, dem ältesten Bruder von C. W. v. G.), sitzend Katharina von Gümbel (geb. Labroiße, 2. Frau des C. W. v. G.), vor ihr, mit geschlossenen Augen, Eugen Gümbel (Enkel des C. W. v. G., Sohn von Elisabeth und Wilhelm Gümbel), Sara von Horstig, Agnes Gmelin (eine ältere Schwester von Elisabeth Gümbel), Sibylle Gmelin (geb. von Horstig, Frau von Paul und Mutter von Irene Gmelin), ein unbekannter Bub, Irene Gmelin (Tochter von Sibylle und Paul Gmelin) und die Tafel in der Mitte haltend, Willi von Horstig (erster Enkel des C. W. v. G.). – Foto im Familienarchiv Horst-Eberhard von Horstig, Zeppelinheim.

in Behandlung und konnte zur amtlichen Trauung nicht im Standesamt erscheinen [STDAM 3].

Die Eheschließung wurde deshalb am 18. April 1885 vom Standesbeamten (quasi als Nottrauung) in der Wohnung (Gabelsbergerstraße 20a) des kgl. Oberbergdirektors vorgenommen. Als Trauzeugen waren sein ältester Sohn Wilhelm Gümbel und der behandelnde Arzt Dr. Bernhard Spatz anwesend [SAM 1].

Doch Gümbel überlebte die schwere Blinddarmentzündung und konnte Anfang Juni 1885 die Dienstgeschäfte im Oberbergamt wieder übernehmen [HSTA 6].

Das Verehelichungsdatum »*14. Juni 1885*« bei HOFFMANN (1930: 38) bezieht sich auf eine (zweite) bürgerliche Eheschließung von Dr. *Wilhem* Karl von Gümbel mit (der altkatholischen) Katharina Labroiße in Erlangen [EKAM 8]. Die kirchliche Trauung in Erlangen (deutsch reformierte Kirche) vollzog Pfarrer Haenchen [auch Hänchen geschrieben] am 15. Juni 1885 [EKAM 8].

Katharina von Gümbel wurde ihm eine treubesorgte Gattin und die liebevollste Pflegerin (AMMON 1898: 7). Die Ehe mit dieser (zweiten) Frau blieb kinderlos (HOFFMANN 1930: 38) [STAM 2]. Katharina von Gümbel (Abb. 30) lebte nach dem Tod ihres Mannes in der Amalienstraße 74 in München [SAM 4]. Sie stand bei ihren Stiefkindern und im ganzen Verwandtenkreis als liebe und kluge Frau in bestem Ansehen und Andenken [GLA 43]. Katharina von Gümbel starb am 28. Februar 1903, um 12^{30} Uhr, im städtischen Krankenhaus links der Isar in München [SAM 4].

Seinen 70. Geburtstag am 11. Februar 1893 (siehe Kapitel »Ehrungen«) feierte der königliche Oberbergdirektor noch in voller geistiger und körperlicher Frische (ANONYMUS 1898b: 263). Damals versammelten sich die Angehörigen der Familie und zahlreiche Verwandte, um mit ihm zu feiern (AMMON 1898: 8).

Den verwandtschaftlichen Beziehungen kam in der großen Familie Gümbel eine besondere Bedeutung zu. So wurden ab 1879 so genannte »Gümbelstage« abgehalten, die ab 1880 regelmäßig alle 5 Jahre stattfanden (HOFFMANN 1930: 6). Dr. Wilhelm von Gümbel besuchte im Jahre 1895 zum letzten Mal einen Gümbelstag in Neustadt a. d. Haardt (HEUSS 1953: 36–37; HOFFMANN 1930: 6). Die Urlaubszeit verbrachte Gümbel in seinen letzten Lebensjahren in Garmisch im Kreis seiner Familie. Die wenigen Erholungsstunden, die er sich genehmigte, verbrachte er mit seinen Enkelkindern (AMMON 1898: 8).

ZITTEL (1898: 2) berichtete darüber: »*Die Ausar-*

beitung einer Spezialkarte des Wettersteingebirges, mit dessen Aufnahme er sich in den Urlaubswochen der letzten Jahre beschäftigt hatte, nahm seine Thätigkeit bis zu seinem Tode in Anspruch. Der rastlose Geist wurde nicht müde, als allmälig die Körperkräfte versagten. Mit objektiver Ruhe beobachtete er den Fortgang seines Leidens, berathschlagte mit den Aerzten die einzuhaltende Behandlung und sah mit Ergebung seiner allmäligen Auflösung entgegen. Wenige Minuten vor seinem Tode nahm er Abschied von seiner treuen Gattin, die ihn mit aufopfernder Hingebung gepflegt hatte, von seinen Kindern und Enkeln. Er starb wie ein Held. Die Leiche wurde nach seiner Anordnung in Gotha verbrannt.«*

Verdienste und Leistungen

Große Verdienste hat sich Wilhelm Gümbel unter anderem beim Aufbau geowissenschaftlicher Sammlungen erworben. Die Bestände der Sammlungen des Bayerischen Geologischen Landesamts und der Technischen Universität München (siehe Kapitel »Hochschullehrer und Konservator der mineralogischen Sammlung«) zeugen noch heute vom großen Engagement Gümbels auf diesem Gebiet.

Seine Produktivität als Autor war enorm (vergleiche das von H. MAYR zusammengestellte Publikationsverzeichnis). *»... Gümbel veröffentlichte Nichts, was er nicht selbst gesehen und geprüft hatte. Sein Geist durchweht alle Leistungen der bayerischen geognostischen Anstalt: er übernahm allein die Verantwortlichkeit für alle Publikationen und so besitzt Bayern wie kein anderes Land der Welt eine geognostische Beschreibung aus einem Guß, aus der Meisterhand eines einzigen Mannes. ...«* (ZITTEL 1898: 2).

Die umfangreichen Bände der »Geognostischen Beschreibung des Königreichs Bayern« mit den zugehörigen geognostischen Karten und Tafeln mit geognostisch kolorierten Gebirgsansichten sind Gümbels Hauptwerk.

Die ersten drei Bände erschienen 1861, 1868 und 1879 im Verlag von Justus Perthes in Gotha. Im Jahre 1882 ging der Verlag der Ergebnisse der geognostischen Landesuntersuchung von Justus Perthes auf die Firma Theodor Fischer, Verlagshandlung und artistische Anstalt in Kassel über. Theodor Fischer verlegte 1891 den vierten Band der »Geognostischen Beschreibung des Königreichs Bayern«. Als die Firma Theodor Fischer 1897 in Konkurs geriet, erwarb der Verlag der k. b. priv. Kunst- und Verlagsanstalt Piloty & Loehle in München die Restbestände der Auflage und die Rechte am Gesamtwerk und an den Karten [GLA 32; GLA 37; GLA 50: 12].

Bereits Karl von ZITTEL (1898: 2) beklagte: *»..., daß der hohe Preis der starken Bände sowohl als der Karten ihrer weiteren Verbreitung fast unübersteigbare Schranken zog. ...«*

Nach einer Verlagsmitteilung von Piloty & Loehle in München an das kgl. Oberbergamt, vom 16. April 1898 [GLA 28], waren die Preise für Bände und Karten damals herabgesetzt worden. Die Bände, welche vom Verlag broschiert und unaufgeschnitten (Abb. 31) ausgeliefert wurden, und die geognostischen Karten, die auch einzeln bezogen werden konnten, hatten damals die nachstehend aufgeführten Preise. Die vor 1898 gültigen Preise stehen jeweils in Klammern dahinter. Um den Wert annähernd einschätzen zu können, sei angemerkt, dass der königliche Geheime Rath und Oberbergdirektor Prof. Dr. Wilhelm von Gümbel damals ein Jahreseinkommen von 9000 Mark (vergleiche Anhang 2) hatte.

I. Abtheilung: Geognostische Beschreibung des bayerischen Alpengebirges und seines Vorlandes (mit 5 geognostischen Karten und 1 Blatt Gebirgsansichten): 96,– Mk (vorher: 96,– Mk)
Einzelpreis pro Kartenblatt: 8,– Mk (vorher: 15,– Mk)

II. Abtheilung: Geognostische Beschreibung des ostbayerischen Grenzgebirges oder des bayerischen und oberpfälzer Waldgebirges (mit 5 geognostischen Karten und 1 Blatt Gebirgsansichten): 60,– Mk (108,– Mk)
Einzelpreis pro Kartenblatt: 8,– Mk (15,– Mk)

III. Abtheilung: Geognostische Beschreibung des Fichtelgebirges mit dem Frankenwalde und dem westlichen Vorlande (mit 2 geognostischen Karten und 1 Blatt Gebirgsansichten): 40,– Mk (70,– Mk)
Einzelpreis pro Kartenblatt: 8,– Mk (15,– Mk)

IV. Abtheilung: Geognostische Beschreibung der Fränkischen Alb (Frankenjura) mit dem anstossenden fränkischen Keupergebiete (mit 5 geognostischen Karten und Erläuterungsheften und 1 geognostischen Übersichtskarte): 80,– Mk (100,– Mk)
Einzelpreis pro Kartenblatt einschließlich Erläuterungsheft: 8,– Mk (24,– Mk)

Die Gesamtausgabe inklusive sämtlicher Karten, Erläuterungshefte und Gebirgsansichten wurde von Piloty & Loehle 1898 zum reduzierten Preis von 200,– Mk angeboten und hatte vorher 374,– Mk gekostet. Um die Anschaffung dieses Monumental-Werkes zu ermöglichen, war die Verlagsanstalt Piloty & Loehle in München auch bereit, das Gesamtwerk zum ermäßigten Preis (200,– Mk) gegen Ratenzahlung abzugeben, worüber eine spezielle Vereinbarung vorbehalten blieb [GLA 28].

Nach den im Zentralarchiv des Bayerischen Geologischen Landesamts erhaltenen Abrechnungen und Versandlisten [GLA 29–GLA 36] wurden von jedem Band 200 Exemplare ausgeliefert.

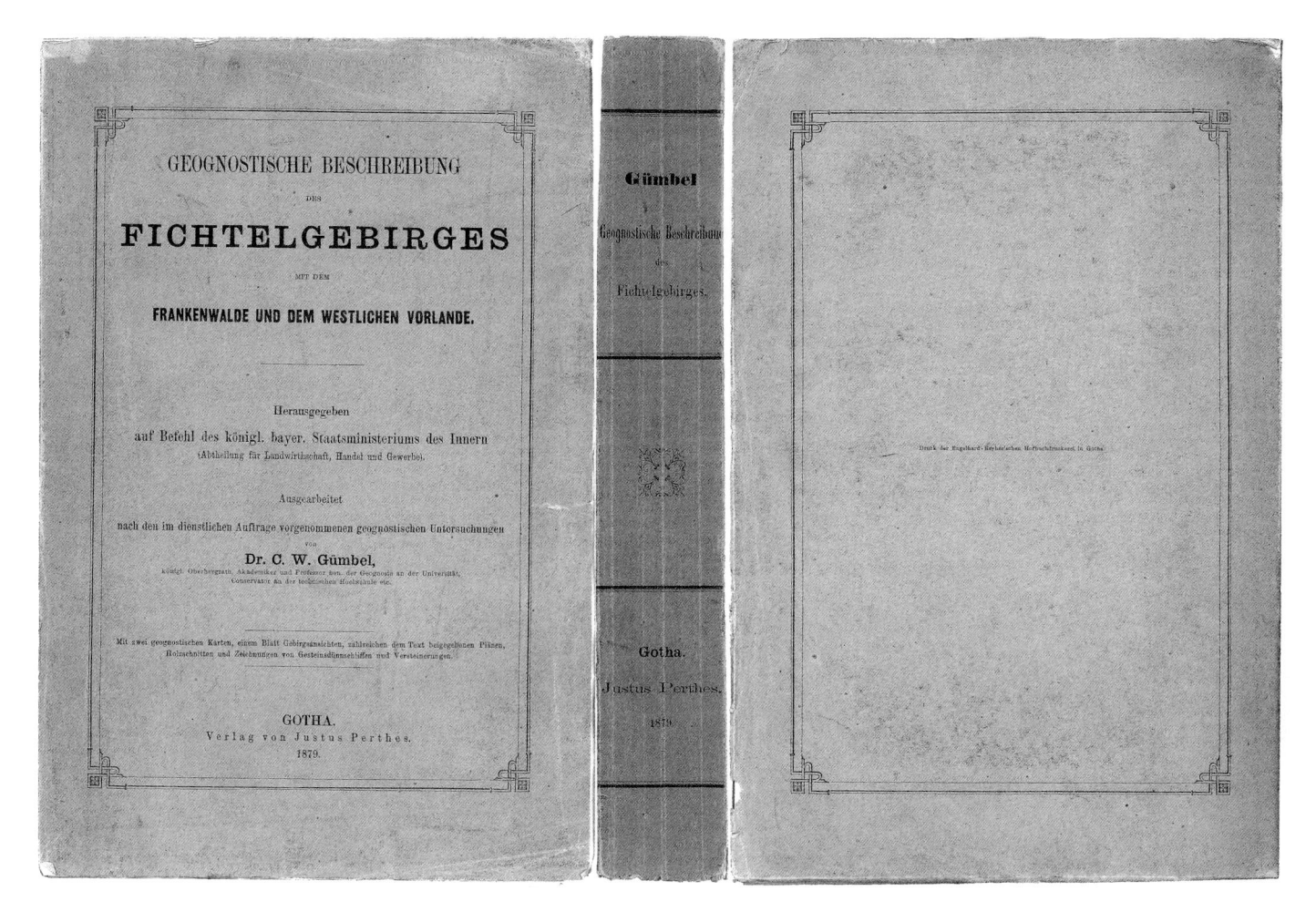

Die Bände der »Geognostischen Beschreibung« enthalten eingehende geologische, lagerstättenkundliche, mineralogische, paläontologische, topografische sowie landeskundliche, in sich abgeschlossene Darstellungen der Bayerischen Alpen, des Bayerischen und Oberpfälzer Waldes, des Fichtelgebirges und der Fränkischen Alb. Sie bleiben Quellenwerke allerersten Ranges und sind nach wie vor Standardwerke der bayerischen Geologie.

Von den dazu gehörenden geognostischen Karten im Maßstab 1:100 000, die mit insgesamt 31 Blättern ganz Bayern abdecken sollten, sind bis zum Tode Gümbels 18 Blätter erschienen.

Sein Monumentalwerk konnte er nicht vollenden. Die Erläuterungsbände zu den Abtheilungen V: bayerische Rheinpfalz, VI: Unterfranken und VII: bayerische Hochebene, die den Abschluss des großartigen Werkes bilden sollten, wurden im April 1898 noch vom Verlag der k. b. priv. Kunst- und Verlagsanstalt Piloty & Loehle in München angekündigt [GLA 28], jedoch von den Amtsnachfolgern Gümbels nicht vollendet.

Gümbel bevorzugte als Wissenschaftler »gewöhnliche«, umfassende und grundlegende Themen. Seine Arbeiten zeugen von großer Sorgfalt und enormem Fleiß, und die Publikationen haben fast immer monographischen Charakter (siehe das von MAYR zusammengestellte Verzeichnis in diesem Buch).

ZITTEL (1899a: 81) schrieb über Gümbel: »... *Er sah das Kleinste, ohne den Zusammenhang mit dem Ganzen aus dem Auge zu verlieren. Und diese Schärfe des Blickes, welche ihn als Geologen im Feld selten Irrthümer begehen liess, charakterisirt alle seine wissenschaftlichen Arbeiten. ...*«

Man sollte annehmen, dass die geognostische Untersuchung Bayerns die Schaffenskraft eines Mannes mehr als genug in Anspruch genommen hätte, aber Gümbels rastlosem Schaffenstrieb genügte diese Tätigkeit nicht (ZITTEL 1899a: 81).

So hat er zahlreiche geologische, hydrogeologische, baugrundgeologische, lagerstättenkundliche

Abb. 31. Broschiertes und unaufgeschnittenes Exemplar der »Geognostischen Beschreibung des Fichtelgebirges mit dem Frankenwalde und dem westlichen Vorlande« – 3. Band (Abtheilung) der »Geognostischen Beschreibung des Königreichs Bayern«. – Private Bibliothek, München.

und bergmännische Berichte und Gutachten erstellt. Exemplarisch seien hier angeführt:
- ein Bericht über das Vorkommen von edlen Erzen in der Nähe des Michelsberges in Böhmen, den Gümbel am 15. Mai 1853 abgeschlossen hat [GLA 38],
- ein Gutachten Gümbels über die Kohlenvorkommen des Fürsten Thurn und Taxis in der Pilsener Mulde,
- eine bergrechtliche Expertise in einer strittigen Mutungs- und Verleihungsangelegenheit für das kgl. Württembergische Oberbergamt in Stuttgart vom Sommer 1892 und
- ein bergtechnisches Gutachten über Vorhandensein und Mächtigkeit der Kohleflöze am Potzberg in der Pfalz für die Credit- und Spar-Bank in Leipzig, das Gümbel im Herbst 1893 erstellt hat [HSTA 6].

Ein Baugrundgutachten Gümbels für den Bayerischen König erwähnte WOLF (1922: 145) in seinem Buch »König Ludwig II. und seine Welt«: »*Es war an einem Sommernachmittag des Jahres 1868, als in des Königs Auftrag der Oberbergdirektor von Gümbel den Schwanstein bestieg. ›Er prüfte Grund und Boden, versetzte dem Felsen forschende Hammerschläge, machte sich Notizen und klappte befriedigt sein Taschenbuch zu: demnächst erfuhr Ludwig II., daß seinem Wunsche, ein Schloß unweit der Pöllatschlucht zu erbauen, kein elementares Hindernis entgegenstehe.‹*«

Auch als Gutachter vor Gericht war Dr. Wilhelm von Gümbel mehrfach tätig. So wurde der Oberbergdirektor beispielsweise am 27. Dezember 1883 vom königlichen Amtsgericht München I als Sachverständiger zu einem Gerichtstermin vorgeladen [HATUM 1], und am 2. Oktober 1884 bestellte ihn das königliche Landgericht München I als Gutachter [HSTA 6].

Selbst bei der Anlage neuer Friedhöfe ersuchte man Gümbel, Untersuchungen über die Bodenbeschaffenheit der zukünftigen »Leichenäcker« durchzuführen [GLA 39].

Es gibt kaum ein Gebiet der Geologie und Paläontologie, in welchem Gümbel nicht wissenschaftlich gearbeitet hat. Foraminiferen, Ostracoden und Kalkalgen fesselten sein Interesse ganz besonders. Er verfolgte ihr Vorkommen im Tiefseeschlamm und in den Ablagerungen früherer Perioden. GÜMBEL (1883) machte durch Behandlung mit Kaliumchlorat, Salpetersäure, Alkohol und anderen Chemikalien (GÜMBEL 1883: 113–122) die in der Steinkohle durch den Inkohlungsprozess unkenntlich gewordenen Pflanzenstrukturen (unter dem Mikroskop) wieder sichtbar und konnte so nachweisen, dass die Kohleflöze der Karbonzeit nicht aus Meeresalgen (wie von anderen angenommen), sondern aus Resten kryptogamer Land- und Süßwasserpflanzen entstanden sind. Er war einer der Ersten, die das Mikroskop zur Untersuchung des Gefüges der Gesteine benutzten (VOIT 1899: 301). Anhand mikroskopischer Untersuchungen von gebogenen und gequetschten Gesteinsschichten versuchte Gümbel deren Plastizität während der Gebirgsbildung als Folge einer vollständigen Zertrümmerung zu erklären. In Abhandlungen über das Alter der Münchberger Gneis-Masse im Fichtelgebirge, welche 1861 und 1863 im »Neuen Jahrbuch für Mineralogie etc.« erschienen waren, konnte er unter anderem erstmals zeigen, dass der Gneis der Münchberger Masse teilweise eine überkippte Lagerung besitzt und vom umgebenden Gestein durch Brüche getrennt ist (GUEMBEL 1861b: 277; GÜMBEL 1863: 331).

Auch auf dem Gebiet der speziellen Mineralogie war Gümbel tätig. So veröffentlichte er 1864 einen Aufsatz über ein neues Erdharz aus dem Braunkohlen-Lager am Baiershof bei Thumsenreuth nahe Erbendorf (Oberpfalz). Wegen des angenehmen Geruches, der teils an Rosmarin, teils an Kampfer erinnerte, nannte GÜMBEL (1864: 13) das fossile Harz »Euosmit«. Das von GÜMBEL (1864) beschriebene Harz schmolz bereits bei 77 °C. Heute ist »Euosmit« nicht als eigenständiges »Mineral« anerkannt und nach BAYLISS (2000: 65) identisch mit Bernstein.

Einer »*basisch schwefelsauren Thonerde*« vom Silberberg bei Bodenmais und von »*der Donauleiten bei der Löwmühl unfern Passau*« gab GÜMBEL (1868: 260) »*zu Ehren des um die mineralogische und geognostische Beschreibung unseres Waldes* [des Bayerischen Waldes] *so hoch verdienten Forstrathes Ludwig Wineberger*« den Namen »*Winebergit*«.

Ludwig Wineberger (* 4. Januar 1794 in Wallerstein, † 25. März 1860 in Regensburg) war 1828 als Forstkontrolleur nach Zwiesel im Bayerischen Wald gekommen, wo er zunächst das Forstamt verwaltete. 1831 wurde Wineberger zum Forstmeister ernannt und kam 1835 nach Passau. Im Jahre 1851 ging er als Regierungs- und Kreisforstrat nach Regensburg. Hier engagierte sich Ludwig Wineberger im zoologisch-mineralogischen Verein, dem er 1853 seine eigene Sammlung schenkte. Wineberger ordnete und katalogisierte alle mineralogisch-geognostischen Sammlungen des zoologisch-mineralogischen Vereins, bis eine Luftröhrenerkrankung seinem Schaffen ein Ende setzte (PONGRATZ 1963: 137). Winebergers Hauptwerk (Abb. 32) »Versuch einer geognostischen Beschreibung des Bayerischen Waldgebirges und Neuburger Waldes« erschien 1851 in Passau. Diesem 145 Seiten umfassenden Buch war eine handkolorierte geognostische Übersichtskarte des Bayerischen Waldes, etwa im Maßstab 1 : 187 500, beigebunden.

Nach BAYLISS (2000: 226) ist »Winebergit« als

Mineralname diskreditiert und identisch mit Hydrobasaluminit. In der Sammlung des Bayerischen Geologischen Landesamts in München liegt eine Stufe (Standort: 31-6-16) mit »ockrigem Winebergit« von der Zeche Gottesgab am Silberberg bei Bodenmais. Die Stufe wurde am 26. September 1853 von August Schneider, einem Mitarbeiter Gümbels, gefunden. Eine Röntgendiffraktometeraufnahme (Nr. TS309, vom 17. April 1997) ergab, dass es sich bei dieser »Winebergit«-Probe um Jarosit handelt.

Die Verdienste, welche sich Gümbel bei der Namensgebung und Definition neuer Gesteine in der Petrographie erworben hat, werden von LINHARDT (Aufsatz in diesem Buch) gewürdigt.

Auch für Archäologie interessierte sich Gümbel; so erschienen z. B. 1865 im Jahrbuch der k. k. geologischen Reichsanstalt in Wien zwei Mitteilungen aus seiner Feder, die unter anderem Ausgrabungen bei Bamberg, Pfahlbauten, Hünengräber und Bronzefunde behandelten (GUEMBEL 1865a: 10–11; GÜMBEL 1865b: 18–19). Ein Aufsatz über die von ihm untersuchten »ältesten Kulturüberreste im nördlichen Bayern in Bezug auf ihre Uebereinstimmung unter sich und mit den Pfahlbauten« erschien im gleichen Jahr in den Sitzungsberichten der kgl. bayerischen Akademie der Wissenschaften in München. Weitere Gegenstände und Fragen, mit denen sich Gümbel beschäftigte, waren nutzbare Mineralien und ihre Lagerstätten, Erdöl, Gesteine, Mineralien und ihre Entstehung, Fossilien verschiedener Tiere und Pflanzen, geognostische und mineralogische Sammlungen, Biographien bedeutender Wissenschaftler, Quellen, Höhlen, Erdbeben, Vulkane, Schlammvulkane, Spuren der Eiszeiten, Erdpyramiden, Fulgurite [Blitzröhren], Entstehung der Achate, Meteoriten – um nur einige zu nennen.

Es würde jedoch den Umfang der vorliegenden Biographie sprengen, auf alle Themen näher einzugehen, mit denen sich Gümbel in seinen zahlreichen Arbeiten beschäftigt hat. Ausführliche Würdigungen seiner wissenschaftlichen Arbeiten finden sich in anderen Beiträgen des vorliegenden Buches und in dem von Ludwig von AMMON (1899) verfassten Nekrolog.

Seine Erholungsreisen und gelegentlichen Badekuren nutzte Gümbel stets zu wissenschaftlichen Untersuchungen (ZITTEL 1899a: 82), die niemals ohne Ergebnis blieben, wie sein umfangreiches Publikationsverzeichnis zeigt (siehe hierzu die Zusammenstellung von MAYR).

In den Jahren 1874 bis 1888 hat sich Gümbel bei der Einführung der Fernwasserversorgung Münchens aus den Quellen des Mangfalltales und beim Bau der Wasserleitung große Verdienste erworben [GLA 41]. Unter anderem war er Mitglied der Kommission, die zur Oberleitung des Baues eingesetzt war [GLA 41]. München war bis zur Einführung der Fernwasserversorgung immer wieder von Typhus- und Choleraepidemien heimgesucht worden und erhielt mit dem Bau der neuen Anlage eine der weltbesten Wasserversorgungen.

Die folgenden Angaben stammen größtenteils aus einem Aufsatz von Carl PEVC (1895), der eine Fülle von detaillierten Informationen über die Münchner Wasserversorgung und ihren Bau enthält. Nach PEVC (1895: 5) besteht die Münchner Wasserversorgung aus den Quellen des Mangfalltales seit 1883. Vorher hat München seinen Wasserbedarf aus Brunnen im Bereich der Stadt gedeckt. Hauptsächlich aus hygienischen Gründen wurde der Bau einer zentralen Wasserversorgung beschlossen (ANONYMUS 1980: 146).

Ursprünglich waren fünf verschiedene Wasserversorgungsprojekte für München zur Auswahl gestanden: eine Wasserentnahme aus dem Kesseltal, der Hochebene links (westlich) der Isar, dem Gleißental, dem Isartal oder dem Mangfalltal (PEVC 1895: 5).

Die Stadtvertretung hat schließlich im Jahre 1880 den Bau einer Wasserversorgung aus dem Mangfalltal beschlossen (PEVC 1895: 5). Diese Entscheidung basierte wesentlich auf den Untersuchungen Gümbels, der in seinen Gutachten »*die mannigfaltigen gegen die Verwendung der Quellen des Mangfalltha-*

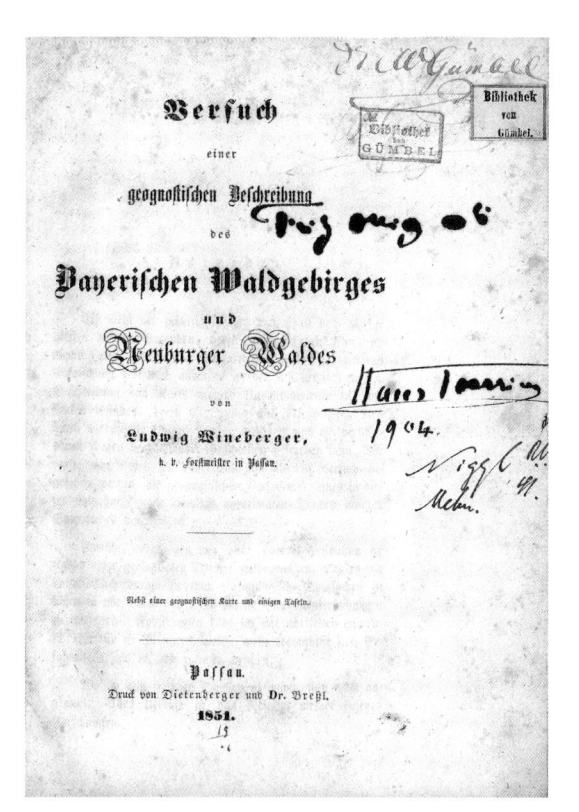

Abb. 32. Titelseite des Hauptwerkes von Ludwig Wineberger mit mehreren Besitzvermerken. Dieses Buch befand sich ursprünglich in der Bibliothek von Carl *Wilhelm* von Gümbel. Rechts oben Gümbels eigenhändige Unterschrift »*Dr C W Gümbel*«, darunter (links, auf einer verblichenen Unterschrift Gümbels) Stempel und aufgeklebtes Etikett (rechts) der »*Bibliothek von Gümbel*«. – Private Bibliothek, München.

les geltend gemachten Bedenken entkräftete« (VOIT 1899: 304). Die Bauarbeiten an der Hangquellfassung Mühlthal, der Zuleitung zum Wasserbehälter in Deisenhofen, am doppelten Druckrohrstrang von Deisenhofen zur Stadt München und schließlich am Stadtrohrnetz, begannen im Frühjahr 1881 (PEVC 1895: 5). Die Wasserversorgung wurde damals für 300 000 Einwohner dimensioniert, was, bei einem Pro-Kopf-Verbrauch von 150 Litern am Tag, einer Wassermenge von 521 Litern pro Sekunde oder 45 000 Kubikmetern Wasser pro Tag (einem Würfel mit etwa 35,6 Metern Kantenlänge) entsprach. Bis zum Jahre 1895 war der tägliche Wasserbedarf Münchens bereits auf rund 60 000 Kubikmeter angestiegen (PEVC 1895: 5). Die Wasserversorgung aus den Quellen des Mangfalltales vermochte auch diesen Bedarf zu decken. Die Gesamtkosten für die Münchner Wasserversorgung beliefen sich bis zum Frühjahr 1895 auf rund 11 Millionen Mark (PEVC 1995: 26). Der stetig steigende Wasserbedarf machte jedoch in der Folgezeit mehrere Erweiterungen der Anlage erforderlich. Noch heute bezieht die Stadt München den größten Teil ihres ausgezeichneten Trinkwassers aus den ergiebigen Quellen des Mangfalltales. Ergänzend wird heute Wasser aus Tiefbrunnen in der Münchner Schotterebene gefördert und aus dem Wassergewinnungsgebiet Oberau im oberen Loisachtal (nördlich Garmisch-Partenkirchen) zugeleitet (ANONYMUS 1980: 146).

Für seine Verdienste um die Münchner Wasserversorgung erhielt Oberbergdirektor Dr. Wilhelm von Gümbel am 1. Januar 1889 das Ehrenbürgerrecht der Stadt München (siehe Kapitel »Ehrungen«).

Wie aus einem Antrag Gümbels an das kgl. Staatsministerium des Innern, Abteilung für Landwirtschaft, Gewerbe und Handel vom 5. Mai 1890 hervorgeht, hat der Magistrat der Stadt Traunstein den kgl. Oberbergdirektor damals ersucht, »*die dortigen Quellen-Verhältnisse auf Grund geologischer Untersuchungen einer näheren Prüfung zu unterziehen und ein darauf bezügliches Gutachten zu erstellen*« [HSTA 6]. Während sich Gümbel in Traunstein aufhielt, war kgl. Bergrath Carl Ostler mit der Führung seiner Dienstgeschäfte im Oberbergamt betraut [HSTA 6].

Es soll nicht unerwähnt bleiben, dass Gümbels Werke gelegentlich auch kritisiert wurden. So schrieb beispielsweise August Leppla (* 12. August 1859 in Matzenbach, † 12. April 1924 in Wiesbaden), der fünf Jahre Gümbels Mitarbeiter am geognostischen Bureau gewesen und am 1. Mai 1888 (MICHAEL 1925: LXI) an die Geologische Landesanstalt in Berlin gewechselt war, in einem kurzen Nachruf (LEPPLA 1898: 375): »*… Die bedeutenden Gümbel'schen Arbeiten haben in sehr vielen Einzelheiten Berichtigungen erfahren und werden sie noch erfahren. Das ist beim ungenügenden Auseinanderhalten von thatsächlicher Beobachtung und der daran geknüpften Folgerung durchaus natürlich. Mehr als bei irgend einem andern Forscher ähnlicher Bedeutung ist die Gümbelsche Wissenschaft eine subjective. Die Geologie ist aber eine rein empirische Wissenschaft, und nur als solche wird sie wirklich Fortschritte machen. Der bleibende Hauptwerth der Forschung ruht in der Menge und in der allseitigen Beleuchtung der Thatsachen. …*«

Auf diese Kritik Lepplas entgegnete Carl von Voit in seinem Nekrolog auf Wilhelm Gümbel (VOIT 1899: 299): »*… Aber ist dies nicht für Jeden, der den Gang und die Geschichte der Wissenschaft kennt, etwas Selbstverständliches: denn wo ist der Göttliche, der bei seinem hohen Streben niemals geirrt und das Wissen in irgend einem Gebiete zum völligen Abschluss gebracht hat? Niemand hat mehr seine menschliche Unzulänglichkeit gefühlt als Gümbel selbst. Gerade jenes Hervorheben der Irrung nur in Einzelheiten ist das grösste Lob für Gümbel's Verdienste und zeigt, wie weit er im Grossen bahnbrechend gewirkt hat. …*«

Ehrungen

Bereits im Jahre 1854 bekam Gümbel für eine Manuskriptkarte (Maßstab 1 : 50 000), die in der »Ausstellung Deutscher Industrie- und Gewerbs-Erzeugnisse« im Münchner Glaspalast zu sehen war, eine Preis-Medaille (Abb. 13). Im Jahr darauf wurde ihm bei der Weltausstellung in Paris die Preis-Medaille 2. Klasse (Abb. 33) mit dem Bildnis Napoleons III. verliehen. Weitere Auszeichnungen, die Wilhelm Gümbel für seine ausgestellten Werke über die Bayerische Geologie erhalten hat, sind: eine Preis-Medaille (Abb. 35) bei der Weltausstellung in London (1862), eine silberne Preis-Medaille (Abb. 14) bei der Weltausstellung in Paris (1867) und eine Auszeichnung bei der Weltausstellung in Philadelphia (1876). Eine besondere Ehre wurde Gümbel im Jahre 1862 zu Teil, als ihm die kgl. General-Bergwerks- und Salinen-Administration in einem Schreiben [PAG 16] vom 10. Mai 1862 mitteilte, dass »*Seine Majestaet der Koenig auf Überreichung des als erster Theil der Publikation der Resultate der geognostischen Untersuchung des Königreichs Bayern erschienenen Werkes:* ›*Geognostische Beschreibung des bayerischen Alpengebirges und seines Vorlandes*‹*, folgendes Signat allergnädigst zu erlassen geruht*« haben:

»»*Ich habe diese Vorlage für Meine Bibliothek zurückbehalten und bin wahrhaft überrascht über den Fleiß, die Genauigkeit und Geschicklichkeit, mit welcher Buch und Karten durchgeführt sind. Dem Bergmeister Gümbel ist daher eigens Meine Zufriedenheit mit seinen desfallsigen bisherigen Leistungen auszudrücken.*‹

Abb. 33. Preis-Medaille 2. Klasse (Kupfer), verliehen anlässlich der Weltausstellung in Paris, 1855.
Gewicht: 110,81 g.
Durchmesser: 59 mm.
Vorderseite: Bildnis des Kaisers von Frankreich, Napoleon III.; Signatur (klein): ALBERT BARRE.
Rückseite: Wappen der an der Weltausstellung beteiligten Staaten und Inschrift: EXPOSITION . UNIVERSELLE . AGRICULTURE . INDUSTRIE . BEAUX-ARTS, PARIS, 1855.
Rand: glatt; klein: CUIVRE [= Kupfer].
Die Medaille ist im Besitz des Bayerischen Geologischen Landesamts in München.

Im höchsten Auftrage ...« – heißt es in dem Schriftstück [PAG 16] weiter – *»wird dem kgl. Bergmeister W. Gümbel dieser allerhöchste Zufriedenheits-Ausspruch hiermit kund gegeben.«*

Die im Jahre 1861 erschienene »Geognostische Beschreibung des bayerischen Alpengebirges und seines Vorlandes« war auch der Hauptgrund dafür, dass Wilhelm Gümbel 1862 von der Universität Jena zum Doktor der Philosophie honoris causa promoviert wurde.

Den Vorschlag zur Promotion ehrenhalber machte am 22. Mai 1862 der damals amtierende Dekan der Philosophischen Fakultät der Universität Jena, Prof. Dr. Ernst Erhard Schmid [UAJ 1].

Ernst Erhard Friedrich Wilhelm Schmid (* 22. Mai 1815 in Hildburghausen, † 16. Februar 1885 in Jena) hatte 1839 zum Dr. phil. promoviert, war von 1840 bis 1843 Privatdozent, dann Professor und ab 1856 ordentlicher Professor für Geologie und Mineralogie an der Universität Jena und zusätzlich Direktor der großherzoglichen Anstalten für Mineralogie in Jena (POGGENDORFF 1863b: 812–813; FEDDERSEN & OETTINGEN 1898b: 1197).

Dem Promotionsantrag [UAJ 1] des Dekans Dr. E. E. Schmid lag ein eigenhändiger Lebenslauf und ein Publikationsverzeichnis des kgl. bayer. Bergmeisters C. *Wilhelm* Gümbel bei [UAJ 2]. Sieben Mitglieder der Fakultät befürworteten mit ihrer Unterschrift am 23. Mai 1862, den »*königl. bayrischn Bergmeister u. Chef-Geognosten Gümbel in München*« zum Doktor der Philosphie honoris causa zu promovieren [UAJ 1]. Die lateinische Promotionsurkunde (Abb. 34), die sich im Universitätsarchiv der Friedrich-Schiller-Universität in Jena befindet, trägt das Datum 23. Mai 1862 [UAJ 5].

In einem Brief an die Hohe Philosophische Fakultät der großherzoglichen Universität Jena [UAJ 4], den Gümbel am 20. Juni 1862 in Ludwigstadt im Frankenwald unterschrieben hat, bedankte sich Gümbel mit den Worten: »*... Hoch erfreut über diese Auszeichnung und Anerkennung eines wenn auch schwachen, so doch eifrigen Strebens, der Wissenschafth, so viel an mir ist, zu dienen, und des ganzen Gewichtes bewußt, von Seite einer im ganzen deutschen Vaterlande so hoch*

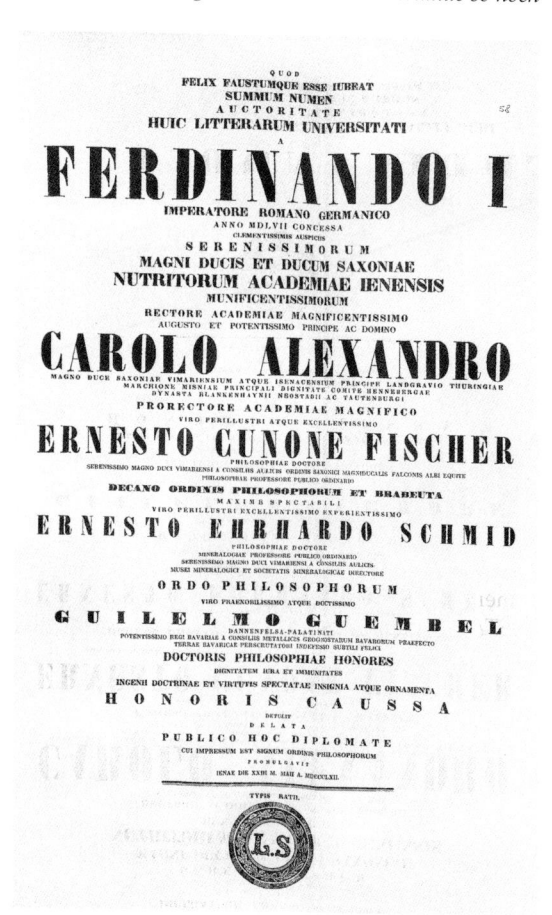

Abb. 34. Promotionsurkunde [UAJ 5] der Philosophischen Fakultät der großherzoglichen Universität Jena für Wilhelm Gümbel (Guilelmo Guembel) zum Doktor honoris causa vom 23. Mai 1862. – Mit freundlicher Genehmigung des Universitätsarchivs Jena.

Abb. 35. Preis-Medaille (Kupfer), verliehen anlässlich der Weltausstellung in London, 1862.
Gewicht: 220,20 g.
Durchmesser: 76 mm.
Vorderseite: Relief mit allegorischen Frauengestalten und liegendem Löwen.
Rückseite: Eichenkranz und Inschrift; Signatur (klein): L. C. WYON F.
Rand: BERGWERKS & SALINEN STAAT'S DIRECTION. CLASS I.
Die Medaille ist im Besitz des Bayerischen Geologischen Landesamts in München.

geehrten wissenschaftlichen Körperschaft, einer so nahen Verbindung auch gewürdigt zu sehen, fühle ich mich hoher Fakultät zum größten und innigsten Danke tiefst verpflichtet. Wolle Hoch dieselbe diesen Dank mit dem gleichzeitigen Versprechen freundlich annehmen, daß ich, stolz auf die Ehre ein Doktor der altehrwürdigen Pflegerin ächtdeutscher Wissenschaft der erhabenen Universität Jena zu sein, es als eine der angenehmsten der Verpflichtungen erachten werde, stets und immer den Ruhm und die Ehre der Universität zu mehren! Diese etwas verspätete Empfangsanzeige des gütigst zugeschickten Doktordiploms möge eine Hohe Fakultät aus dem Umstande freundlichst entschuldigen, daß ich zur Zeit seines Eintreffens von München abwesend auf einer geognostischen Exkursion mich befinde und erst seit Kurzem selbst in den Besitz der hochgeschätzten Zusendung gelangt bin. ...«

Die »Geognostische Beschreibung des bayerischen Alpengebirges und seines Vorlandes« wurde zudem 1862 bei der Weltausstellung in London mit einer Preis-Medaille (Abb. 35) ausgezeichnet [UAM 2, UAM 3].

Noch im selben Jahr ernannte die königlich bayerische Akademie der Wissenschaften in München Dr. Gümbel zu ihrem außerordentlichen Mitglied.

Wie aus dem Protokoll über die Wahlsitzung der mathematisch-physikalischen Klasse [AAW 1], abgehalten am 11. Juli 1862, hervorgeht, waren Professor Dr. Karl *Albert* Oppel, Professor Dr. Ludwig Buhl und Bergmeister Dr. Wilhelm Gümbel durch Justus von Liebig zur Wahl zum außerordentlichen Mitglied vorgeschlagen worden. Die Wahl aller Vorgeschlagenen erfolgte einstimmig durch die in der Wahlsitzung anwesenden Herren der mathematisch-physikalischen Klasse (Seidel, Jolly, von Ringseis, Baron von Liebig, von Siebold, von Vogel, Pettenkofer, Schafhäutl und von Kobell) [AAW 1]. In der allgemeinen Sitzung der königlichen Akademie der Wissenschaften, abgehalten am 19. Juli 1862, wurde Bergmeister Wilhelm Gümbel mit 14 weißen Kugeln (einstimmig) zum außerordentlichen Mitglied gewählt [AAW 2]. Das Schreiben des Staats-Ministeriums des Innern für Kirchen- und Schul-Angelegenheiten vom 7. September 1862 bestätigte Gümbels Wahl zum außerordentlichen Mitglied der königlich bayerischen Akademie der Wissenschaften [AAW 3]. Die in lateinischer Sprache abgefasste Ernennungsurkunde [PAG 17] vom 28. November 1862 ist vom damaligen Vorstand der bayerischen Akademie der Wissenschaften Justus von Liebig und dem Klassensekretär Karl Friedrich Philipp von Martius unterschrieben. Das Originaldokument (Abb. 36) befindet sich heute im Privatarchiv Gümbel [PAG 17].

Gümbel fühlte sich durch die Ernennung zum außerordentlichen Mitglied der k. bayerischen Akademie der Wissenschaften hoch geehrt und als Mann der Wissenschaft anerkannt, wie aus dem nachstehenden Zitat (VOIT 1899: 300) hervorgeht: »... *Als er [Gümbel] auf einer Forschungstour die Nachricht davon erhielt, bricht er in einen wahren Jubel aus und schreibt darüber an seine Frau:* ›*unter dem überwältigenden Eindruck, welche Deine mir noch gestern Abend zugekommene Nachricht auf mich gemacht hat, ergreife ich heute freudigst die Feder, um Dir mitzutheilen, wie sehr mich dies Ereigniss bis ins Innerste meiner Seele ergriffen hat, und es fehlt mir nur Jemand, dem ich, an dieser Freude theilnehmend, aussprechen könnte, was ich empfinde.*

Ich gestehe, nicht ganz die Eitelkeit überwinden zu können, durch diese Wahl mich für manches Herbe entschädiget zu fühlen, was ich von anderer Seite in letzter Zeit hinnehmen musste. Es ist ein wahrer Anfang und Grundlage eines neuen Lebens, das für mich aufblüht, und ich bin der Zuversicht, dass es mir nicht misslingen wird, das Begonnene richtig weiter zu führen.‹«

In den Klassensitzungen der königlichen Akademie der Wissenschaften saß Gümbel gewöhnlich neben seinem Freund, dem Paläontologen Dr. Albert Oppel (* 19. Dezember 1831 zu Hohenheim in Württemberg, † 22. Dezember 1865 in München) (HOCHSTETTER 1866).

Im Jahr nach der Ernennung zum außerordentlichen Mitglied der Akademie der Wissenschaften erfolgte mit höchster Entschließung Nr. 4168 vom 16. Mai 1863 Gümbels Ernennung zum Ehrenprofessor der Geognosie und Markscheidekunst in der philosophischen Fakultät der königlichen Universität München [UAM 4] (siehe Kapitel: »Hochschullehrer und Konservator der mineralogischen Sammlung«).

Im Jahre 1869 rückte Gümbel in die Reihe der ordentlichen Mitglieder der königlichen Akademie der Wissenschaften in München vor.

Im Wahlvorschlag [AAW 4], den der Klassensekretär Prof. Dr. Franz von Kobell am 5. Juni 1869 in München verfasst hat, heißt es: »*Sein großes Werk ›Geognostische Beschreibung des Bayerischen Alpengebirges u. des Bayerischen u. Oberpfälzer-Waldgebirges‹, reich mit geognostischen Karten, Gebirgsansichten u. Profiltafeln ausgestattet, ist so hervorragend, daß des Autors Namen unter den ersten der lebenden Geognosten genannt wird u. C. Naumann hat das Werk ein wahres Meisterstück genannt u. sich geäußert, daß ihm so colossale Arbeitskraft wie die des Verfassers noch nicht vorgekommen sei. In ähnlichem Sinne haben sich B. Cotta u. a. Spitzen der Wissenschaft ausgesprochen.*«

In der Wahlsitzung der mathematisch-physikalischen Klasse der bayerischen Akademie der Wissenschaften, abgehalten am 23. Juni 1869, waren laut Protokoll [AAW 5] anwesend: Baron von Liebig (Vorstand der k. Akademie der Wissenschaften), von Steinheil (k. Ministerialrath), von Ringseis (k. geh. Rath) und die k. Universitäts-Professoren Schafhäutl, von Siebold, von Pettenkofer, Jolly, Bischoff, Seidel, Nägeli und von Kobell (Klassensekretär). In der ersten Ballotage [geheime Abstimmung durch Kugeln] erhielt Oberbergrath Gümbel 7 weiße und 4 schwarze Kugeln [AAW 5]. Darauf wurde nochmals ballotiert und Gümbel erhielt nun 8 weiße und 3 schwarze Kugeln. Damit war er mit 8 gegen 3 Stimmen zum ordentlichen Mitglied der mathematisch-physikalischen Klasse gewählt [AAW 5].

In der (allgemeinen) Wahlsitzung der k. bayerischen Akademie der Wissenschaften, abgehalten

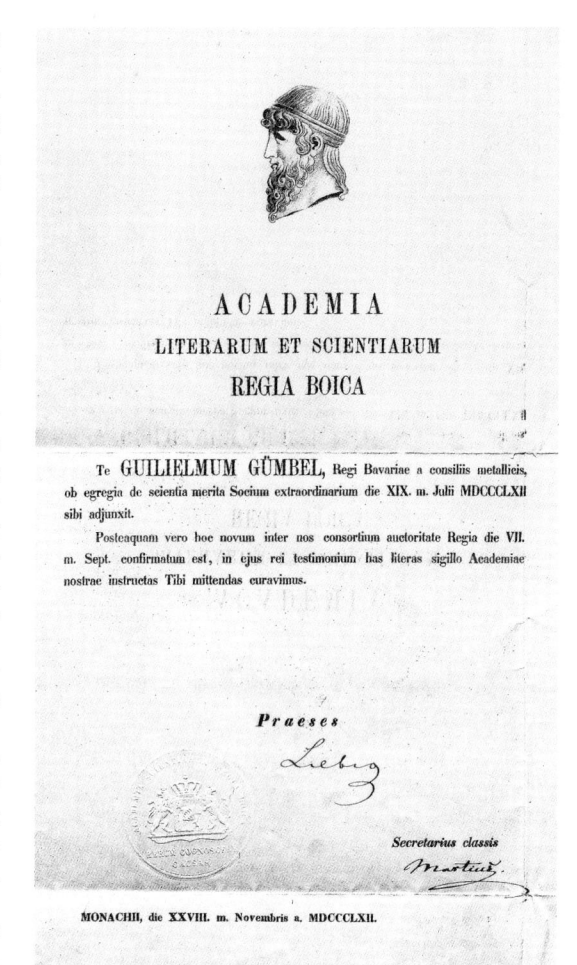

Abb. 36. Die lateinische Ernennungsurkunde für Wilhelm Gümbel zum außerordentlichen Mitglied der bayerischen Akademie der Wissenschaften vom 28. November 1862. Unterzeichnet vom Vorstand Liebig und dem Klassensekretär Martius. – Privatarchiv Gümbel [PAG 17]; Foto: Helmut Partheymüller.

am 30. Juni 1869, wurde Oberbergrath Dr. Gümbel mit 29 weißen gegen 1 schwarze Kugel zum ordentlichen Mitglied gewählt [AAW 6]. Das Staats-Ministerium des Innern für Kirchen- und Schul-Angelegenheiten bestätigte in einem Schreiben vom 18. Juli 1869 [AAW 7] – auf »*Seiner Königlichen Majestaet allerhöchsten Befehl*« – Gümbels Wahl zum ordentlichen Mitglied der mathematisch-physikalischen Klasse der königlich bayerischen Akademie der Wissenschaften. Die von ihrem langjährigen Vorstand Justus von Liebig und dem Sekretär der mathemathisch-physikalischen Klasse Franz von Kobell unterzeichnete Ernennungsurkunde [PAG 20] trägt das Datum 24. Juli 1869.

Im Jahr darauf belegte Prof. Dr. Franz von Kobell ein von ihm (KOBELL 1870) analysiertes wasserhaltiges Kaliumaluminiumsilikat aus Nordhalben bei [Bad] Steben in Oberfranken mit dem Namen »Gümbelit«. In der Sitzung der mathematisch-physikalischen Klasse der königlich bayerischen Akademie der Wissenschaften vom 5. März 1870

Abb. 37. Dr. Wilhelm von Gümbel in der Uniform eines Oberbergdirektors. Um seinen Hals, vom Betrachter aus links, das Komturkreuz des Verdienstordens der Bayerischen Krone und rechts daneben, ebenfalls am Halse vor seiner Brust hängend, der königliche Verdienstorden vom heiligen Michael II. Klasse. Darunter, über dem Herz, das Ritterkreuz I. Klasse des Herzoglich Sachsen-Ernestinischen Hausordens. Die Aufnahme entstand wahrscheinlich im März 1893 (das Komturkreuz des Verdienstordens der Bayerischen Krone wurde ihm am 10. März 1893 verliehen) in München. – Foto im Familienarchiv Horst-Eberhard von Horstig, Zeppelinheim.

sagte KOBELL (1870: 294) darüber unter anderem: *»Ich benenne dieses Mineral nach seinem Entdecker, dem Herrn Oberbergrath Gümbel, der sich so viele Verdienste um die geognostische Kenntniss Bayerns erworben hat und welcher mir zuerst dasselbe mittheilte. Es findet sich von kurzfasriger Struktur in dünnen Lagen auf Thonschiefer, z. Th. auch auf Pyrit, der in kleinen plattgedrückten Massen eingewachsen vorkommt. Die Farbe ist weissgrünlichweiss, es ist seiden-perlmutterglänzend und durchscheinend, weich und biegsam und fühlt sich zerrieben wie feiner Asbest an. ...«*

Aber noch zu Lebzeiten Gümbels stellte sich heraus, dass »Gümbelit« keine eigenständige Mineralspezies ist (AMMON 1899: 24). Nach der heute gültigen Nomenklatur ist »Gümbelit« mit dem Schichtsilikat Illit-$2M_2$ identisch (BAYLISS 2000: 84).

Zahlreiche Gesellschaften haben Dr. Wilhelm Gümbel zum ordentlichen, korrespondierenden oder zum Ehrenmitglied ernannt. So war er unter anderem seit 1895 (LEPPLA 1898: 376) korrespondierendes Mitglied der physikalisch-mathematischen Klasse (KÖHLER & SCHNABEL 1898: 251) der königlich preußischen Akademie der Wissenschaften in Berlin, Ehrenmitglied (AMMON 1899: 2) und von 1890 bis 1892 erster Vorstand (NEUMAYER 1898: 26–27) des naturwissenschaftlichen Vereins Pollichia in der Pfalz. Gümbel war Ehrenmitglied des naturwissenschaftlichen Vereins zu Regensburg, der naturhistorischen Vereine in Passau und Augsburg, der Gesellschaft für Naturgeschichte Isis in Dresden, des mineralogischen Vereins in Landshut und der botanischen Gesellschaft zu München, seit 1875 (KILLY & VIERHAUS 1996: 235) Mitglied der kaiserlichen Leopoldino-Carolinischen Deutschen Akademie der Naturforscher, des Weiteren Mitglied der botanischen Gesellschaft in Regensburg, korrespondierendes Mitglied der k. k. geologischen Reichsanstalt in Wien, der physikalisch-medizinischen Gesellschaft in Würzburg und der Geological Society of London (AMMON 1899: 2). Bereits 1863 war er zum Auslandskorrespondenten und 1877 zum ausländischen Mitglied der letztgenannten Gesellschaft gewählt worden (WHITAKER 1899: liv).

Nach OBERHUMMER (1898: 163) und UMLAUFT (1898: 572) gehörte Gümbel auch zu den ersten Mitgliedern des Deutschen und Österreichischen Alpenvereins. Bereits in der ersten Liste, die der Verein von seinen Anhängern herausgab, ist der damalige Oberbergrath und Professor als Mitglied der Sektion München aufgeführt (DEUTSCHER ALPENVEREIN 1870: 47).

Zudem war Gümbel Mitglied des naturhistorischen Vereins der preußischen Rheinlande und Westphalens in Bonn und der Deutschen geologischen Gesellschaft in Berlin, wie aus einem eigenhändigen Lebenslauf hervorgeht [UAJ 2].

Gümbel trat verhältnismäßig wenig in die Öffentlichkeit, und wahrscheinlich verging deshalb einige Zeit, bis er – die akademischen Würden ausgenommen – für seine hervorragenden Verdienste besonders ausgezeichnet und geehrt wurde. In den letzten zwei Jahrzehnten seines Lebens erhielt Oberbergdirektor von Gümbel jedoch einige hohe Anerkennungen und Auszeichnungen.

Für seine herausragenden Verdienste und Leistungen hat Gümbel eine Reihe teilweise hoher Orden erhalten (Abb. 37). Die ihm verliehenen Ehrenzeichen sind im Anhang 3 aufgeführt.

Bereits am 31. Dezember 1868 wurde ihm von Ludwig II. das Ritterkreuz I. Klasse des königlichen Verdienstordens vom heiligen Michael verliehen [HSTA 12]. 21 Jahre später, am 27. Dezember 1889, zeichnete Prinzregent Luitpold den kgl. Oberbergdirektor Dr. Wilhelm Ritter von Gümbel mit dem königlichen Verdienstorden vom heiligen Michael II. Klasse aus. Diesen Orden hat der kgl. Oberbergdirektor am 31. Dezember 1889 in Empfang genommen [HSTA 12].

Am 20. August 1882 wurde ihm von König Ludwig II. das Ritterkreuz des königlichen Verdienstordens der Bayerischen Krone verliehen, das mit dem persönlichen Adel verbunden war [HSTA 11].

Gümbel stellte im Jahr darauf, am 20. Mai 1883, an den König den alleruntertänigsten Antrag, ihn in die Adelsmatrikel als Ritter des königlichen Verdienstordens der Bayerischen Krone aufzunehmen und Ludwig II. genehmigte diesen Antrag bereits am 24. Mai 1883 [HSTA 1].

Ein Matrikular-Extrakt [PAG 24] vom 27. Mai 1883 bestätigt, dass Gümbel »des Adels für seine Person theilhaftig geworden« und »mit dem ihm zukommenden adeligen Wappen« ... »nach erholter allerhöchster Genehmigung der Adelsmatrikel des Königreiches einverleibt« worden ist.

Am 15. Oktober 1883 reichte Gümbel beim Reichsherolden-Amt seinen eigenhändigen Wappenentwurf ein. Das Reichsherolden-Amt übernahm für eine Gebühr von 12 Mark die Herstellung des Wappens [HSTA 1]. Das persönliche Wappen (Abb. 38) des königlichen Oberbergdirektors Dr. Wilhelm Ritter von Gümbel enthält als Wappentier den Gimpel. Der schwarzweiße Schild zeigt den rotbrüstigen Vogel auf einer purpurroten Waldnelke und zwei goldene Geologenhämmer [HSTA 1].

Ein wahrscheinlich im März 1893 aufgenommenes Foto (Abb. 37) zeigt Dr. Wilhelm Ritter von Gümbel in der Paradeuniform eines Oberbergdirektors. Um seinen Hals hängt, vom Betrachter aus links, das Komturkreuz des Verdienstordens der Bayerischen Krone und rechts daneben der königliche Verdienstorden vom heiligen Michael II. Klasse. Darunter, über dem Herz, das Ritterkreuz I. Klasse des Herzoglich Sachsen-Ernestinischen Hausordens (freundliche mündliche Mitteilung durch Herrn Peter Lingenhöl, München am 15. Juni 2000).

Seine Königliche Hoheit Prinz Luitpold, des Königreichs Bayern Verweser, hatte ihm das Komturkreuz des Verdienstordens der Bayerischen Krone (Abb. 37) – als nachträgliches Geschenk zum 70. Geburtstag – unterm 10. März 1893 verliehen [HSTA 6].

König Ludwig II. hat Wilhelm Gümbel am 28. Dezember 1882 zum Mitglied des kgl. Maximilians-Ordens für Wissenschaft und Kunst (Abt. Wissenschaft) ernannt. In der Ernennungsurkunde Nr. 14072[I] (Abb. 39), die sich heute im Privatarchiv Gümbel [PAG 23] befindet, heißt es:

»Wir haben Uns bewogen gefunden, den Oberbergdirektor und Vorstand des kgl. Oberbergamtes, Dr. Karl Wilhelm Gümbel in München, in Anerkennung seiner hervorragenden Leistungen im Gebiete der Wissenschaft zum Mitgliede Unseres Maximilians-Ordens für Wissenschaft und Kunst zu ernennen, worüber Wir demselben gegenwärtige, von Uns eigenhändig vollzogene und mit unserem geheimen Kanzlei-Insiegel bedruckte Urkunde, nebst den Ordens-Insignien zustellen lassen. Hohenschwangau, den 28ten Dezember 1882.
Ludwig«

Abb. 38. Das persönliche Wappen des königlichen Oberbergdirektors Dr. Wilhelm Ritter von Gümbel aus dem Jahre 1883. – Bayerisches Hauptstaatsarchiv München: Adelsmatrikel Ritter G 27 Matrikelbogen [HSTA 1].

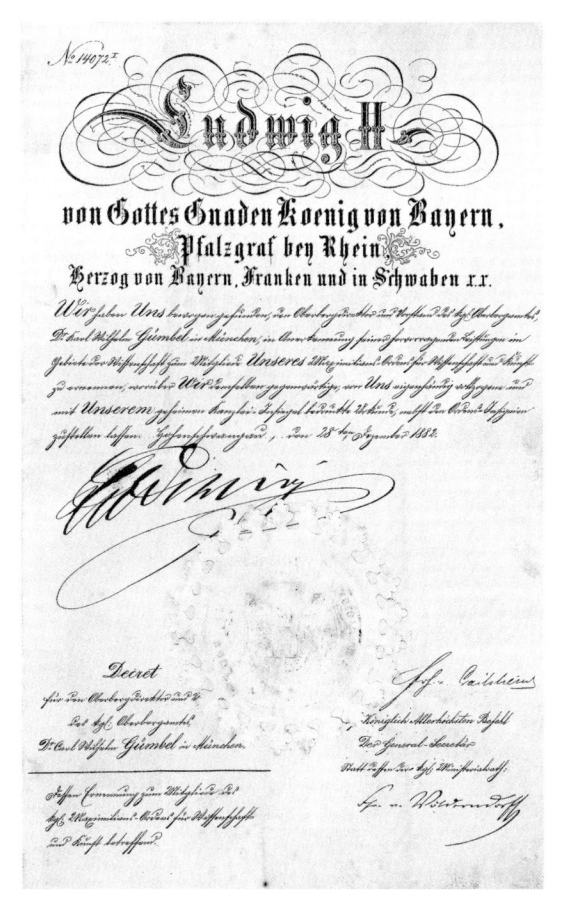

Abb. 39. Ernennungsurkunde Nr. 14072[I] für den Oberbergdirektor und Vorstand des kgl. Oberbergamtes Dr. Carl Wilhelm Gümbel in München zum Mitglied des kgl. Maximilians-Ordens für Wissenschaft und Kunst. Unterzeichnet von Ludwig II. in Hohenschwangau am 28. Dezember 1882. – Privatarchiv Gümbel [PAG 23]; Repro: Helmut Partheymüller.

Am 25. September 1895 erhielt Gümbel die Genehmigung, das ebenfalls ausländische Komturkreuz des Ordens der Württembergischen Krone entgegenzunehmen und zu tragen [HSTA 13].

Damals mussten alle Orden nach dem Tod ihres Trägers von seinen Angehörigen oder Erben an den Ordensschatz retourniert [zurückgegeben] werden. Lediglich die Verleihungsurkunden verblieben im Besitz der Nachkommen [HSTA 9–HSTA 15].

Geehrt wurde Gümbel auch für seine herausragenden Verdienste um die Wasserversorgung der Stadt München. Nach der glücklichen Vollendung und Inbetriebnahme der neuen Münchner Wasserversorgung beschlossen Magistrat und Gemeindebevollmächtigte der königlichen Haupt- und Residenzstadt am 27. November und 6. Dezember 1888 einstimmig, dem Oberbergdirektor Dr. von Gümbel das Ehrenbürgerrecht der Stadt München zu verleihen. Die von den Bürgermeistern und den Vorständen unterzeichnete Urkunde (Abb. 40), die heute in der Bibliothek des Bayerischen Geologischen Landesamts in München aufbewahrt wird, trägt das Datum 1. Januar 1889 [GLA 41]. Gümbels Name steht auch auf einer der Ehrenbürgertafeln (zweite obere Tafel) der Stadt München im oberen Foyer des Alten Rathaussaales im Alten Rathaus am Marienplatz. Im Nekrolog auf Wilhelm Gümbel zitierte Carl von Voit diesbezüglich einen Nachruf, welchen der damalige I. Bürgermeister von München Wilhelm von Borscht (* 3. April 1857 in Speyer, † 30. Juli 1943 in München) (BOSL 1983: 84) in einer Magistratssitzung Gümbel gewidmet hat (VOIT 1899: 304–305):

»*Sein Tod bedeutet einen schweren Verlust insbesondere für unsere liebe Stadt München, die ihn zu ihren treuesten Freunden, zu den thatkräftigsten Förderern ihrer socialen Wohlfahrt rechnen durfte. Fast 25 Jahre hindurch hat der Verlebte seine Kraft und sein reiches Wissen unserem Gemeinwesen unermüdlich zur Durchführung einer ihrer wichtigsten Unternehmungen, der städtischen Wasserversorgung, zur Verfügung gestellt. Er war es insbesondere, der unserem unvergesslichen Herrn Bürgermeister Dr. v. Ehrhardt in den schwierigen Vorbereitungen zu diesem gewaltigen Werke nachdrücklichst unterstützte, und durch seine, auf genauesten Messungen und Prüfungen beruhenden Gutachten die mannigfaltigen gegen die Verwendung der Quellen des Mangfallthales geltend gemachten Bedenken entkräftete. Wenn heute die Wasserversorgung Münchens als eine der besten der Welt anerkannt ist, so verdankt die Stadt diesen Ruhm nicht zum Wenigsten der Mitwirkung des Verlebten, der bis zuletzt darauf bedacht war, dieses so unendlich bedeutungsvolle Werk in gedeihlichem Sinne zu fördern und auszubauen. Die Verleihung des Ehrenbürgerrechtes an Herrn v. Gümbel, die im Jahre 1889*

Abb. 40. Ehrenbürgerurkunde der königl. Haupt- und Residenzstadt München für Dr. Wilhelm Ritter von Gümbel, k. Oberbergdirektor in München. Unterzeichnet von den Bürgermeistern und Vorständen, München 1. Januar 1889. – Bibliothek des Bayerischen Geologischen Landesamts [GLA 41], München; Foto: Helmut Partheymüller.

Diesen Orden hat der kgl. Oberbergdirektor am 5. Januar 1883 entgegengenommen [HSTA 6]. Am 4. Juli 1887 wurde er vom Prinzregenten Luitpold in das Kapitel des Ordens berufen. Die Mitgliedschaft Gümbels im Kapitel des Maximilians-Ordens für Wissenschaft und Kunst wurde am 7. Mai 1892 und am 11. Juni 1897 von Luitpold Prinz von Bayern jeweils um fünf weitere Jahre verlängert [HSTA 9]. Zudem war Gümbel am 26. Juli 1883 [HSTA 13; UAM 1], von seiner Hoheit Herzog Ernst zu Sachsen-Coburg und Gotha, das Ritterkreuz I. Klasse des Herzoglich Sachsen-Ernestinischen Hausordens verliehen worden. Die Erlaubnis, diesen ausländischen Orden annehmen und tragen zu dürfen, wurde dem königlichen Oberbergdirektor am 19. August 1883 von Ludwig II. gebührenfrei erteilt [HSTA 6; HSTA 13].

anlässlich der Vollendung der städtischen Wasserversorgung auf Grund einstimmiger Beschlüsse der beiden Gemeindekollegien erfolge, war daher nur der selbstverständliche Ausdruck all des Dankes, den ihm die Stadt für seine unvergänglichen Verdienste um ihr Blühen und Gedeihen für alle Zeiten schuldet. Denn was er für München gethan, das ist mit goldenen Lettern in dessen Geschichte eingetragen. Sein Name wird daher fortleben für immer, auf das Innigste verbunden mit der grossartigen Schöpfung, die er begründen half. Um indessen die Bedeutung dieses durch seinen aufopfernden Bürgersinn, wie durch seine segensreiche Thätigkeit als Gelehrter gleich ausgezeichneten Mannes der Bürgerschaft stets lebendig zu erhalten, beantrage ich, eine hervorragende Strasse nach ihm zu benennen und sein Oelbild in dem Ehrenkabinet des städtischen Museums zur Aufstellung zu bringen.«

Die Gümbelstraße in Neuhausen wurde 1899 ihm zu Ehren benannt (DOLLINGER 1997: 106). Sie ist die erste östlich der Landshuter Allee gelegene Verbindungsstraße zwischen der Blutenburgstraße und der Nymphenburger Straße. Weitere Gümbelstraßen befinden sich in Amberg (Opf.) und Peißenberg (Obb.).

Ein von Wilhelm Wagenbreth (* 1851, † 1910) gemaltes Bild, das Carl *Wilhelm* von Gümbel etwa im 70. Lebensjahr darstellt, befindet sich unter der Inventar-Nummer IIc/49 im Depot des Münchner Stadtmuseums. Das 95,8 cm hohe und 78,3 cm breite Porträt (Öl auf Leinwand) ist wahrscheinlich eine 1898 [PAG 26] entstandene Kopie des Gemäldes von Professor Julius Kraut (siehe Kapitel »Persönlichkeit und Charakter«), das sich heute im Privatbesitz befindet. Eine spätere Kopie des von Julius Kraut gemalten Ölbildes hängt im Bayerischen Geologischen Landesamt in München. Sie wurde von Martin Mooser (* 26. September 1910 in München), einem Künstler und ehemaligen Mitarbeiter des Bayerischen Geologischen Landesamts, im Jahre 1968 angefertigt [GLA 48; GLA 51].

Alle Angehörigen der Familie Gümbel versammelten sich am Samstag, den 11. Februar 1893, um den 70. Geburtstag des kgl. Oberbergdirektors zu feiern (AMMON 1898: 8). Bei dieser Gelegenheit erhielt der Jubilar zahlreiche Ehrungen.

Eine Glückwunschkarte seiner großen Verwandtschaft aus Dannenfels und ein Geburtstagsplakat mit Gedichten seiner Frau Katharina sind im Privatarchiv Gümbel erhalten.

Von Beamten der Bergbehörden und den Geognosten der Landesuntersuchung erhielt er als Geburtstagsgeschenk eine von J. W. Menges (siehe unten) im Jahre 1893 angefertigte Bronzestatue eines jungen Bergmannes (Abb. 41), die auf einem Postament aus Porphyr, Gneis und Basalt steht. Die

Abb. 41. Bronzestatue eines jungen Bergmannes – Wilhelm Gümbel am Anfang seiner Laufbahn. Höhe der Figur: 23 cm; 1893 gefertigt von J. W. Menges. Geschenk für Oberbergdirektor Dr. C. W. von Gümbel von den Beamten der Bergbehörden und den Geognosten der Landesuntersuchung zur Feier seines 70. Geburtstages. – Bibliothek des Bayerischen Geologischen Landesamts, München; Foto: Dr. Rupert Hochleitner.

etwa 23 cm hohe Statue, welche sich heute im Bayerischen Geologischen Landesamt befindet, stellt Wilhelm Gümbel am Anfang seiner Laufbahn dar. Auf dem Sockel finden sich unter anderem die Namen derer, die ihm die Figur geschenkt haben, und auf einem Medaillon ist sein Geburtshaus in Dannenfels abgebildet.

Joseph Wilhelm Menges (* 1856 in Kaiserslautern, † November 1916 in München) arbeitete als Bildhauer in München. Er schuf unter anderem das Bismarckdenkmal in Kaiserslautern, gemeinsam mit Alois Mayer das Alfred-Krupp-Denkmal in Essen

Abb. 42. Glückwunschkarte für Wilhelm von Gümbel zu seinem 72. Geburtstag am 11. Februar 1895. Tuschezeichnung auf Karton (15 × 22,5 cm). – Privatarchiv Gümbel; Repro: Helmut Partheymüller.

(vor dem Haupteingang der Fabrik) und das Scheffeldenkmal in Säckingen (VOLLMER 1930: 389).

Die »Wiener Geologen« hatten ihm aus gleichem Anlass ein Glückwunschschreiben [GLA 42] übersandt, das heute ebenfalls in der Bibliothek des Bayerischen Geologischen Landesamts in München verwahrt wird.

Um 11³⁰ Uhr überbrachten vier Herren des Magistrates und des Kollegiums der Gemeindebevollmächtigten der Stadt München in Gümbels Wohnung die Glückwünsche der Stadt zu seinem 70. Geburtstag [STDAM 1].

Eine Glückwunschkarte, die Wilhelm von Gümbel zu seinem 72. Geburtstag am 11. Februar 1895 – wahrscheinlich von seiner Frau Katharina – bekommen hat, zeigt Gümbel auf einem Felsenstuhl thronend und zu seinen Füßen Zwerge, die ihm Glückwünsche überbringen. Die 15 × 22,5 cm große Tuschezeichnung (Abb. 42) ist im linken unteren Eck mit den Initialen »WB« signiert. Der Zeichner dieser Geburtstagskarte, die sich im Privatarchiv Gümbel befindet, ist jedoch nicht bekannt (freundliche mündliche Mitteilung durch Dr. Kurt Zeitler, Staatliche Graphische Sammlung München am 17. Januar 2000).

An Gümbels Verdienste um die Paläontologie und Paläozoologie erinnern neben zahlreichen Artnamen auch einige Gattungsnamen.

So belegte Otto KUNTZE (1895: 46) die von GÜMBEL (1883: S. 182; Taf. III Fig. 57 und S. 185; Taf. III Fig. 64) beschriebenen und abgebildeten »algenähnlichen Räschen und Klümpchen« und »eine verhältnissmässig sehr grosse Art mit verzweigten Aesten, welche wie aus übereinanderliegenden Uhrgläsern zusammengesetzt« sich darstellt, mit den Namen »Gümbelina tasmanica« und »Gümbelina ruthenica«. KUNTZE (1895: 46) bemerkte über die neue Gattung »Gümbelina«: »Wir haben es hier wahrscheinlich mit einer ausgestorbenen besonderen Familie, chitinhaltigen [chitinhaltiger] Halbcorallen, zu thun, die zwischen Foraminiferen und Corallen steht.«

MOJSISOVICS (1896: 34) nannte eine neue Untergattung der Ammonitengattung »Heraclites« aus der obertriadischen Cephalopodenfauna des indischen Himalaja – Gümbel zu Ehren – »Gümbelites«.

Wilhelm Gümbels langjähriger Freund und ehrenamtlicher Mitarbeiter Joseph Georg Egger gab einer neuen Foraminiferengattung aus den Kreidemergeln der Oberbayerischen Alpen den Namen »Gümbelina«. Über die Namensgebung schrieb EGGER (1900: 32): »Die Bezeichnung ›Gümbelina‹ soll Zeugniss sein meines Dankes für die vielen Rathschläge, welche mein hochgeehrter Freund, Geheimrath von Gümbel, bei meinen Arbeiten mir zu ertheilen die Güte hatte.«

PREVER (1902) beschrieb die zu den Nummuliten gehörende neue Foraminiferengattung »Gümbelia« aus dem südlichen Apennin in Italien, die er dem Lutetium (Mittleres Eozän) zuordnete.

Eine weitere Foraminiferengattung mit dem Namen »Gümbelitria« wurde nach NEAVE (1939: 523) im Jahre 1933 durch Cushman aufgestellt.

Der Band 44 des »Catalogue of Foraminifera« (Herausgeber: ELLIS & MESSINA) nennt noch die Gattungsnamen: »Gümbelitriella Tappan, 1940« und

bayerischen Geologen wieder im Buchhandel erhältlich ist.

Ebenfalls aus Anlass seines 100. Todestages hat die Mineralogische Staatssammlung München, in Zusammenarbeit mit der Bayerischen Staatssammlung für Paläontologie und historische Geologie sowie dem Bayerischen Geologischen Landesamt, eine Ausstellung über Carl *Wilhelm* von Gümbel ausgerichtet. Sie wurde mit einem Festakt am 9. 9. 1998 im Museum »Reich der Kristalle« in München eröffnet und dauerte bis zum 4. 2. 2001.

Zum 101. Todestag am 18. Juni 1999 wurde am Geburtshaus in Dannenfels (Hohlstraße 2) eine Bronze-Tafel angebracht, die an Prof. Dr. Carl *Wilhelm* von Gümbel erinnert.

Abb. 43. Porträt Carl *Wilhelm* Gümbels, wahrscheinlich um 1865 entstanden. – Aus: ANONYMUS (1870: Taf. 1).
◁◁

Persönlichkeit und Charakter

Carl *Wilhelm* von Gümbel wurde von seinen Zeitgenossen als klein und zierlich (ROTHPLETZ 1904: 627), jedoch äußerst zäh und ausdauernd beschrieben. Bedauerlicherweise sind aus dieser Zeit fast keine Bilder oder Fotos erhalten, die Auskunft über seine Statur geben könnten.

Das erste Porträt Wilhelm Gümbels (Abb. 43) wurde im Jahre 1870 in der Zeitschrift »Der Alpen-Freund« (ANONYMUS 1870: Taf. 1) veröffentlicht,

»*Guembelitrioides* El-Naggar, 1971«. Weitere Gattungsnamen, die an Gümbels Verdienste um die Mikropaläontologie erinnern, nennt HAGN (dieses Buch S. 133).

Auf dem Ochsenkopf (1023 m) im Fichtelgebirge befinden sich links und rechts vom Aufgang zum Asenturm (im Vorraum) Gedenktafeln aus Proterobas, auf denen Persönlichkeiten verewigt sind, die sich um das Fichtelgebirge verdient gemacht haben. Die Platte links vom Eingang nennt unter anderen Namen auch C. W. Gümbel.

Gümbels herausragende Verdienste um die systematische geologische Erforschung des Fichtelgebirges und des Frankenwaldes veranlassten auch Adolf WURM (1961), seine »Geologie von Bayern. Frankenwald, Münchberger Gneismasse, Fichtelgebirge, Nördlicher Oberpfälzer Wald« dem Andenken Carl *Wilhelm* von Gümbels zu widmen.

Anlässlich des 100. Todestages von Carl *Wilhelm* von Gümbel erschien im Verlag Dr. Friedrich Pfeil in München ein ausgezeichneter Faksimile-Nachdruck der vierbändigen »Geognostischen Beschreibung des Königreichs Bayern« mit allen zugehörigen Karten und Blättern mit Gebirgsansichten. Dem Mut und Engagement des Verlegers Dr. Friedrich Pfeil und seinen Mitarbeitern ist es vor allem zu verdanken, dass das Hauptwerk des bedeutendsten

Abb. 44. Oberbergrath Prof. Dr. Carl *Wilhelm* Gümbel, etwa 46-jährig. – Foto: Friedrich Müller, München (um 1869). Stadtarchiv München (Negativ-Nr. K 1890/ Blatt 3 Nr. 32A).

Abb. 45. Holzschnitt zu dem um 1869 aufgenommenen Foto (Abb. 44) von Dr. Carl *Wilhelm* Gümbel. – Aus: UMLAUFT (1898: 571).

Karl Wilhelm v. Gümbel.

Abb. 46. Oberbergdirektor Prof. Dr. Carl *Wilhelm* von Gümbel, 70-jährig. – Foto im Familienarchiv Horst-Eberhard von Horstig, Zeppelinheim.

1899 im Nekrolog von Ludwig von AMMON (1899: Taf. 2) und 1921 im Aufsatz von Otto Maria REIS (1921: 151) nochmals wiedergegeben. Die Zeichnung für dieses Bild dürfte nach AMMON (1899: 26) um 1865 entstanden sein. Sie zeigt Gümbels Aussehen auf dem Höhepunkt seiner Schaffenskraft.

Die älteste bekannte Fotografie Gümbels (Abb. 44) stammt vermutlich aus dem Jahre 1869, dem Jahr, in welchem er zum ordentlichen Mitglied der bayerischen Akademie der Wissenschaften in München ernannt wurde. Die Aufnahme wurde damals von Friedrich Müller in München gemacht. Ursprünglich befand sich ein Abzug davon in der bayerischen Akademie der Wissenschaften, dieser wird heute jedoch im Stadtarchiv München aufbewahrt. Das Foto wurde wiederholt publiziert, so z. B. von LEHER (1893: 1) oder NEUMAYER (1898: Taf. 1) und diente auch als Vorlage für den Holzschnitt (Abb. 45) in UMLAUFT (1898: 571).

Eine vermutlich aus Anlass des 70. Geburtstages des königlichen Oberbergdirektors im Jahre 1893 aufgenommene Fotografie (Abb. 46) hat GROTH (1898: Taf. 1) in seinem Nachruf auf »Karl *Wilhelm* von Gümbel« veröffentlicht. Das Bild wurde auch in neuerer Zeit, so z. B. in RÜBESAMEN (1969: 60) oder FÜNFGELDER (1980: 32), wieder abgedruckt. Die Aufnahme diente auch als Vorlage für einen Holzschnitt (Abb. 47), der erstmals im Nekrolog Ludwig von AMMONs (1899: Taf. 1) auf Wilhelm von Gümbel erschienen ist.

Nach dem Tode Wilhelm von Gümbels fertigte der Münchner Kupferstecher und Radierer Joseph Neumann (* 26. April 1860 in Essen a. R.) (VOLLMER 1931: 418) auf Wunsch der Familie Gümbel eine Radierung (Abb. 48), die 1898 im Selbstverlag von Joseph Neumann (München, Schellingstraße 114) erschien und von dort zum Preis von 6 Mark bezogen werden konnte (LEPPLA 1898: 376). Als Vorlage dafür diente ein Ölgemälde (Abb. 49) von Professor Julius Kraut, das sich damals im Besitz von Katharina von Gümbel befand [STAM 2].

Julius Kraut (* 17. Juni 1859 in Barmen) besuchte die Akademien in Düsseldorf und München und bekam 1891 den herzogl. Anhalt. Professorentitel. Er hielt sich 1908 als Begleiter des Prinzen Karl von Hohenzollern in Rom auf und war später als Bildnismaler in Berlin tätig. Professor Kraut hat zahlreiche bekannte Persönlichkeiten seiner Zeit wie zum Beispiel den König und die Königin von Rumänien, König Albert von Belgien oder den Kronprinzen und die Kronprinzessin von Preußen porträtiert (VOLLMER 1927: 473).

Das (ohne Rahmen) 94 cm hohe und 81 cm breite Porträt (Öl auf Leinwand) zeigt den damals schätzungsweise 70 Jahre alten Oberbergdirektor Dr. Wilhelm von Gümbel. Sicher ist dieses Gemälde vor 1897 entstanden, weil es bereits im Testament erwähnt wurde [STAM 2]. Das Original (Abb. 49) befindet sich noch heute im Besitz der Familie Gümbel [PAG].

Fotografien, Holzschnitte und Gemälde können nur sehr bedingt einen Eindruck vom Wesen und der Persönlichkeit des vor über hundert Jahren Verstorbenen vermitteln. Die nachstehenden wörtlichen Zitate seiner Zeitgenossen sollen das Bild Gümbels ergänzen.

Der ehemalige Bundespräsident Dr. Theodor HEUSS (1953: 36–37) bemerkte in seinen Jugenderinnerungen »Vorspiele des Lebens« über seinen Großonkel Wilhelm Gümbel: »...; ich habe auf dem ›Gümbelstag‹ 1895 als [elfeinhalbjähriges] Kind noch einen deutlichen Eindruck von ihm gewonnen und gemerkt, daß man ›berühmt‹ sein kann, auch wenn man einem Gnomen aus dem Märchen ähnlicher sieht als dem Helden: ein unscheinbares altes Männlein mit einem Paar munter flinken und gescheiten Augen in dem dichtbehaarten Gesicht.«

Professor Dr. Theodor Künkele (* 31. Juli 1876 in Annweiler) (HOFFMANN 1930: 29), ein Enkel von *Theodor* Wilhelm Gümbel und Halbbruder von Philipp Künkele, gab von seinem Großonkel folgende Beschreibung [GLA 43: Seite 1]:

Abb. 47. Holzschnitt zu dem 1893 aufgenommenen Foto (Abb. 46) von Dr. Carl *Wilhelm* von Gümbel. – Aus: AMMON (1899: Taf. 1).

»W.v.G. war der jüngste Bruder meines Grossvaters (des Moosforschers u. Gewerbschulrektors Theodor G.) und war zugleich der Vater der Frau meines Bruders [gemeint sind sein Halbbruder Philipp Künkele und Lina Gümbel]. – Ich habe ihn gekannt aus meinen Jugendjahren im Elternhaus, als er (etwa 1890) einige Male bei uns in Annweiler (Pfalz) übernachtete, und von einem Familientag (wohl 1895), sowie aus meiner Studentenzeit in München (1897–99), wo ich seine Familie mehrmals in jedem Semester besuchte.

Aus diesen Gelegenheiten ist er mir als ein verhältnismässig kleiner, vielleicht sogar etwas zart gebaut erscheinender Mann (mediterran?) mit auffallend klug und zugleich ernst blickenden trotz der Brille eindrucksvollen Augen in Erinnerung, das Gesicht fast übermässig umrahmt von einem beinahe wenig gepflegt scheinenden Vollbart.

In der Familie sprach er fast nichts. Ich konnte ihn nur selten sprechen, am ehesten nachmittags zur Teestunde, wo er für seine Kinder und an bestimmten Wochentagen auch für den engeren Bekanntenkreis der Familie zugänglich war. Bei Tisch durften die Kinder ungefragt überhaupt nicht und auch die Erwachsenen einschl. der Gattin möglichst wenig sprechen. Nach dem Essen zog er sich fast immer sofort in sein Zimmer

Abb. 48. Dr. Carl *Wilhelm* von Gümbel, etwa 70-jährig. Radierung von Joseph Neumann (München) aus dem Jahre 1898, nach dem Porträt (Abb. 49) von Professor Julius Kraut. – Original im Privatbesitz von Dr. Ilse und Dr. Herbert Cantzler, Köditz.

Abb. 49. Carl *Wilhelm* von Gümbel, etwa 70-jährig. Öl auf Leinwand (94 × 81 cm). Porträt von Professor Julius Kraut. – Privatarchiv Gümbel; Foto: Thomas Sperling.

zurück. Dass er Tabak geraucht hat, ist mir nicht erinnerlich; ich weiss, dass er in Essen und Trinken mässig, vielleicht sehr mässig war. An ein Tischgebet in seinem Hause erinnere ich mich nicht.«

»Über einen seiner Besuche in Annweiler hat mir s. Zt. mein Vater erzählt, wie die Beiden am Bahnhof den Schnellzug nach München erwarteten und wie Onkel Gümbel, der in einfacher Wanderkleidung war, bei Einfahrt des Zuges auf den Wagen II. Klasse zuging. Da kam sofort der Schaffner auf ihn los mit dem barschen Anruf: ›Dort hine is der Platz für Euch!‹ Worauf Onkel in seiner ruhig-feinen Art erwiderte: ›Sie wissen nicht, wen Sie vor sich haben‹, womit der Schaffner sich zunächst begnügte; aber bei Zugabfahrt stieg er zur Fahrkartenprüfung doch auch in den Wagen II. Klasse ein, weil er diesem Fahrgast noch immer nicht glaubte.

Als ich nach meinem 4. Semester die Universität München bezog und meinen Antrittsbesuch beim Onkel machte, legte ich ihm den Sonderdruck aus dem Botanischen Zentralblatt vor, der eine in meinem 3. Semester geschriebene anatomische Arbeit enthielt (Gefässbündel im Mark von Dikatyledonen-bäumen). Mein bescheidener Stolz auf die kleine Entdeckung wurde aber vom Onkel sofort geknickt mit dem Urteil: ›Lern' Du mal zuerst was Rechtes und dann kannst Du schreiben!‹ – Als ich dann im 6. Semester beim Professor der Forstbotanik Dr. Hartig im Privatinimum an eine forstpathologische Arbeit angesetzt wurde (Blaufäule der Kiefer), und dies Tags darauf Onkel berichtete, meinte er: ›Studier' Du zuerst die gesunden Bäume und dann erst die kranken!‹

Wenig Glück hatte ich – diesmal selbstverschuldet – bei ihm auch mit einer anderen Sache: Bei meiner Abmeldung in die Osterferien gab er mir ein Thermometer in die Hand mit Teilung in 1/4 Grad und sagte: ›Die Quelle auf dem Rehberg kennst Du. Sie hat eine Schüttung, die überraschend stark ist im Vergleich zu ihrem wahrscheinlichen Einzugsgebiet. Ich bitte Dich, an jedem dritten Vormittag Deiner Ferien die Temperatur der Quelle zu messen und mir Deine Aufschreibung zu bringen.‹ Als ich ihm bei Semesterbeginn die Aufschreibung ablieferte, fehlte aus irgend einem Grunde eine Messung. Diese Unterlassung lud eine harte Rüge auf mein Haupt, die ich nur durch das Versprechen einer pflichttreuen Wiederholung der Messung in den nächsten Ferien mildern konnte. Diese hat Onkel freilich nicht mehr erlebt.

So habe ich durch ihn und über ihn den Eindruck einer in ernster Wissenschaftlichkeit und zäh, opferwilligem Forschergeiste arbeitenden Persönlichkeit, von der die gleiche Haltung auch bei allen Mitarbeitern erwartet, gefordert und erzielt wurde. ...« [GLA 43: Seite 2–3].

Ludwig von AMMON (1899: 26) schrieb in einem Nekrolog über seinen Amtsvorgänger: »*Das Leben GÜMBELS war einfach und bei voller Erfüllung der Pflichten für seine Familie nur der Wissenschaft gewidmet. Für Vergnügungen hatte GÜMBEL keine Zeit; die Forschung war seine Freude und in der Arbeit fand er das Glück. ...*«

Der berühmte Paläontologe, Prof. Dr. *Karl Alfred von Zittel* (* 25. September 1839 in Bahlingen bei Freiburg, † 5. Januar 1904 in München), welcher ab 1899 Präsident der königlich bayerischen Akademie der Wissenschaften in München und Generalkonservator der wissenschaftlichen Sammlungen des Staates war (MAYR 1989: 33), bezeichnete Gümbel als den größten bayerischen Geologen (ZITTEL 1899a: 78). Er charakterisierte Gümbel wie folgt:

»*Gümbel lebte einfach und zurückgezogen. Geselligkeit oder sonstige Zerstreuungen hatten für ihn nur wenig Reiz. Wissenschaftliche Arbeit war seine größte Lebensfreude: in ihr fand er die liebste Erholung nach angestrengter Berufsthätigkeit. Wer ihn Nachmittags in seiner Wohnung aufsuchte, traf ihn unfehlbar am Schreibtisch entweder über das Mikroskop gebeugt oder mit irgend einer literarischen Arbeit beschäftigt. ...«* (ZITTEL 1898: 2).

»... Für Gümbel's Feuereifer gab es keine Hindernisse. Körperliche Strapatzen, unzureichende oder mangelhafte Nahrung und Unterkunft, Unbilden der Witterung hinderten ihn nicht in der Verfolgung seines Ziels. ...« (ZITTEL 1899a: 79).

»Gümbels Stärke als Forscher beruhte vornehmlich in seiner wunderbar scharfen Beobachtungsgabe. Er sah das Kleinste, ohne den Zusammenhang mit dem Ganzen aus dem Auge zu verlieren. Und diese Schärfe des Blikkes, welche ihn als Geologen im Feld selten Irrthümer begehen ließ, charakterisirt alle seine wissenschaftlichen Forschungen. So Ausgezeichnetes er auch auf praktischem Gebiete leistete, seine innere Neigung trieb ihn stets zur wissenschaftlichen Thätigkeit und seine Fruchtbarkeit als gelehrter Schriftsteller wird nur von wenigen seiner Fachgenossen übertroffen.« (ZITTEL 1898: 2).

»Gümbel war eine in sich abgeschlossene Natur, die nicht leicht aus sich herausging. Er stellte die höchsten Anforderungen an sich selbst und beanspruchte darum auch von Anderen tüchtige Leistungen. Lässigkeit oder Mangel an Interesse waren ihm unverständlich; Unwahrhaftigkeit trat er mit schonungsloser Schärfe entgegen. Er selbst konnte es nicht über sich gewinnen [bringen], seine Meinung unter nichtssagenden Redensarten zu verhüllen, sondern schwieg lieber, wo eine offene Aussprache unthunlich erschien. Sein Urtheil war scharf, bestimmt und traf meist den wunden Fleck mit großer Sicherheit. Aber wo Gümbel in wissenschaftlichen Konflikt gerieth, handelte es sich immer um die Sache, niemals um die Person. Sein gegebenes Wort, wie seine Freundschaft waren felsenfest.

Ein Mann dieser Art, der ungern an die Oeffentlichkeit trat, konnte Jahrzehnte lang in München leben, ohne daß seine Bedeutung in vollem Maße gewürdigt wurde. Gümbel hat darunter gelitten, denn bei aller Bescheidenheit seines Wesens war er sich doch seines Werthes bewußt und gegen jede wirkliche oder vermeintliche Zurücksetzung empfindlich. Im letzten Abschnitt seines arbeitsreichen Daseins fielen ihm allerdings Anerkennungen und Ehrungen fast überreich in den Schooß. ...« (ZITTEL 1898: 2).

Bei seinen Untersuchungen und Studien widmete Gümbel seine Aufmerksamkeit nicht nur dem Aufbau und der Entwicklungsgeschichte der Erdrinde, sondern er beschäftigte sich auch mit Geographie. VOIT (1899: 303) berichtete unter anderem darüber: *»... Recht scharf konnte er sich äussern über solche, welche ohne eingehende Kenntniss der Natur auf ihren Wanderungen sich Gedanken über Land und Leute machen, die der Wirklichkeit häufig nicht entsprächen.«*

Ludwig von AMMON (1898: 7) schrieb in seinem ersten Nachruf über Wilhelm von Gümbel: *»Es ist geradezu erstaunlich, welche Arbeitskraft diesem Manne inne wohnte. Er besass die für einen Gelehrten so schätzbare Eigenschaft, ausdauernd produktiv sein zu können. Die Feder kam, wenn sie nicht mit dem Hammer vertauscht war, sozusagen nie aus seiner Hand. ...«*

»Gümbel besass eine ausdauernde Natur. Niemals sah man ihn auf den Touren müde werden. Bedürfnisslosigkeit und grosse Mässigkeit zeichneten ihn namentlich aus. Nichtsdestoweniger war er ziemlich häufig unpässlich und einige Male sogar von schweren Darmentzündungen heimgesucht, die ihn mehrere Wochen hindurch auf das Lager warfen. ...« (AMMON 1898: 7).

Dass Oberbergdirektor Dr. Wilhelm von Gümbel trotz seines Leidens noch im Alter rüstig war, belegen folgende Zeilen aus der Feder seines Freundes Carl von VOIT (1899: 291–292): *»... Ich habe noch im Jahre 1893 den Siebenzigjährigen [70-Jährigen] im Wettersteingebirge gesehen, wo er zur Revision seiner älteren Beobachtungen am frühesten Morgen aufbrach und Abends schwer bepackt mit Gesteinen von der Wanderung zurückkehrte. Es war keine Uebertreibung, wenn er behauptete, wo eine Gemse hin käme, da komme er auch hin. Trotz viel beschwerlicherer Besteigungen war er niemals auf dem Gipfel der Zugspitze, da es dorten für ihn geologisch nichts zu suchen gab und er mit seiner Zeit sparsam sein musste. ...«*

Es soll nicht verschwiegen werden, dass Gümbels Persönlichkeit und Charakter auch kritisiert wurden.

So schrieb August LEPPLA (1898: 375) in einem kurzen Nachruf über W. von Gümbel, der fünf Jahre lang sein Vorgesetzter am geognostischen Bureau gewesen war und von dem er sich im Unfrieden getrennt hatte, unter anderem: *»... Die Zahl seiner selbständigen grösseren Werke und Abhandlungen ist eine ungewöhnlich grosse, sie mag gegen 200 betragen und der Umfang seiner Veröffentlichungen mag nahezu denjenigen eines unserer heutigen Conversationslexiken erreichen. Das würde bei einem Romanschriftsteller schon eine sehr grosse Leistung sein, bei einem Forscher ist sie eine geradezu ausserordentliche. Sie wird erklärlich durch die Thatsache, dass Gümbel seine ganze Arbeitskraft in den Dienst seiner Wissenschaft stellte. Man kann das fast wörtlich nehmen, denn neben seinem wissenschaftlichen Eifer und seinem grossen Ehrgeize traten alle anderen menschlichen Regungen und Eigenschaften beinahe gänzlich in den Hintergrund. Selbst Urlaub und Badereisen wurden von ihm zu Forschungen benutzt und ihre Ergebnisse in Abhandlungen niedergelegt. Grosser Fleiss und hochgespannter Gelehrtenehrgeiz waren die hervorstechendsten Eigenschaften seines Charakters. Nicht zu verwundern ist, wenn besonders letztere Eigenschaft – und der Mangel an anderen – Flecken in dem Lebensbild Gümbel's entstehen liessen, und sein Andenken in mancher Beziehung weniger freundlich gestalten.«*

Auf diese Zeilen, aus denen unzweifelhaft auch

Abb. 50. Die letzte dienstliche Unterschrift des königlichen Geheimen Raths Dr. von Gümbel. Dr. Ludwig von Ammon hat auf dem Schreiben des kgl. Oberbergamts in München an die kgl. Regierung der Pfalz, Kammer der Finanzen vom 14. Juni 1898 [GLA 28] das Sterbedatum seines Amtsvorgängers vermerkt.

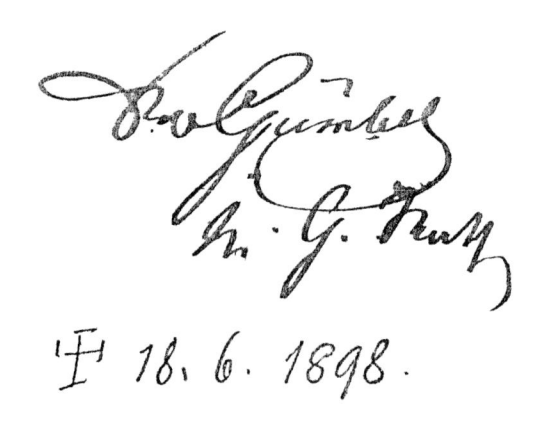

Lepplas Verbitterung über den unfreiwilligen Wechsel an die geologische Landesanstalt in Berlin spricht, entgegnete VOIT (1899: 305–306): »*Solche, die seinen edlen Sinn nicht erkannten, haben ihm einen unersättlichen Gelehrtenehrgeiz vorgeworfen, gegenüber welchem alle anderen menschlichen Regungen und Eigenschaften zurückgetreten seien; sie haben die hinter einer manchmal etwas rauhen Aussenseite verborgene Lauterkeit des Charakters nicht gesehen. Wer so viele Freunde besass und denselben mit so treuer Liebe anhing, wer Jeden, der es mit der Wissenschaft ehrlich meinte, so neidlos anerkannte, wer es so unverbrüchlich mit der Wahrheit hielt und jeden falschen Schein hasste, wer bei einer seltenen allgemeinen Bildung in der Kunst Genuss fand und wer wie er seiner Familie ein sorgsamer Vater war, der hat wahrlich noch andere menschliche Regungen gehabt, nur hat er sie nicht Jedem preisgegeben. Es ist richtig, er stellte, sowie an sich selbst, so auch an Andere die höchsten Anforderungen und äusserte offen und ohne Rückhalt lebhaft seine Meinung; man hätte aber fühlen können, dass der so hoch stehende Mann allezeit die redlichsten Absichten hatte.*«

Am Ende des Jahres 1896 verschlimmerte sich ein schon länger vorhandenes Magenleiden, an dem Gümbel eineinhalb Jahre später starb (VOIT 1899: 306). Der schwer kranke, äußerst geschwächte Mann hielt sich jedoch durch seinen enormen Willen aufrecht.

Während seiner Krankheit war Wilhelm von Gümbel für längere Zeit beurlaubt. Von der tödlichen Krankheit gezeichnet, übernahm er am 1. April 1898 wieder die Führung der Dienstgeschäfte [HSTA 6].

Am 14. Juni 1898 setzte der kgl. Geheime Rath Dr. von Gümbel seine Unterschrift (Abb. 50) unter das letzte dienstliche Schriftstück, ein Schreiben des kgl. Oberbergamts in München an die Forstabteilung der Kammer der Finanzen der kgl. Regierung der Pfalz [GLA 28].

Carl von Voit schrieb am Ende seines Nekrologes auf Wilhelm Gümbel (VOIT 1899: 307): »*... Mehrmals ersuchte er mich, in der Meinung mich zum letzten Male gesehen zu haben, die Freunde zu grüssen mit der Bitte ihn in gutem Andenken zu behalten. Aber wenn wir schon längst dahingegangen sind, wird sein Name als eines mächtigen Förderers der Geologie fortleben.*«

Danksagung

Bei allen Privatpersonen, Kollegen, Bibliotheks- und Archivmitarbeitern, die zum vorliegenden Aufsatz etwas beigetragen haben, bedanke ich mich nochmals herzlich. Ohne ihre Unterstützung wären viele Quellen, Dokumente und Informationen über Wilhelm von Gümbel unberücksichtigt geblieben. Besonderen Dank schulde ich folgenden Damen und Herren: Josef Beck (Bayer. StMWVT, München), Alois Beringer (Verein für Feuerbestattung in München e. V.), Elsa Bläbst (GLA), Dieter Buhrmann (SAK), Dr. Herbert und Dr. Ilse Cantzler (Köditz), Benedikt Chlosta (Bayer. StMWVT, München), Ruth Dotterweich (STAM), Ingeborg Dugenne (Paris), Dr. Gernot Endlicher (Universität Regensburg), Margot Fuchs (HATUM), Dr. Caroline Gigl (HSTA), Bernd Görmer (AAW), Ernst Gümbel (Dannenfels), Luise Gümbel (Aalen), Dr. Ruth Gümbel † (Ingersheim), Dr. Winfried Hagenmaier (UBF), Margit Hartleb (UAJ), Birgit Hill (Klett-Perthes Verlag, Gotha), Dr. Rupert Hochleitner (Mineralogische Staatssammlung München), Heinz Hofmeister (Dannenfels), Eugen Hopfner (München), Dr. Peter Horn (München), Horst-Eberhard von Horstig (FAH), Helga List (Pollichia-Museum, Bad Dürkheim), Ursula Lochner (UAM), Andreas Märtel (GLA), Dr. Helmut Mayr (ABSP), Hiltrud Mitsching (Bistumsarchiv Speyer), Helmut Parthemüller (GLA), Dr. Klaus Poschlod (GLA), Rosemarie Regenauer (ZAEKS), Robert Reichel (GLA), Renate Richter-Nachtigal (EKAM), Heide Rosenbaum (Landesarchiv Speyer), Dr. Peter Schaaf (München), Eva Schindlmayr (Landesarchiv Speyer), Uwe Schneider (GLA), Regina Schulz-Kroenert (GLA), Dr. Ingo Schwab (STDAM), Waltraud Seif (Tübingen), Barbara Sperling (München), Marion Sterl (Stadtmuseum München), Josef Sterr (SAM) und nicht zuletzt Dr. Reinhard Streit (GLA).

Literatur

ADAM, K. D. (1997): Vom frühen Erforschen des Eiszeitalters im süddeutschen Raum. Eine Gedenkschrift zum 50. Todestag von Albrecht Penck am 7. März 1995. – Jahreshefte für Naturkunde in Württemberg, 153. Jahrgang: 23–129, 1 Taf.; Stuttgart (Gesellschaft für Naturkunde in Württemberg e. V.).

AMMON, [L.] v. (1875): Bericht über die nach der allgemeinen Versammlung der Deutschen geologischen Gesellschaft in München unternommene Excursion in die bayerischen Alpen am 15., 16. und 17. August 1875. – Zeitschrift der Deutschen geologischen Gesellschaft, 27. Band (1875): 751–757; Berlin (Wilhelm Hertz).

AMMON, L. v. (1898): Wilhelm von Gümbel. – Bericht über die Königliche Technische Hochschule zu München für das Studienjahr 1897–98, Beilage 6: 9 S.; München (Druck der Akademischen Buchdruckerei von F. Straub).

AMMON, L. v. (1899): † Wilhelm von Gümbel. – Geognostische Jahreshefte, 11. Jahrgang (1898): 1–37, 2 Taf.; München (Piloty & Loehle).

ANONYMUS (1870): Gallerie berühmter alpiner Persönlichkeiten. III. Carl Wilhelm Gümbel. – Der Alpen-Freund; Monatshefte für Verbreitung von Alpenkunde unter Jung und Alt in populären und unterhaltenden Schilderungen aus dem Gesammtgebiet der Alpenwelt und mit praktischen Winken zur genußvollen Bereisung derselben, 2. Band, 3. Heft: 176–182, 1 Taf.; Gera (Verlag von Eduard Amthor).

ANONYMUS [λ = LEPPLA, A.] (1885): Die geognostische Untersuchung Bayerns. – Beilage zur Allgemeinen Zeitung, Nr. 16 (Freitag, 16. Januar 1885): 226–227; Stuttgart und München (Druck und Verlag der J. G. Cotta'schen Buchhandlung).

ANONYMUS [NAUMANN, E.] (1893): Zum 70. Geburtstage C. W. v. Gümbels. – Beilage zur Allgemeinen Zeitung, Nr. 42, Beilage-Nummer 36. (Samstag, 11. Februar 1893): 1–2; München und Stuttgart (Druck und Verlag der J. G. Cotta'schen Buchhandlung Nachfolger).

ANONYMUS (1898a): Biographische Mittheilungen. – Leopoldina, 34. Heft, Nr. 6 (Juni 1898): 106–115; Halle (Für die Akademie in Commission bei Wilh. Engelmann in Leipzig).

ANONYMUS [HAUER, F. v.?] (1898b): Todesanzeige: † C. W. v. Gümbel. Nachruf und Publications-Verzeichniss. – Verhandlungen der kaiserlich-königlichen geologischen Reichsanstalt, Jahrgang 1898, Nr. 11 u. 12: 261–268; Wien (Verlag der k. k. Geologischen Reichsanstalt).

ANONYMUS (1980): Stadtwerke München. – In: FÜNFGELDER, K. (1980): Das Bayerische Oberbergamt. – Internationale Industrie-Bibliothek, Band 114 / 209: 146–148; Berlin-West (Länderdienst-Verlag).

BAYLISS, P. (2000): Glossary of Obsolete Mineral Names. – viii + 235 S.; Tucson [Arizona, USA] (The Mineralogical Record Inc.).

BETTELHEIM, A. [Herausgeber] (1903): Gümbel, Karl Wilhelm Ritter v. – Biographisches Jahrbuch und deutscher Nekrolog, 5. Band, Totenliste 1898: Spalte: 25; Berlin (Georg Reimer).

BIBLIOGRAPHISCHES INSTITUT [Herausgeber] (1974): Meyers Enzyklopädisches Lexikon. – 9. Auflage, Band 11, Gros – He: 832 S.; Mannheim; Wien; Zürich (Lexikonverlag).

BILLER, M. & STIPPEL, L. (1987): Bergbau und Bergbau-Museum am Hohen Peißenberg. Ein Führer durch die Geschichte des Bergbaus im Bereich des Bayerischen Rigi. – 139 S., 12 Taf.; Peißenberg (Verein »Bergbaumuseumsfreunde Peißenberg e. V.«).

BIRZER, F. (1968): 100 Jahre C. W. Gümbel: Geognostische Beschreibung des ostbayerischen Grenzgebirges. – Geologische Blätter für Nordost-Bayern und angrenzende Gebiete, Band 18 (1968), Heft 3: 172–181, Taf. 3-4; Erlangen (Herausgeber: Friedrich Birzer).

BITTMANN, J. (1998): Bayerische Geognostik. Erinnerung an Gümbel. – Bayernkurier, Deutsche Wochenzeitung für Politik, Wirtschaft und Kultur, Jahrgang 49, Nr. 45 (7. November 1998): S. 16; München (Verlag Bayernkurier).

BIUNDO, G. (1968): Die evangelischen Geistlichen der Pfalz seit der Reformation (Pfälzisches Pfarrerbuch). – 684 S.; Neustadt an der Aisch (Verlag Degener & Co.).

BOSL, K. [Herausgeber] (1983): Bosls bayerische Biographie: 8000 Persönlichkeiten aus 15 Jahrhunderten. – XVI + 918 S.; Regensburg (Verlag Friedrich Pustet).

BRANCO, W. (1898): Wilhelm von Gümbel †. Nachruf. – Naturwissenschaftliche Rundschau, 13. Jahrgang, Nr. 33 (13. August 1898): 426–427; Braunschweig (Friedrich Vieweg und Sohn).

BRUNHUBER, [A.] (1898): Oberbergdirektor Prof v. Gümbel †. – Berichte des naturwissenschaftlichen (früher zoologisch-mineralogischen) Vereines zu Regensburg, 6. Heft für die Jahre 1896–1897: S. 85; Regensburg (Druck von F. Huber in Regensburg).

CARUS (1876): Bruch: Philipp. – In: HISTORISCHE COMMISSION BEI DER KÖNIGL. AKADEMIE DER WISSENSCHAFTEN [Herausgeber] (1876): Allgemeine Deutsche Biographie, 3. Band (Bode – v. Carlowitz): 375–376; Leipzig (Verlag von Duncker & Humblot).

DECHEN, v. (1847): Brief aus Bonn vom 4. Febr. 1847 an K. C. von Leonhard. – Neues Jahrbuch für Mineralogie, Geognosie, Geologie und Petrefakten-Kunde, Jahrgang 1847, 2. Briefwechsel: 319–323; Stuttgart (E. Schweizerbart'sche Verlagshandlung und Druckerei).

DECHEN, v. (1862a): v. Dechen über Gümbel. – Morgenblatt zur Bayerischen Zeitung, Nr. 138, (Dienstag) 3. Juni 1862: 506–507; München (Dr. C. Wolf & Sohn).

DECHEN, v. (1862b): v. Dechen über Gümbel. (Schluß). – Morgenblatt zur Bayerischen Zeitung, Nr. 139, (Mittwoch) 4. Juni 1862: 509–510; München (Dr. C. Wolf & Sohn).

DECHEN, v. (1879): Die geologische Durchforschung Bayerns und Dr. C. W. Gümbel. – Der Sammler. Belletristische Beilage zur Augsburger Abendzeitung, 48. Jahrgang (1879), Nr. 129 (Donnerstag, den 30. Oktober): 6-7; Augsburg (Wirth'sche Buchdruckerei).

DEHM, R. (1966): Gümbel, Carl Wilhelm v. (bayer. Personaladel 1882), Geologe, * 11.2.1823 Dannenfels (Pfalz), † 18.6.1898 München. – In: HISTORISCHE KOMMISSION BEI DER BAYERISCHEN AKADEMIE DER WISSENSCHAFTEN [Herausgeber] (1966): Neue Deutsche Biographie, 7. Band (Grassauer – Hartmann): S. 259; Berlin (Duncker & Humblot).

DEUTSCHE GEOLOGISCHE GESELLSCHAFT [Herausgeber] (1875): Protokoll der Sitzung vom 12. August 1875. – Zeitschrift der Deutschen geologischen Gesellschaft, 27. Band (1875): 720–731; Berlin (Wilhelm Hertz).

DEUTSCHER ALPENVEREIN [Herausgeber] (1870): Mitglieder-Verzeichnis [der Section München]. – Zeitschrift des Deutschen Alpenvereins, Band 1 (Vereinsjahr 1869–1870, 2. Abtheilung (Bibliographien, Führerwesen, Vereinsangelegenheiten): 46–48; München (In Commission der J. Lindauer'schen Buchhandlung).

DIETRICH, F. [Herausgeber] (1899): Bibliographie der deutschen Zeitschriften-Litteratur mit Einschluss von Sammelwerken und Zeitungen. – Band 4: S. 112; Leipzig (Felix Dietrich).

DIETRICH, F. [Herausgeber] (1900): Bibliographie der deutschen Zeitschriften Litteratur mit Einschluss von Sammelwerken und Zeitungen. – Band 5: S. 123; Leipzig (Felix Dietrich).

DOLLINGER, H. [Herausgeber] (1997): Die Münchner Straßennamen. – 3. Auflage: 335 S.; München (Südwest Verlag).

DORN, W. U. (2000): Sitzung der Bayerischen Kammer der Abgeordneten am 10. April 1850 – Weichenstellung zur amtlichen geowissenschaftlichen Landesaufnahme in Bayern. – Geologica Bavarica, 105: 19–22; München (Bayerisches Geologisches Landesamt).

EGGER, J. G. (1900): Foraminiferen und Ostrakoden aus den Kreidemergeln der Oberbayerischen Alpen. – Abhandlungen der mathematisch-physikalischen Classe der königlich bayerischen Akademie der Wissenschaften, 21. Band, 1. Abtheilung (1899): 1–230, Taf. 1-27; München (Verlag der k. Akademie).

ELLIS, B. F. & MESSINA, A. R. [editors] (ohne Jahr): Catalogue of Foraminifera, vol. 44: Gordiammina – Guttulina Quinquecosta. – Ohne Seitenzahlen; New York (American Museum of Natural History).

EMMERMANN, K.-H. (1998): Carl Wilhelm von Gümbel – Würdigung. – Mainzer Naturwissenschaftliches Archiv, Band 36: 13–21; Mainz (Naturhistorisches Museum Mainz).

ERNST, W. (1994): Karl Emil von Schafhäutl (1803–1890). Ein bayerisches Universalgenie des 19. Jahrhunderts. – 280 S.; Ingolstadt (Verlag und Vertrieb: Ilse Ernst, Odilostraße 4, D-85053 Ingolstadt).

FEDDERSEN, B. W. & OETTINGEN, A. J. v. [Herausgeber] (1898a): J. C. Poggendorff's biographisch-literarisches Handwörterbuch zur Geschichte der exacten Wissenschaften enthaltend Nachweisungen über Lebensverhältnisse und Leistungen von Mathematikern, Astronomen, Physikern, Chemikern, Mineralogen, Geologen, Geographen u. s. w. aller Völker und Zeiten. – Dritter Band (1858 bis 1883), I. Abtheilung (A–L): 846 S.; Leipzig (Verlag von Johann Ambrosius Barth).

FEDDERSEN, B. W. & OETTINGEN, A. J. v. [Herausgeber] (1898b): J. C. Poggendorff's biographisch-literarisches Handwörterbuch zur Geschichte der exacten Wissenschaften enthaltend Nachweisungen über Lebensverhältnisse und Leistungen von Mathematikern, Astronomen, Physikern, Chemikern, Mineralogen, Geologen, Geographen u. s. w. aller Völker und Zeiten. – Dritter Band (1858 bis 1883), II. Abtheilung (M–Z): 847–1496; Leipzig (Verlag von Johann Ambrosius Barth).

FICHTL, W. (1960): Das Bayerische Oberbergamt und der bayerische Bergbau. – Internationale Industrie-Bibliothek, Band 146/51: 70 S.; Brilon-Basel (Länderdienst-Verlag).

FRANK, H. (1988): Karl Wilhelm von Gümbel (1823–1898). Begründer der »Geologischen Landesuntersuchung« in Bayern. – Offizieller Katalog der 25. Mineralientage München, 14.–16. Oktober 1988: 102–103; München (Münchner Mineralientage Fachmesse GmbH).

FREYBERG, B. v. (1974): Das geologische Schrifttum über Nordost-Bayern (1476–1965). Teil II: Biographisches Autoren-Register. – Geologica Bavarica, 71: 177 S.; München (Bayerisches Geologisches Landesamt).

FÜNFGELDER, K. (1980): Das Bayerische Oberbergamt. – Internationale Industrie-Bibliothek, Band 114/209: 188 S.; Berlin-West (Länderdienst-Verlag).

GENERALDIREKTION DER STAATLICHEN ARCHIVE BAYERNS [Herausgeber] (1999): Friedrich Benedikt Wilhelm von Hermann (1795–1868). Ein Genie im Dienste der bayerischen Könige. Politik, Wirtschaft und Gesellschaft im Aufbruch. (Eine Ausstellung des Sparkassenverbandes Bayern und des Bayerischen Hauptstaatsarchivs in Zusammenarbeit mit Manfred Pix). – Ausstellungskataloge der Staatlichen Archive Bayerns, Nr. 39: 151 S.; München (Generaldirektion der Staatlichen Archive Bayerns).

GILLISPIE, C. C. [editor in chief] (1972): Dictionary of scientific biography. – Volume 5, Emil Fischer-Gottlieb Haberland: 624 p.; New York (Charles Scribner's Sons).

GMELIN, H. † (1973): C. Linie Stuttgart-Neuenbürg. – In: FAMILIENVERBAND GMELIN [Herausgeber] (1973): Die Familie Gmelin. Biographien – Genealogien – Dokumente, Deutsches Familienarchiv, Band 58: 233–243; Neustadt an der Aisch (Verlag Degener & Co.).

GRIMM, W.-D.; SCHWARZ, U. & DEMEL, G. (1991): Exkursion D (4.10.1991): Verwendung und Verwitterung von Naturwerksteinen und Denkmalgesteinen im Umkreis der Geowissenschaftlichen Institute der Universität München. – In: DEUTSCHE GEOLOGISCHE GESELLSCHAFT [Herausgeber] (1991): Exkursionsführer 143. Hauptversammlung der Deutschen Geologischen Gesellschaft (München, 29.9.–1.10. und 4.10.–5.10.1991): 65–93; München (Deutsche Geologische Gesellschaft).

GROTH, P. (1898): Karl Wilhelm von Gümbel [mit Portrait]. – VII. Allgemeiner Deutscher Bergmannstag, München: 1–4, 1 Taf.; München (Akademische Buchdruckerei von F. Straub).

GUDDEN, H. (1989): Nachruf auf Gerhard-Rudolf Ritter von Horstig gen. d'Aubigny von Engelbrunner 1921–1988. – Geologica Bavarica, 93: 119–124; München (Bayerisches Geologisches Landesamt).

GÜMBEL, C. W. (1845): Geognostische Uebersichtskarte von Bayern. – Hydrographische Karte von Bayern. Im Maasstabe von 1:500000, herausgegeben im topographischen Bureau des Generalquartiermeister Stabs 1834; als Manuskriptkarte vervielfältigt (handkoloriert).

GÜMBEL, E. [= C.] W. (1846): Geognostische Bemerkungen über den Donnersberg. – Neues Jahrbuch für Mineralogie, Geognosie, Geologie und Petrefakten-Kunde, Jahrgang 1846, 1. Abhandlungen: 543–576, Taf. 10; Stuttgart (E. Schweizerbart'sche Verlagshandlung und Druckerei).

GÜMBEL, C. W. (1848): Nachtrag zu den geognostischen Bemerkungen über den Donnersberg (Jahrbuch 1846, Seite 543). – Neues Jahrbuch für Mineralogie, Geognosie, Geologie und Petrefakten-Kunde, Jahrgang 1848, 1. Abhandlungen: 158–168; Stuttgart (E. Schweizerbart'sche Verlagshandlung und Druckerei).

GÜMBEL, [C.] W. (1853): Geologische Untersuchungen in Bayern. – Neues Jahrbuch für Mineralogie, Geologie, Geognosie und Petrefakten-Kunde, Jahrgang 1853, 2. Briefwechsel, B. Mittheilungen an Professor Bronn: 445–446; Stuttgart (E. Schweizerbart'sche Verlagshandlung und Druckerei).

GÜMBEL, [C.] W. (1854): Geognostische Untersuchung Bayerns. – Neues Jahrbuch für Mineralogie, Geognosie, Geologie und Petrefakten-Kunde, Jahrgang 1854, 2. Briefwechsel, A. Mittheilungen an Geheimen-Rath von Leonhard: 164–166; Stuttgart (E. Schweizerbart'sche Verlagshandlung und Druckerei).

GÜMBEL, C. W. (1858): Geognostische-Karte des Königreichs Bayern und der angrenzenden Länder. – 4 Blätter (Teile) im Maßstab 1:500000; München (Literarisch artistische Anstalt der I. G. Cotta'schen Buchhandlung).

GUEMBEL, C. W. (1860): Geognostische Übersichts-Karte von Bayern. – Neues Jahrbuch für Mineralogie, Geognosie, Geologie und Petrefakten-Kunde, Jahrgang 1860,

2. Briefwechsel, B. Mittheilungen an Professor Bronn: 67–68; Stuttgart (E. Schweizerbart'sche Verlagshandlung und Druckerei).

GÜMBEL, C. W. (1861a): Geognostische Beschreibung des bayerischen Alpengebirges und seines Vorlandes. – XX + 950 S., 42 Profiltaf., 5 geognostische Karten, 1 Blatt Gebirgsansichten; Gotha (Verlag von Justus Perthes).

GUEMBEL, [C. W.] (1861b): Über das Alter der Münchberger Gneiss-Parthie im Fichtelgebirge. – Neues Jahrbuch für Mineralogie, Geognosie, Geologie und Petrefakten-Kunde, Jahrgang 1861, 1. Original-Abhandlungen: 257–277; Stuttgart (E. Schweizerbart'sche Verlagshandlung und Druckerei).

GÜMBEL, C. W. (1863): Über das Alter der Münchberger Gneiss-Gruppe. – Neues Jahrbuch für Mineralogie, Geologie und Palaeontologie, Jahrgang 1863, 1. Original-Abhandlungen: 318–333; Stuttgart (E. Schweizerbart'sche Verlagshandlung und Druckerei).

GÜMBEL, C. W. (1864): Über ein neues Erdharz-Euosmit aus einem Braunkohlen-Lager bei Thumsenreuth in der Bayer. Oberpfalz. – Neues Jahrbuch für Mineralogie, Geologie und Palaeontologie, Jahrgang 1864, 1. Original-Abhandlungen: 10–14; Stuttgart (E. Schweizerbart'sche Verlagshandlung und Druckerei).

GUEMBEL, C. W. (1865a): Culturschicht bei Bamberg. – Jahrbuch der kaiserlich-königlichen geologischen Reichsanstalt, 15. Band (1865), 1. Heft, Verhandlungen der k. k. geologischen Reichsanstalt (Sitzung am 17. Jänner 1865): 10–11; Wien (Wilhelm Braumüller).

GÜMBEL, C. W. (1865b): Hünengräber im nördlichen Baiern. – Phosphorsaurer Kalk im Jura Mittel-Deutschlands. – Jahrbuch der kaiserlich-königlichen geologischen Reichsanstalt, 15. Band (1865), 1. Heft, Verhandlungen der k. k. geologischen Reichsanstalt (Sitzung am 31. Jänner 1865): 18–19; Wien (Wilhelm Braumüller).

GÜMBEL, C. W. (1868): Geognostische Beschreibung des Königreichs Bayern. Zweite Abtheilung: Geognostische Beschreibung des ostbayerischen Grenzgebirges oder des bayerischen und oberpfälzer Waldgebirges. – VIII + 968 S., 16 Farbtaf., 5 geognostische Karten, 1 Blatt Gebirgsansichten; Gotha (Verlag von Justus Perthes).

GÜMBEL, C. W. (1875): Abriss der geognostischen Verhältnisse der Tertiärschichten bei Miesbach und des Alpengebiets zwischen Tegernsee und Wendelstein. – IV + 76 S., 2 geognostische Karten; München (Akademische Buchdruckerei von F. Straub).

GÜMBEL, C. W. (1877): Die geognostische Durchforschung Bayerns. Rede in der öffentlichen Sitzung der k. Akademie der Wissenschaften am 28. März 1877 zur Feier ihres einhundert und achtzehnten Stiftungstages. – 80 S.; München (Verlag der k. Akademie).

GÜMBEL, C. W. (1879a): Gümbel: Theodor. – In: HISTORISCHE COMMISSION BEI DER KÖNIGL. AKADEMIE DER WISSENSCHAFTEN [Herausgeber] (1879): Allgemeine Deutsche Biographie, 10. Band (Gruber – Haffencamp): 118–119; Leipzig (Verlag von Duncker & Humblot).

GÜMBEL, C. W. (1879b): Geognostische Beschreibung des Königreichs Bayern. Dritte Abtheilung: Geognostische Beschreibung des Fichtelgebirges mit dem Frankenwalde und dem westlichen Vorlande. – VIII + 698 S., 16 Taf., 2 geognostische Karten, 1 Blatt Gebirgsansichten; Gotha (Verlag von Justus Perthes).

GÜMBEL, C. W. v. (1883): Beiträge zur Kenntniss der Texturverhältnisse der Mineralkohlen. – Sitzungsberichte der königl. bayer. Akademie der Wissenschaften zu München, Jahrgang 1883, mathematisch-physikal. Classe, XIII (1): 111–216, Taf. I–III; München (Akademische Buchdruckerei von F. Straub).

GÜMBEL, C. W. v. (1885): Uebersicht über die geologischen Verhältnisse des Regierungsbezirkes Oberbayern. – In: Die Landwirthschaft im Regierungsbezirke Oberbayern: 3–24, 1 geol. Uebersichtskarte 1:400000; München (Druck der Dr. Wild'schen Buchdruckerei).

GÜMBEL, C. W. v. (1886): Geognostische Karte des Königreichs Bayern, Blatt Nördlingen No. XVI. (1:100000); Cassel (Artist. Anst. v. Th. Fischer).

GÜMBEL, K. W. v. (1888a): Geologie von Bayern. Erster Theil: Grundzüge der Geologie. – XVI + 1144 S.; Kassel (Verlag von Theodor Fischer).

GÜMBEL, C. W. v. (1888b): Geognostische Karte des Königreichs Bayern, Blatt Neumarkt No. XIV. (1:100000); Cassel (Artist. Anst. v. Th. Fischer).

GÜMBEL, C. W. v. (1888c): Kurze Erläuterungen zu dem Blatte Neumarkt (No. XIV) der geognostischen Karte des Königreichs Bayern. – 50 S.; Cassel (Verlag von Theodor Fischer).

GÜMBEL, C. W. v. (1889a): Kurze Erläuterungen zu dem Blatte Nördlingen (No. XVI) der geognostischen Karte des Königreichs Bayern. – 43 S.; Cassel (Verlag von Theodor Fischer).

GÜMBEL, C. W. v. (1889b): Geognostische Karte des Königreichs Bayern, Blatt Ingolstadt No. XV. (1:100000); Cassel (Artist. Anst. v. Th. Fischer).

GÜMBEL, C. W. v. (1889c): Kurze Erläuterungen zu dem Blatte Ingolstadt (No. XV) der geognostischen Karte des Königreichs Bayern. – 34 S.; Cassel (Verlag von Theodor Fischer).

GÜMBEL, C. W. v. (1889d): Ueber einen aufrechtstehenden Kohlenstamm der Pilsener Mulde. – Verhandlungen der kaiserlich-königlichen geologischen Reichsanstalt, Jahrgang 1889, Nr. 11: 203–204; Wien (Alfred Hölder).

GÜMBEL, C. W. v. (1891a): Geognostische Karte des Königreichs Bayern, Blatt Ansbach No. XVII. (1:100000); Cassel (Artist. Anst. v. Th. Fischer).

GÜMBEL, C. W. v. (1891b): Kurze Erläuterungen zu dem Blatte Ansbach (No. XVII) der geognostischen Karte des Königreichs Bayern. – 32 S.; Cassel (Verlag von Theodor Fischer).

GÜMBEL, C. W. v. (1891c): Geognostische Beschreibung des Königreichs Bayern. Vierte Abtheilung: Geognostische Beschreibung der Fränkischen Alb (Frankenjura) mit dem anstossenden fränkischen Keupergebiete. – IX + 763 S., 5 geognostische Karten sammt Erläuterungen, 1 geognostische Übersichtskarte; Kassel (Verlag von Theodor Fischer).

GÜMBEL, C. W. v. (1892): Eröffnungsrede [zur fünfzigjährigen Stiftungsfeier der Pollichia]. – Mitteilungen der Pollichia eines naturwissenschaftlichen Vereins der Rheinpfalz, 49.–50. Jahrgang, Nr. 5 und 6, Festschrift zur fünfzigjährigen Stiftungsfeier der Pollichia [eines] naturwissenschaftlichen Vereines der Rheinpfalz: 11-37; Dürkheim a. d. Hart (Buchdruckerei von J. Rheinberger).

GÜMBEL, K. W. v. (1894): Geologie von Bayern. Zweiter Band. Geologische Beschreibung von Bayern. – VIII + 1184 S., 1 geologische Karte von Bayern; Cassel (Verlag von Theodor Fischer).

GÜMBEL, E. (1983): Chronik der Familie Gümbel in Dannenfels. – 27 S. (nicht nummeriert); Dannenfels (als Manuskript vervielfältigt von Ernst Gümbel).

GÜMBEL, H. (1956): C. Die Pfälzer Gümbel. – In: GESSNER, G. [Herausgeber] (1973): Deutsches Familienarchiv, Band 5: 177-181; Neustadt an der Aisch (Verlag Degener & Co.).

GYMNASIUM ZWEIBRÜCKEN [Herausgeber] (1836): Jahresbericht über die lateinische Schule und das Gymnasium. – 30 S.; Zweibrücken (Gedruckt bei G. Ritter).

GYMNASIUM ZWEIBRÜCKEN [Herausgeber] (1837): Jahresbericht über das kgl. Gymnasium und die lateinische Schule zu Zweibrücken für das Jahr 1836/37. – 20 S.; Zweibrücken (Gedruckt bei Georg Ritter).

GYMNASIUM ZWEIBRÜCKEN [Herausgeber] (1838): Jahresbericht über das königliche Gymnasium und die lateinische Schule zu Zweibrücken in der Pfalz, für das Jahr 1837/38. – 36 S.; Zweibrücken (Gedruckt bei Georg Ritter).

GYMNASIUM ZWEIBRÜCKEN [Herausgeber] (1839): Jahresbericht über das königliche Gymnasium und die lateinische Schule zu Zweibrücken in der Pfalz, für das Jahr 1838/39. – 34 S.; Zweibrücken (Gedruckt bei Georg Ritter).

GYMNASIUM ZWEIBRÜCKEN [Herausgeber] (1840): Jahresbericht über das königliche Gymnasium und die lateinische Schule zu Zweibrücken in der Pfalz für das Jahr 1839/40. – 34 S.; Zweibrücken (Druck von Georg Ritter).

GYMNASIUM ZWEIBRÜCKEN [Herausgeber] (1841): Jahresbericht über das königliche Gymnasium und die lateinische Schule zu Zweibrücken in der Pfalz, für das Jahr 1840/41. – 28 S.; Zweibrücken (Druck von Georg Ritter).

GYMNASIUM ZWEIBRÜCKEN [Herausgeber] (1842): Jahresbericht über das königliche Gymnasium und die lateinische Schule zu Zweibrücken in der Pfalz, für das Jahr 1841/42. – 36 S.; Zweibrücken (Druck von G. Ritter).

GYMNASIUM ZWEIBRÜCKEN [Herausgeber] (1843): Jahresbericht über das königliche Gymnasium und die lateinische Schule zu Zweibrücken in der Pfalz. Studienjahr 1842/43. – 24 S.; Zweibrücken (Druck von Georg Ritter).

HAASS, E. (2000): Gümbel, Carl Wilhelm von, deutscher Geologe, * 11.2.1823 Dannenfels (Pfalz), † 18.6.1898 München. – In: LANDSCAPE GMBH [Redaktion] (2000): Lexikon der Geowissenschaften in sechs Bänden, 2. Band (Edu bis Insti): S. 387; Heidelberg; Berlin (Spektrum Akademischer Verlag).

HAGN, H. (1999): Carl Wilhelm von Gümbel (1823–1898) – Der Altmeister der bayerischen Geologie. – In: HAUSCHKE, N. & WILDE, V. [Herausgeber] (1999): Trias, eine ganz andere Welt: Mitteleuropa im frühen Erdmittelalter: 593–596; München (Verlag Dr. Friedrich Pfeil).

HAIDINGER, W. (1853): Zur Erinnerung an Leopold von Buch. – Jahrbuch der kaiserlich-königlichen geologischen Reichsanstalt, 4. Jahrgang (1853), Nr. 2: 207–220; Wien (Wilhelm Braumüller).

HANEKE, J. (1998): Carl Wilhelm von Gümbels Vorstellungen zur Donnersberg Geologie aus heutiger Sicht. – Mainzer Naturwissenschaftliches Archiv, Band 36: 33–37; Mainz (Naturhistorisches Museum Mainz).

HELLENTHAL, W. (1979) [unter Mitarbeit von: NELZ, K., BUHMANN, J., FROMM, E., OCHS, A., NOLL, A., LUTZ, O., KIEHL, K.-H., DENNY, W., SIEWERT, R., ABEL, L., UNBEHEND, O., MISCHO, H., STALTER, T., SCHMIDT, K.-H. & BATSCH, R.]: 150 Jahre Stadt St. Ingbert (1829–1979). Eine Festschrift aus Anlaß des 150. Geburtstages der Stadtwerdung St. Ingberts. – 579 S.; St. Ingbert (Westpfälzische Verlagsdruckerei).

HERDERSCHE VERLAGSHANDLUNG [Herausgeber] (1905): Herders Konversations-Lexikon. – 3. Auflage, 5. Band, Kombination bis Mira: 1790 Spalten; Freiburg im Breisgau (Herdersche Verlagshandlung).

HERM, D. (1999): Bayern und Österreich – 150 Jahre geologische Forschung im gemeinsamen Alpenstreifen. – Abhandlungen der Geologischen Bundesanstalt, Band 56/1 (Geologie ohne Grenzen – Festschrift 150 Jahre Geologische Bundesanstalt): 29–44; Wien (Geologische Bundesanstalt).

HEUSS, T. (1953): Vorspiele des Lebens. Jugenderinnerungen. – 347 S.; Tübingen (Rainer Wunderlich Verlag Hermann Leins).

HINRICHSEN, A. (1891): Das literarische Deutschland. (Mit einer Einleitung von Prof. Dr. C. Beyer.) – 2. vermehrte und verbesserte Auflage: XXVI S. + 1472 Spalten; Berlin (Verlag des »Literarischen Deutschlands«).

HOCHSTETTER, F. v. (1866): III. Zur Erinnerung an Dr. Albert Oppel. – Jahrbuch der kaiserlich-königlichen geologischen Reichsanstalt, 16. Band (1866), 1. Heft: 59–67; Wien (In Commission bei Wilhelm Braumüller).

HOFFMANN, H. (1930): Chronik der Familie Gümbel. – 43 S.; Speyer (Zechnersche Buchdruckerei).

HOFFMANN, H. (1931): Chronik der Familie Gümbel. – II. Teil: 44–71 + 15 Taf.; Speyer (Zechnersche Buchdruckerei).

HOFMEISTER, W. (1998): Carl Wilhelm von Gümbel – Gümbel-Feier des Donnersbergvereins e.V. in Dannenfels. – Mainzer Naturwissenschaftliches Archiv, Band 36: 9–11; Mainz (Naturhistorisches Museum Mainz).

HOF- UND STAATS-HANDBUCH (1896): Hof- und Staats-Handbuch des Königreichs Bayern 1896 [ohne Herausgeber]. – XIX + 572 S.; München (R. Oldenbourg).

HUBER, W. (1998): Münchner Naturforscher in Südamerika. – Berichte der Freunde der ZSM (1) [herausgegeben von den Freunden der Zoologischen Staatssammlung München e. V.]: 167 S.; München (Verlag Dr. Friedrich Pfeil).

JUNG-HÜTTL, A. (1988): Franz von Kobell (1803 – 1882). »Neigung zur Natur, Wissenschaft und Poesie«. – Offizieller Katalog der 25. Mineralientage München, 14.–16. Oktober 1988: 99–100; München (Münchner Mineralientage Fachmesse GmbH).

KILLY, W. & VIERHAUS, R. [Herausgeber] (1996): Deutsche Biographische Enzyklopädie (DBE), Band 4 (Gies – Hessel). – 679 S.; München (K. G. Saur).

KOBELL, v. (1870): Ueber den Gümbelit, ein neues Mineral von Nordhalben bei Steben in Oberfranken. – Sitzungsberichte der königl. bayer. Akademie der Wissenschaften zu München, Jahrgang 1870, Band 1: 294–296; München (Akademische Buchdruckerei von F. Straub).

KOCH, H.-A., KOCH, U. & KOLLER, A. [Herausgeber: GORZNY, W.] (1986): Deutscher Biographischer Index. – Band 2 (G–K): I–XXVI, 621–1196; München; London; New York; Oxford; Paris (K. G. Saur).

KOEHNE, W. (1915a): Die Entwickelungsgeschichte der geologischen Landesaufnahme in Deutschland. – Geologische Rundschau, Band 6, Heft 3: 178–192; Leipzig (Verlag von Wilhelm Engelmann).

KOEHNE, W. (1915b): Die Entwicklungsgeschichte der geologischen Landesaufnahme Bayerns in Zusammenhang mit derjenigen des übrigen Deutschland. – Zeitschrift für praktische Geologie, 23. Jahrgang (1915), Heft 8 u. 9 (Aug.–Sept.): 109–122; Berlin (Verlag von Julius Springer).

KÖHLER, G. & SCHNABEL, C. [Redaktion] (1898): Karl Wilhelm v. Gümbel †. – Berg- und Hüttenmännische Zeitung, 57. Jahrgang (1898), Nr. 27 (8. Juli): S. 251; Leipzig (Verlag von Arthur Felix).

KOZUR, H. W. (1999): Remarks on the position of the Norian-Rhaetian boundary. – Zentralblatt für Geologie und Paläontologie Teil I (Allgemeine, Angewandte, Regionale und Historische Geologie), Jahrgang 1998, Heft 7–8 (Epicontinental Triassic): 523–535; Stuttgart (E. Schweizerbart'sche Verlagsbuchhandlung).

KREMB, K. (1990): Carl Wilhelm von Gümbel (1823–1898). Die Pfalz in seinem geologischen Gesamtwerk. – Pfälzer Heimat, Jahrgang 41, Heft 3: 137–141; Speyer (Eigenverlag der Pfälzischen Gesellschaft zur Förderung der Wissenschaft).

K. STAATSMINISTERIUM DES INNERN [Herausgeber] (1894): Literatur-Notiz. – Amtsblatt des k. Staatsministeriums des Innern. Königreich Bayern, 22. Jahrgang, Nr. 31. (21. November 1894): S. 414; München (Akademische Buchdruckerei von F. Straub).

KUNTZE, O. (1895): 6. Sind Carbonkohlen autochthon, allochthon oder pelagochthon? – In: KUNTZE, O. (1895): Geogenetische Beiträge: 42–77; Leipzig (Commissions-Verlag von Arthur Felix).

KÜRSCHNER, J. [Herausgeber] (1892): Deutscher Litteratur Kalender auf das Jahr 1892. – 14. Jahrgang: 88 + 1404 Spalten, 1 Taf.; Stuttgart (Jos. Kürschners Selbstverlag).

KÜRSCHNER, J. [Herausgeber] (1898): Deutscher Litteratur Kalender auf das Jahr 1898. – 20. Jahrgang: 52 + 1642 Spalten, 2 Taf.; Leipzig (G. J. Göschensche Verlagshandlung).

LAMBRECHT †, K., QUENSTEDT, W. & A. (1938): Palaeontologi. Catalogus bio-bibliographicus. – Fossilium Catalogus, I: Animalia, Pars 72: XXII + 495 S.; 's-Gravenhage (Dr. W. Junk).

LEHER, H. [Herausgeber] (1893): Oberbergdirektor Professor Dr. C. W. v. Gümbel. – Das Bayerland. Illustrierte Wochenschrift für bayerische Geschichte und Landeskunde, 4. Jahrgang (1893), Nr. 24: S. 1; München (R. Oldenbourg).

LEPPLA, A. (1898): W. von Gümbel †. – Zeitschrift für praktische Geologie, Jahrgang 1898, Heft 10 (Oktober): 375–376; Berlin (Verlag von Julius Springer).

LOEBLICH, A. R. & TAPPAN, H. (1961): The genera Microaulopora Kuntz, 1895, and Guembelina Kuntz, 1895, and the status of Guembelina Egger, 1899. – Journal of Paleontology, vol. 35, No. 3: 625–627; Tulsa [Oklahoma, USA] (Society of Economic Paleontologists and Mineralogists).

LUDWIG-MAXIMILIANS-UNIVERSITÄT [Herausgeber] (1863a–1897a): Verzeichnis(s) der Vorlesungen an der königlichen Ludwig-Maximilians-Universität zu München im Winter-Semester 1863/64 – Winter-Semester 1897/98. – Jeweils zwischen 11 und 32 S.; München (J. Georg Weiss, Universitätsbuchdrucker [1863–1873]; Kgl. Hof- u. Universitätsbuchdruckerei Dr. C. Wolf & Sohn [1874–1897]).

LUDWIG-MAXIMILIANS-UNIVERSITÄT [Herausgeber] (1864b–1898b): Verzeichnis(s) der Vorlesungen an der königlichen Ludwig-Maximilians-Universität zu München im Sommer-Semester 1864 – Sommer-Semester 1898. – Jeweils zwischen 11 und 32 S.; München (J. Georg Weiss, Universitätsbuchdrucker [1864–1874]; Kgl. Hof- u. Universitätsbuchdruckerei Dr. C. Wolf & Sohn [1875–1898]).

MANDARINO, J. A. (1999): Fleischer's Glossary of Mineral Species 1999. – 9 + 225 S.; Tucson [Arizona, USA] (The Mineralogical Record Inc.).

MARSCHALL, O. (1914): v. Gümbel Karl Wilhelm. – In: KORSCHELT, E., LINCK, G., OLTMANNS, F., SCHAUM, K., SIMON, H. T., VERWORN, M. & TEICHMANN, E. [Herausgeber] (1914): Handwörterbuch der Naturwissenschaften, 5. Band (Gewürze – Kützing): 136–137; Jena (Gustav Fischer).

MAUCHER, A. (1959): Geologie. – In: BAYERISCHE AKADEMIE DER WISSENSCHAFTEN [Herausgeber] (1959): Geist und Gestalt. Biographische Beiträge zur Geschichte der Bayerischen Akademie der Wissenschaften vornehmlich im zweiten Jahrhundert ihres Bestehens. – 2. Band, Naturwissenschaften: 270–275; München (C. H. Beck'sche Verlagsbuchhandlung).

MAYR, H. (1989): Karl Alfred von Zittel zum 150jährigen Geburtstag (25.9.1839–5.1.1904). – Mitteilungen der Bayerischen Staatssammlung für Paläontologie und historische Geologie, Heft 29: 7–51; München (Bayerische Staatssammlung für Paläontologie und historische Geologie).

MICHAEL, [R.] (1925): August Leppla †. – Jahrbuch der Preußischen Geologischen Landesanstalt zu Berlin für das Jahr 1924, Band 45: LXI–LXXIII, 1 Taf.; Berlin (Im Vertrieb bei der Preußischen Geologischen Landesanstalt).

MOJSISOVICS, E. v. (1896): Die Cephalopodenfaunen der oberen Trias des Himalaya, nebst Bemerkungen über die Meere der Triasperiode. – Verhandlungen der kaiserlich-königlichen geologischen Reichsanstalt, Jahrgang 1896, Nr. 13: 346–373; Wien (Verlag der k. k. Geologischen Reichsanstalt).

NATHAN, H. (1951): Festrede über die Persönlichkeit Carl Wilhelm von Gümbels. – Geologica Bavarica, Nr. 6: 16–25; München (Bayerisches Geologisches Landesamt).

NEAVE, S. A. [editor] (1939): Nomenclator zoologicus. A list of the names of genera and subgenera in zoology from the tenth edition of Linnaeus 1758 to the end of 1935. – Vol. 2, D–L: 1–1025; London (Zoological Society of London).

NEUMAYER, G. (1898): Worte der Erinnerung an Wilhelm von Gümbel (gesprochen in der 58. Jahresversammlung der »Pollichia« am 16. Oktober 1898) [darin ein Nachruf auf Heinrich Flad]. – Mitteilungen der Pollichia eines naturwissenschaftlichen Vereins der Rheinpfalz, 56. Jahrgang, Nr. 12: 20–30, 1 Taf.; Dürkheim (Selbstverlag der Pollichia).

OBERHUMMER, E. (1898): K. W. v. Gümbel. – Mittheilungen des Deutschen und Oesterreichischen Alpenvereins, Neue Folge Band 14, der ganzen Reihe 24. Band, Jahrgang 1898, Nr. 13 (15. Juli): S. 163; Wien (Central-Ausschuß des D. u. Oe. Alpenvereins).

OETTINGEN, A. J. v. [Herausgeber] (1904a): J. C. POGGENDORFF's biographisch-literarisches Handwörterbuch zur Geschichte der exacten Wissenschaften enthaltend Nachweisungen über Lebensverhältnisse und Leistungen von Mathematikern, Astronomen, Physikern, Chemikern, Mineralogen, Geologen, Geographen u. s. w. aller Völker und Zeiten. – Vierter Band (die Jahre 1883 bis zur Gegenwart umfassend), I. Abtheilung (A–L): XII + 930 S.; Leipzig (Verlag von Johann Ambrosius Barth).

OETTINGEN, A. J. v. [Herausgeber] (1904b): J. C. POGGENDORFF's biographisch-literarisches Handwörterbuch zur Geschichte der exacten Wissenschaften enthaltend Nachweisungen über Lebensverhältnisse und Leistungen von Mathematikern, Astronomen, Physikern, Chemikern, Mineralogen, Geologen, Geographen u. s. w. aller Völker und Zeiten. – Vierter Band (die Jahre 1883 bis zur Gegenwart umfassend), II. Abtheilung (M–Z): 931–1718; Leipzig (Verlag von Johann Ambrosius Barth).

PEVC, C. (1895): Mitteilungen über die Wasserversorgung Münchens anlässlich Besichtigung der Bauarbeiten durch die städtischen Kollegien als Leitfaden zusammengestellt. – 27 S.; München (Buchdruckerei von Carl Gerber).

POGGENDORFF, J. C. (1863a): Biographisch-literarisches Handwörterbuch zur Geschichte der exacten Wissenschaften enthaltend Nachweisungen über Lebensverhältnisse und Leistungen von Mathematikern, Astronomen, Physikern, Chemikern, Mineralogen, Geologen usw. aller Völker und Zeiten. – Erster Band (A–L): VIII S. + 1584 Spalten + 4 S.; Leipzig (Verlag von Johann Ambrosius Barth).

POGGENDORFF, J. C. (1863b): Biographisch-literarisches Handwörterbuch zur Geschichte der exacten Wissenschaften enthaltend Nachweisungen über Lebensverhältnisse und Leistungen von Mathematikern, Astronomen, Physikern, Chemikern, Mineralogen, Geologen usw. aller Völker und Zeiten. – Zweiter Band (M-Z): 1468 Spalten; Leipzig (Verlag von Johann Ambrosius Barth).

PONGRATZ, L. (1963): Naturforscher im Regensburger und ostbayerischen Raum. – Acta Albertina Ratisbonensia, Band 25: 152 S.; Regensburg (Naturwissenschaftlicher Verein zu Regensburg).

PREVER, P. (1902): Le Nummuliti della Forca di Presta nell' Appennino Centrale e dei Dintorni di Potenza nell' Appennino Meridionale. – Mémoires de la Société paléontologique Suisse (Abhandlungen der Schweizerischen paläontologischen Gesellschaft), vol. 29, no. 3: 1–121, Taf. 1–8; Genéve (W. Kündig & Fils).

REIS, O. M. (1898): Dr. Carl Wilhelm von Gümbel †, geb. zu Dannenfels (bayer. Rheinpfalz) 1823. – Oesterreichische Zeitschrift für Berg- und Hüttenwesen, Beilage, Vereins-Mittheilungen, Nr. 7 (23. Juli 1898): 81–82; Wien (Verlag der Manz'schen k. u. k. Hof-Verlags- und Universitäts-Buchhandlung).

REIS, O. M. (1911): Erläuterungen zur Geologischen Karte des Wettersteingebirges. I. Teil. Kurze Formationsbeschreibung, allgemeine tektonische und orogenetische Übersicht. – Geognostische Jahreshefte, 23. Jahrgang (1910): 61–114, 1 Taf., 1 tektonisches Übersichtskärtchen (mit Höhenübersichtsbild), 2 geologische Karten (1:25000); München (Piloty & Loehle).

REIS, [O. M.] (1919): Landesgeologe Adolf Schwager †. – Geognostische Jahreshefte, 29. und 30. Jahrgang (1916/1917): 333–336; München (Piloty & Loehle).

REIS, O. M. (1921): Carl Wilhelm von Gümbel in seinen Anfängen (1846–1851). Nach einem Tagebuch dargestellt. – Pfälzisches Museum, 38. Jahrgang, Pfälzische Heimatkunde, 17. Jahrgang, Heft 10 und 11/12: 149–154 und 171–173; Kaiserslautern (Druck und Verlag der Hofbuchdruckerei Hermann Kayser).

REIS, O. M. (1935): Die Gesteine der Münchner Bauten und Denkmäler. Mit Berücksichtigung der weiteren Umgebung Münchens. – Veröffentlichungen der Gesellschaft für Bayerische Landeskunde, E.V., München, Heft 7–12: XI + 243 S., 2 Karten, 1 + 41 Taf.; München (Gesellschaft für Bayerische Landeskunde E.V.).

ROTHPLETZ, A. (1904): Gümbel: Wilhelm (von). – In: HISTORISCHE COMMISSION BEI DER KÖNIGL. AKADEMIE DER WISSENSCHAFTEN [Herausgeber] (1904): Allgemeine Deutsche Biographie, 49. Band (Nachträge bis 1899: Kaiser Friedrich III. – Hanstein): 623–627; Leipzig (Verlag von Duncker & Humblot).

RÜBESAMEN, H. E. (1969): 100 Jahre Bayerisches Oberbergamt, 1869–1969. – 80 S.; München (Bayerisches Oberbergamt).

SCHAFHÄUTL [K. E.] (1851): Geognostische Untersuchungen des südbayerischen Alpengebirges. – Geognostische Untersuchungen der Bayerischen Lande. Erster Beitrag: XXXII + 4 + 146 S., 2 (mehrseitige) Tab., Taf. 1–26, 1 geognostische Karte; München (Literarisch-artistische Anstalt).

SCHÄRL, W. (1955): Die Zusammensetzung der bayerischen Beamtenschaft von 1806 bis 1918. – Münchener historische Studien, Abteilung bayerische Geschichte [Herausgeber: Spindler, M.], Band 1: X + 407 S.; Kallmünz/ Opf. (Verlag Michael Lassleben).

SCHMID, H. (1998a): Carl Wilhelm von Gümbel (1823–1898) zum 100. Todestag. – Geologica Bavarica, 103: 7-18; München (Bayerisches Geologisches Landesamt).

SCHMID, H. (1998b): Carl Wilhelm von Gümbel (1823–1898) – Festvortrag zum 100. Todestag am 20. Juni 1998 in Dannenfels. – Mainzer Naturwissenschaftliches Archiv, Band 36: 23–32; Mainz (Naturhistorisches Museum Mainz).

SCHMID, H. (2000): 150 Jahre staatlicher Geologischer Dienst in Bayern. Wissenschaft von der Erde zum Nutzen für alle. – Geologica Bavarica, 105: 5–17; München (Bayerisches Geologisches Landesamt).

SCHMIDT, F. (1850): Die Gesteine der Centralgruppe des Fichtelgebirgs in ihren Lagerungsverhältnissen und ihrem Vorkommen übersichtlich zusammengestellt und beschrieben für Freunde der Natur, Berg- und Forstleute und Landwirthe. – 39 S., 1 Taf., 1 geognostische Karte; Leipzig (in Commission bei Th. Thomas).

SCHULZE, F. E. (†), KÜKENTHAL, W. (†), HEIDER, K., HESSE, R. [Herausgeber] (1932): Nomenclator animalium generum et subgenerum. – Dritter Band, F–M: 1299–2184; Berlin (Im Verlage der Preußischen Akademie der Wissenschaften).

SCHULTZ, F. (1846): Flora der Pfalz enthaltend ein Verzeichniss aller bis jetzt in der bayerischen Pfalz und den angränzenden Gegenden Badens, Hessens, Oldenburgs, Rheinpreussens und Frankreichs beobachteten Gefässpflanzen, mit Angabe der Dauer und der Blüthezeit, aller bis jetzt bekannt gewordenen Fundorte und Finder, der Natur der Fundorte und der geognostischen Beschaffenheit des Bodens, mit Merkmalen neuer und zweifelhafter Arten und anderen Bemerkungen, nach Kochs Synopsis und Taschenbuch der Deutschen und Schweizer Flora geordnet, und nebst Beifügung der Anordnung der Gattungen nach dem Linneischen Sexualsysteme, der tabellarischen Uebersicht der Ordnungen des natürlichen Systems, sowie der Gattungs- und Artenmerkmale, im Auszuge aus diesen Werken. – LXXVI + 575 S.; Speyer (Verlag von G. L. Lang).

SCHUSTER, C. (1951): Dich rühmen die Steine. – Stimme der Pfalz, Jahrgang 2, Nr. 20: S. 5; Speyer (Jaegersche Buchdruckerei).

SPERLING, T. (2000): The geological mapping of Bavaria under the leadership of Carl Wilhelm von Gümbel. – Third congress on regional cartography and information systems (Munich, October 24th–27th, 2000), Proceedings: 299–302; München (Bayerisches Geologisches Landesamt).

SPIELMANN, K. (1967): Ehrenbürger und Ehrungen in Geschichte und Gegenwart. Eine Dokumentation zur deutschen und mitteleuropäischen Geschichte. – Band 2, L–Z, 3. wesentlich erweiterte Auflage: 497–1176; Dortmund (Selbstverlag Dr. Karlheinz Spielmann).

STUR, D. (1865): Bericht aus Stuttgart [über den Fortgang seiner Rundreise]. – Jahrbuch der kaiserlich-königlichen geologischen Reichsanstalt, 15. Band (1865), 3. Heft, Verhandlungen der k. k. geologischen Reichsanstalt (Sitzung am 8. August 1865): 172–178; Wien (Wilhelm Braumüller).

TECHNISCHE UNIVERSITÄT MÜNCHEN [Herausgeber] (1999): Personen- und Vorlesungsverzeichnis für das Wintersemester 1999/2000. – 815 S.; Wolnzach (Verlag Kastner + Zeeb).

THÜRAUF, U. (1963): Gesamtverzeichnis der Mitglieder der Bayerischen Akademie der Wissenschaften in den ersten beiden Jahrhunderten ihres Bestehens 1759–1959. – In: BAYERISCHE AKADEMIE DER WISSENSCHAFTEN [Herausgeber] (1963): Geist und Gestalt. Biographische Beiträge zur Geschichte der Bayerischen Akademie der Wissenschaften vornehmlich im zweiten Jahrhundert ihres Bestehens. – Ergänzungsband, erste Hälfte: 154 S.; München (C. H. Beck'sche Verlagsbuchhandlung).

TIETZE, E. (1900): Franz v. Hauer. Sein Lebensgang und seine wissenschaftliche Thätigkeit. Ein Beitrag zur Geschichte der österreichischen Geologie. – Jahrbuch der kaiserlich-königlichen geologischen Reichsanstalt, 49. Band (1899), 4. Heft: 679–827, 1 Taf.; Wien (Verlag der k. k. Geologischen Reichsanstalt).

UMLAUFT, F. [Herausgeber] (1898): Geographische Nekrologie. Todesfälle. Karl Wilhelm v. Gümbel. – Deutsche Rundschau für Geographie und Statistik, 20. Jahrgang: 572–573, Porträt S. 571; Wien, Pest und Leipzig (A. Hartleben's Verlag).

VEREIN DEUTSCHER ARCHIVARE [Herausgeber] (1995): Archive in der Bundesrepublik Deutschland, Österreich und der Schweiz. – 15. Ausgabe: 583 S.; Münster (Ardey-Verlag).

VOIT, C. v. (1899): Nekrolog auf Wilhelm Gümbel [Gedächtnisrede in der oeffentlichen Sitzung der k. bayer. Akademie der Wissenschaften zur Feier des 140. Stiftungstages am 11. März 1899]. – Sitzungsberichte der mathematisch-physikalischen Classe der königlich bayerischen Akademie der Wissenschaften, 29. Band, Heft 2: 281–307; München (Druck der Akademischen Buchdruckerei von F. Straub).

VOLLMER, H. [Herausgeber] (1927): Allgemeines Lexikon der bildenden Künstler von der Antike bis zur Gegenwart. Begründet von Ulrich Thieme und Felix Becker. – 21. Band, Knip – Krüger: 604 S.; Leipzig (Verlag von E. A. Seemann).

VOLLMER, H. [Herausgeber] (1930): Allgemeines Lexikon der bildenden Künstler von der Antike bis zur Gegenwart. Begründet von Ulrich Thieme und Felix Becker. – 24. Band, Mandere – Möhl: 608 S.; Leipzig (Verlag von E. A. Seemann).

VOLLMER, H. [Herausgeber] (1931): Allgemeines Lexikon der bildenden Künstler von der Antike bis zur Gegenwart. Begründet von Ulrich Thieme und Felix Becker. – 25. Band, Moehring – Olivié: 600 S.; Leipzig (Verlag von E. A. Seemann).

WHITAKER, W. (1899): The anniversary address of the president. – The quarterly journal of the Geological Society of London, volume 55, Proceedings of the Geological Society of London: liii–lxxxiii; London (Longmans, Green, and Co).

WINEBERGER, L. (1851): Versuch einer geognostischen Beschreibung des Bayerischen Waldgebirges und Neuburger Waldes. – 4 + 141 S., 1 geognostische Karte, 5 Taf.; Passau (Dietenberger und Dr. Breßl).

WOLF, G. J. (1922): König Ludwig II. und seine Welt. – 248 S., 115 Taf.; München (Franz Hanfstaengl).

WOLKENHAUER, W. (1900): Geographische Nekrologie für die Jahre 1898 und 1899. – Geographisches Jahrbuch, 22. Band, 1899: 433–452; Gotha (Justus Perthes).

WUNSCHMANN, E. (1890): Schimper: Karl Friedrich S., Botaniker, geboren zu Mannheim am 15. Februar 1803, † in Schwetzingen am 21. December 1867. – In: HISTORISCHE COMMISSION BEI DER KÖNIGL. AKADEMIE DER WISSENSCHAFTEN [Herausgeber] (1890): Allgemeine Deutsche Biographie, 31. Band (Scheller – Karl Schmidt): 274–277; Leipzig (Verlag von Duncker & Humblot).

WUNSCHMANN, E. (1891): Schultz: Friedrich Wilhelm S., Pharmaceut und botanischer Schriftsteller, geboren zu Zweibrücken am 3. Januar 1804, † zu Weißenburg im Elsaß am 30. December 1876. – In: HISTORISCHE COMMISSION BEI DER KÖNIGL. AKADEMIE DER WISSENSCHAFTEN [Herausgeber] (1891): Allgemeine Deutsche Biographie, 32. Band (Karl v. Schmidt – G. E. Schulze): 706–707; Leipzig (Verlag von Duncker & Humblot).

WURM, A. (1961): Geologie von Bayern. Frankenwald, Münchberger Gneismasse, Fichtelgebirge, Nördlicher Oberpfälzer Wald. – 2., völlig neu bearbeitete Auflage: XX + 555 S., 13 Texttaf., 6. Beilagetaf.; Berlin-Nikolassee (Gebrüder Bornträger).

ZEPP, E. (1998): Zum heutigen 175. Geburtstag von Carl Wilhelm Ritter von Gümbel. »Te saxa loquuntur – Dich rühmen die Steine«. – Die Rheinpfalz, Ausgabe Donnersberger Rundschau, 11.2.1998: ohne Seitennummerierung; Ludwigshafen (Rheinpfalz Verlag und Druckerei).

ZITTEL, K. v. (1898): Wilhelm v. Gümbel. – Münchner Neueste Nachrichten, 51. Jahrgang, Nr. 316, Mittwoch, 13. Juli 1898, Morgen-Blatt: 1–2; München (Knorr & Hirth).

ZITTEL, v. (1899a): Rede zur Begrüssung der [44.] Allgemeinen Versammlung [der Deutschen geologischen Gesellschaft] zu München. – Zeitschrift der Deutschen geologischen Gesellschaft, 51. Band, C. Verhandlungen der Gesellschaft: 74–85; Berlin (Wilhelm Hertz).

ZITTEL, K. A. v. (1899b): Geschichte der Wissenschaften in Deutschland. Neuere Zeit. 23. Band: Geschichte der Geologie und Paläontologie bis Ende des 19. Jahrhunderts. – XI + 868 S.; München und Leipzig (R. Oldenbourg).

ZUBER, E. (1984): Der Alte Nördliche Friedhof. Ein Kapitel Münchner Kulturgeschichte. – 2. überarbeitete Auflage: 96 S., 8 Taf.; München (Zeke Verlag).

Archivalien

[AAW]: Archiv der Bayerischen Akademie der Wissenschaften (Raum 106, Akademieverwaltung, Archiv), Marstallplatz 8, D-80539 München.

AAW 1: Wahlakten 1862: Acten der koeniglichen Akademie der Wissenschaften. Betreff: Wahlen neuer Mitglieder der königl. Akademie der Wissenschaften im Jahre 1862 – Bogen 1862,4.: Auszug aus dem Protokoll über die Sitzung der mathematisch-physikalischen Classe, abgehalten am 11. Juli 1862 (Wahlsitzung).

AAW 2: [wie AAW 1] – Bogen 1862,9.: Protokoll über die allgemeine Sitzung der königl. Akademie der Wissenschaften, abgehalten am 19. Juli 1862.

AAW 3: [wie AAW 1] – Bogen 1862,11.: Bestätigung der gewählten Mitglieder; Schreiben des Staats-Ministeriums des Innern für Kirchen- und Schul-Angelegenheiten vom 7. September 1862.

AAW 4: Wahlakten 1869: Acten der koeniglichen Akademie der Wissenschaften. Betreff: Wahlen neuer Mitglieder der k. Akademie der Wissenschaften im Jahre 1869 – Bogen 1869,1. Nr. 12.: Wahl des Herrn Oberbergraths Prof. W. Gümbel (bisher außerordentl. Mitglied) zum ordentlichen Mitgliede der mathematisch-physikalischen Classe betr., München den 5. Juni 1869, v. Kobell.

AAW 5: [wie AAW 4] – Bogen 1869,3.: Protokoll der Wahlsitzung der mathematisch-physikalischen Classe, abgehalten am 23. Juni 1869.

AAW 6: [wie AAW 4] – Bogen 1869,6.: Protokoll der Wahlsitzung der k. Akademie der Wissenschaften abgehalten am 30. Juni 1869.

AAW 7: [wie AAW 4] – Bogen 1869,8.: Bestätigung der gewählten Mitglieder; Schreiben des Staats-Ministeriums des Innern für Kirchen- und Schul-Angelegenheiten vom 18. Juli 1869.

[ABSP]: Archiv der Bayerischen Staatssammlung für Paläontologie und Geologie, Funktionseinheit Paläontologie, Richard-Wagner-Straße 10/II, D-80333 München.

ABSP 1: Sammlung von 53 Briefen an Carl *Wilhelm* Gümbel aus den Jahren 1865 bis 1870. Namen (und Aufenthaltsort) der Absender: Alberti, Friedrich von (Friedrichshall); Coquand, Henri (Marseille); Daubrée, Gabriel Auguste (Paris); Dechen, Heinrich von (Bonn); Deshayes, Gérard Paul (Paris); Elie de Beaumont, Jean Baptiste Armand Louise Léonce (Paris); Favre, Alphonse (Genf); Fraas, Oscar (Stuttgart); Frickhinger, Albert (Nördlingen); Geinitz, *Hanns* Bruno (Dresden); Haeckel, Ernst (Jena); Hauer, Franz von (Wien); Lyell, Sir Charles (London); Mayer, Karl (Zürich); Mojsisovics Edler von Mojsvár, Johann August Georg Edmund (Wien); Naumann, *Carl* Friedrich (Leipzig); Neumayr, Melchior (Heidelberg und Wien); Nies, Friedrich (Würzburg); Oppel, Albert (München); Pictet de la Rive, Francois Jules (Genf); Sandberger, Fridolin (Würzburg); Schenk, August (Würzburg); Schloenbach, Urban (Salzgitter); Sievert (St. Ingbert); Studer, Bernhard (Bern); Sueß, Eduard (Wien); Tschermak, Gustav (Wien); Zittel, Karl (Karlsruhe und Rom).

[EKAM]: Evang.-Luth. Kirchengemeindeamt München – Zentralabteilung (Bereich Kirchenbücher u. Familienforschung), Landwehrstraße 11, D-80336 München.

EKAM 1: Taufbuch der protestantischen Stadtpfarrei München, S. 99, Nr. 4:
Geburt (13. Dezember 1858) und Taufe (2. Januar 1859) von Caroline Charlotte Emma Gümbel.

EKAM 2: Taufbuch der protestantischen Stadtpfarrei München, S. 249, Nr. 159:
Geburt (13. Juli 1860) und Taufe (5. August 1860) von Wilhelm Friedrich Emil Gümbel.

EKAM 3: Taufbuch der protestantischen Stadtpfarrei München, S. 805, Nr. 341:
Geburt (12. Oktober 1864) und Taufe (30. Oktober 1864) von Hermine Franziska Emilie Margaretha Gümbel.

EKAM 4: Taufbuch der protestantischen Stadtpfarrei München, S. 133, Nr. 359:
Geburt (3. Oktober 1866) und Taufe (14. November 1866) von Albert Heinrich Karl Ludwig Gümbel.

EKAM 5: Taufbuch der protestantischen Stadtpfarrei München, S. 314, Nr. 368:
Geburt (14. September 1868) und Taufe (19. September 1868) von Karoline Adele Ottilie Klara Gümbel. Bemerkung: lt. Mitteilung vom Standesamt Allenstein in Ostpreußen vom 26. Januar 1943 ist Frau Lina Künkele, geborene Gümbel, am 23. August 1942 in Allenstein verstorben.

EKAM 6: Taufbuch der protestantischen Stadtpfarrei München, S. 546, Nr. 373:
Geburt (13. August 1871) und Taufe (3. September 1871) von Auguste Adele Friederike Gümbel. Bemerkung: † 20. November 1871.

EKAM 7: Sterbematrikel der protestantischen Stadtpfarrei München, S. 387, Nr. 573:
Tod (20. November 1871) von Auguste Adele Friederike Gümbel.

EKAM 8: Nr. 151/2000/RN Wortwörtliche Abschrift aus dem Trauungs-Buch der prot. Pfarrei München aus dem Jahre 1885, Seite 279: Bürgerliche Eheschließung (14. Juni 1885) und kirchliche Trauung (15. Juni 1885) des Dr. Wilhelm Karl Ritter von Gümbel, k. Oberbergdirektor dahier, prot., ledig, mit Katharina Labroiße von hier, deutsch reform., ledig.

[FAH]: Familienarchiv Horst-Eberhard von Horstig, Buchenring 20, D-63263 Zeppelinheim.

FAH 1: (G) Abschrift der Geburtsurkunde (Geburts-Akt) des Wilhelm Carl Gümbel. Angefertigt in Dannenfels am 29. Juli 1935. Beglaubigt vom Landgericht Saarbrücken am 31. Juli 1935.

FAH 2: (G) Bescheinigung, daß der am 11. Februar 1823 zu Dannenfels geborene Wilhelm Karl Gümbel nach Ausweis des Kirchenbuches protestantisch getauft wurde. Ausgestellt in Dannenfels am 19. Mai 1933. Beglaubigt vom Landgericht Saarbrücken am 17. April 1935.

FAH 3: (G/7) Auszug aus dem Trauregister der protestantischen Kirchengemeinde Kaiserslautern vom Jahr 1855: Ehebündniß des Wilhelm Carl Gümbel mit Julie Emma Caroline Wahl betreffend. Beglaubigt in Kaiserslautern am 3. Juni 1935 von der Kirchenbuchführung der prot. Kirchengemeinde Kaiserslautern.

FAH 4: Todesanzeige für Bergdirektor a. D. und Zivilingenieur Oskar Ritter v. Horstig gen. d'Aubigny von Engelbrunner, gestorben am Schlaganfall in Saarbrücken am 10. Juli 1926 im eben vollendeten 70. Lebensjahre nach kurzem Krankenlager.

FAH 5: Stammbaum der Familie von Horstig. – Geburts- und Sterbedatum von *Wilhelm* Edmund Ritter von Horstig genannt d'Aubigny von Engelbrunner (* 23. Mai 1884 in Limburg, † 22. März 1949 in Freiburg i. Br.).

FAH 6: Geburtsurkunde Nr. 435 für *Ernst* Rudolf Karl Ritter von Horstig genannt d'Aubigny von Engelbrunner (* 22. Mai 1893 in Malstatt-Burbach); ausgestellt in Malstatt-Burbach am 27. Mai 1893.

FAH 7: Stammbaum der Familie von Horstig. – Geburts- und Sterbedatum von *Rudolf* Reinhard Ritter von Horstig genannt d'Aubigny von Engelbrunner (* 4. Januar 1886 in Limburg, † 25. Februar 1941 in Bodenmais).

FAH 8: Stammbaum der Familie von Horstig. – Sterbedatum von Dr. *Ernst* Rudolf Karl Ritter von Horstig genannt d'Aubigny von Engelbrunner († 7. Juni 1969 in Korbach in Hessen [bei einer Urlaubsreise]).

[GAG]: Stadtverwaltung Gotha, Gartenamt, Breite Gasse 15, D-99867 Gotha.

GAG 1: Alphabetisches Sterberegister 1898, Nr. 343: v. Gümpel Wilhelm, Oberbergdirektor Geh. Rath Dr., München.

GAG 2: Feuerbestattungsregister 1898, Nr. 2015: von Gümpel Wilhelm, Oberbergdirector Geh. Rath Dr. Ritter, 75 Jahre, München.

[GHA]: Bayerisches Hauptstaatsarchiv, Abt. III: Geheimes Hausarchiv, Ludwigstraße 14/I, D-80539 München.

GHA 1: Kabinettsakten König Max II. (Nachlaß Max II.) Nr. 80/3/282: Berg- und Salinenwesen und Geognostische Untersuchung des Königreichs. – Produkt 10: Die geognostische Untersuchung des Koenigreichs und die kgl.-General-Bergwerks- und Salinen-Administration [mit Kürzel »v. H.«].

[GLA]: Bayerisches Geologisches Landesamt, Heßstraße 128, D-80797 München.

GLA 1: BIBLIOTHEK: GÜMBEL [Carl Wilhelm] (17. August 1846 – 26. des Heumonats [Juli] 1848): [Feld-]Tagebuch. – 96 nachträglich nummerierte Blätter = 96 Doppelseiten (eigenhändig geschrieben).

GLA 2: BIBLIOTHEK: Acten des Königlich Bayerischen Oberbergamts. – Betreff: Anlage einer Mineraliensammlung; Geognostische Aufnahme des Königreiches. Conv: IV., 1846 – 1856.

GLA 3: [wie GLA 2] – Allgemeine Akten (ungebunden) von 1851 – 1869.

GLA 4: ZENTRALARCHIV: Akten des Königlich Bayerischen Oberbergamts (ungebunden). Monatsberichte 1850 bis 1858.

GLA 5: ZENTRALARCHIV: Akten des Königlich Bayerischen Oberbergamts. Geognostische Untersuchung – Tagebücher 1851, [Feld-]Tagebuch Wilhelm Gümbels.

GLA 6: [wie GLA 5] – Tagbuch für 1853 des Leitgeognosten Gümbel.

GLA 7: [wie GLA 5] – Tagbuch während des Sommers 1854, Aufenthalt im bayerischen Wald, von C. W. Gümbel, kgl. Bergmeister.

GLA 8: ZENTRALARCHIV: Acten des Königlich Bayerischen Oberbergamts. Betreff: Geognostische Untersuchung des Königreichs Bayern. – Conv: II vom 29. December 1851 bis 30. April 1853.

GLA 9: [wie GLA 8] – Conv: III vom 30. April 1853 bis 30. December 1853.

GLA 10: [wie GLA 8] – Conv: IV. Th. 1. vom 10. Januar 1854 bis 16. Mai 1854.

GLA 11: [wie GLA 8] – Conv: IV. Th. 2. vom 19. Mai 1854 bis 2. April 1855.

GLA 12: [wie GLA 8] – Conv: V. Th. 1. vom 25. April 1855 bis 7. November 1855.

GLA 13: [wie GLA 8] – Conv: V. Th. 2. vom 4. November 1855 bis 13. Juni 1857.

GLA 14: [wie GLA 8] – Conv: VI: Th: 1. vom 17. Juni 1857 bis 19. October 1859.

GLA 15: [wie GLA 8] – Conv: VI. Th. 2. vom 14. October 1859 bis 12. März 1862.

GLA 16: [wie GLA 8] – Conv: VII. Th. 1. vom 12. Mai 1862 bis 26. Juni 1863.

GLA 17: [wie GLA 8] – Conv: VII. Th. 2. vom 30. Juni 1863 bis 6. Juli 1865.

GLA 18: [wie GLA 8] – Conv: VIII. vom 4. Juli 1865 bis 4. August 1869.

GLA 19: [wie GLA 8] – Conv: IX., I. [vom] 18. Juli 1869 bis 9. Oct. 1871.

GLA 20: [wie GLA 8] – Conv: X., Conv: II. Vom 8. November 1871 bis 20.11.1874.

GLA 21: [wie GLA 8] – Conv: XI., III. Vom 4. März 1875 bis 15. Dezember 1879.

GLA 22: [wie GLA 8] – Conv: IV. Vom 3. März 1880 bis 21. December 1883.

GLA 23: [wie GLA 8] – Conv: V. Vom 17. Mai 1884 bis 21. December 1886.

GLA 24: [wie GLA 8] – Conv: VI. Vom 31. Januar 1887 – 12. Januar 1891.

GLA 25: [wie GLA 8] – Con. VII. Vom 14. Januar 1891 – 13. Januar 1893.

GLA 26: [wie GLA 8] – Conv: VIII. Vom 19. Januar 1893 – 21. Januar 1895.

GLA 27: [wie GLA 8] – Conv: IX. Vom 28. Januar 1895 – 6. Februar 1897.

GLA 28: [wie GLA 8] – Conv: X. Vom 11. Februar 1897 – 18. Juni 1901.

GLA 29: ZENTRALARCHIV: Acten des Königlich Bayerischen Oberbergamts. Betreff: Veröffentlichung der Resultate der geognostischen Untersuchung des Königreichs Bayern. – Conv: I (1. Bd. Alpengebirge). Vom 7. Juni 1856 – 2. August 1862.

GLA 30: [wie GLA 29] – Conv: II (2. Bd. ostbayer. Grenzgebirg). Vom 10. November 1862 – 11. Juni 1869.

GLA 31: [wie GLA 29] – Herstellung und Abgabe der III. Abtheilung. Conv. I (3. Bd. Fichtelgebirge). Vom 4. Juli 1869 bis 23. Januar 1881.

GLA 32: [wie GLA 29] – Herstellung der 1. Abtheilung der IV. Publikation, dann der Uebergang des Verlages von der J. Perthes'schen geographischen Anstalt in Gotha an die artistische Anstalt von Theodor Fischer in Casssel. Conv. II. Vom 5. Februar 1881 – 8. Februar 1888.

GLA 33: [wie GLA 29] – 1. Abtheilung der IV. Publikation (Blatt Bamberg und Neumarkt). Conv. III. Vom 15. Februar 1888 bis 27. Mai 1889.

GLA 34: [wie GLA 29] – 2. Abtheilung der IV. Publikation (Blatt Ingolstadt und Nördlingen). Conv. IV. Vom 13. Mai 1889 – 22. Dezember 1891.

GLA 35: [wie GLA 29] – 3. Abtheilung der IV. Publikation (Blatt Ansbach). Conv. V. Vom 20. Mai 1891 – 26. Januar 1892.

GLA 36: [wie GLA 29] – Textband der IV. Abtheilung (Frankenjura bestehend aus Blatt Bamberg, Neumarkt, Ingolstadt, Nördlingen und Ansbach). Conv. VI. Vom 23. Oktober 1891 – 16. März 1893 bzw. 18.VI.97.

GLA 37: [wie GLA 29] – Herstellung und Veröffentlichung der V. Abtheilung; dann Uebergang des Verlags von der fallitten [= zahlungsunfähigen] Firma Theod. Fischer in Cassel an die Kunst- u. Verlagsanstalt Piloty und Löhle in München. Conv. VII. Vom 7. Mai 1890 – 31. März 1898/ 11. Januar 1900.

GLA 38: ZENTRALARCHIV: Acten des Königlich Bayerischen Oberbergamts. Betreff: Geognostische Untersuchung der Bergreviere in der Nähe des Michelsberges in Böhmen. 1853 – 1854.

GLA 39: [wie GLA 38]. Betreff: Untersuchung der Bodenbeschaffenheit bei Anlage von Friedhöfen. Vom 17. Dezember 1877 – 25. September 1925.

GLA 40: ZENTRALARCHIV: Einschreibbuch für die Theilnehmer an der [23.] allgemeinen Versammlung der deutschen geologischen Gesellschaft in München 1875. Mit 99 handschriftlichen Einträgen der Teilnehmer.

GLA 41: BIBLIOTHEK: [Ehrenbürger-]Urkunde (Ehrenbürgerrecht der Stadt München) für Herrn Dr. Wilhelm Ritter von Gümbel, k. Oberbergdirektor in München. Verliehen vom Magistrat und den Gemeindebevollmächtigten der königl. Haupt- und Residenzstadt München, am 1. Januar 1889. Unterzeichnet von den Bürgermeistern und Vorständen.

GLA 42: BIBLIOTHEK: [Glückwunschschreiben der Wiener Geologen zum 70. Geburtstag] »Dem hochwohlgeborenen und hochzuverehrenden Herrn Dr. Karl Wilhelm von Gümbel königlichem Oberbergdirector und Professor in München. Die Wiener Geologen.« Datiert: Wien, am 11. Februar 1893 (33 Unterschriften).

GLA 43: ZENTRALARCHIV: Nachlass Dr. Hans Nathan. – Abschrift der Erinnerungen des Professors Dr. Theodor Künkele (Ministerialrat i. R., Lazarettstr. 13, Landau/Pfalz) an seinen Grossonkel, Karl *Wilhelm* Gümbel. Landau/Pfalz, den 13. August 1949, 4 Seiten.

GLA 44: [wie GLA 43] – Entwurf eines Briefes des k. Bergmeisters Wilhelm Gümbel an die k. General-Bergwerks- und Salinen-Administration, die Unterbrechung der geognostischen Landesaufnahme in den Alpen durch die plötzliche schwere Erkrankung seiner Frau betreffend, Garmisch am 22. Juli 1857.

GLA 45: [wie GLA 43] – Entwurf eines Briefes von Wilhelm Gümbel an seine Excellenz [Friedrich Benedikt von Hermann], nicht datiert, wahrscheinlich Ende Juli 1857 in Garmisch geschrieben.

GLA 46: [wie GLA 43] – Liquidation des kgl. Bergmeisters CW Guembel über die Kostenbetraege – Taggelder, Reisekosten, Traegerlöhne und sonstige Ausgaben für die geognostische Untersuchung des bayer. Alpengebirgs im Monate Juli 1857.

GLA 47: [wie GLA 43] – U. Geh. Bericht des kgl. Bergmeisters Guembel über den Fortgang der geognostischen Untersuchung der bayer. Alpen. Garmisch, am 2. August 1857.

GLA 48: BIBLIOTHEK: Gümbel-Forschung [Ordner mit Unterlagen über Carl Wilhelm von Gümbel]. – Schriftverkehr mit den Nachkommen C. W. von Gümbels, Brief des Präsidenten des Bayerischen Geologischen Landesamts in München an Herrn Dekan i. R. W. Gümbel in Nahgold, betreffend die Ausleihe des Ölgemäldes von C. W. von Gümbel für die Anfertigung einer Kopie. Unterzeichnet Dr. Vidal, München, den 16. April 1968.

GLA 49: [wie GLA 48] – Schriftverkehr mit den Nachkommen C. W. von Gümbels, Todesanzeige für Wilhelm Gümbel, Dekan i. R. (1889–1978), gestorben am 23. Dezember 1978 in Freudenstadt.

GLA 50: BIBLIOTHEK: ANONYMUS (Oktober 1908): Die geognostische Landesuntersuchung in Bayern, insbesondere die Publikation ihrer Ergebnisse. – Denkschrift: 18 S.; München (unveröffentlichtes Manuskript; der Verfasser war vermutlich Ludwig von Ammon).

GLA 51: Freundliche mündliche Mitteilung von Herrn Andreas Märtel (GLA) über seinen ehemaligen Arbeitskollegen Herrn Martin Mooser. München, den 6. Juni 2000.

[HATUM]: Historisches Archiv der Technischen Universität München, Arcisstraße 21 (Zimmer Nr. 2791), D-80333 München.

HATUM 1: PA (Personal-Akt) Gümbel, Wilhelm, Professor Dr., 24. August 1868 – 21. Juli 1898.

HATUM 2: RA (Rektorats Archiv) V.10.1: Akten betreffend: Mineralogisch-geognostische Sammlung. Vom 11. Juli 1888 bis 31. Dez. 1944.

[HSTA]: Bayerisches Hauptstaatsarchiv, Schönfeldstraße 5, D-80539 München.

HSTA 1: Adelsmatrikel Ritter G 27: Acten des Königl. Bayer. Reichsherolden-Amtes: Gümbel, Dr. Wilhelm, koenigl. Oberbergdirektor in München; mit Matrikelbogen (enthält Wappen).

HSTA 2: BHS 599: W. von Gümbel, Geheimrath & Oberbergdirektor (1898) [Organisation und Kosten der Leichenfeierlichkeit].

HSTA 3: BHS 1596: General Bergwerks- und Salinen-Administrations-Acta, Personalakt: Reisenegger, Max.

HSTA 4: BHS 1802: General Bergwerks- und Salinen-Administrations-Acta, Personalakt: Schenk, Friedrich von.

HSTA 5: BHS 1884: General Bergwerks- und Salinen-Administrations-Acta, Personalakt: Schmitz Christoph.

HSTA 6: MH 15327: Personalakt Dr. v. Gümbel, Wilhelm, des St. Minist. d. Hand. u. d. öffentl. Arbeiten.

HSTA 7: MH 15330: Personalakt von Knorr, Joseph, des St. Minist. d. Hand. u. d. öffentl. Arbeiten.

HSTA 8: MK 15896: Personalakt Gümbel Albert, Oberarchivrat am Staatsarchiv Nürnberg.

HSTA 9: Ordensakten 851: Maximilians-Orden für Wissenschaft und Kunst für Gümbel, Dr. Karl Wilhelm.

HSTA 10: Ordensakten 1571: Kgl. Verdienstorden der Bayerischen Krone für Knorr Joseph, Oberbergdirektor in München.

HSTA 11: Ordensakten 1729: Kgl. Verdienstorden der Bayerischen Krone für Dr. Wilhelm Gümbel.

HSTA 12: Ordensakten 4177: K. Verdienstorden vom heiligen Michael für Gümbel, Dr. Wilhelm Ritter von.

HSTA 13: Ordensakten 8344: Fremde (ausländische) Orden [Ritterkreuz I. Klasse des Herzoglich Sachsen-Ernestinischen Hausordens; Komturkreuz des Ordens der Württembergischen Krone] für Gümbel, Dr. Wilhelm Ritter von.

HSTA 14: Ordensakten 12152: Civil-Verdienst-Orden, Schenk, Salinen-Rath, Ritter.

HSTA 15: Ordensakten 14649: Königlicher Verdienstorden vom heiligen Michael für Schmitz Christoph, k. Oberberg- & Salinen-Rath.

[IDP]: Ingeborg Dugenne, 9 rue du Surmelin, F-75020 Paris.

IDP 1: Bestallung [Ernennungsurkunde] für den Privatdozenten, Professor Dr. *Emil* Julius Friedrich Rudolph in Straßburg zum Honorar-Professor in der philosophischen Fakultät der Kaiser-Wilhelms-Universität Straßburg. Gegeben von Kaiser Wilhelm, König von Preußen, Wilhelmshöhe, am 15. August 1911.

IDP 2: Sterbejahr von Hermine Rudolph, geborene Gümbel († 1938 in Jena).

IDP 3: Geburts- und Sterbedatum von Emma Rudolph (* 31. Dezember 1894 in Straßburg, † 15. Januar 1946 in Barmen).

IDP 4: Geburts- und Sterbedatum von Hans Rudolph (* 12. Oktober 1897 in Straßburg, † 27. September 1971 in Frankfurt a. M.).

IDP 5: Geburts- und Sterbedatum von *Walter* Viktor Wilhelm Rudolph (* 12. Dezember 1898 in Straßburg, † 11. Mai 1969 in Hamburg).

IDP 6: Geburts- und Sterbedatum von Emil Rudolph (* 3. Mai 1905 in Straßburg, † 30. April 1993 in Frankfurt a. M.).

[PAG]: Privatarchiv Gümbel (alle aufgeführten Archivalien befinden sich als Fotografien auch beim Verfasser).

PAG 1: Amtliche Abschrift von Jahres-Zeugnissen (der Jahre 1836–1839) für Wilhelm Gümbel, gefertigt und beglaubigt in Dannenfels, den 6. Juli 1840.

PAG 2: Amtliche Abschrift von Abschrift des am 30. August 1843 in Zweibrücken ausgestellten Gymnasial-Absolutoriums [Abiturzeugnis] für Wilhelm Gümbel, gefertigt in Dannenfels am 23. Januar 1845, beglaubigt am 25. Januar 1845 in Kirchheim.

PAG 3: Amtliche Abschrift von Abschrift des am 2. April 1844 in München ausgestellten Zeugnisses für das erste Semester des philosophischen Cursus für Karl Wilhelm Gümbel, gefertigt in Dannenfels am 23. Januar 1845, beglaubigt am 25. Januar 1845 in Kirchheim.

PAG 4: Akademisches Semestral-Zeugniß über den Besuch der Vorlesung über Mineralogie im I. Semester 1845/46 auf der königlich bayerischen Universität zu München für Gümbel, Karl Wilhelm, Candidat der Cameralwissenschaft, unterzeichnet München, den 3. März 1846, Prof. v. Kobell.

PAG 5: Universitätsmatrikel [in Latein] der Großherzoglich Badischen Universität Heidelberg für Guielmus Gümbel Rheno-Bavarus, mineralog. Stud., am 15. November 1847 in Heidelberg ausgestellt.

PAG 6: Academisches Studien-Zeugniß über den Besuch des Practicums über Geognosie im Wintersemester 1847/48 auf der Großherzoglich Badischen Universität Heidelberg für Herrn Stud. C. Wilh. Gümbel, unterzeichnet Heidelberg, den 10. März 1848, Blum.

PAG 7: Academisches Studien-Zeugniß über den Besuch der Vorlesung über Bergbaukunde im Wintersemester 1847/48 auf der Großherzoglich Badischen Universität Heidelberg für Herrn Stud. C. Wilh. Gümbel, unterzeichnet Heidelberg, den 10. März 1848, Leonhard.

PAG 8: Zeugniß für den Adspiranten des Berg-, Hütten- und Salinendienstes Wilhelm Gümbel aus Tannenfels in der Pfalz [Staatsexamenszeugnis], unterzeichnet München, den 10. Juni 1848, vom Vorstand der k. Prüfungs-Kommission Oberberg- und Salinen-Rath Chr. Schmitz.

PAG 9: Schreiben (Nr. 443) der Königl. General-Bergwerks- und Salinen-Administration in München an den Adspiranten für den Berg-, Hütten- und Salinendienst, Karl Wilhelm Gümbel in Landau, dessen Aufnahme als Berg- u. Salinen-Praktikant betreffend, vom 2. August 1848.

PAG 10: Schreiben (Nr. 12986) der Königl. Bayer. Regierung der Pfalz, Kammer der Finanzen in Speyer, an den Adspiranten für den Berg-, Hütten- und Salinendienst Karl Wilhelm Gümbel in Landau, die Aufnahme von Berg- und Salinen-Praktikanten betreffend, vom 14. August 1848.

PAG 11: Schreiben (Nr. 152) des Koeniglich Bayerischen General-Conservatoriums der wissenschaftlichen Sammlungen des Staates (in München) an den Berg- und Salinenpraktikanten Herrn Gümbel beim k. Bergamt in St. Ingbert, vom 18. September 1849.

PAG 12: Kopie eines Schreibens [Verfügung] des K. B. Staatsministeriums der Finanzen in München an die kgl. Regierung [der Pfalz], die interimistische Übertragung der Markscheiderstelle in St. Ingbert auf den Berg- und Salinenpraktikanten Gümbel betreffend, vom 17. Dezember 1849.

PAG 13: Schreiben (Nr. 136) des königl. Bergamtes St. Ingbert an den kgl. Berg- und Salinen-Praktikanten Gümbel dahier, die interimistische Übertragung der Markscheiderstelle betreffend, vom 3. Januar 1850.

PAG 14: Quittung der kgl. bayer. Bergwerks- und Salinen-Haupt-Kasse über 101 Gulden, welche der kgl. Bergmeister Wilhelm Gümbel für Taxen, Ausschreibgebühr und Botengebühr, bei seiner Ernennung vom k. Berg- u. Sal. Praktikanten zum k. Bergmeister, gemäß Decret vom 20. August 1853 (Nr. 536), bar bezahlt hat; München, den 12. December 1853.

PAG 15: Schreiben (Nr. 4404) der Kgl. General-Bergwerks- u. Sal.-Administration in München an den kgl. Bergmeister Wilhelm Gümbel in München, die Herausgabe einer geognostischen Übersichtskarte von Bayern betr.; München, den 24. Februar 1855.

PAG 16: Schreiben (Nr. 6221) der Koenigl. General Bergwerks- und Salinen-Administration an den k. Bergmeister W. Gümbel, die geognostische Untersuchung des Königreichs, hier die Publikation der Resultate derselben betreffend; München, den 10. Mai 1862. [Gümbel wurde mit diesem Schreiben die »allerhöchste Zufriedenheit« des Königs über die »Geognostische Beschreibung des bayerischen Alpengebirges und seines Vorlandes« kund getan.]

PAG 17: Ernennungsurkunde [in Latein] zum außerordentlichen Mitglied der Bayerischen Akademie der Wissenschaften, unterzeichnet München, den 28. November 1862, Präsident Liebig, Sekretär der Klasse Martius.

PAG 18: Schreiben des akademischen Senats der königl. Universität München an den königlichen Bergmeister und Honorarprofessor Herrn Dr. Gümbel, dessen Ernennung zum Ehrenprofessor betreffend; München, den 18. Mai 1863.

PAG 19: Schreiben der königlichen General Bergwerks- und Salinen-Administration an den königlichen Bergmeister Dr. Wilhelm Gümbel, dessen Ernennung zum Assessor der k. General Bergwerks- und Salinen-Administration und Verleihung des Titels als Bergrath betreffend; München, am 8. Juni 1863.

PAG 20: Ernennungsurkunde [in Latein] zum ordentlichen Mitglied der Bayerischen Akademie der Wissenschaften, unterzeichnet München, den 24. Juli 1869, Präsident Liebig, Sekretär der Klasse Kobell.

PAG 21: International Exhibition 1876 Certificate of Award, Dr. C. W. Gümbel, Munich, Geological Maps, United States Centennial Commission, Philadelphia, September, 27.th 1876. [Preisverleihungsurkunde für Dr. C. W. Gümbel in München durch die United States Centennial Commission für geologischen Karten anlässlich der Weltausstellung in Philadelphia im Jahre 1876.]

PAG 22: Von König Ludwig II. am 29. Juli 1879 in Hohenschwangau unterzeichnete Ernennungsurkunde (Nr. 2052) zum Oberbergdirektor für den k. Oberbergrath und Ehrenprofessor an der Universität München, Dr. Wilhelm Gümbel.

PAG 23: Von König Ludwig II. am 28. Dezember 1882 in Hohenschwangau unterzeichnete Ernennungsurkunde (Nr. 14072[I]) zum Mitglied des kgl. Maximilians-Ordens für Wissenschaft und Kunst für den k. Oberbergdirektor und Vorstand des kgl. Oberbergamts, Dr. Carl Wilhelm Gümbel in München.

PAG 24: Matricular-Extract (Nr. 6713[I]) für den königlichen Oberbergdirektor Dr. Wilhelm Ritter von Gümbel in München, Ritter des Königlichen Verdienstordens der Bayerischen Krone. Es wird bestätigt, daß Gümbel des Adels für seine Person theilhaftig geworden ist und mit dem ihm zukommenden adeligen Wappen, in die Adelsmatrikel des Königreichs, bei der Ritterklasse Lit: G Fol: 27. Act.-Num: 6713[I], unter dem 26. Mai 1883, einverleibt wurde; München, den 27. Mai 1883.

PAG 25: Letztwillige Verfügung des kgl. Geheimen Rathes Dr. v. Gümbel, die Verbrennung seiner sterblichen Reste in einem Crematorium betreffend, unterzeichnet in München im Juni 1898.

PAG 26: Brief des Magistrats der königl. Haupt- und Residenzstadt München an Frau Katharina von Gümbel, Oberbergdirektors- und Geheimraths-Wittwe Hochwohlgeboren Hier [in München]; betreffend die kurze Ausleihe eines Photos oder Porträts als Vorlage für die Anfertigung eines Porträts für das Ehrenkabinett des städtischen historischen Museums. München, den 21. Juni 1898; unterzeichnet von Bürgermeister Borscht.

PAG 27: Abschrift des Letzten Willens [Nachlassverzeichnis] von Katharina von Gümbel, geb. Labroiße, unterzeichnet in Neu-Pasing im März 1901. – 14 Seiten [ein nahezu vollständiges Verzeichnis des Hausstandes der Katharina von Gümbel].

PAG 28: Sterbedatum von Wilhelm Gümbel, Dekan i. R. († 23. Dezember 1978 in Freudenstadt).

PAG 29: Sterbedatum von Paul Gümbel († 25. März 1986 in Kassel).

PAG 30: Sterbedatum von Eugen Gümbel († 23. November 1995 in Köngen).

[SAK]: Standesamt Kirchheimbolanden, Neue Allee 2, D-67292 Kirchheimbolanden.

SAK 1: Früher Standesamt Dannenfels, Geburtsurkunden von 1804, Nro. 13:
Acte de Naissance de Frederic Louis Gumbel (* 18. Februar 1804).

SAK 2: Früher Standesamt Dannenfels, Geburtsurkunden von 1806, Nro. 3:
Acte de Naissance de Chretien Louis Guimbel (* 4. Februar 1806).

SAK 3: Früher Standesamt Dannenfels, Geburtsurkunden von 1807, Nro. 16:
Acte de Naissance de Henri Charles Chretien Gümbel (* 9. April 1807).

SAK 4: Früher Standesamt Dannenfels, Geburtsurkunden von 1808, Nro. 13:
Acte de Naissance de Charles Ernest Gumbel (* 21. April 1808).

SAK 5: Früher Standesamt Dannenfels, Geburtsurkunden von 1810, Nro. 14:
Acte de Naissance de Adolph Gümbel (* 16. Juni 1810).

SAK 6: Früher Standesamt Dannenfels, Geburtsurkunden von 1812, Nro. 18:
Acte de Naissance de Guillaume Theodor Gümbel (* 19. Mai 1812).

SAK 7: Früher Standesamt Dannenfels, Geburtsurkunden von 1814, Nro. 12:
Acte de Naissance de Henri Hermann Gümbel (* 29. Juli 1814).

SAK 8: Früher Standesamt Dannenfels, Geburtsurkunden von 1818, Nr. 4:
Geburts-Akt des Wilhelm August Gümbel (* 8. März 1818).

SAK 9: Früher Standesamt Dannenfels, Geburtsurkunden von 1821, Nr. 4:
Geburts-Akt des Johann Gümbel (* 12. Februar 1821).

SAK 10: Früher Standesamt Dannenfels, Geburtsurkunden von 1823, Nr. 3:
Geburts-Akt des Wilhelm Carl Gümbel (* 11. Februar 1823).

SAK 11: Früher Standesamt Dannenfels, alphabetisches Personenregister von 1798 bis 1875.

[SAM]: Standesamt München, Urkundenstelle, Ruppertstraße 11, D-80313 München.

SAM 1: Heiratsbuch-Eintrag Nr. 527/1885 des Standesamtes I München, jetzt München: Verehelichung des Ritters

Wilhelm von Gümbel mit Katharina Labroiße am 18. April 1885 in München.

SAM 2: Sterbebuch-Eintrag Nr. 7348/1883 des Standesamtes I München, jetzt München: Tod von Emma von Gümbel, geborene Wahl, am 1. Dezember 1883 in München.

SAM 3: Sterbebuch-Eintrag Nr. 3865/1898 des Standesamtes I München, jetzt München: Tod von Ritter Wilhelm Carl von Gümbel am 18. Juni 1898 in München.

SAM 4: Sterbebuch-Eintrag Nr. 594/1903 des Standesamtes III München, jetzt München: Tod von Katharina von Gümbel, geborene Labroiße, am 28. Februar 1903 in München.

[STAM]: Staatsarchiv München, Schönfeldstraße 3, D-80539 München.

STAM 1: AG München IA, Nr. 1898/1856: Königl. bayer. Amtsgericht München I. Abth. A für Civil-Sachen. Akten (Restakt) betreffend die Verlassenschaft des k. Oberbergdirektors Wilh. Ritter v. Gümbel, Geschäftsjahr 1898, Ziff. d. Verl.-Verz. 1856. – Todes-Anzeige.

STAM 2: [wie STAM 1] – Testament, München, den 20. Februar 1897 unterschrieben Dr. Wilh. von Gümbel k. Geh. Rath u. Oberbergdirektor. – 8 Seiten.

[STDAM]: Stadtarchiv München, Winzererstraße 68, D-80797 München.

STDAM 1: Bürgermeister und Rat 583 – Gümbel Dr. C. Wilhelm Ritter von, k. Oberbergdirektor u. Professor.

STDAM 2: EBA [Einbürgerungsakt] 1855/154 – Protocoll in Sachen des Ansäßigmachungs- und Verehelichungs-Gesuchs des Herrn Wilhelm Gümbel, kgl. Bergmeister betr. vom 1. Juni 1855.

STDAM 3: EBA [Einbürgerungsakt] 1885/598 – Protokoll um Ausfertigung des Verehelichungs-Zeugnisses vom 18. April 1885 [Wilhelm Karl Dr. Ritter von Gümbel mit Katharina Labroiße].

STDAM 4: PMB [Polizeiliche Meldebögen] G 222 – Nr. 56994, Haupt-Liste für den In-Länder von Gümbel Dr. Wilhelm Karl.

[UAJ]: Universitätsarchiv Jena, Friedrich-Schiller-Universität, Schloßgasse 1, D-07740 Jena.

UAJ 1: Bestand M, Nr. 376: Dekanatsakte der Philosophischen Fakultät des Sommersemesters 1862. Darin: Vorgang der Ehrenpromotion des Wilhelm Gümbel. – Bl. 55 und 55 R: Promotionsantrag des Dekans Dr. E. E. Schmid für den Geognosten Gümbel in München, vom 22. Mai 1862.

UAJ 2: [wie UAJ 1] – Bl. 56, 56 R, 57 und 57 R: Eigenhändiger Lebenslauf (mit Publikationsverzeichnis) des kgl. bayer. Bergmeisters C. Wilhelm Gümbel [ohne Datum, vermutlich Ende 1861].

UAJ 3: [wie UAJ 1] – Bl. 195 und 195 R: Aktenvermerk des Dekans Dr. E. E. Schmid, das Dankschreiben des Bergmeisters Gümbel für die ihm verliehene Doktorwürde betreffend, Jena den 1. Juli 1862.

UAJ 4: [wie UAJ 1] – Bl. 196 und 196 R: Dankschreiben des kgl. Bergmeisters Dr. C. W. Gümbel an die hohe philosophische Fakultät der großh. Universität Jena für die ihm verliehene Doktorwürde, unterzeichnet in Ludwigstadt im Frankenwalde am 20. Juni 1862.

UAJ 5: [wie UAJ 1] – Promotionsurkunde (honoris causa) der philosophischen Fakultät der großherzoglichen Universität Jena für Wilhelm Gümbel (Guilelmo Guembel), vom 23. Mai 1862 (in Latein).

[UAM]: Universitätsarchiv München, Ludwig-Maximilians-Universität, Geschwister-Scholl-Platz 1, D-80539 München.

UAM 1: E-II-454: Acta des k. akad. Senats der Ludwig-Max.-Univ. München, den Professor honorarius Dr. Wilhelm Gümbel betr. – Personal-Liste, v. Gümbel, Karl Wilhelm.

UAM 2: [wie UAM 1] – Alleruntherthänigstgehorsamstes Bittgesuch (Nr. 952) des kgl. Bergmeisters u. a. ord. Mitgliedes der kgl. Akademie d. Wiss. Dr. C. W. Gümbel um allergnädigste Verleihung einer Honorarprofessur für Geognosie, Markscheidekunde, dann Bergwerks- und Hüttenkunde an der kgl. Universität München, vom 30. Januar 1863, an den König.
[Dieses Bittgesuch enthält unter anderem einen eigenhändigen Lebenslauf und ein Publikationsverzeichnis Gümbels.]

UAM 3: [wie UAM 1] – Bericht der koeniglichen staatswirthschaftlichen Facultaet an den hohen akademischen Senat [der Ludwig-Maximilians-Universität München] in Betreff des Bittgesuches des koeniglichen Bergmeisters und außerordentlichen Mitgliedes der koeniglichen Akademie der Wissenschaften Dr. C. W. Guimbel um Ernennung zum Ehren-Professor für Geognosie, Markscheidekunst, Berg- und Hüttenkunde, vom 11. März 1863. Mit Beilagen (Separatvota des Herrn Staatsrathes von Hermann und des Herrn Professors Dr. Schafhäutl).

UAM 4: [wie UAM 1] – Rescript Nr. 4168 des Staats-Ministeriums des Innern für Kirchen- und Schul-Angelegenheiten an den Senat der k. Universität München, vom 16. Mai 1863; Ernennung des k. Bergmeisters Dr. Gümbel zum Ehrenprofessor der Geognosie und Markscheidekunst in der philosophischen Fakultät der k. Universität München.

UAM 5: [wie UAM 1] – Alleruntherthänigsttreugehorsamste Bitte (Nr. 5223) des kgl. Bergrathes und Honorarprofessors Dr. C. W. Gümbel, die allergnädigste Bewilligung der für die Vorträge über Geognosie und Markscheidekunde benötigten Lehrapparate an der kgl. Universität München betreffend, vom 14. Juni 1863, an den König.

UAM 6: [wie UAM 1] – Rescript Nr. 17258 des k. bayerischen Staatsministeriums des Innern für Kirchen- und Schulangelegenheiten, an den Senat der k. Universität München und (in Abschrift) das Direktorium der k. technischen Hochschule in München, vom 6. November 1895, die Abhaltung der Vorlesungen [Gümbels] über Geognosie betreffend.

UAM 7: [wie UAM 1] – Rescript Nr. 17259 des k. bayerischen Staatsministeriums des Innern für Kirchen- und Schulangelegenheiten, an den Senat der k. Universität München und (in Abschrift) das Direktorium der k. technischen Hochschule in München, vom 6. November 1895, das Gesuch des Oberbergdirektors Professor Dr. von Gümbel um Enthebung von dem Lehrauftrag an der technischen Hochschule betreffend.

[UBF]: Universitätsbibliothek Freiburg im Breisgau, Sonderlesesaal (Abt. Handschriften, Alte Drucke und Rara), Werthmannplatz 2, D-79098 Freiburg im Breisgau.

UBF 1: GA 3933: Geologenarchiv; Brief von Wilhelm Gümbel in München an Franz von Hauer in Wien, München am 13. März 1867.

[WST]: Waltraut Seif, Ligusterweg 1, D-72076 Tübingen.

WST 1: Geburts- und Sterbedatum von Anna Gümbel, geborene Müller (* 5. August 1881 in Frankfurt a. M., † 5. Februar 1994 in Nürnberg).

WST 2: Verehelichungsdatum von Albert Gümbel und Anna Müller: 16. März 1907 in Nürnberg.

WST 3: Geburts- und Sterbedatum von *Edmund* Julius Josef Gümbel (* 10. Januar 1908 in Nürnberg, † 30. Dezember 1990 in Tübingen).

WST 4: Geburts- und Sterbedatum von Albert Gümbel (* 12. April 1909 in Nürnberg, † 11. September 1942 in Wien).

WST 5: Sterbejahr von Philipp Künkele († 1935).

WST 6: Sterbejahr von Philibert [Philipp Albert] Künkele († 1945).

[ZAEKS]: Zentralarchiv der evangelischen Kirche der Pfalz, Domplatz 6, D-67346 Speyer/Rhein.

ZAEKS 1: Kirchenbuch (Taufbuch) der Gemeinde Dannenfels, Nr. 6: Getaufte im Jahre 1823, 6. Eintrag (Dannenfels): Wilhelm Carl Sohn des Friedrich Gümbels Revierförsters dahier und dessen Ehefrau Charlotte geborene Roos.

Anhang 1
Tabellarischer Lebenslauf von Carl *Wilhelm* Gümbel

Ereignis	Datum oder Zeitraum	Quelle
Geburt in Dannenfels	11. Februar 1823	SAK 10
Besuch des Gymnasiums in Zweibrücken	1835–1843	GYMNASIUM ZWEIBRÜCKEN 1836: 19; 1843: 10; PAG 2
Studium in München und Heidelberg	Herbst 1843 – Frühjahr 1848	PAG 10; UAJ 2; UAM 2
Concursprüfung (Staatsexamen)	Frühjahr 1848	PAG 10; UAM 3
Berg- und Salinen-Praktikant	26. Juli 1848	HSTA 6; PAG 9; PAG 10
funktionierender Markscheider, Berg- und Salinen-Praktikant	17. Dezember 1849	HSTA 6; PAG 12; UAM 1
leitender Geognost, Berg- und Salinen-Praktikant	14. April 1851	HSTA 6; UAM 1
königlicher Bergmeister	9. August 1853	HSTA 6
Heirat mit Emma Wahl (1. Ehe)	10. September 1855	FAH 3
Dr. phil. h.c.	23. Mai 1862 (Urkunde)	UAJ 5
außerordentliches Mitglied der k. bayerischen Akademie der Wissenschaften	28. November 1862 (Urkunde)	PAG 17; UAM 1
Honorarprofessor	16. Mai 1863	UAM 1; UAM 4
Assessor und königlicher Bergrath	4. Juni 1863	HSTA 6; PAG 19; UAM 1
Konservator der mineralogischen Sammlung der TH München	13. August 1868	HATUM 1; UAM 1
königlicher Oberbergrath	1. Juli 1869	HSTA 6
ordentliches Mitglied der k. bayerischen Akademie der Wissenschaften	24. Juli 1869 (Urkunde)	PAG 20
königlicher Oberbergdirektor	16. August 1879	HSTA 6; PAG 22
Tod von Emma von Gümbel	1. Dezember 1883	SAM 2
Heirat mit Katharina Labroiße (2. Ehe)	18. April 1885 (»Standesamt«)	SAM 1; STDAM 3
Ehrenbürgerrecht der Stadt München	1. Januar 1889 (Urkunde)	GLA 41
königlicher Geheimer Rath und Oberbergdirektor	1. Januar 1897	HSTA 6
Tod in München	18. Juni 1898	SAM 3; STAM 1

Anhang 2
Zusammenstellung der jährlichen Gehälter und Bezüge von Carl *Wilhelm* Gümbel

Datum	Jahresgehalt	Funktionsbezug	Summe (jährlich)	Quelle
ab 1. August 1848	300 fl [= Gulden]		300 fl	HSTA 6; PAG 9; PAG 10
ab 1. Januar 1850	"	200 fl + 3 Fuder [= 3 m^3] Steinkohle	500 fl + 3 Fuder Steinkohle	HSTA 6; PAG 12; PAG 13
ab 1. Januar 1851	"	350 fl + 3 Fuder Steinkohle	650 fl + 3 Fuder Steinkohle	HSTA 6
ab 14. April 1851?	640 fl 30 kr [= Kreuzer] (Sommerhalbjahr) + 546 fl (Winterhalbjahr)	–	1186 fl 30 kr	HSTA 6
ab 9. August 1853	900 fl	366 fl	1266 fl	HSTA 6
ab 16. Juni 1857	900 fl + 200 fl (Wohnungszinsbeitrag)	366 fl	1466 fl	HSTA 6
ab 1. Juli 1862	1200 fl + 200 fl (Wohnungszinsbeitrag)	–	1400 fl	HSTA 6; PAG 19
ab 1. Juli 1863	1600 fl + 200 fl (Wohnungszinsbeitrag)	–	1800 fl	HSTA 6; PAG 19
ab 1. Januar 1868	2000 fl	–	2000 fl	HSTA 6
ab 1. Oktober 1868	"	500 fl (technische Hochschule)	2500 fl	HATUM 1
ab 1. Januar 1872	2200 fl	"	2700 fl	HSTA 6
ab 1. Juli 1874	2400 fl	"	2900 fl	HSTA 6
ab 1. Januar 1876	4920 M [= Mark]	900 M (technische Hochschule)	5820 M	HATUM 1; HSTA 6
ab 1. Juli 1879	5280 M	"	6180 M	HSTA 6
ab 16. August 1879	6660 M	"	7560 M	HSTA 6; PAG 22
ab 16. August 1884	7020 M	"	7920 M	HSTA 6
ab 16. August 1889	7380 M	"	8280 M	HSTA 6
ab 1. Januar 1892	7740 M	"	8640 M	HSTA 6
ab 16. August 1894	8100 M	"	9000 M	HSTA 6
ab 6. November 1895	"	900 M (bis auf Weiteres)	9000 M	HATUM 1

Anhang 3
Ordensverleihungen an Carl *Wilhelm* Gümbel

Verliehener Orden	Datum	Quelle
Ritterkreuz I. Klasse des königlichen Verdienstordens vom heiligen Michael	31. Dezember 1868	HSTA 6; HSTA 12
Ritterkreuz des Verdienstordens der Bayerischen Krone (persönlicher Adel)	20. August 1882	HSTA 1; HSTA 11
Mitglied des Maximilians-Ordens für Wissenschaft und Kunst	28. Dezember 1882	HSTA 6; HSTA 9; PAG 23; UAM 1
Ritterkreuz I. Klasse des Herzoglich Sachsen-Ernestinischen Hausordens	26. Juli 1883	HSTA 13; UAM 1
Mitglied des Kapitels des Maximilians-Ordens für Wissenschaft und Kunst	ab 4. Juli 1887	HSTA 9; UAM 1
königlicher Verdienstorden vom heiligen Michael II. Klasse	27. Dezember 1889	HSTA 6; HSTA 12
Komturkreuz des Verdienstordens der Bayerischen Krone	10. März 1893	HSTA 6
Komtur des königl. Ordens der Württembergischen Krone	25. September 1895 (Erlaubnis, den Orden anzunehmen)	HSTA 6; HSTA 13

Anhang 4
Mitgliedschaft Gümbels in naturwissenschaftlichen Gesellschaften und Vereinen

Botanische Gesellschaft in München
Botanische Gesellschaft in Regensburg
Deutsche geologische Gesellschaft in Berlin
Deutscher und Österreichischer Alpenverein, Sektion München
Geological Society of London
Gesellschaft für Naturgeschichte Isis in Dresden
Kaiserlich-königliche geologische Reichsanstalt in Wien
Kaiserlich Leopoldinisch-Karolinische Deutsche Akademie der Naturforscher in Halle
Königlich bayerische Akademie der Wissenschaften (math.-physikal. Klasse) in München
Königlich preußische Akademie der Wissenschaften (physikal.-math. Klasse) in Berlin
Mineralogischer Verein in Landshut
Naturhistorischer Verein der preußischen Rheinlande und Westphalens in Bonn
Naturhistorischer Verein in Passau
Naturhistorischer Verein in Augsburg
Naturwissenschaftlicher Verein Pollichia in der Rheinpfalz
Naturwissenschaftlicher Verein in Regensburg
Physikalisch-medizinische Gesellschaft in Würzburg

Anhang 5
Alphabetische Zusammenstellung aller Mitarbeiter Gümbels bei der geognostischen Untersuchung des Königreichs Bayern zwischen 1851 und 1898

Genannt sind nur die Personen, welche im geognostischen Bureau oder im Gelände gearbeitet haben. Der Rufname ist jeweils kursiv gedruckt.

Namen des Mitarbeiters	Zeitraum der Beschäftigung
von Ammon, Johann Georg Friedrich *Ludwig*, Dr.	Ende 1873 – 1912
von Baumer, Albrecht	Sommer 1858
Beckler	1870, vorübergehend
Billing, Ludwig	Sommer 1858
von Dittmar, Alphons, Dr.	28. Juli – Ende Oktober 1865; 1. März – 30. April 1866
Eichner, Franz	Ende 1869 – 1878
Escherich, Hermann	Sommer 1863 – Sommer 1864 ?
Fischer, Heinrich	1. Juli 1853 – Ende August 1854
Fitting, Theodor	Anfang Juni – Ende Oktober 1860; Juni – Ende Oktober 1862; Juni – Ende November 1864
Gerster, Carl, Dr.	1. Oktober 1876 – Ende Oktober 1879
von Glaß, Wilhelm	Sommer 1862 – Juli 1863
Glock, Friedrich	Juli 1862 – Ende November 1864
Greß, Jakob	Frühjahr 1898 – ?
Gronen, Georg	1. Dezember 1858 – Ende Juni 1859
Gugenheimer, Moritz	Juni 1851 – 30. April 1852
Haindl, Edmund	Juli – Oktober 1858
Haushalter, *Carl* Ludwig, Dr.	1856 – (sporadisch ?) – Ende November 1858
Herb, *Joseph* Anton	1. Mai 1852 – 30. September 1854; August und September 1855; August und September 1856
Höchstetter, Julius	August und September 1855
Hornung, Joseph	Frühjahr 1898 – ?
Kistenfeger, Georg	Sommer und Herbst 1858
Kramer, Carl	12. Dezember 1857 – Ende November 1858; 6. Juni – September 1862

Namen des Mitarbeiters	Zeitraum der Beschäftigung
Laubmann, Heinrich	Juni 1851 – April 1853; Sommer 1872–1882 ?
Leppla, August, Dr.	15. April 1883 – April 1888
Loretz, Martin Friedrich Heinrich *Hermann*, Dr.	Ende 1869 – Mai 1876
Marquard, Georg	ab 15. November 1880 vorübergehend und aushilfsweise
Mayr, Georg	Mai 1852 – Ende September 1854
Meinel, Wilhelm	Oktober 1897 – ?
Meyer, Hermann	16. Dezember 1870 – Ende 1872
Naumann, *Edmund* Heinrich, Dr.	4. März – Herbst 1874 ?
Neumayr, Melchior, Dr.	Juli – Oktober 1867
Nothhaas, Leopold	Sommer 1897 – ?
Oebbeke, Konrad, Dr.	Sommer 1878 – Sommer 1880
Ostler, Carl	Juni 1851 – Oktober 1852; August 1869–1872 ?
Penck, Friedrich Carl *Albrecht*, Dr.	Mai – September 1881; Mai – Oktober 1882
Pfaff, *Friedrich* Wigand, Dr.	Frühjahr 1894 – 1924
Reber, Ferdinand	1. Juni 1864 – Ende Januar 1869
Reindl, *Georg* Carl	Sommer 1854
Reis, *Otto* Maria, Dr.	9. Juli 1888 – 30. April 1929
Reisenegger, Max	Juli – Oktober 1858; Juli 1859 – März 1862; Januar – November 1865; September 1867 – Ende Juni 1869
Reißl, Joseph	Sommer 1858; Sommer 1860; Sommer 1862
von Riedheim, Carl	Juni 1851 – Mai 1854
Riedißer, Franz	1892
Rückert, Adolph	Sommer 1897 – ?
Sailer, Karl	Sommer 1863
Schneider, Franz *August*	Mai 1852 – November 1854
Schwager, Adolph, Dr.	Oktober 1874 – 9. Mai 1918
Schwager, *Conrad* Joseph Johann	Frühsommer 1865 – 31. März 1873
Stölzl, *Bartholomäus* Otto	1. Juni – 10. Juli 1862
Strauß, Anton	Juni 1851 – März 1855 ?
Thürach, Hans, Dr.	1. August 1884 – 30. September 1884; 1. Oktober 1885 – Oktober 1893
Waagen, Wilhelm, Dr.	Sommer 1863 – Juni 1864; 5. Dezember 1864 – 31. Dezember 1865
Wagner, Leopold	Juli – Oktober 1865
Wurmer, Cölestin	28. Juni 1853 – 4. Juli 1855; 15. August – 13. September 1855; 18. September – 15. November 1856

Anhang 6
Chronologische Übersicht der Mitarbeiter Gümbels bei der geognostischen Untersuchung des Königreichs Bayern von 1851 bis 1898

Aufgeführt sind nur die Mitarbeiter, welche im geognostischen Bureau oder im Gelände tätig waren.

Jahr	Namen der Mitarbeiter
1851	Gugenheimer; Laubmann; Ostler; von Riedheim; Strauß
1852	Gugenheimer; Herb; Laubmann; Mayr; Ostler; von Riedheim; Schneider; Strauß
1853	Fischer; Herb; Laubmann; Mayr; von Riedheim; Schneider; Strauß; Wurmer
1854	Fischer; Herb; Mayr; Reindl; von Riedheim; Schneider; Strauß; Wurmer
1855	Herb; Höchstetter; Strauß; Wurmer
1856	Haushalter ?; Herb; Wurmer
1857	–
1858	von Baumer; Billing; Haindl; Haushalter ?; Kistenfeger; Kramer; Reisenegger; Reißl
1859	Reisenegger; Gronen
1860	Fitting; Reisenegger; Reißl
1861	Reisenegger
1862	Fitting; von Glaß; Glock; Kramer; Reisenegger; Reißl; Stölzl
1863	Escherich; von Glaß; Glock; Sailer; Waagen
1864	Escherich ?; Fitting; Glock; Reber; Waagen
1865	von Dittmar; Reber; Reisenegger; C. Schwager; Waagen; Wagner
1866	von Dittmar; Reber; C. Schwager
1867	Neumayr; Reber; Reisenegger; C. Schwager
1868	Reber; Reisenegger; C. Schwager
1869	Ostler; Reisenegger; C. Schwager
1870	Beckler, Eichner; Loretz; Ostler; C. Schwager
1871	Eichner; Loretz; Meyer; Ostler; C. Schwager
1872	Eichner; Laubmann; Loretz; Meyer; Ostler; C. Schwager
1873	Eichner; Laubmann; Loretz; C. Schwager
1874	von Ammon; Eichner; Laubmann; Loretz; Naumann; A. Schwager
1875	von Ammon; Eichner; Laubmann; Loretz; A. Schwager
1876	von Ammon; Eichner; Laubmann; A. Schwager
1877	von Ammon; Eichner; Gerster; Laubmann; A. Schwager
1878	von Ammon; Eichner; Gerster; Laubmann ?; Oebbeke; A. Schwager
1879	von Ammon; Gerster, Laubmann ?; Oebbeke; A. Schwager
1880	von Ammon; Laubmann; Marquard; Oebbeke; A. Schwager
1881	von Ammon; Laubmann; Penck; A. Schwager
1882	von Ammon; Laubmann; Penck; A. Schwager
1883	von Ammon; Leppla; A. Schwager
1884	von Ammon; Leppla; A. Schwager; Thürach
1885	von Ammon; Leppla; A. Schwager; Thürach
1886	von Ammon; Leppla; A. Schwager; Thürach
1887	von Ammon; Leppla; A. Schwager; Thürach
1888	von Ammon; Reis; A. Schwager; Thürach
1889	von Ammon; Reis; A. Schwager; Thürach
1890	von Ammon; Reis; A. Schwager; Thürach
1891	von Ammon; Reis; A. Schwager; Thürach
1892	von Ammon; Reis; Riedißer, A. Schwager; Thürach
1893	von Ammon; Reis; A. Schwager; Thürach
1894	von Ammon; Pfaff; Reis; A. Schwager
1895	von Ammon; Pfaff; Reis; A. Schwager
1896	von Ammon; Pfaff; Reis; A. Schwager
1897	von Ammon; Meinel; Nothhaas; Pfaff; Reis; Rückert; A. Schwager
1898	von Ammon; Greß; Hornung; Pfaff; Reis; A. Schwager

Der Beginn der geologischen Landesaufnahme in Bayern und die Veröffentlichung ihrer Ergebnisse

Reinhard Streit

> *Alles ist nutzlos, solange es im Verborgenen ruht; sobald es aber bekannt wird, kann es nützlich werden.*

Aus einer Zitatesammlung von Karl Krejci-Graf (1978)

Einführung

Nachdem über ein Jahrhundert verstrichen ist, seit Carl Wilhelm von Gümbel (*11.2.1823 in Dannenfels, † 18.6.1898 in München), der überragende Landesgeologe Bayerns, seinen Hammer weglegen musste, ist ein wachsendes Interesse an seinem Werk festzustellen.

Ein wissenschaftlicher Mitarbeiter des Bayerischen Geologischen Landesamtes, der Diplom-Mineraloge Thomas Sperling, hatte die Idee, dass Gümbels geologisches Kartenwerk von Bayern mit seinen inhaltsreichen Erläuterungsbänden eine Neuauflage erleben sollte. Es gelang ihm, den Verleger und Paläontologen Dr. Friedrich Pfeil für diese Idee zu begeistern. So haben seit dem Sommer 1998 zahlreiche Verehrer Gümbels die Möglichkeit, sorgfältig erarbeitete Nachdrucke von Gümbels Geognostischer Beschreibung des Königreichs Bayern zu erwerben, und dies in hoher Druckqualität und zu günstigen Preisen.

Dabei wird sich mancher fragen, wie denn eigentlich die staatliche geologische Landesaufnahme in Bayern begonnen habe und wie später die Publikation des faszinierenden Gümbelschen Werkes abgelaufen sei.

Hierzu bringt ein Bericht Gümbels (C. W. GÜMBEL, 1877) Grundlegendes. Weitere Angaben enthält eine Denkschrift, die im Oktober 1908 verfasst worden ist und vermutlich von dem Leiter des Oberbergamtes, Ludwig von Ammon stammt. Außerdem hat W. KOEHNE (1915) die Entwicklungsgeschichte der geologischen Landesaufnahme Bayerns und des übrigen Deutschland dargestellt. Vieles konnte auch aus alten Amtsakten entnommen werden, die ein neues Licht auf die Zeitspanne zwischen Flurl und Gümbel und auf den Beginn einer systematischen geologischen Landesaufnahme in Bayern werfen.

Flurls Beschreibung der Gebirge von Bayern

Mathias FLURL lieferte 1792 seinen Landsleuten in einem Buch das Bemerkenswerte, was er auf seinen Reisen während 10 Jahren, im Hinblick auf Mineralogie, Geologie und Bergbau festgehalten hatte. Diese Reisen hatte er als kurfürstlicher Bergrat durchgeführt und dabei besonderes Augenmerk auf die Gesteine und Mineralien des Untergrundes und auf die Verhältnisse, Geschichte und Fortentwicklung des Bergbaus gelegt. Um seine Beschreibung möglichst lebendig zu gestalten, hatte Flurl sie in Form von 42 Briefen abgefasst, die an seinen Freund und Gönner, den Grafen Sigismund von Haimhausen gerichtet sind. Diese führen den Leser von einem Ort zum anderen, durch das ganze Land und stellen ihm vor Augen, welche Schätze in der Erde ruhen und wie sie dem Menschen nutzbar gemacht werden können. – Eindrucksvolle Beschreibungen, die bis heute von ihrem Reiz nichts eingebüßt haben! – Besonderen Wert erhält dieses Werk Flurls durch die beigegebene »Gebürgs Karte von Baiern und der Oberen Pfalz«, die im Maßstab 1:750 000 und in 8 Farben die Gesteinsverhältnisse des Landes zur Darstellung bringt (Abb. 1). Auch sein Verzeichnis der in »Baiern und den oberpfälzischen Landen« vorkommenden »Fossilien sammt ihren Geburtsörtern« bringt einen guten Überblick, welche Mineralien und Gesteine damals bekannt waren und in welcher Art der Aufbau einer vaterländischen Sammlung empfohlen wurde. Über die seit 1803 Kurbayern angegliederten nördlichen Landesteile berichtete Flurl 1805 in seiner Akademierede »Über die Gebirgsformationen der dermaligen kurpfalzbayerischen Staaten«. Diese Veröffentlichung bringt einige Ergänzungen zum Werk von 1792.

Die von Flurl im Laufe von Jahrzehnten zusammengetragenen Mineralien- und Gesteinssammlungen gingen, als sie für ihn entbehrlich wurden, in die Obhut der Königlichen General-Bergwerks- und Salinen-Administration über. Deren Leiter war Mathias von Flurl bis zu seinem Tode. Seine Sammlungen bildeten später wichtige Grundlagen für die noch ausstehende oder zu vertiefende mineralogi-

Abb. 1. Ausschnitt aus dem nordöstlichen Teil der »Gebürgs Karte« von Mathias FLURL (1792). Als Grundlage diente die von der Akademie der Wissenschaften verlegte »Landkarte des baierischen Kreises«.

sche, lagerstättenkundliche und geologische Erforschung des Landes.

Bestrebungen zur geologischen Landesaufnahme in der ersten Hälfte des 19. Jahrhunderts

Aus alten Amtsakten geht hervor, dass bereits 1804 Freiherr von Schwerin[1] den Antrag gestellt hat, für das »General Berg- und Hüttenbureau« 6 Mineralienschränke anzuschaffen, um das Mineralienkabinett des verstorbenen Herzogs Carl von Zweybrücken und vorhandene »Reviersammlungen« unterzubringen. Außerdem beantragte er die »Weißsche Carte von der Schweitz«, aus 16 Blättern und dazugehörigem »Generalblatt« bestehend, und fügte hinzu: *»Ich werde nicht nötig haben, zu erinnern, wie notwendig für das Bergbureau eine Sammlung, besonders von Gebirgs Carten ist. Auch wird ihre Aufstellung nach und nach nur mit wenigen Kosten verbunden sein. Ich bitte daher um Bewilligung, daß mit der Oberamts Carte von der Schweitz der Anfang gemacht werden darf.«*

Wie ein Genehmigungsvermerk des leitenden Ministers, Freiherrn von Montgelas beweist, durften zumindest die Schränke bestellt werden. Damit ist der frühe Aufbau einer Mineralien- und Gesteinssammlung des Landes durch die oberste Bergbaubehörde in München dokumentiert, die später für die geologische Landesaufnahme wichtig wurde.

Friedrich Freiherr von Lupin auf Illerfeld, Königlich Bayerischer Berg-Commissair und Revisions-Commissair für die Bergreviere in Schwaben und Vorarlberg, unternahm auf »Höchsten Befehl« eine erste geognostische Reise und konnte 1806 und 1807 weitere Reisen unternehmen, auf denen er Gesteine, Mineralien und Fossilien sammelte, die er mit Berichten an das Kgl. Bayer. General-, Berg- und Hüttenbureau einschickte. Eine »Petrographische Karte von Tyrol und Schwaben« konnte von Lupin bereits 1807 publizieren, auf der die von ihm festgestellten Gesteine mit Buchstaben bezeichnet sind. Diese Aktionen liefen unter der Obhut des Freiherrn von Schwerin. – In ähnlicher Manier wie von Lupin, hat später J. F. WEISS (1820) in seinem Buch eine Geognostisch-topographische Karte von Süd-Bayern nebst den angrenzenden Ländern zwischen dem Inn und der Donau publiziert.[2]

Am 18. August 1808 legte Freiherr von Schwerin in einer Sitzung des obersten Bergamtes einen Plan über die Einteilung des Mineralienkabinetts und seiner Aufstellung vor, das damals aus 4 Teilen bestand. Es handelte sich um eine ziemlich vollständige Oryktognostische Sammlung, die nach Werners neuestem System geordnet war. Diese enthielt die vom König geschenkte Sammlung des Herzogs Carl von Zweybrücken und Teile der Eichstättischen Mineraliensammlung und konnte 236 ausgezeichnete Schaustufen aufweisen. Die besagte Sammlung diente in erster Linie der Unterrichtung der Bergeleven. Eine systematische Geognostische Sammlung und Revier-Suiten-Sammlungen des In- und Auslandes waren außerdem wichtige Teile der Sammlung. Bei der Revier-Suiten-Sammlung des Inlandes wurde angemerkt, dass sie besonders als Belegsammlung der Mineralischen Karte dienen werde, welche vom ganzen Königreich demnächst entworfen werden solle. Das Mineralienkabinett umfasste mindestens 8500 Stücke.

König Maximilian I. Joseph war sicherlich schlecht beraten, als er 1812 bestimmte, dass große Teile des Mineralienkabinetts der Königlichen Akademie der Wissenschaften zugeteilt wurden. Damit wurde die Sammlung der obersten Bergbehörde zerrissen und auch der Saal, in dem sie aufgestellt war, muss für andere Zwecke entfremdet worden sein und damit verloren gewesen sein. Nach einigen Jahren hatten sich die Verhältnisse geändert, denn die Akademie der Wissenschaften gab die Sammlung bereits 1820 wieder an die Königliche General-Bergwerks-Salinen- und Münz-Administration zurück. Auch der »Geheime Rath von Flurl« gab im November 1820 sein sehr vollständiges Mineralien-Kabinett und Bücher mineralogischen Inhalts an die von ihm geleitete höchste Bergbehörde ab und erhielt vom König hohes Lob und reiche Belohnung. Allerdings war für diese Sammlungen nun kein Raum mehr vorhanden und große Sammlungsteile blieben verpackt, während 18 Mineralienschränke verkauft werden mussten. Das bedeutete auch für die vorgesehene geognostische Landesaufnahme in Bayern einen schmerzlichen Eingriff und einen schweren Rückschlag, der später nur mit hohen finanziellen Einbußen gutgemacht werden konnte. Mathias von Flurl versuchte zwar noch, durch eine Verfügung zu erreichen, dass die ihm unterstehenden Berg- und Hüttenämter sowie die Salzober- und Hauptsalzämter, Gesteins- und Mineraliensammlungen anlegten und mit Fundstücken aus ihren Revieren ausstatteten. Doch der Aufbau von solchen Sammlungen zog sich über viele Jahre hin und bereitete manchen Ämter große Schwierigkeiten.

Neue Aktivitäten in der geognostischen Landesaufnahme löste 1827 ein Schreiben des Geheimrats von Leonhard[3] an die Königliche General-Bergwerks- und Salinen-Administration (K.G.B.u.S.A.) in München aus, den Parkstein und andere Basaltberge in Nordostbayern untersuchen zu lassen, wobei insbesondere auf Kontakterscheinungen des Basalts am Nebengestein geachtet werden sollte. –

Die Behörde schrieb darauf ihre Berg- und Hüttenämter Königshütte und Fichtelberg sowie das Hüttenamt Weiherhammer an. Es dauerte allerdings Jahre und bedurfte einer Reihe von Mahnschreiben, bis die überforderten Ämter ihre Berichte einschickten.

1829 erinnerte die K.G.B.u.S.A. ihre 13 Berg- und Hüttenämter und 4 Hauptsalzämter an den Befehl von 1823, »Fossilien-Sammlungen«[4] anzulegen. Außerdem wurde die Herstellung petrographischer Karten der Reviergebiete angeregt. Wie sich aber aus den Antwortbriefen der Ämter erkennen lässt, waren nur einige wenige Sammlungen angelegt worden und zu Kartierungen fehlte es an den nötigen topographischen Karten, die z.T. noch gar nicht erschienen waren. Der Leiter des Berg- und Hüttenamtes von Fichtelberg, der Königl. Bergmeister Huber, berichtete allerdings Erfreuliches über seine amtliche Sammlung und beschrieb die Schwierigkeiten, petrographische Aufnahmen der Gerichtsbezirke durchzuführen.[5] Für die Landgerichte Kemnath, Eschenbach und Pegnitz sei mit der Aufnahme bereits begonnen worden. Bergmeister Huber war auch der Erste, der geognostische Beschreibungen der Basaltvorkommen seines Bergreviers an die K.G.B.u.S.A. ablieferte. Die beiden anderen Ämter kamen mit längerer Verspätung nach. Diese Berichte über die Basaltuntersuchungen und die von den Bergmeistern gesammelten Belegstücke haben mit Sicherheit Professor von Leonhard für seine Abhandlung »Die Basaltgebilde …« aus dem Jahre 1832 zur Verfügung gestanden, in der auch der Parkstein abgehandelt wird.

Außer Bergmeister Huber von Fichtelberg konnte auch der Bergmeister A. Bezold vom Bergamt Kahl am 3. August 1829 von Fortschritten beim Aufbau einer Sammlung von Gesteinen und Mineralien seines Bergreviers berichten.[6]

Im Juli 1829 verfasste der Oberberg- und Salinenrat Carl Kleinschrod, nachdem er 1828 eine Erkundungsreise nach Paris durchgeführt hatte, eine Denkschrift. Diese war für seine Dienststelle, die K.G.B.u.S.A. und für den König bestimmt. Er hatte in Frankreich die Fortschritte in den Erdwissenschaften kennengelernt und wichtige neue Erkenntnisse gewonnen. Kleinschrod verglich den geologischen Wissensstand Bayerns mit Frankreich, England, Böhmen, Sachsen, Thüringen, Preußen, Württemberg und anderen Ländern und nannte viele verdiente ausländische Geologen, die schon vorbildliche neue geognostische Karten zustande gebracht hatten. Daraus ging hervor, dass Bayern als rückständiges Land gelten musste. Er hatte die Verhältnisse in Frankreich genau studiert und konnte darlegen, in welcher Weise die geognostische Erforschung dort vorangeschritten war. Bereits 1794 erging bei der Reorganisation des »Conseil des Mines« der Auftrag, alle zu einer geognostischen Beschreibung von Frankreich erforderlichen Materialien zu sammeln, was 16 Jahre lang mit Eifer verfolgt wurde. 1813 war bereits durch den Gelehrten Omalius d'Halloy eine geologische Generalkarte von Frankreich und den Niederlanden vollendet, die jedoch erst in den Jahren 1822 und 1823 im Druck erscheinen konnte. Ein nächster Schritt war die Erarbeitung einer verbesserten geologischen Generalkarte. Dann erst wurde es als sinnvoll erachtet, zu größeren Maßstäben in der Kartierung überzugehen. – Um zu einheitlicher Beurteilung der Geländeverhältnisse eines großen Gebietes zu kommen, mussten die Bearbeiter aufeinander eingespielt sein.[7]

Kleinschrod legte Punkt für Punkt dar, wie in Frankreich bei der geognostischen Landesaufnahme vorgegangen wurde, welche hohen finanziellen Mittel dafür zur Verfügung standen und dass man 1830 mit einer neu aufgenommenen General-Karte fertig sein wollte. Als Nächstes sollten dann Spezialkarten durch Bergwerksbeamte hergestellt werden.

Als wichtiges, ja unentbehrliches Hilfsmittel stellte Kleinschrod die in Paris befindlichen Sammlungen heraus. Ohne den Gebrauch instruktiver Sammlungen und die gleichzeitige Anlegung vollständiger geognostischer Suiten sei die gründliche mineralogische und geognostische Beschreibung eines Landes kaum möglich.

Kleinschrod bemerkte zum Schluss, dass für bayerische Verhältnisse abgewandelte Methoden anzuwenden wären und dass ein detaillierterer Untersuchungsplan[8] geeignet sein würde, als der für die geognostische Generalkarte von Frankreich. Wohlgeordnete wissenschaftliche Mineralien-, Gesteins- und Petrefaktensammlungen sah Kleinschrod für die große Aufgabe einer geognostischen Landesaufnahme allerdings als unerlässliche Hilfsmittel an und bedauert es sehr, dass keine angemessene Sammlung bei der K.G.B.u.S.A. vorhanden war. Er regte deshalb an, Sammlungen einzurichten und hätte es gern gesehen, wenn das zu jener Zeit angebotene Petrefakten-Kabinett des Grafen von Münster in Bayreuth an seine Behörde nach München gekommen wäre. Kleinschrod war sich allerdings bewusst, dass der Aufbau – eigentlich ein Wiederaufbau – von brauchbaren wissenschaftlichen Sammlungen zur Landesaufnahme, viel Arbeit und Zeit kosten würde. Dazu mussten erst wieder geeignete Räume gefunden und diese dann mit den nötigen Schränken ausgestattet werden.

Kleinschrods Denkschrift hat bei seiner Behörde und auch an höherer Stelle Anlass zum Nachdenken gegeben, aber auch neue Perspektiven eröffnet. Der K.G.B.u.S.A. war es allerdings peinlich, dass in

Kleinschrods Darstellung Bayern im Vergleich zu anderen Ländern so schlecht wegkam. Als sie die Denkschrift am 8. August 1829 an das Staatsministerium der Finanzen und an den König weiterreichte, war sie bemüht, in einem Begleitbrief darauf hinzuweisen, dass seit Flurls Werk die geognostischen Verhältnisse Bayerns sehr wohl in verschiedenen Schriften mehr oder weniger behandelt worden waren.[9]

Bereits am 12. September 1829 erhielt die K.G.B.u.S.A. ein »allerhöchstes Rescript« mit dem Auftrag, eine geregelte wissenschaftlich-pragmatische Erforschung der mineralischen Verhältnisse Bayerns, nach dem Beispiel Frankreichs, in die Wege zu leiten. Die Finanzierung sollte aus dem Überschuss der Bergregalienkasse erfolgen. Unter Mitwirkung des Oberberg- und Salinenrats Kleinschrod sollte ein vollständiger Operationsplan entworfen werden.

Seltsamerweise ließ sich die K.G.B.u.S.A. 7 Monate Zeit, nämlich bis zum 14. April 1830, bevor sie Kleinschrod in einem Brief aufforderte, einen schriftlichen Antrag über die einzuleitenden Vorarbeiten für die geognostische Aufnahme des Königreiches einzureichen. Außerdem erinnerte sie ihn daran, auf ein »bemessenes Lokal« mit der notwendigen Ausstattung für die Sammlungen Rücksicht zu nehmen.

Kleinschrods Bemühungen richteten sich zunächst darauf, für die in Kisten verpackten Mineralien- und Gesteinssammlungen passende Räume zu finden. Ein Saal im Porzellan-Niederlagsgebäude der Königlichen Porzellan-Manufaktur wäre von der Größe her in Frage gekommen, doch das Inspektionsamt der Porzellan-Manufaktur ließ wissen, dass kein Raum für Sammlungen auszumitteln sei.[10] Nachdem Kleinschrod in 3 Zeitungen Suchanzeigen aufgegeben und 20 Angebote erhalten hatte, konnte er am 18. Mai 1830 der K.G.B.u.S.A. mitteilen, dass er eine passende Wohnung gefunden hatte, die für einen Preis von 350 Gulden zu mieten gewesen wäre. Als über das Finanzministerium beim König um Zustimmung gebeten wurde, ließ dieser mitteilen, dass im Altenhof-Neubau Räume frei würden, die zur Verfügung gestellt werden könnten. Diese Räume wurden dann jedoch noch bis weit ins Jahr 1831 hinein vom Gymnasium benötigt. Kleinschrod wurde aufgefordert, nochmals die Notwendigkeit für die Aufstellung der Mineralien- und Gesteinssammlungen zur geognostischen Landesaufnahme zu begründen und einen Plan für die Aufstellung der Sammlungsteile und die nötigen Arbeiten vorzulegen. Kleinschrod reichte einen solchen Plan ein und schätzte, dass er für die Einrichtung 1 Jahr brauchen und einen Gehilfen benötigen würde. Der Plan wurde an den König weitergereicht, mit der Nachricht, Kleinschrod habe in einem Vortrag die Zeit für die geognostische Aufnahme des Königreichs auf 5 Jahre und die Kosten dafür auf 7525 Gulden geschätzt.[11] Am 19. Februar 1831 wurde der Plan zur Gliederung und Aufstellung der Sammlungen auf Befehl des Königs Ludwig I. genehmigt. Kleinschrod erhielt auch den beantragten Gehilfen zugestanden. Außerdem wurden für die geognostische Aufnahme während der III. Finanzperiode 2000 Gulden pro Jahr genehmigt.

In der Folgezeit war Kleinschrod mit seinem Gehilfen, dem Salinen-Praktikanten Christian Meinhold, einem Schüler des Chemikers und Mineralogen J. N. von Fuchs, intensiv um den Aufbau der Sammlungen bemüht, wofür erst die nötigen Schränke bestellt und angefertigt werden mussten. In einem Aufstellungsplan gibt Kleinschrod 15 Wandschränke mit je 2 Glastüren und 2 große »Pfeilerschränke« mit je 3 Glastüren an, außerdem noch 4 pultartige Glastische. Den wertvollsten Teil der Sammlungen bildete die von Flurlsche Oryktognostische Sammlung, die auch viele Edelsteine enthielt. Wichtigster Teil war jedoch die in Verwaltungskreise eingeteilte, Geognostisch-topographische Sammlung, die auf 12 Glasschränke verteilt wurde. Als Raum stand dafür ein großer heller, frisch renovierter, ehemaliger Unterrichtssaal des Gymnasiums zur Verfügung, der durch eine Tür mit einem Vorraum verbunden war, der als Arbeitszimmer dienen sollte. Die Einrichtung der Sammlungen war im Frühjahr 1832 weitgehend abgeschlossen und kostete, ohne den Arbeitslohn für den Gehilfen, am Ende 1265 Gulden.

Ab dieser Zeit wurden aus dem Fonds für die geognostische Landesaufnahme Mittel für den Ankauf weiterer Mineralien- und Fossiliensammlungen aus Kaiserslautern genehmigt, die als wichtige Grundlagen für die Landesaufnahme angesehen wurden.[12] Im Sommer 1832 bat das Regierungspräsidium des Obermainkreises in Bayreuth die K.G.B.u.S.A., ihr über die Bergämter beim Aufbau eines öffentlichen Kreis-Naturalien-Kabinetts zu helfen. Diesem Wunsch konnte sich die oberste Bergbehörde nicht entziehen. Sie musste sogar ab 1834, auf lange Zeit hin, einen jährlichen Beitrag von 200 Gulden aus dem Berggefälle für die Kreissammlung in Bayreuth zur Verfügung stellen. Dadurch wurde auch die geognostische Landeserforschung eines Grafen von Münster unterstützt. Hinzu kamen in rascher Folge Bitten und Anträge von neu gegründeten Gewerbsschulen[13] und Instituten,[14] Mineralien- und Gesteinssammlungen für Unterrichtszwecke abzugeben, wodurch die K.G.B.u.S.A. von ihrer Landesaufnahme und die Berg- und Hüttenämter sowie die Salinen von ihrer eigentlichen Arbeit abgelenkt wurden. Im Februar 1834 berichtete jedenfalls die K.G.B.u.S.A. an das Finanzministerium, dass für die beabsichtigte geognostische Landesaufnahme noch nichts unternommen werden konnte. Und so sollte es auf Jahre hin bleiben.

Aus dem Adressbuch der K. Haupt- und Residenz-Stadt München für das Jahr 1835 geht hervor, dass die General-Bergwerks- und Salinen-Administration damals über 27 Mitarbeiter verfügte. Der General-Administrator und Vorstand war Franz Michael v. Wagner, der Direktor Friedrich v. Schenk. Oberberg- und Salinenräte waren Joseph Ludwig v. Wolf, Andreas Friedrich Winter, Xaver Scheftlmaier, Freiherr v. Gumppenberg und Bartholomäus Stölzl.

Ein Beispiel für länderübergreifende Zusammenarbeit bei einem großen geologischen Kartierungsvorhaben ist in Briefen zwischen dem Sächsischen Oberbergamt und der K.G.B.u.S.A. dokumentiert. Am 22. April 1837 fragte das Königliche Sächsische Oberbergamt bei der K.G.B.u.S.A. an, ob ihm bei der Beschaffung von topographischen Karten geholfen werden könne, die das Gebiet zwischen Kronach und Thurnau abdeckten und die für das Kartenwerk der »Geognostischen Charte des Königreichs Sachsen mit angrenzenden Länderabteilungen«[15] benötigt wurden. – Die K.G.B.u.S.A. setzte sich mit dem Königlich Bayerischen General-Quartiermeisterstab in Verbindung und reichte die Bitte weiter. Die Auskunft lautete, dass die Blätter Lauenstein, Burggrub, Nordhalben und Hof geliefert werden könnten und dass sich die Blätter Lichtenfels und Kulmbach noch in Bearbeitung befänden und noch kein Erscheinungstermin angegeben werden könnte. – Das Sächsische Oberbergamt bat darauf, dass ihm Kopien auf Ölpapier von den gewünschten Blättern geliefert werden sollten, sobald sie erschienen wären. Auch die Blätter Bamberg und Königshofen würden noch benötigt. Für diese letzteren Blätter konnte dem Sächsischen Oberbergamt ein Erscheinungsjahr in Aussicht gestellt werden. – Die wohlwollende Unterstützung des Sächsischen Bergamtes durch die K.G.B.u.S.A. bei der Beschaffung topographischer Atlasblätter zeigt, dass es im bayerischen Interesse lag, wenn Nachbarländer bei ihrer geologischen Forschung und Kartierung nicht an der Landesgrenze Schluss machten. Das Beispiel, das die Nachfolger eines Abraham Gottlob Werner in Freiberg mit ihrem großen geognostischen Kartenwerk gaben, wurde bestimmt auch in Bayern als Zeichen verstanden, mit der geognostischen Landesaufnahme Ernst zu machen.

Als im November 1837 das Bayerische Staatsministerium der Finanzen der K.G.B.u.S.A. die Ermächtigung gab, auch während der IV. Finanzperiode, für die nächsten 3 Jahre, jährlich 200 Gulden aus den Berggefällen für die fernere Unterhaltung und Bereicherung des Kreis-Naturalien-Kabinetts in Bayreuth zu leisten, verband sie dies mit dem Auftrag, dass die Berg- und Hüttenämter wiederholt zur weiteren Unterstützung beim Sammeln aufgefordert werden sollten. Außerdem ermahnte das Ministerium auch die K.G.B.u.S.A., Mineralien und Petrefakten für die eigenen Sammlungen zu erwerben, um dadurch eine wesentliche und unentbehrliche Vorarbeit für die künftige geognostische Beschreibung von Bayern zu leisten.[16]

Im Februar 1838 sah es das Staatsministerium wieder einmal als geboten, die K.G.B.u.S.A. aufzufordern, Rechenschaft darüber abzulegen, welche Geldbeträge bisher für die Mineraliensammlung verwendet wurden und was zur Vervollständigung nötig und rätlich erscheine. Außerdem wollte das Ministerium wissen, was in Bezug auf die geognostische Aufnahme bisher geschehen sei. – Die K.G.B.u.S.A. gab ihrem Ministerium die gewünschten Auskünfte und schrieb einen Bericht. Darin wurden die Verdienste des Oberberg- und Salinenrats Kleinschrod um den Aufbau der Sammlungen gewürdigt und erwähnt, daß Kleinschrod im Februar 1832 als Ministerialrat an das Ministerium des Innern berufen worden sei. Dadurch sei der Aufbau einer noch fehlenden Vaterländisch-geognostischen Sammlung nicht mehr durchgeführt worden, die jedoch für eine geognostische Aufnahme des Königreichs eine Voraussetzung sei. Um eine solche Sammlung einzurichten, sei die Fertigstellung von Räumlichkeiten in der Ludwigstraße abzuwarten, die neu gebaut würden. Zwei Personen hätten ein Jahr lang zu tun, um diese Sammlung aufzubauen. Weitere Voraussetzungen für die Aufnahme einer geognostischen Karte von Bayern seien bestimmte Instruktionen oder Anweisungen dazu, und schließlich ausreichende finanzielle Mittel.[17]

Am 30. März 1838 legte das Finanzministerium der K.G.B.u.S.A. eine Karte von Preußen[18] vor, mit dem Auftrag, zu prüfen, ob in Bezug auf Bayern genügend Untersuchungen und Feststellungen vorhanden wären, um die geognostischen und bergbaulichen Verhältnisse in ähnlicher Weise auf einer Karte des Königreichs Bayern darzustellen. Wenn die Voraussetzungen nicht gegeben wären, sollte geprüft werden, was noch zu tun sei, um eine entsprechende Karte entwerfen zu können. – In der Antwort der K.G.B.u.S.A. vom 21. April 1838 heißt es, dass zu einer Karte, »*wie sie der Bergmann bedarf*«, die Voraussetzungen nicht gegeben seien, wie im Bericht vom Februar 1838 bereits erläutert worden sei. – Zu einem Entwurf einer geognostischen Übersichtskarte von Bayern seien jedoch die vorhandenen »Materialien« zusammengereiht und dem Oberbergrat Schmitz zugestellt worden. Derselbe habe sich dem Geschäft unterzogen, wie ein beigefügter Entwurf[19] erweisen könne. Sobald Exemplare der

Karte auf schönerem Papier vom Herausgeber in Augsburg einträfen, würde ein »*reiner illuminiertes Exemplar*« vorgelegt. Für die Pfalz fehle es indessen an verlässlichen Unterlagen zur Herstellung einer geognostischen Übersichtskarte. Sobald es die Zeit gestatte, würde auch eine Karte über die Bergreviere des Königreichs Bayern, ähnlich der preußischen Karte, nachfolgen. Bereits am 9. 5. 1838 konnte der Vorstand der K.G.B.u.S.A., Generaladministrator von Wagner, dem Staatsministerium der Finanzen die angekündigte Karte über die Bergreviere des Königreichs Bayern vorlegen und die geognostische Karte von Deutschland zurückgeben. Die Entwürfe des Oberbergrats Schmitz müssen beim Finanzministerium auf großes Interesse gestoßen sein, denn man forderte von der geognostischen Übersichtskarte, als auch von der Karte der Bergreviere des Königreichs Bayern, je 6 Exemplare an, die in möglichst kurzer Zeit hergestellt werden sollten. Hinzu kam noch der Auftrag, auch von einer geognostischen Übersichtskarte der Pfalz, die inzwischen bei der K.G.B.u.S.A. eingetroffen war, 6 Exemplare zu zeichnen. Diese Aufträge wurden innerhalb kurzer Frist erledigt.

Im Mai 1838 scheint sich König Ludwig I. bei seinem Finanzminister nach dem Stand der geognostischen Landesaufnahme erkundigt zu haben, denn das Finanzministerium schickte bereits am 23. 5. 1838 erneut eine Aufforderung an die K.G.B. u.S.A. betreffs der geognostischen Landesaufnahme, umfassende begründete Vorschläge zu unterbreiten und alle Anforderungen hierfür genau und klar darzustellen. Die Durchführung sollte auf die einfachste und »*mindest kostspielige Weise*« sichergestellt sein, um darauf die weiteren Anträge beim König in Vorlage bringen zu können.

General-Administrator von Wagner brauchte einen Monat Zeit, um das angeforderte Gutachten zu erstellen. In seinem Brief vom 23. 6. 1838 berief er sich auf seine Stellungnahme vom 19. 2. 1838, in der er bereits das ungelöste Problem mit den Sammlungen angesprochen hatte, worüber der König noch keine Entscheidung gefällt habe. Außerdem verwies von Wagner darauf, dass mehrere Leute bestimmt werden müssten, die sich der geognostischen Aufnahme zu unterziehen hätten. Diese Bereisung des Königreichs, das Sammeln und Aufstellen der Fossilien und die Anfertigung der geognostischen Karte bedeute so viel Arbeit, dass mehrere Jahre dazu nötig seien.[20] Außerdem konnte von Wagner vorbringen, dass seine Behörde an großem Personalmangel litt. Er hätte einen Rat für das Forstwesen, einen für das gesamte Salinengeschäft und nur zwei Räte für das Berg- und Hüttenwesen im Einsatz. Dagegen hätten ihm früher 12 referierende Räte, 2 Vorstände und 2 Direktoren zur Verfügung ge-

standen. Zum damaligen Zeitpunkt hätte von Wagner nur Salinenrat Fuchs und den Assessor Bezold für die geognostische Aufnahme verwenden können, eventuell noch einen Praktikanten.[21]

Nach einer Informationsreise durch Oberberg- und Salinenrat Prof. Dr. Fuchs bei verschiedenen Ämtern im Frühjahr 1839 sah sich die K.G.B.u.S.A. wieder einmal veranlasst, alle ihre Königlichen Berg- und Hüttenämter sowie die Hauptsalzämter an einen Auftrag aus der Zeit Flurls zu erinnern, »*Fossiliensammlungen*« anzulegen. Außerdem wurden sie beauftragt, summarische Verzeichnisse ihrer Sammlungen einzureichen. Die Berichte der einzelnen Ämter zeigten der K.G.B.u.S.A., dass es bei mehreren Dienststellen um die Revier-Suiten-Sammlungen nicht zum Besten stand.

Im Mai 1839 sandte der Oberstbergrat und Gewehrfabrik-Direktor Ignaz von Voith[22] aus Regensburg verschiedene Beiträge zur Geognosie an die K.G.B.u.S.A. nach München. Es handelte sich um Arbeiten zur Geognosie von Regensburg, zur vaterländischen Mineralogie und zur Geschichte der ehemaligen Berg- und Hüttenwerke im Norgau. Diese Schriften gereichten der obersten Bergbehörde »*zum großen Vergnügen*« und wurden dankbar angenommen. Unter den Bergbeamten stellt von Voith mit einer langen Reihe von Veröffentlichungen zu geologischen, mineralogischen und bergbaulichen Fragen allerdings einen Sonderfall dar.

Als die K.G.B.u.S.A. im Sommer 1839 das Ansuchen des Inspektors des Naturalien-Kabinetts in Bamberg, Dr. Haupt erhielt, ihm bei der Ausstattung seiner Sammlung mit »*Gebirgsarten*« behilflich zu sein, wurden umgehend die Berg- und Hüttenämter Bergen, Bodenmais, Stadtsteinach und Fichtelberg sowie die Bergämter Amberg, Steben und Wunsiedel beauftragt, »*Suiten der vorzüglichsten Gebirgsarten der Reviere*«, neben Erzen und »*einfachen Fossilien*«, zu sammeln, gehörig zu verzeichnen, zu verpacken und an den k. Inspektor Dr. Haupt in Bamberg zu senden.

Die K.G.B.u.S.A. erhielt Ende des Jahres 1839 ein Angebot, das vom Präsidium der K. Bayerischen Regierung von Oberfranken ausging. Es wurde mitgeteilt, dass eine Sammlung von 1000 bis 1100 Stücken, die in Bayreuth bei der Revision und Neubestimmung des Kreis-Naturalien-Kabinetts angefallen war, nach München abgegeben werden könnte. Auch ein neuer Katalog sollte erstellt werden. Diese Arbeit sollte im Sommer 1840 abgeschlossen sein, noch vor der Versammlung der Naturforscher. Der dafür Verantwortliche, Freiherr von Andrian, wollte diese mühsame Arbeit jedoch nur dann übernehmen, wenn für die baldige Aufstellung des Sammlungsteils in München gesorgt worden wäre. Die K.G.B.u.S.A. musste allerdings nach Bayreuth

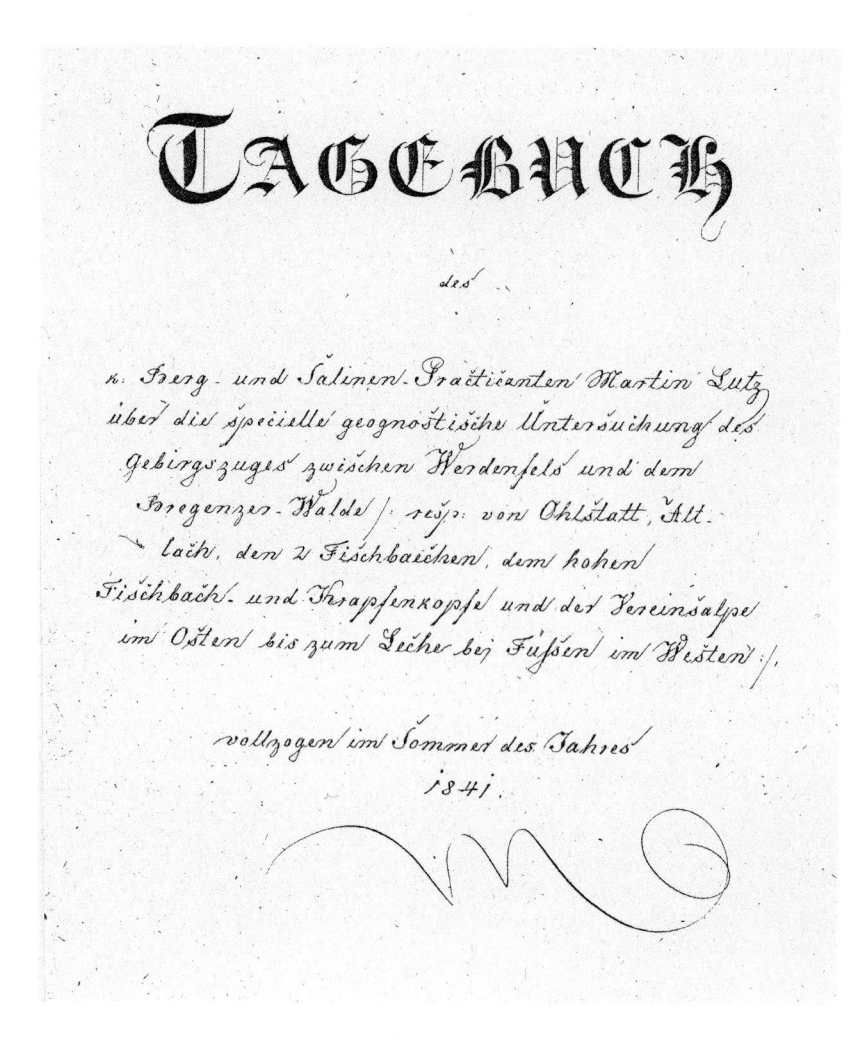

Abb 2. Titelblatt des Tagebuchs des K. Berg- und Salinen-Praktikanten Martin Lutz.

antworten, daß für eine »Doubletten-Sammlung« in München erst in 2 Jahren Platz sein würde, wenn das neue Gebäude fertig wäre, das noch im Bau, aber bereits unter Dach sei.[23] Außerdem wurde darauf hingewiesen, daß für die Vervollständigung des Kreis-Naturalien-Kabinetts bereits 1200 Gulden aus dem Bergfonds beigesteuert worden wären und weitere Zahlungen in Höhe von 400 Gulden bereits genehmigt seien. – Das waren Gelder, die eigentlich für die geognostische Landesaufnahme bestimmt waren.

Im März 1840 konnte das Königliche Berg- und Hüttenamt Bodenwöhr an die K.G.B.u.S.A. die erfreuliche Mitteilung machen, daß es im Laufe des Jahres nicht nur eine möglichst vollständige Sammlung der Gesteine des Bergreviers anlegen wolle, sondern auch vorhätte, eine nicht minder genügende geognostische Beschreibung des ganzen Reviers zu beginnen. Außerdem versicherte das Amt, auch eine entsprechende geognostische Karte anzufertigen.[24]

Im Jahre 1843 erschien von amtlicher Seite eine wichtige Veröffentlichung über das Vorkommen nutzbarer Gesteine in den Bayerischen Alpen, die dokumentierte, daß die seit langem erstrebte geognostische Landesaufnahme endlich in Gang kam. Sie enthält eine sehr gefällige, handkolorierte petrographische Karte. Autor war der Oberbergrat Christoph SCHMITZ, der die Untersuchungsergebnisse des »K. Sudfactors« Meinhold und des K. Berg- und Salinen-Praktikanten Martin Lutz überarbeitete, die 1840 und 1841 das Gebiet zwischen Werdenfels und dem Bregenzer Wald, unter Leitung von Schmitz, durchforscht hatten (Abb. 2). Daß es zu diesem Werk gekommen ist, war der großzügigen Unterstützung durch den Kronprinzen Maximilian, den späteren König Max II. zu verdanken, wie SCHAFHÄUTL (1851) bemerkt.

Am 6. August 1845 ging eine wichtige Mitteilung von der K.G.B.u.S.A. an die Hauptsalzämter Traunstein, Orb und Kissingen sowie an die Berg- und Hüttenämter Fichtelberg, Stadtsteinach, Bodenwöhr, Bergen, Königshütte und Bodenmais. Die Ämter wurden in Kenntnis gesetzt, daß die K.G.B.u.S.A. aus den vorhandenen Materialien vorläufig eine geognostische Karte der oberen sieben Kreise des Königreichs Bayern habe entwerfen lassen.[25] Von dieser Karte sollte jedes der Ämter ein Exemplar zum Preis von 6 Gulden erhalten. Verfasser war, als der Bergbaukunde Beflissener, Carl Wilhelm Gümbel.[26] Eine solche Karte war sehnlich erwartet worden.[27] Gümbel verwandte große Mühe auf das Kartenwerk, das er auf der Grundlage der Hydrographischen Karte des Königreichs im Maßstab 1:500 000 entwarf. Diese Karte stellte für den jungen Gümbel die beste Empfehlung dar. Auch seinen Lehrer Schafhäutl beeindruckte Gümbel mit diesem Werk so sehr, daß er dessen Talent rühmend erwähnte (SCHAFHÄUTL, 1851).

Im Dezember 1845 erinnerte die K. Regierung der Oberpfalz die K.G.B.u.S.A. in einem Brief an einen schon früher vorgebrachten Wunsch, durch verschiedene Bergämter Unterstützung für den Aufbau eines geplanten Kreisprodukten-Kabinetts in Regensburg zu erhalten. Erbeten seien Mineralien und bestimmte Angaben dazu, wie Name, Fundort, bisherige und mögliche Verwendung, Größe der Lager und jährliche Ausbeute. Auch um eine geognostische Karte des Reiches oder der einschlägigen Bergreviere wurde angesucht, um nach deren Beispiel eine gleiche Karte des Regierungsbezirks herstellen lassen zu können. Die K.G.B.u.S.A. antwortete auf das Ansuchen, daß verschiedene Bergämter die Anweisung erhalten hätten, nach Möglichkeit Unterstützung zu leisten. Für noch nicht erfaßte Distrikte hätte die Regierung der Oberpfalz die Geländeuntersuchungen selbst organisieren müssen. Als Karte empfahl man die »*illuminierte geognostische Karte*« des Kandidaten der Kammeral-Wissenschaften, Gümbel.

Im Sommer 1847 trat der geognostisch-montanistische Verein für Tirol und Vorarlberg[28] an die K.G.B.u.S.A. heran, ihm die Sammlung einer geognostischen Suite des Nordabhanges der Alpen zu überlassen. Dieses Ansuchen wurde an die k. Berg- und Hüttenämter Bergen und Sonthofen weitergegeben, die sich bemühten, den Auftrag zu erfüllen. Das zeigt, dass Bayern bereit war, auch mit Tirol und Vorarlberg auf geognostischem Gebiet zusammenzuarbeiten und Erkenntnisse auszutauschen.

Im Spätherbst 1847 bat die K.G.B.u.S.A. das Finanzministerium um Beischaffung der großen geologischen Karte von Frankreich, die bereits 1841 erschienen war. Man benötigte diese Karte wahrscheinlich als Vergleich, um zu sehen, welche geologischen Einheiten die Franzosen für ihre Karte ausgeschieden hatten, und man dachte vielleicht auch schon über die Herausgabe einer verbesserten geologischen Übersichtskarte von Bayern nach.

Aktivitäten um die Mitte des 19. Jahrhunderts

Für die Zeit um die Mitte des 19. Jahrhunderts gewinnt man den Eindruck, dass es in Bayern nicht nur von höchster Stelle und von amtlicher Seite zu neuen Anstößen für die geologische Erforschung des Königreichs gekommen ist, sondern dass eine Aufbruchstimmung geherrscht hat, die an vielen Orten spürbar war.[29] Dabei wirkten auch starke Einflüsse aus den Nachbarländern mit. Hier sei an die wichtigen Arbeiten von F. von ALBERTI (1834) und A. von QUENSTEDT (1843) erinnert, die Grundlegendes zur Stratigraphie der Keuper- und Juraformation brachten. Auch für die Gestaltung geologischer Karten konnte man Orientierung finden an sächsischen (NAUMANN[30] und NAUMANN & COTTA, 1836–1844), thüringischen (COTTA)[31], österreichischen (A. E. REUSS, 1840[32], A. von MORLOT, 1847[33], W. von HAIDINGER, 1847[34]) und schweizerischen Karten (STUDER & ESCHER v. d. LINTH, 1853). – Hinzu kam als wichtige Voraussetzung für geologisches Kartieren, dass verstärkt topographische Karten hergestellt wurden und erschienen. Nicht zuletzt spielte auch das steigende Angebot an geognostischen Vorlesungen an den Universitäten eine Rolle.[35]

Geognostisches oder geologisches Arbeiten reizte schon in der ersten Hälfte des 19. Jahrhunderts Männer aus den verschiedensten Berufsgruppen, hierbei ihre Fähigkeiten zu beweisen. Es gibt eine Reihe bemerkenswerter Veröffentlichungen von Liebhabergeologen aus jener Zeit, die sich mit den Gesteinsverhältnissen und dem Aufbau des Untergrundes einer Landschaft oder eines Ausschnitts daraus befassen und die teilweise auch schon gute geognostische oder geologische Karten enthalten. Sie wurden z.B. von Lehrern, Ärzten, Apothekern oder Forstleuten erarbeitet. So ist es nicht verwunderlich, dass im Februar 1848 der k. Rentbeamte im Ruhestand, Appolonius Weltrich aus Kulmbach, der K.G.B.u.S.A. das Angebot machte, »*am Abend seines Lebens*« wenigstens Grundlinien und Beiträge zu einer mineralogischen Landeskunde Oberfrankens zusammenzustellen. Weltrich konnte dazu ein Empfehlungsschreiben des k. Regierungs-Präsidiums von Oberfranken vorlegen. Die K.G.B.u.S.A. bot darauf Weltrich ihre Unterstützung an und wandte sich an ihre Ämter in Kronach, Steben und Wunsiedel, Weltrich die erwünschten Auskünfte zu erteilen, »*jedoch ohne Hingabe von Originalen*«.[36]

Anders verhielt sich die K.G.B.u.S.A., als sie im April 1849 über die K. Regierung von Oberfranken die Mitteilung erhielt, dass Dr. Haupt aus Bamberg das Gesuch gestellt habe, auf Staatskosten den oberfränkischen Regierungsbezirk zu bereisen und geognostisch zu untersuchen. Hier sah sich die K.G.B.u.S.A. nicht in der Lage auf den Antrag einzugehen, was sie damit begründete, dass die Befähigung des Bittstellers nicht bekannt sei und dass für die beantragten geognostischen Untersuchungen keine Mittel zur Verfügung stünden.[37]

Am 5. September 1849 schickte die K.G.B.u.S.A. einen lithographierten Brief vermutlich an alle ihr unterstellten Ämter und teilte ihnen mit, dass nach Inhalt eines »*höchsten Finanz-Ministerial-Rescripts*« vom 22.8.1849 Seine Majestät der König die naturwissenschaftliche Erforschung des Königreichs der Akademie der Wissenschaften zur Aufgabe gestellt habe. Diese habe daraufhin die »Conservatoren« der wissenschaftlichen Sammlungen des Staates Lamont, Steinheil, Schafhäutl, von Martius, Dr. Sendtner und Wagner mit Aufgaben ihres Faches betraut. Die K.G.B.u.S.A. beauftragte deshalb ihre Ämter, den genannten Akademikern die erforderlichen Hilfsmittel zur Verfügung zu stellen, soweit keine Kosten dabei anfallen würden. Sollten jedoch Kosten entstehen, sei dies der K.G.B.u.S.A. mitzuteilen und eine Entschließung abzuwarten.[38]

Am 12. Februar 1850 reichte das Staats-Ministerium der Finanzen der K.G.B.u.S.A. eine Bekanntmachung aus Wien weiter, in der das k. k. Ministerium für Landeskultur und Bergwesen darüber informierte, dass in Wien eine Österreichische Geologische Reichsanstalt gegründet worden war und zwar bereits im Jahr 1849. Diese Gründung war nach dem vortrefflichen Muster des englischen Geological Survey erfolgt.[39]

Die geognostische Landesuntersuchung Bayerns kommt in Gang

Im Jahre 1850 stellte der Abgeordnete Dr. F. W. von Hermann in der Kammer der Abgeordneten den Antrag, für die geognostische Untersuchung des Königreichs eine Summe von 10 000 Gulden aus der Bergwerks- und Salinenkasse zur Verfügung zu stellen und mit diesen Mitteln die Untersuchung sofort angemessen ins Werk zu setzen. Die Kammer kam zu einem Beschluss im Sinne des Antrags.[40] – In der Reichsratskammer schlug dann jedoch der Finanzminister vor, die Geldmittel auf 5000 Gulden zu beschränken, womit er sich durchsetzte. – Im Landtagsabschied vom 25. Juli 1850 wurde unter § 31 hinsichtlich der geognostischen Landesaufnahme erklärt, dass König Max II., bei der unbestreitbaren Zweckmäßigkeit des Unternehmens, die nötigen Vorarbeiten bereits einleiten ließ. Es heißt dort: *»Bei der aufrichtigen Teilnahme, welche Wir diesem wichtigen Gegenstande zuwenden, wird die geognostische Aufnahme mit den etatsmässig angesetzten Mitteln in angemessener Weise ihrem Ziele zugeführt werden.«*

Der Auftrag zur Durchführung des wichtigen Unternehmens erging diesmal an die General-Bergwerks- und Salinen-Administration. Durch ihren Vorstand und einen der Berg- und Salinenräte sollte sie die Leitung übernehmen, unter Beirat und Mitwirkung von drei Akademikern. Es waren dies der Mineraloge Prof. Dr. von Kobell, der Geologe Prof. Dr. Schafhäutl und der Paläontologe Prof. Dr. Wagner. Eine Entschließung des Finanzministeriums vom 27. Februar 1851 machte das vom König bereits am 4. Oktober 1850 genehmigte Programm bekannt. Es hieß darin, dass die geognostische Untersuchung des Königreichs den Zweck hat, den Bau und Inhalt der Erdrinde im ganzen Königreich zu erforschen. Die Gebirgsmassen sollen nach ihrer chemisch-mineralogischen Beschaffenheit, Struktur, Aufeinanderfolge und Erstreckung und nach ihrem Fossilinhalt untersucht werden. Die Darstellung soll in Grundrissen, Aufrissen und Schnitten erfolgen.[41] Den Vorkommen nutzbarer Mineralien für Bergbau, Hüttenbetrieb, Gewerbe und Bauwesen soll besondere Aufmerksamkeit geschenkt werden.

Im Programm war bereits bestimmt, dass für die Aufnahme jedes Distrikts die Katasterblätter zugrunde zu legen wären, aus denen die Eintragungen dann in Karten von kleinerem Maßstab zu übertragen sind, um eine Veröffentlichung zu ermöglichen. Es wurde nur ein leitender Geognost mit einigen Gehilfen als nötig erachtet, um unter dessen Leitung und Aufsicht die Distrikte aufzunehmen, die Karten auszuarbeiten und die Beschreibungen zu erstellen.

Am 18. Juni 1851 berichtete Ministerialrat v. Hermann König Max II. in einem Brief aus London, wie die geologische Landesaufnahme in England ablaufe und dass der Direktor Sir de la Beche das Angebot gemacht habe, dass ein Mann aus Bayern in England alle Arbeiten im Felde und im Hause kennenlernen könnte, die für die Landesaufnahme zu erledigen wären. – Die K.G.B.u.S.A. erfuhr von diesem großartigen Angebot über das Finanzministerium, doch sah sie sich nicht in der Lage darauf einzugehen, da sie kein *»qualifiziertes Individuum«* entbehren konnte. – Die geognostische Landesaufnahme in Bayern war nämlich bereits angelaufen.

Gümbels Beginn der geognostischen Landesuntersuchung

Carl Wilhelm Gümbel hatte in München und Heidelberg studiert und sich insbesondere in mineralogisch-geologischen und bergbaulichen Disziplinen fortgebildet (L. von AMMON, 1899). Wichtige prägende Lehrer waren für ihn die Professoren Fuchs, von Kobell und Schafhäutl in München und Leonhard, Blum und Bronn in Heidelberg. Im Jahre 1848 legte Gümbel in München das Staatsexamen mit Auszeichnung ab und begann anschließend seine Tätigkeit als Berg- und Salinen-Praktikant auf der Kohlengrube St. Ingbert in der Pfalz. Bald darauf wurde er am dortigen Bergamt als Markscheider eingesetzt. – Als 1849 in München die Kommission der Akademie-Mitglieder ihre Arbeit begann, erinnerte man sich an Gümbels erstaunliche Fähigkeit, die er beim Entwerfen von geognostischen Karten bewiesen hatte und beauftragte ihn schon bald, die Pfalz zu geognostischen Zwecken zu bereisen. Diesen Auftrag muss er so gut erledigt haben, dass man ihn nach München berief. Die K.G.B.u.S.A. hatte durch »höchstes Rescript« des Königl. Staatsministeriums der Finanzen vom 14. April 1851, Nr. 6331, den endgültigen Untersuchungsauftrag erhalten. Gümbel trat bereits im April 1851 seine neue Stelle bei der K.G.B.u.S.A. an, um zunächst noch als Berg- und Salinen-Praktikant die Leitung über einen Trupp von Hilfskräften für die geognostische Landesaufnahme zu übernehmen. Anfänglich wurden Gümbel 5 Gehilfen unterstellt, die Berg- und Salinen-Praktikanten oder Volontäre waren. Die Generaladministration hatte für die geognostische Bearbeitung eine ausführliche Instruktion erlassen, die in handschriftlicher Form lithographiert wurde und das Datum 21. Mai 1851 trägt (Abb. 3). Nach dieser Anweisung, die 21 Paragraphen umfasst, hatte sich Gümbel zu richten und ihm oblag es, die Einhaltung der Vorschriften zu überwachen. In dieser Instruktion waren vermutlich Vorstellungen von

Kleinschrod zum Tragen gekommen, die jener nach seinem Besuch in Frankreich entwickelt hatte. Außerdem enthielt sie Erfahrungen, die bei den von Schmitz geleiteten Landesuntersuchungen zwischen 1840 und 1841 im Alpenraum gesammelt werden konnten. Der Operationsplan stützte sich auch auf Verfahrensarten und Vorschriften, wie sie sich bei geognostischen Aufnahmen in Deutschland und besonders im Königreich Sachsen bewährt hatten. Schließlich spielten dabei auch Richtlinien der Deutschen Geologischen Gesellschaft und der Geologischen Reichsanstalt in Wien eine Rolle.

Die geognostische Untersuchung war in der Weise geordnet, dass sie nicht nur allen Anforderungen der Wissenschaft genügen sollte, sondern sie sollte auch den praktischen Zweck verfolgen, auf nutzbare Mineralien besonders zu achten. Gümbel wurde mit seinen Gehilfen nach einer kurzen Vorbereitungszeit ins Gelände beordert und erhielt folgende Aufträge:

- Untersuchung und Aufnahme in den Revieren.
- Ausarbeitung und Reinzeichnung der in den Revieren gewonnenen Resultate.
- Aufstellung der als Belegstücke dienenden Gesteinsarten und Petrefakten in einer Sammlung, geordnet nach den geognostischen Vorkommen.
- Bearbeitung der gewonnenen Resultate zum Zwecke der Publikation.

Untersuchungs- und Aufnahmearbeiten in den Revieren

Im Monat Juni 1851 begannen für Gümbel und seine Gehilfen die Untersuchungsarbeiten im Gelände und zwar im nördlichsten Teil der Oberpfalz. Man ging von Waldsassen aus und bearbeitete zunächst einige Katasterblätter[42] gemeinsam, um zu einem möglichst einheitlichen Aufnahmestil zu gelangen. Sobald genügende Sicherheit erreicht war, ließ Gümbel einige Katasterblätter von je 2 Leuten gemeinsam bearbeiten. Erst wenn sich auch die nötige Selbständigkeit eingestellt hatte, wurden den Mitarbeitern einzelne Blätter anvertraut, die meist in 1–3 Tagen abgeschlossen wurden. – Man hatte diesen ostbayerischen Urgebirgsdistrikt zuerst in Angriff genommen, da man hoffte, dort *»unberührte Mineralstoffe«* auffinden zu können. – Auf den ältesten Aufnahmeblättern des Sommers 1851 haben sich die Bearbeiter Gugenheimer, Laubmann, Ostler, Strauß und v. Riedheim verewigt. So gingen die Sommer 1851 bis August 1854 mit Kartierungen im Ostbayerischen Grenzgebirge dahin, von Waldsassen südwärts bis zur Donau und westwärts bis zum Meridian von Kelheim-Amberg. Dabei wurden 1801 Steuerkatasterblätter bearbeitet. Gümbel achtete darauf, dass seine Mitarbeiter, soweit es sich um Berg- und Salinenpraktikanten handelte, nicht zu lange bei ihm beschäftigt waren, weil er befürchtete, dass sie sonst in anderen, für sie wichtigen Dienstzweigen nicht die nötigen Kenntnisse erwerben könnten.

Im August 1854 waren die Kartierungsarbeiten im Ostbayerischen Grenzgebirge abgeschlossen. Deshalb verlegte Gümbel die geognostische Aufnahme noch im August 1854 ins Hochgebirge. In den Alpen sollten zunächst Übersichtsbegehungen und anschließend Detailaufnahmen durchgeführt werden, für die in den Jahren 1854 bis 1856 ein Berg- und Salinen-Praktikant für einige Monate als Helfer

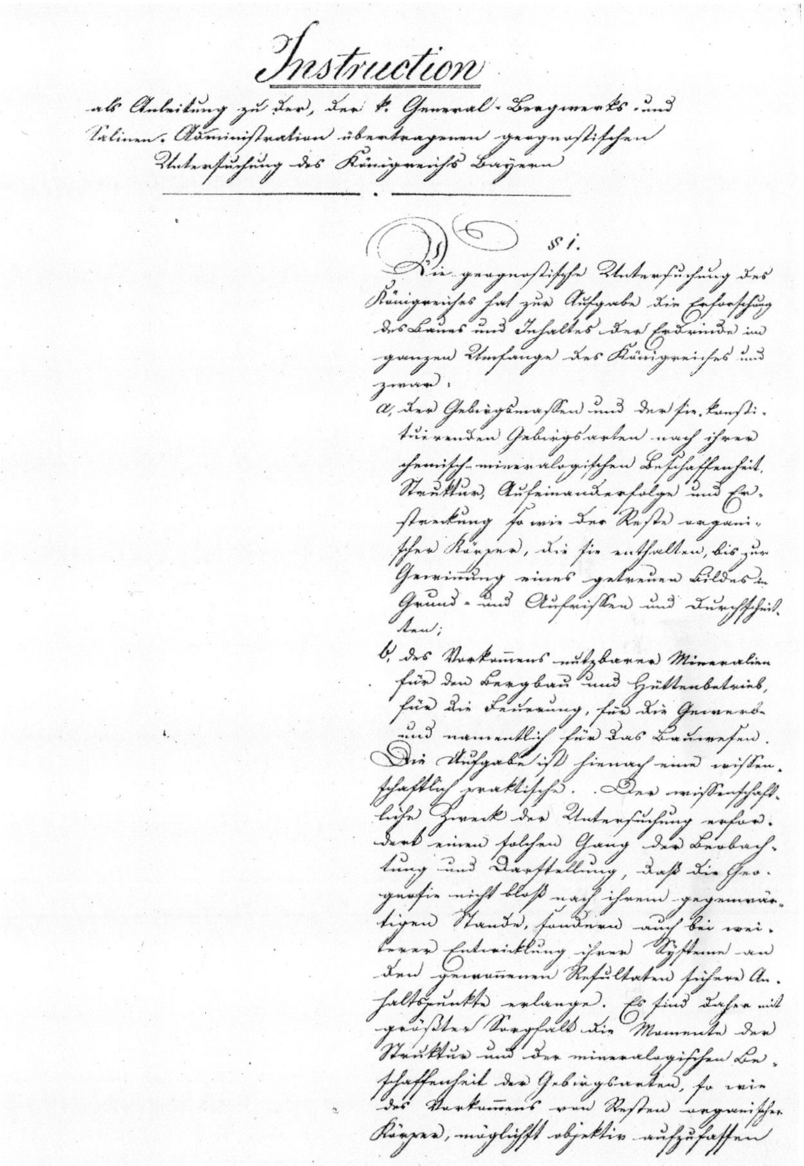

Instruction

als Anleitung zu der, der k. General-Bergwerks- und Salinen-Administration übertragenen geognostischen Untersuchung des Königreichs Bayern

§ 1.

Die geognostische Untersuchung des Königreiches hat zur Aufgabe die Erforschung des Baues und Inhaltes der Erdrinde im ganzen Umfange des Königreiches und zwar:

a) der Gebirgsmassen und der sie constituirenden Gebirgsarten nach ihrer chemisch-mineralogischen Beschaffenheit, Structur, Aufeinanderfolge und Erstreckung so wie der Reste organischer Körper, die sie enthalten, bis zur Vereinigung eines getreuen Bildes in Grund- und Aufrissen und Durchschnitten;

b) des Vorkommens nutzbarer Mineralien für den Bergbau und Hüttenbetrieb, für die Feuerung, für die Gewerbe und namentlich für das Bauwesen.

Die Aufgabe ist hiernach eine wissenschaftlich praktische. Der wissenschaftliche Zweck der Untersuchung erfordert durch einen solchen Gang der Beobachtung und Darstellung, daß die Geognosie nicht bloß nach ihrem gegenwärtigen Stande, sondern auch bei weiterer Entwicklung ihrer Systeme aus den gewonnenen Resultaten sichere Anhaltspunkte erlangen. Es sind daher mit größter Vorsicht die Momente der Structur und der mineralogischen Beschaffenheit der Gebirgsarten, so wie das Vorkommen von Resten organischer Körper, möglichst objectiv aufzufassen

Abb. 3. Seite 1 der lithographierten *»Instruction als Anleitung zu der, der k. General-Bergwerks- und Salinen-Administration übertragenen geognostischen Untersuchung des Königreichs Bayern«.*

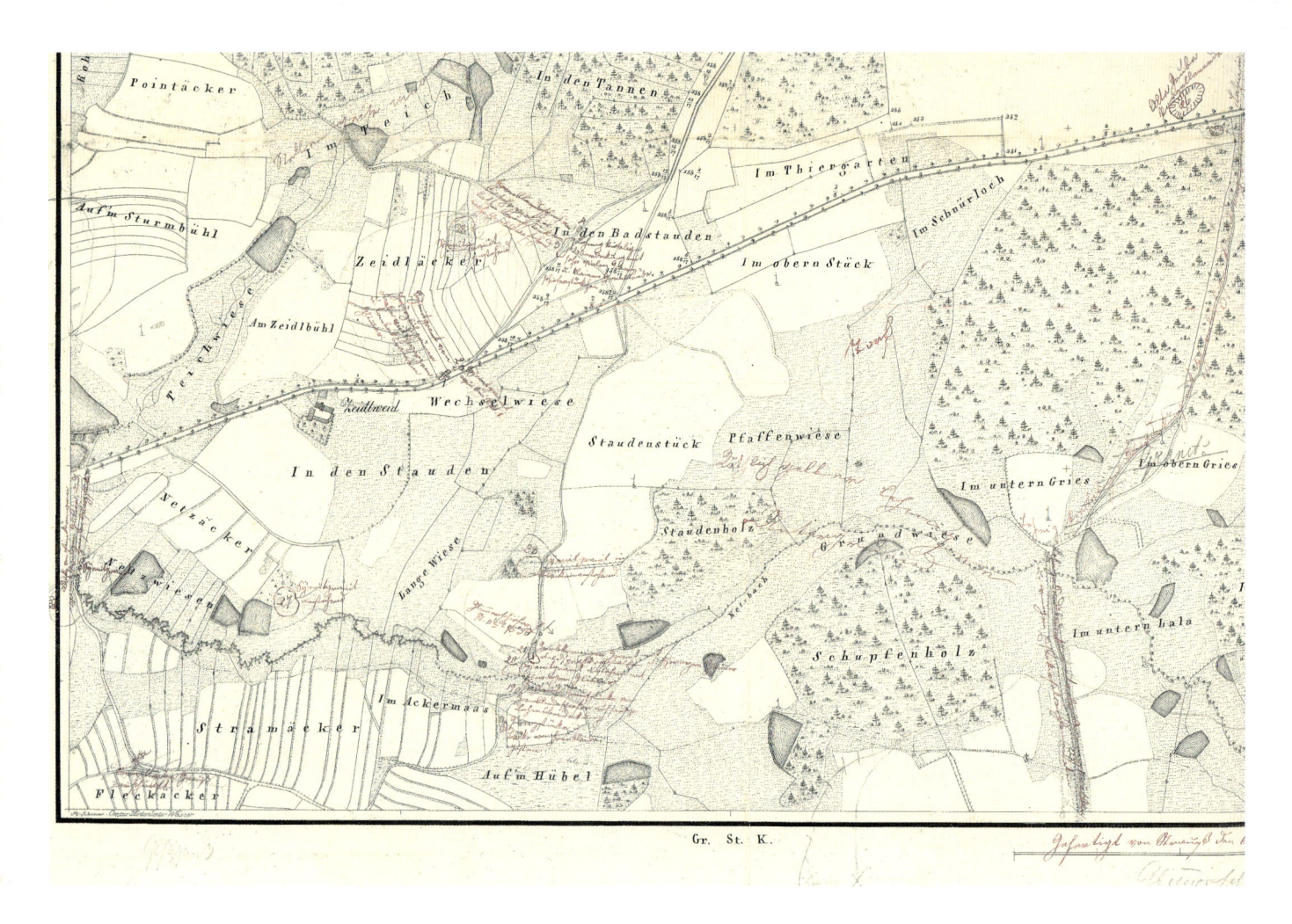

Abb. 4. Verkleinerter Ausschnitt aus der SW-Ecke des Steuerkatasterblattes NO LXXXIV.25. (östlich Tirschenreuth) mit Notizen des kartierenden Geognosten.

zur Verfügung stand. Bei den Aufnahmen im Hochgebirge konnte man die Steuerkatasterblätter selten verwenden und benutzte Atlasblätter im Maßstab 1 : 50 000 und Forsteinrichtungskarten 1 : 25 000. Die Schwierigkeiten in den Alpen erwiesen sich im Vergleich zum Grundgebirge als viel größer, da die Hochgebirgstouren oft bei ungünstiger Witterung durchzuführen waren, wobei meist brauchbare Vorarbeiten fehlten und die stratigraphischen und tektonischen Verhältnisse oft sehr kompliziert waren. – Das hinderte jedoch den König nicht daran, Gümbel im August und September 1855 in die Rhön zu schicken, um dort rasch ein 30 Quadratmeilen großes Gebiet geognostisch untersuchen zu lassen, da den armen Rhönbewohnern durch den Nachweis nutzbarer Mineralvorkommen die Lebensgrundlage verbessert werden sollte.[43] – Nach Beendigung der Arbeit in der Rhön kehrte Gümbel im Oktober wieder in die Alpen zurück. Im Sommer 1856 konnte er die Kartierungen im Hochgebirge ungestört fortsetzen. Es war dies die Zeit, als auch von öster-

reichischer Seite Untersuchungen der Geologen Fötterle, von Hauer und von Richthofen in Tirol und Vorarlberg liefen. Auch in der Schweiz waren die Arbeiten der Geologen Studer und Escher von der Linth in vollem Gange. Im Sommer 1857 fand ein Treffen Gümbels mit den österreichischen und schweizerischen Geologen statt, wobei es zum Austausch von Ansichten über die Benennung der Gesteine in den verschiedenen Arbeitsgebieten und zu einem Vergleich der Gliederungen der Formationen in den einzelnen Ländern kam. Noch vor Abschluss der Arbeiten in den Alpen, der 1859 erreicht wurde, konnte 1858 im ostbayerischen Gebiet noch ein schmaler Streifen zwischen Bayreuth und Kelheim, bis zur Linie des Münchener Meridians, kartiert werden. Dabei mussten weitere 477 Steuerkatasterblätter beschafft und bearbeitet werden. Im Sommer 1860 begann die geognostische Durchforschung des Fichtelgebirges mit 400 Steuerblättern. – Nachdem auch diese Blätter kartiert waren, rechnete Gümbel, dass er bereits mehr als ein Drittel des Königreichs geognostisch untersucht hatte. Da dies der schwierigste Teil war, schätzte Gümbel, dass schon mehr als die Hälfte der Gesamtarbeit geleistet war.

Im Jahre 1861 mussten die geognostischen Forschungen wegen Erkrankung des leitenden Geognosten Gümbel unterbrochen werden. Es war dies das Jahr, in dem der Berg- und Salinen-Praktikant Reisenegger in die ostbayerischen Reviere entsandt wurde, um Rundansichten, Höhenzüge, charakteristische Felspartien usw. zeichnerisch darzustellen, wofür Reisenegger großes Talent bewies. Seine bildlichen Darstellungen haben in der zweiten Abteilung der Geognostischen Beschreibung auf Farbtafeln und in der Tafelbeilage ihren Niederschlag gefunden.

Ausarbeitung und Reinzeichnung

Die während der Sommermonate gewonnenen Aufzeichnungen und Kartierungen wurden über Winter, meist von einer kleineren Zahl von Hilfskräften, ausgearbeitet und ins Reine gebracht. Das heißt, die im Gelände vorgenommenen Bleistift-Eintragungen in den Steuerkatasterblättern wurden zur Verdeutlichung und sicheren Dokumentierung mit roter Tinte überschrieben (Abb. 4). Dann wurde ein zweiter Satz von Karten mit den festgestellten Gesteins- bzw. Formationsgrenzen versehen und die Randbereiche der abgegrenzten Flächen wurden mit bestimmten Wasserfarben, die Gümbel festgelegt hatte, umrandet. Auf einzelnen Blättern wurden die kartierten Bereiche auch flächig koloriert (Abb. 5 u. 7). Von diesen in Reinzeichnung erstellten Grundkarten im Maßstab 1:5000 ging man in einem nächsten Schritt zur Übertragung der Kartierungsergebnisse in Kartenblätter im Maßstab

Abb. 5. Verkleinerter Ausschnitt aus dem Steuerkataster-Reinblatt NO LXXIV.25. (östlich Tirschenreuth) mit farbig dargestellten Gesteinseinheiten.

Abb. 6. Ausschnitt aus dem kolorierten Atlasblatt Nr. 22, Tirschenreuth (1:50 000), entworfen von C. W. Gümbel als »Geognostische Karte von Bayern Blatt I«. Der gewählte Ausschnitt stellt die geognostischen Verhältnisse in der Umgebung von Tirschenreuth dar. Die Topographie stammt aus dem Jahre 1821. Die kolorierten Atlasblätter dienten Gümbel als Grundlage für seine »Geognostische Karte des Königreichs Bayern« im Maßstab von 1:100 000. Tirschenreuth liegt auf Gümbels Blatt Erbendorf Nr. VIII.

1:50 000 über, die aus dem Topographischen Atlas von Bayern stammten (Abb. 6). Ein weiterer Schritt war die Übertragung der kolorierten Atlasblätter auf die Landgerichtsübersichtsblätter 1:100 000, die schließlich als Vorlagen für den Druck der Geognostischen Karte von Bayern dienen konnten. – Die bei der geognostischen Begehung vorgenommenen zahlreichen Höhenmessungen mussten ausgerechnet werden. Sie unterstützten die Herstellung von landschaftlichen Panoramen und geognostischen Profilen, mit denen gezeigt werden konnte, wie die Gesteine im Inneren der Gebirge lagerten und wie das äußere Erscheinungsbild der Landschaft vom Gesteinsaufbau abhängig ist.

Geognostische Sammlung

Während der geognostischen Aufnahme waren Gümbel und seine Mitarbeiter bestrebt, von allen wichtigen Gesteinen, Mineralien, Erzen und Fossilien Belegstücke zu entnehmen, die eine spätere Kontrolle ermöglichten, ob die Benennung und Einstufung der Gesteine und Schichtfolgen richtig erfolgt war. Die Aufbewahrung dieser Musterstücke in einer Sammlung machte einen wesentlichen Teil der Arbeiten in den Wintermonaten aus. Dazu waren die Stücke genau zu bestimmen, zu bezeichnen, nach geographischen, petrographischen und geologischen Gesichtspunkten zu ordnen und in den Sammlungsräumen nach einem sinnvollen und übersichtlichen Schema unterzubringen. Nach 10 Jahren intensiver Geländetätigkeit konnte Gümbel bereits von mehr als 20 000 Belegstücken berichten, die in 5 Sälen im Erdgeschoss der K.G.B.u.S.A. in München, Ludwigstraße 16, aufgestellt waren.

Publikation

Um die Ergebnisse der geognostischen Landesdurchforschung der Öffentlichkeit zugänglich zu machen, mussten die dabei gewonnenen Ergebnisse in verständlicher Weise publiziert werden. Es bedurfte vieler Überlegungen und Diskussionen, um den zweckmäßigsten und preiswertesten Weg zu finden. Als Dr. von Hermann Chef der K.G.B. u.S.A. geworden war, legte er im Juli 1855 dem Finanzministerium einen Plan für die Veröffentlichung der Untersuchungsergebnisse vor, in dem 113 farbige geologische Karten auf der Grundlage des großen Atlas von Bayern im Maßstab 1:50 000 vorgesehen waren, außerdem 120 Gebirgsprofiltafeln in Schwarzdruck und 12 Bände Beschreibungen. Die Gesamtkosten wurden auf 67 000 Gulden geschätzt. Bei einer Auflage von 200 Exemplaren hätte dies 336 Gulden pro Exemplar bedeutet. Dabei wurde vorgeschlagen, die Finanzierung auf 18 Jahre zu verteilen. – Das Finanzministerium lehnte diesen Plan ab, weil seine Verwirklichung als zu teuer erschien und verlangte, dass die Kosten für die Publikation aus dem Gesamtetat von 5000 Gulden pro Jahr bestritten werden sollten. So mussten neue Vorschläge unterbreitet werden.

Ein zweiter Plan vom Oktober 1855 sah vor, die Resultate mit einer bloßen geognostischen Übersichtskarte zu veröffentlichen. Wer Details wünschte, sollte gegen Entrichten bestimmter Gebühren Kopien von den in Reinzeichnung erstellten Karten erhalten. Mit diesem Plan verband v. Hermann den Vorschlag, die bislang bestehende Geognostische Kommission aufzulösen, da sich gezeigt habe, dass sie der Sache nicht förderlich gewesen sei und man dadurch außerdem 600 Gulden pro Jahr hätte einsparen können. Erst im März 1856 willigte der König in dieses reduzierte Publikationsprogramm ein und bestimmte, dass in Zukunft die Generaladministration allein für die geognostische Landesaufnahme zuständig sein sollte. – Am 7. Juni 1856

Abb. 7. Legende für die Kolorierung der Detail-Blätter, entworfen 1851/52 von C. W. Gümbel.

schloss v. Hermann einen Vertrag mit Justus Perthes in Gotha, geognostische Übersichtskarten auf der Grundlage der Terrainkarte von Bayern des Kgl. Generalquartiermeisterstabs in 15 Blättern im Maßstab 1:250 000 herzustellen. Als Gümbel davon erfuhr, meldete er am 30. Juni 1856 entschiedenste Bedenken gegen den allzu kleinen Maßstab 1:250 000 an und stellte fest, dass dieser für praktische Zwecke unbrauchbar sei.

Im Dezember 1856 entwickelte Gümbel einen neuen Plan, nach welchem er 40 geognostische Karten auf Atlasblättern 1:50 000 veröffentlichen wollte, während der übrige Teil des Landes nun doch mit Karten im Maßstab 1:250 000 oder 1:100 000 darzustellen gewesen wäre. Dieser Plan scheiterte am Verlag Perthes, der die Kupferplatten zur Herstellung der Schwarzdrucke der Karten benötigt hätte, die jedoch vom Generalquartiermeisterstab nicht herausgegeben wurden.

Am 21. März 1857 verfasste Gümbel einen Bericht für die General-Administration, der an das Finanzministerium ging. Darin führte er aus, dass zur Darstellung der geognostischen Untersuchungsergebnisse eine Karte im Maßstab 1:100 000 am zweckmäßigsten sei. Es hatte sich jedoch herausgestellt, dass die vorhandenen Landgerichts-Übersichtskarten sich nicht als Grundlage für die Darstellung der geognostischen Verhältnisse eigneten. Dies führte zum Entschluss, eine neue Karte im Maßstab 1:100 000 herzustellen. Zur Einsparung größerer Kosten sollte die Karte ohne Terrainzeichnung bleiben, dafür aber eine sorgfältige Darstellung des Gewässernetzes und sämtliche Straßen und Wege enthalten, um allen an eine geognostische Detailkarte zu stellenden Forderungen vollständig zu entsprechen. Dadurch konnte auf die Veröffentlichung von geognostischen Karten auf Atlasblättern verzichtet werden. Das Finanzministerium genehmigte daraufhin einen neuen Vertrag mit Perthes nach Gümbels Vorstellungen, der sich als eine ideale Lösung erwies.

Noch vor dem Erscheinen von Karten aus der Landesaufnahme wurde Gümbel beauftragt, eine geognostische Übersichtskarte des Landes herauszubringen. Dabei konnte er sich auf seine handgezeichnete und kolorierte Karte von 1845 stützen und auf eine Reihe von inzwischen erschienenen geognostischen oder geologischen Karten anderer Geologen zurückgreifen.

Die erste gedruckte Geognostische Karte des Königreichs Bayern und der angrenzenden Länder im Maßstab 1:500 000 trägt die Jahreszahl 1858 und ist von C. W. Gümbel, nach vielfältigen Vorarbeiten, in der »Literarisch artistischen Anstalt von der J. G. Cotta'schen Buchhandlung« in München veröffentlicht worden. Auf dieser Karte hat Gümbel sorgsam die vielen Geologen vermerkt, deren Vorarbeiten er zu Hilfe nehmen konnte. Diese Übersichtskarte besteht aus 4 Teilblättern.

Im Frühjahr 1862 erschien, etwas verspätet, der 1. Band der Geognostischen Beschreibung des bayerischen Alpengebirges und seines Vorlands bei Perthes in Gotha, der 950 Seiten, 34 Abbildungen, 42 Tafeln, 5 geognostische Karten im Maßstab 1:100 000 (I. Lindau, II. Sonthofen, III. Werdenfels, IV. Miesbach, V. Berchtesgaden) und ein Blatt Gebirgsansichten umfasste. Die Auflage dürfte nicht hoch gewesen sein. Vertragsgemäß musste die K.G.B. u.S.A. 200 Exemplare abnehmen, zu dem von der Verlagshandlung festgesetzten Ladenpreis von 56 Gulden. Der größte Teil der angekauften Exemplare wurde mit ministerieller Genehmigung an Staatsministerien und Behörden verkauft, jedoch 113 Exemplare zu einem reduzierten Abgabepreis von 25 Gulden. Ein Teil diente zu Ehrengeschenken für wissenschaftliche Anstalten und verdiente Persönlichkeiten. Dadurch entstand der K.G.B.u.S.A. am Ende der Verkaufs- und Verteilungsaktion ein Defizit von 5631 Gulden.

Bereits 1868 folgte der 2. Band als Geognostische Beschreibung des Ostbayerischen Grenzgebirges oder des Bayerischen und Oberpfälzer Waldgebirges mit 968 Seiten, 169 Abbildungen, 16 Tafeln und 5 geognostischen Karten 1:100 000 (VI. Regensburg, VII. Passau, VIII. Erbendorf, IX. Cham und X. Waidhaus-Zwiesel)[44] sowie ein Blatt »Gebirgsformen aus dem Oberpfälzer und Bayerischen Waldgebirge«, ebenfalls bei Perthes in Gotha herausgegeben. – Eine Übersicht zu den Karten der Geologischen Landesaufnahme von Bayern 1:100 000, die zwischen 1851 und 1934 durchgeführt wurde, zeigt Abb. 8.

Im Jahre 1879 kam dann, als 3. Band, die Geognostische Beschreibung des Fichtelgebirges mit dem Frankenwalde und dem westlichen Vorland heraus, mit 698 Seiten, 88 Abbildungen, 35 farbigen Schliffabbildungen, 2 geognostischen Karten 1:100 000 (XI Münchberg und XII Kronach) und ein Blatt Gebirgsansichten. Erschienen ist dieser Band ebenfalls bei Perthes in Gotha.

Erst 1891 konnte Gümbel den 4. Band seiner geognostischen Landesaufnahme als »Geognostische Beschreibung der Fränkischen Alb (Frankenjura) mit dem anstoßenden Fränkischen Keupergebiete« herausbringen. Darin ist je ein Beitrag von L. v. AMMON über die Gliederung der Malmschichten in Franken und von L. v. AMMON & H. THÜRACH über Verwerfungen im nördlichen Bayern enthalten. Dazu gehören 5 geognostische Karten 1:100 000: (XIII Bamberg, XIV Neumarkt, XV Ingolstadt, XVI Nördlingen und XVII Ansbach) und außerdem noch eine »Uebersichtskarte der Ver-

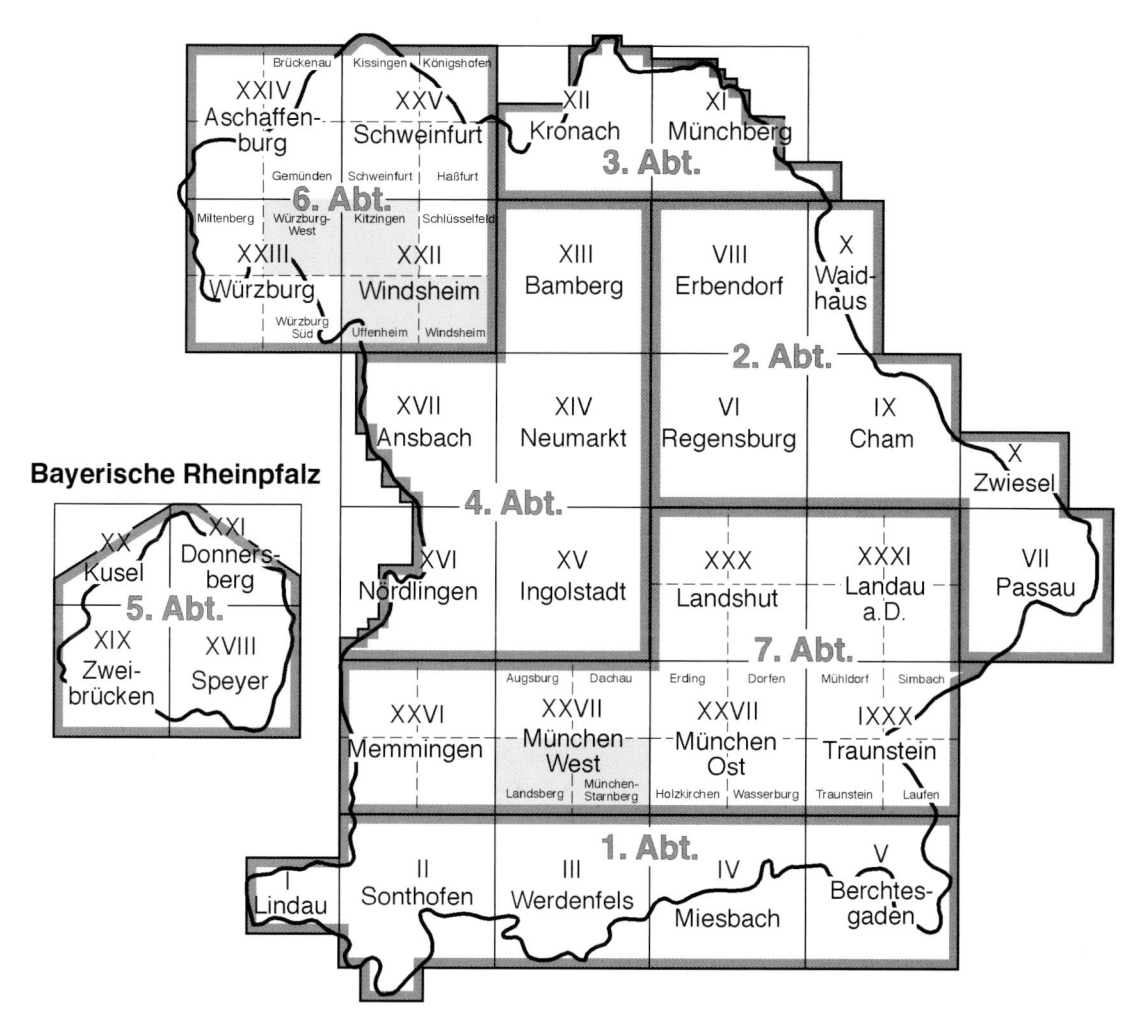

Abb. 8. Übersicht der Geologischen Landesaufnahme von Bayern 1:100 000, Aufnahme zwischen 1851 und 1934, erschienen 1861–1934 in 7 Abteilungen.
Abteilungen 1–4: C. W. GÜMBEL (1861, 1868, 1879, 1891).
Abteilung 5, Bayerische Rheinpfalz: C. W. v. GÜMBEL (1897); L. v. AMMON, O. M. REIS, LEPPLA & THÜRACH (1909).
Abteilung 6, Ausgabe in Teilblättern. Teilblatt Würzburg-W: O. M. REIS & M. SCHUSTER (1927). Teilblatt Kitzingen: M. SCHUSTER & H. NATHAN (1934). Teilblatt Uffenheim: M. SCHUSTER (1926). Teilblatt Windsheim: H. ARNDT (1932).
Abteilung 7, Ausgabe in Teilblättern. Teilblatt Landsberg: J. KNAUER (1929). Teilblatt München-Starnberg: J. KNAUER (1931).

breitung Jurassischer u. Keuperbildungen im nördlichen Bayern« 1:500 000, an der auch L. v. AMMON und H. THÜRACH beteiligt waren. Der 4. Band und die Karten wurden bei Fischer in Kassel verlegt.

Aus dem Briefverkehr von Gümbel und Perthes

Um dem ins Auge gefassten Werk eine würdige Ausstattung zu geben, schloss die K.G.B.u.S.A. mit Justus Perthes einen Vertrag, welcher dem Verleger die Herstellung von ganz neuen Karten 1:100 000 übertrug, die zu zeichnen, zu stechen und mittels eines aufwendigen Farbendrucks herzustellen waren. Dazu waren für die Bayerischen Alpen ein Blatt Gebirgsansichten und ein umfangreicher Erläuterungsband mit zahlreichen Abbildungen und 300 geologischen Gebirgs-Profilen vorgesehen. Die Geographische Anstalt Justus Perthes in Gotha hatte sich bereits durch die Herausgabe ähnlicher Werke einen Namen gemacht. Trotzdem bedeutete dieser Auftrag für den Verleger eine große Herausforderung. Zwischen dem Autor Gümbel in München und dem Verleger Perthes in Gotha gab es immer wieder Fragen zu beantworten und Probleme zu lösen, was in zahlreichen Briefen überliefert ist. Hier kann nur auf den Inhalt einiger weniger Briefe eingegangen werden, die zwischen 1857 und 1865 geschrieben worden sind.

Am 7. April 1857 wurde Gümbel vom Verlag Perthes der Erhalt von Zeichnungsproben für die geognostischen Karten der Alpen bestätigt. Mit der Zeichnung des Herrn Gronen sei man zufrieden. Sie sollte dem Stecher, zusammen mit dem Entwurf, als Vorlage dienen. Man erklärte sich einverstanden, dass die Waldbezeichnung auf der Karte nicht erscheinen sollte. Perthes bat, die »*photographisch ergänzte Karte*« behalten zu dürfen.

Am 26. November 1858 verfasste Justus Perthes einen ausführlichen Brief an den Kgl. Bergmeister Gümbel, in dem berichtet wurde, dass alle 5 Karten-

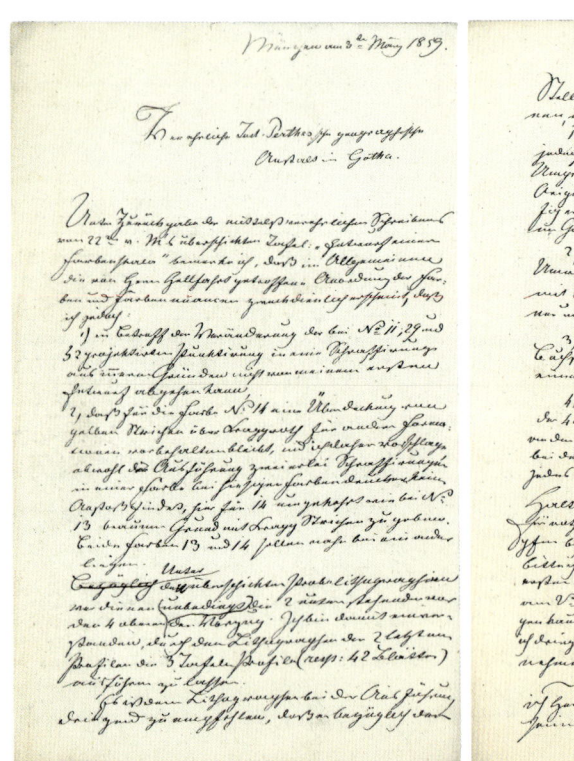

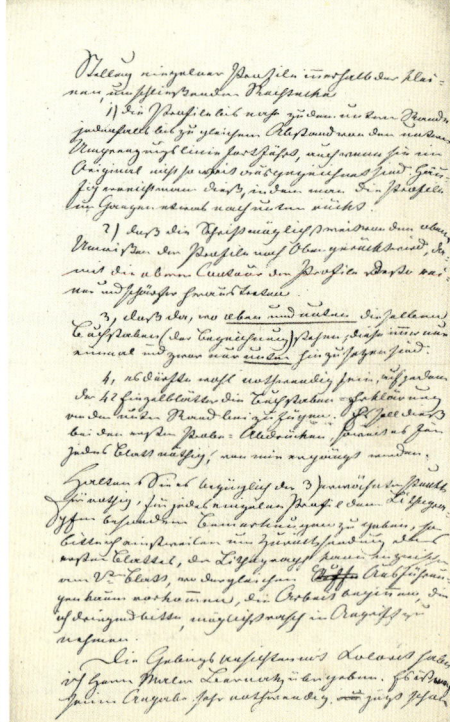

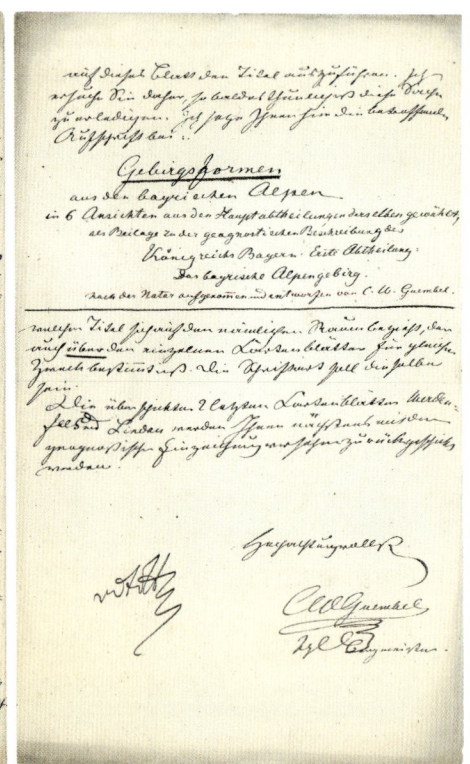

Abb. 9. Brief von C. W. Gümbel an die Justus Perthessche Geographische Anstalt in Gotha vom 3. Mai 1859.[46]

blätter der Alpen in Bearbeitung seien. Zunächst musste der Situationsstich durchgeführt werden (Gewässernetz, Ortschaften, Straßen), dann folgte der Schriftstich. Auf Überdrucken hatte Gümbel dann die Schichtgrenzen und die Schichtbezeichnungen einzutragen. Erst zum Schluss konnte der Farbendruck durchgeführt werden. Am weitesten waren die Blätter Berchtesgaden und Sonthofen fortgeschritten, an denen man, auf Gümbels Wunsch hin, Korrekturen durchgeführt hatte. Man schätzte, in 3 Monaten mit dem Schriftstich fertig zu sein und mit diesen Karten den Farbendruck beginnen zu können, wofür man nochmals 1½ bis 2 Monate ansetzte. Gümbel wurde gebeten, für die ersten beiden Blätter eine Farbenskala aufzustellen und zu liefern. Zu den vom Lithographen Bernatz ausgearbeiteten Gebirgsansichten teilte Perthes mit, dass diese noch etwas zurückgestellt, jedoch auf jeden Fall in München gedruckt werden sollten. Offenbar hatte Gümbel auf rasche Vollendung der Karten gedrängt, denn Perthes erklärte, er hätte gewünscht, rascher mit den Karten voranzukommen, doch habe er trotz allen Treibens nicht mehr erreichen können.

Am 13. Januar 1859 beantwortete Gümbel einen Brief von Perthes vom 10. Januar, den er mit Ermächtigung des Vorstands der K.G.B.u.S.A., Staatsrat v. Hermann, geschrieben hatte. Gümbel konnte

Perthes 3 Profiltafeln mit Alpenprofilen in Originalzeichnung senden. Außerdem fügte er der Sendung die geognostischen Kartenblätter Berchtesgaden, Miesbach und Sonthofen bei. Zu den 3 Profiltafeln teilte Gümbel seine Überlegungen mit, in welchem Format sie dem Textband am besten beigegeben werden sollten. Es wäre eine Aufteilung der 3 Tafeln in 9 Streifen möglich gewesen, doch hätte man dann Falttafeln in den Text einbinden müssen, was Gümbel nicht gefallen hätte. Gefaltete Zeichnungen hielt er für missliche Dinge, die er vermeiden wollte. Er sprach sich deshalb für eine Aufteilung der Tafeln in 45 einzelne Blätter aus.[45]

Gümbel legte Perthes außerdem eine Kreidezeichnung von Bernatz bei, die zeigen sollte, wie sich der Künstler die Gestaltung der Alpenprofile vorstellte. Gümbel hielt diese Manier jedoch für Profile nicht für tauglich. Er konnte auch noch zwei Probeabdrucke der Gebirgsansichten hinzufügen, über die er sich sehr lobend äußerte. Gümbel schrieb, dass er aufs Vollkommenste mit dieser Arbeit zufrieden sei, die durch die noch fehlende Farbgebung mittels einer Tonplatte noch ein wesentlich schöneres Aussehen gewinnen würde. – Zuletzt erwähnte Gümbel, dass er 30 Originalentwürfe zu Holzschnitten der Sendung ebenfalls noch beifügen würde, die in den Textband eingedruckt werden sollten.

In einem weiteren ausführlichen Brief vom 3. Mai

Anmerkungen

1 C. J. E. Freiherr von Schwerin (Königl. Bayer. Kämmerer, Wirklicher Geheimer Rat und Ritter des Verdienstordens der Bayerischen Krone) bekennt in seinem Buch »Geognostische Profile« von 1829, dass er über mehr als 40 Jahre hin bestrebt gewesen sei, den Aufbau der Erdrinde zu ergründen. Dabei interessierten ihn besonders die Landstriche zwischen dem Tal der Weichsel im Osten und dem Canal de la Manche im Westen, im Norden von der Nord- und Ostsee ausgehend bis an die Karpaten und einschließlich der Alpen im Süden. Er glaubte, dass ihm bei seinen Nachforschungen in diesem ausgedehnten Gebiet nur wenige interessante Beobachtungspunkte entgangen seien und sah die Notwendigkeit, zunächst die großen Zusammenhänge der Gebirge zu erfassen und Profile aufzunehmen. Seiner Darstellung von 1829, die er auf Reisen in Frankreich und der Schweiz gewonnen hatte, wollte er eine zweite, über die geognostischen Verhältnisse von Süddeutschland und besonders von Bayern folgen lassen. Eine dritte Arbeit hätte den interessantesten Gebirgsgegenden des nördlichen Deutschlands, Schlesiens und Polens gelten sollen. – Dazu ist es offenbar nicht mehr gekommen. Freiherr von Schwerin erinnert in seinem Streben und in seiner Arbeitsweise an Leopold von Buch. – Als von Schwerin gestorben war und seine offenbar bedeutende Sammlung zum Verkauf stand, empfahl die K.G.B.u.S.A. dem Finanzministerium, diese Sammlung aufzukaufen.

2 Joseph Friedrich Weiß, geboren am 17. Mai 1783 in Pähling bei Deggendorf, war zuerst Geometer im Militärisch-topographischen Bureau in München, nahm 1805 am Feldzug nach Tirol teil, trat 1815 als Hauptmann und Adjutant des Kaisers in den russischen Generalstab und machte den Französischen Feldzug mit. Er kehrte 1817 als Ingénieur géographe in den bayerischen Dienst zurück und brachte 1820 sein Buch »Süd-Bayerns Oberfläche nach ihrer äußern Gestalt« heraus, das er dem Königl. baierischen Kämmerer, Ludwig Graf von Arco widmete. Weiß starb am 21.11. 1825.

3 Geheimrat Karl Caesar von Leonhard wurde 1818 Professor der Mineralogie und Geologie in Heidelberg und war Begründer des Taschenbuchs für Mineralogie, das im heutigen Neuen Jahrbuch für Mineralogie, Geologie und Paläontologie noch besteht.

4 Mit »Fossilien« sind hier in erster Linie Mineralien und Gesteinsproben gemeint.

5 Bergmeister Huber vom Kgl. Berg- und Hüttenamt Fichtelberg berichtete an seine vorgesetzte Dienststelle am 7. August 1829 über die Schwierigkeiten bei der »Petrographierung« Folgendes: »*Von der topographischen Karte sind die Blätter Tirschenreuth und Weiden hier, andere, Bergrevier Fichtelberg berührende Blätter, werden wohl schwerlich erschienen seyn. Mit Petrographirung auf diesen Blättern wurde noch kein Anfang gemacht, und dasselbe dürfte auch nach allerunmaßgeblichster Meinung des allerunterthänigst gehorsamsten Amtes nur nach kumulativer Bereisung mit einer von der Allerhöchsten Stelle anzuordnenden der Geognosie und Mineralogie gleich kundigen Kommission geschehen. Denn der allerunterthänigst gehorsamste Berichtsteller würde sich z.B. für sich allein nicht getrauen, die an verschiedenen Orten vorkommenden schiefrigen Foßilien nach ihrem Alters und Gattungsverhältnisse zu bestimmen zu klassifiziren und anzuzeigen, und könnte sich diese um so weniger anmassen, da unser ausgezeichnet und erfahrner Geognost von Flurl selbst oft zweifelhaft war. Und im gleichen Verhältniße dürften mehrere Bergmeister stehen, die seit vielen Jahren mit ganz andern Studien als der Mineralogie und Geognosie überhäuft waren.*«

6 In einem Bericht von Bergmeister A. Bezold vom 3. August 1829 an die oberste Bergbehörde in München heißt es »*... daß die hiesige Revier-Mineralien-Sammlung bereits ziemlich vollständig die Formationen des älteren Flötzkalkes und bunten Sandsteines, dann des Basaltes und Porphires sowie des Urgebirges, mit den darin vorkommenden Einschlüßen, hauptsächlich des Eisens und Kupfers, enthält, welche zwar vorzugsweise in der Nähe, soviel es aber immer anging auch aus der Entfernung, herbeygeholt wurden. – Die ganze Sammlung besteht zur Zeit aus 270 Exemplaren von einem 3 und 4 Zoll großen Format, sämmtlich geordnet, in pappdekelnen Kästchen aufgestellt und mit Etiketten versehen, so daß sie schon jetzt sowohl für Praktikanten als Freunde ein ziemlich übersichtliches und lehrreiches Ganzes bildet. – Außerdem sind auch noch verschiedene Hüttenprodukte von den Probeschmelzungen der Jahre 1825 und 26 aufgestellt.*«

7 Den Auftrag zur geognostischen Beschreibung Frankreichs hatte der Gelehrte Brochant de Villiers, Mitglied der Oberen Bergwerksbehörde erhalten. Er wählte dazu als Gehilfen die Bergwerks-Ingenieure Elie de Beaumont und du Fresnoy und unternahm mit ihnen, unterstützt durch die Königliche Regierung, zunächst eine sechsmonatige Reise nach England, um dort, anhand vortrefflicher geognostischer Karten, in der Beurteilung der geologischen Verhältnisse mit seinen Begleitern zu völlig gleichen Ergebnissen zu kommen. Diese Reise hatte 1823 stattgefunden.

8 Man geht wohl nicht fehl, wenn man annimmt, dass Kleinschrods Erfahrungen in der ersten »Instruction« ihren Niederschlag gefunden haben, die 1851 Gümbel und seinen Gehilfen als Anleitung für die ihnen übertragene geognostische Untersuchung des Königreichs überreicht worden ist und wahrscheinlich für lange Zeit den bayerischen Geognosten als Richtschnur gedient hat.

9 Hätte die K.G.B.u.S.A. dem Vorwurf der Rückständigkeit Bayerns in der geologischen Erforschung des Landes wirksam begegnen wollen, wäre es hier angezeigt gewesen, Beispiele von bedeutsamen Veröffentlichungen zu nennen, die Kleinschrods Ansicht widerlegt hätten. Es wäre ihr ohne Weiteres möglich gewesen, eine Reihe wichtiger Arbeiten aufzuführen, wie z.B. die Veröffentlichungen von HELFRECHT (1799), VOITH (1809), FIKENSCHER (1811), von HOFF (1813), GOLDFUSS & BISCHOF (1817), WEISS (1820), KEFERSTEIN (1821, 1828) und von BUCH (1823). Dabei wäre jedoch nicht zu verbergen gewesen, wie wenig, über fast 40 Jahre hin, von staatlicher Seite dazu beigetragen worden war, den Wissensstand zur Geologie des Landes zu heben. So begnügte man sich damit, Widerspruch zur geäußerten Kritik des Oberberg- und Salinenrats Kleinschrod anzumelden und in einem

TAEPE, ZUSAMMENFLUSS DES BENUE UND FARO.
13 Juni 1851.

vorragenden Leistungen auf dem Gebiete der Wissenschaft, das Doktor-Diplom der Universität Jena. Die Königliche Akademie der Wissenschaften in München erwählte Gümbel zu ihrem außerordentlichen Mitglied und Seine Majestät der König ernannte ihn zum Professor honorarius an der Maximilians-Universität in München und außerdem zum Bergrat und Assessor der Königlichen General-Bergwerks- und Salinen-Administration.

Gümbels Alpenwerk hat mit seiner prächtigen Ausstattung auch auf der Internationalen Ausstellung (= Weltausstellung) zu London im Jahre 1862 Beifall gefunden und wurde von der Jury mit einer Medaille ausgezeichnet.

Im weiteren Verlauf seines Lebens, erfüllt von unermüdlichem Schaffen und gekrönt von der Veröffentlichung von drei weiteren Abteilungen seiner Geognostischen Beschreibung des Königreichs Bayern, stieg die Verehrung Gümbels stetig weiter. – Am 1. Januar 1889 erhielt der nunmehrige königliche Oberbergdirektor, Dr. Wilhelm Ritter von Gümbel, das Ehrenbürgerrecht der Stadt München, da er sich um die Wasserversorgung der Stadt, aus den Quellen des Mangfalltals und um den Bau der Wasserleitung, bleibende Verdienste erworben hatte.

Hohe Verehrung wurde Gümbel anlässlich seines 70. Geburtstags am 11. Februar 1893 zuteil, als ihm die Wiener Geologen eine Ehrenurkunde überreichten. Darin wird hervorgehoben, dass Gümbel, wie nur wenige Fachgenossen, in vielseitiger Art den mannigfaltigen geognostischen Erscheinungen seine Aufmerksamkeit geschenkt und die verschiedensten Zweige der Geologie gefördert hat. Außerdem brachten die Wiener Geologen ihren Dank zum Ausdruck, dass Gümbel am Ausbau der Alpengeologie als einer der umsichtigsten und kenntnisreichsten Förderer mitgewirkt hatte. Nicht weniger als 33 Wiener Fachkollegen haben diese Ehrenurkunde unterzeichnet und damit Gümbel ihre hohe Wertschätzung bezeugt.

Abb. 12. Farblithographie, gezeichnet von J. M. Bernatz nach einer Skizze von Dr. Barth, den Zusammenfluss von Benue und Faro darstellend. Diese Darstellung sandte J. Perthes an C. W. Gümbel als Muster für die Farblithographien zum Band »Geognostische Beschreibung des Ostbayerischen Grenzgebirges …«.

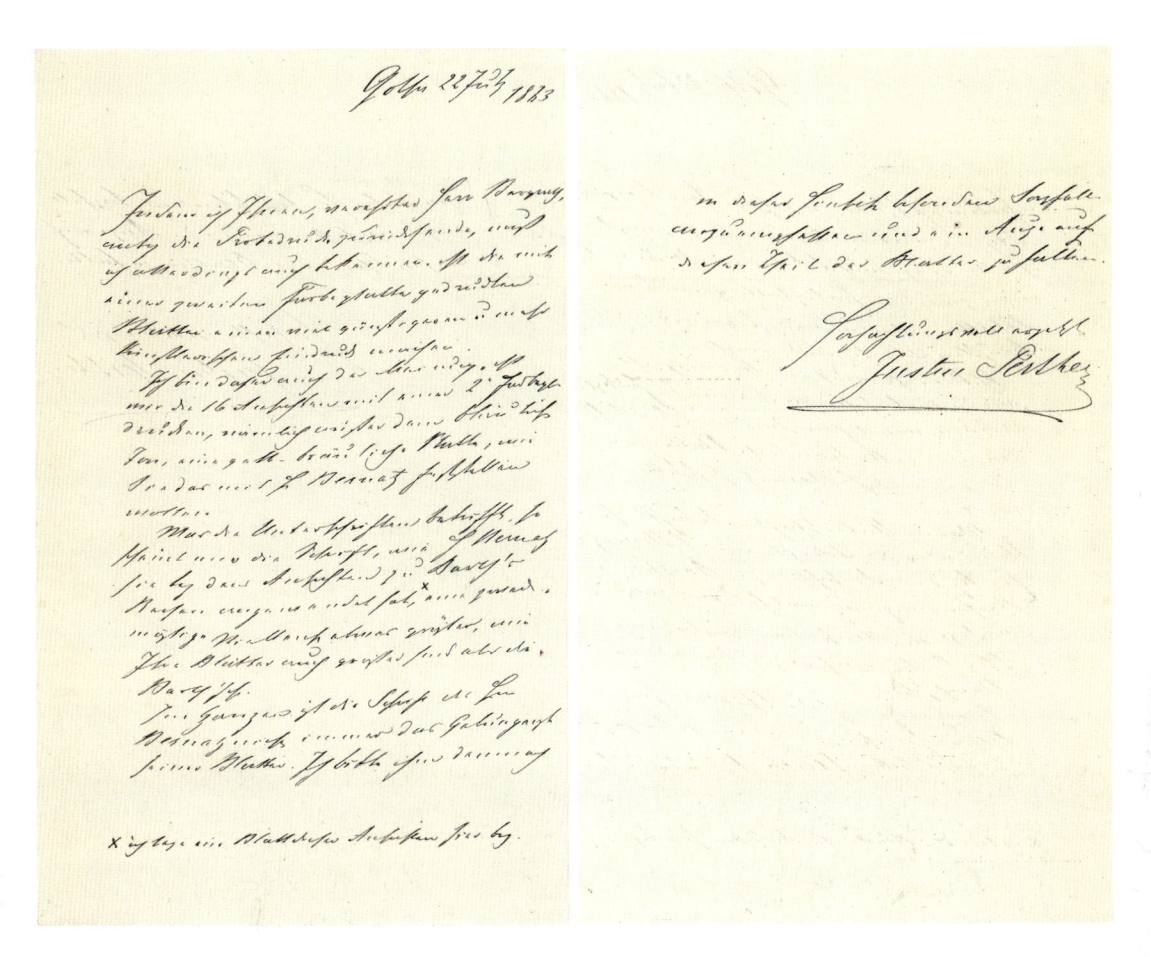

Abb. 11. Brief von Justus Perthes an C. W. Gümbel vom 22. Juli 1863.[47]

Jahre 1857 hatte die Geographische Anstalt von Justus Perthes in Gotha mit dem Druck der Karten zur ersten Abteilung, dem Alpenwerk, begonnen. Als diese Geognostische Beschreibung des bayerischen Alpengebirges mit ihren 300 Gebirgsprofilen, 5 Geognostischen Karten und einem prachtvollen Blatt von Gebirgsansichten erschien, wurde Gümbel in kurzer Zeit berühmt. – Gümbel hat dazu in einem Bericht in den Amtsakten vom Februar 1863 festgehalten, dass das Alpenwerk erst im Februar 1862 erschienen ist, da es durch verschiedene Hindernisse aufgehalten worden war. Es fand nach Gümbels Empfinden eine günstige Aufnahme und eine ehrenvolle Auszeichnung wurde dem Werk von den größten Geognosten in Deutschland zuteil. Eine besondere Ehre widerfuhr Gümbel durch ein »Allerhöchstes Signat« Seiner Königlichen Majestät vom 6. Mai 1862, nach Überreichung des Werkes. Darin stellt König Maximilian II. fest: »*Ich habe diese Vorlage für Meine Bibliothek zurückbehalten und bin wahrhaft überrascht über den Fleiß, die Genauigkeit und Geschicklichkeit, mit welcher Buch und Karten durchgeführt sind. Dem Bergmeister Gümbel ist daher eigens Meine Zufriedenheit mit seinen desfallsigen bisherigen Leistungen auszudrücken.*« – Über die Reaktion des Bergrats v. Hauer, dem Direktor der Geologischen Reichsanstalt in Wien, berichtet Gümbel, dass Hauer urteilte, dieses Werk den besten in der Neuzeit geschaffenen, ähnlichen Werken an die Seite stellen zu können. Professor Naumann in Leipzig schrieb: »*Diese Arbeiten des Bergmeisters Gümbel repräsentieren nach meinem Dafürhalten eine der bedeutendsten Erscheinungen auf dem Gebiete der neueren geologischen Literatur.*« – Im »Neuen Jahrbuch für Mineralogie, Geognosie, Geologie und Petrefaktenkunde« von BRONN & LEONHARD (Jg. 1862, S. 200–205) ist eine sehr günstige Kritik über Gümbels Alpenbeschreibung enthalten. – Das Abendblatt der Bayerischen Zeitung vom 3. und 4. Juni 1862, Nr. 138 und 139 enthielt eine längere Rede, welche der bekannte preußische Oberberghauptmann v. Dechen in Bonn vor der Niederrheinischen Gesellschaft für Natur- und Heilkunde gehalten hatte, in der er Gümbels Werk pries.

Wie Gümbel in seinem Bericht von 1863 festgehalten hat, erhielt er als Anerkennung seiner her-

1859 an Perthes (Abb. 9) ging es Gümbel vor allem um die Farbgebung der Karten, um die Darstellung der Profile und ihre Beschriftung und Erläuterung sowie um die Tafel mit den Gebirgsansichten, zu der er Perthes die Aufschrift übermittelte:

»*Gebirgsformen*
aus den bayerischen Alpen
in 6 Ansichten aus den Hauptabtheilungen derselben gewählt,
als Beilage zu der geognostischen Beschreibung des Königreichs Bayern. Erste Abtheilung:
Das bayerische Alpengebirg.
Nach der Natur aufgenommen und entworfen von C. W. Guembel.«

In einem Brief von Justus Perthes an Gümbel vom 22. Juli 1863 (Abb. 11) ging es bereits um das »Ostbayerische Grenzgebirge«. Gümbel hatte ihm Probedrucke geschickt, die er wieder zurücksandte. Dabei merkte Perthes an, dass die mit einer zweiten Farbplatte bedruckten Blätter einen viel günstigeren und mehr künstlerischen Eindruck machten. Er teilte deshalb Gümbel mit: »*Ich bin daher auch der Meinung, daß wir die 16 Ansichten mit einer 2. Farbpl. drucken, nämlich außer dem bläulichen Ton, eine gelbbräunliche Platte; wie Sie das mit H. Bernatz festhalten wollen.*« – Perthes legte seinem Brief sogar eine Farblithographie als Muster bei, die J. M. Bernatz nach einer Skizze von Dr. Barth gezeichnet hatte, die den Zusammenfluss von Benue und Faro zeigt, wie ihn Barth auf einer Afrikareise am 13. Juni 1851 erlebt hatte (Abb. 12). In der gleichen Manier sind dann die 16 kunstvollen Farblithographien für den Erläuterungsband der zweiten Abteilung geschaffen worden.

Am 14. Dezember 1865 bestätigte Perthes in einem Brief dem Bergrat Dr. Gümbel den Empfang einer Manuskriptsendung vom 11. Dezember. Er teilte weiter mit, dass mit dem Druck doch noch im Januar 1866 angefangen werden könne. Perthes schrieb, dass er sämtliche »*Holzschnitt-Chemietypien*« in der Druckerei abziehen lassen und an Gümbel senden wollte, damit sie dieser an den entsprechenden Stellen dem Manuskript beifügen könnte. Von einem geätzten Stein hatte Perthes einen Guttapercha-Abdruck gemacht. Auf diesem ließ er einen galvanischen Niederschlag herstellten und wollte später Gümbel davon Probedrucke anfertigen lassen. Er fragte bei Gümbel an, wie viele solcher Steinabdrucke in den Text kommen sollten.

Wie man aus diesen wenigen Beispielen erkennen kann, gab es viele Fragen zwischen Gümbel und Perthes, die zu klären waren, bis alles zur Zufriedenheit von Autor und Verleger geregelt war und ein neues Werk ausgeliefert werden konnte.

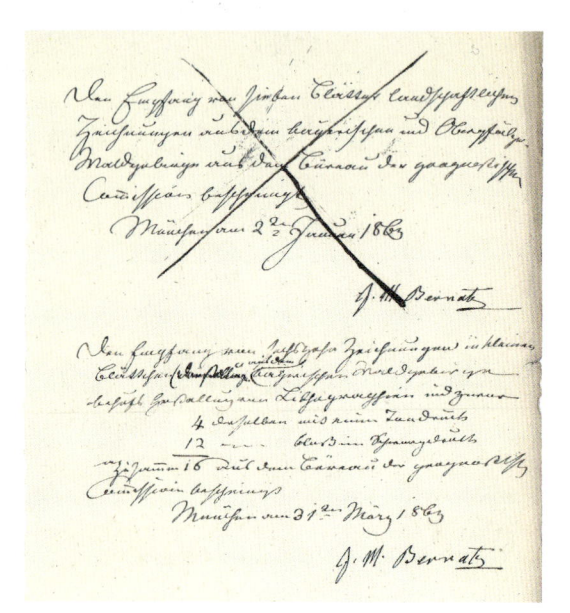

Abb. 10. Empfangsbestätigungen des Lithographen J. M. Bernatz vom 2. Januar 1863 und vom 31. März 1863, entworfen von C. W. Gümbel. Im oberen Teil des Blattes handelt es sich um einen Beleg über 7 Blätter landschaftlicher Zeichnungen aus dem Bayerischen und Oberpfälzer Waldgebirge. Im unteren Teil wird der Empfang von 16 Zeichnungen in kleinen Blättchen bescheinigt (Darstellungen aus den »*bayerischen Waldgebirgen*«), die als Vorlagen für Lithographien dienen sollen. Dabei sollen 4 in einem Tondruck und 12 nur in Schwarzdruck hergestellt werden.

Gümbel im Urteil seiner Zeitgenossen

C. W. Gümbel war in Bayern bei den Berg- und Hüttenämtern und Hauptsalzämtern bereits 1845 bekannt geworden, als die Königliche General-Bergwerks- und Salinen-Administration ihren Ämtern mitteilte, dass ihnen der Entwurf einer geognostischen Karte der sieben Kreise des Königreichs zur Verfügung gestellt werden könnte. Jene Karte war von dem Beflissenen der Bergbaukunde, Carl Wilhelm Gümbel, nach Unterlagen der obersten Bergbehörde in München gezeichnet worden und wurde von den Fachleuten mit Interesse aufgenommen. Sie stellte für den jungen Bergmann und Geologen die beste Empfehlung dar, als man zu Beginn des Jahres 1851 einen Leiter für die geognostische Landesaufnahme in Bayern suchte, den man in Gümbel in idealer Weise fand. Das allgemeine Bedürfnis nach einer guten geognostischen Übersichtskarte des Königreichs Bayern nahm in den darauffolgenden Jahren so stark zu, dass es schließlich 1858 zur Veröffentlichung einer solchen Karte im Maßstab 1:500 000 kommen musste. Niemand war dafür berufener als der kgl. bayer. Bergmeister C. W. Gümbel, der dazu alle grundlegenden geologischen und geognostischen Grundlagen benützte und deren Verfasser zur Geltung kommen ließ. Diese geognostische Übersichtskarte von Bayern hat Gümbel zweifellos weit über die Grenzen Bayerns hinaus bekannt gemacht.

Aus der Vielzahl an wissenschaftlichen Werken, die Gümbel im Laufe seines Lebens veröffentlicht hat, ragen die vier Bände der geognostischen Beschreibung des Königreichs Bayern heraus. Im

Nebensatz pauschal auf Veröffentlichungen hinzuweisen. Zugleich erinnerte man an die Reviersammlungen der Ämter und an »*höchst interessante Notizen*« in den Amtsakten, was alles quasi nur noch auf den Prinzen wartete, der es aus seinem Schlummer erlösen sollte. – Im gleichen Brief versprach die K.G.B.u.S.A., die Aufsicht über die Bibliothek und die Mineraliensammlungen ehestens an Kleinschrod zu übergeben.

10 Die Porzellan-Manufaktur gab die Auskunft, dass die vorderen Säle des Niederlagsgebäudes für die Arbeiten der Glasmaler unentbehrlich seien und dass ein Saal sowieso immer geräumt werden müsse, um dem König die fertigen Glasgemälde zu präsentieren.

11 Diese Schätzung Kleinschrods über Dauer und Kosten der geognostischen Landesaufnahme des Bayerischen Königreichs bezog sich wahrscheinlich auf eine Übersichtskarte kleinen Maßstabs, nach dem Vorbild Frankreichs.

12 Es handelte sich um Sammlungen des verstorbenen Markscheiders Euler aus Kaiserslautern.

13 In den frühen dreißiger Jahren des 19. Jahrhunderts wurden in vielen Städten Bayerns Gewerbsschulen, auch in Verbindung mit Landwirtschaftsschulen, errichtet, so z.B. in Regensburg, Nürnberg, Fürth, Erlangen, Speyer, Kaiserslautern, in denen der Jugend auch Einblick in die Naturwissenschaften vermittelt werden sollte. Um den erdkundlichen Unterricht anschaulicher zu gestalten und die geologischen Verhältnisse des Vaterlandes als Grundlage für Bergbau und Industrie demonstrieren zu können, wurden eigene Mineralien- und Gesteinssammlungen an den Schulen als sehr wichtig angesehen. Aus diesen Gewerbsschulen gingen später die Oberrealschulen hervor, die schließlich in neuerer Zeit in Gymnasien umbenannt wurden.

14 Besonders Prof. Dr. Rumpf, Konservator an der Universität Würzburg, sorgte öfter dafür, dass der K.G.B. u.S.A. und ihren Ämtern die Arbeit nicht ausging.

15 Das Kartenwerk des Königreichs Sachsen von NAUMANN & COTTA wurde von der Bergakademie Freiberg herausgegeben und erschien in den Jahren 1836 bis 1844 in einzelnen Sektionen; 1845 kam noch ein Übersichtsblatt hinzu. Für die Sektion Hof wurde ein Atlasblatt der Topographischen Karte von Bayern (1:50 000) benötigt, um das angrenzende bayerische Gebiet westlich des Meridians von Hof darstellen zu können.

16 Man hat dabei fast den Eindruck, dass das Ministerium gar nicht auf einen raschen Beginn der geognostischen Untersuchung des Königreichs eingestellt war. Wahrscheinlich hätten dafür die finanziellen Mittel nicht ausgereicht. Vermutlich vermied man es deshalb von ministerieller Seite, die K.G.B.u.S.A. zur Kartierung zu drängen. Schließlich waren das Mammutprojekt eines Ludwig-Donau-Main-Kanals und der Eisenbahnbau angelaufen und in der Münchener Ludwigstraße – treffender: Ludwigs-Straße – war der König dabei, eine Prachtstraße, flankiert mit imposanten Bauwerken wie Universität, Ludwigskirche und Staatsbibliothek anzulegen. Dadurch wurden die Staatsfinanzen stark belastet, was an anderen Stellen zu erhöhter Sparsamkeit zwang.

17 Damit hatte die K.G.B.u.S.A. angedeutet, dass durch die Beförderung Kleinschrods zum Ministerialrat sowie durch Raumnot und Geldmangel die geognostische Landesaufnahme von Bayern in weitere Ferne gerückt war. – Interessant ist hier die Anmerkung von nötigen »*Instruktionen oder Anweisungen*« für die Aufnahme einer geognostischen Karte. Damit wird die von Kleinschrod in einer Denkschrift aus dem Jahre 1829 geäußerte Idee von einem detaillierteren Untersuchungsplan wieder aufgegriffen.

18 Es handelte sich vermutlich um die »Geognostische Karte von Deutschland und den umliegenden Staaten etc.«, herausgegeben von Simon Schropp & Comp., Berlin 1826, berichtigt 1833, IV. Auflage 1834.

19 Dieser Entwurf des Oberberg- und Salinenrats Schmitz von einer geognostischen Übersichtskarte von Bayern hat vermutlich 1845 Carl Wilhelm Gümbel für seine Geologische Übersichtskarte von Bayern im Maßstab 1:500 000 zur Verfügung gestanden.

20 Hier ist sicherlich auch wieder der Arbeitsaufwand für eine geognostische Übersichtskarte von Bayern in einem kleinen Maßstab gemeint.

21 Damit lag der »Schwarze Peter« wieder beim König, der aus den Schwierigkeiten wohl auch keinen raschen Ausweg finden konnte.

22 Ignaz von Voith (*1.3.1759 in Winklarn, †11.2.1848 in Regensburg) stieg in München zum Oberstbergrat auf und war ab 1820 Gewehrfabrikant in Regensburg.

23 Es handelte sich um das Gebäude in der Ludwigstraße 16, das die Königliche General-Bergwerks- und Salinen-Administration aufnehmen sollte.

24 Zu jener Zeit zeigte sich die K.G.B.u.S.A. gegenüber dem Anliegen ihrer Bergmeister aufgeschlossener als früher, wenn sie darum baten, dass ihnen einige Tage Zeit zum Einsammeln von Gesteins- und Erzproben oder Fossilien gewährt werden sollte, wenn sie die amtlichen Sammlungen vervollständigen wollten oder Bestellungen für auswärtige Interessenten zu erfüllen hatten.

25 Zu den vorhandenen Materialien hat vermutlich auch ein Entwurf der geognostischen Übersichtskarte von Bayern gehört, die bereits 1838 durch den Oberberg- und Salinenrat Christoph Schmitz entworfen worden war. Man darf wohl annehmen, dass auch die Geognostische Karte von Deutschland vorgelegen hat, die Leopold von Buch 1843 in 5. Auflage herausbrachte, welche 24 Blätter umfasste.

26 Carl Wilhelm von Gümbel (* 11.2.1823 in Dannenfels, † 18.6.1898 in München) war der überragende Geologe, der die geognostische Landesaufnahme in Bayern erst richtig in Gang brachte und der sich vor allem mit seiner Geognostischen Beschreibung des Königreichs Bayern und den dazugehörigen Karten ein bleibendes Denkmal setzte. Gümbel erhielt viele Ehrungen und erreichte Titel wie Königl. Geheimer Rat, Oberbergdirektor, Professor und Akademiker.

27 Von den Hauptsalzämtern Traunstein und Rosenheim ist Gümbels handgezeichnete und handkolorierte »Geologische Uebersichtskarte von Bayern« bereits kurz nach der Bekanntgabe käuflich erworben worden. Im Februar 1846 ging je ein Exemplar von Gümbels Karte an das Berg- und Hüttenamt Sonthofen sowie an die Bergämter München, Amberg, Wunsiedel und Steben. Gleichzeitig wurde den Ämtern befohlen, an den Verfertiger Gümbel 6 Gulden zu bezahlen.

28 In Österreich war der geognostisch-montanistische Verein für Tirol und Vorarlberg ein sehr aktiver Verein, der bereits 1840 über mehr als 400 Mitglieder verfügte. Sie kamen aus dem Bergbau, der Wissenschaft, der Verwaltung und aus dem Adel. Der Verein hatte sich die geognostische und montanistische Erforschung auf seine Fahne geschrieben. Durch Mitgliedsbeiträge und durch außerordentliche Unterstützung des Kaiserhauses hatte der Verein 1840 mehr als 7000 Gulden an Einkünften und war in der Lage, bereits 1839 und 1840 für Kartierungen, montanistische Untersuchungen und Schürfungen an 2 angestellte Kommissäre und 2 Gehilfen 2093 Gulden auszugeben. Bei diesen Aktivitäten war es nicht verwunderlich, dass der Verein schon sehr früh geognostische Karten vorlegen konnte. Die »Geognostische Uibersichts-Karte eines Theils des Oberinnthaler Kreises« von K. SANDER (1840) hat später Gümbel für seine Kartierungen in den westlichen Alpen zwischen Wetterstein und Lechtal als Vergleich gedient, wie seine Eintragungen in einer Karte von SANDER zeigen.

29 Als Beispiele aus jener Zeit wären die folgenden Veröffentlichungen zu nennen:
SCHNITZLEIN, A. & FRICKHINGER, A. (1848), ein Werk von zwei Apothekern über die Vegetationsverhältnisse der Keuperformation in den Flussgebieten der Wörnitz und Altmühl, das mit einer instruktiven geognostisch-topographischen Karte ausgestattet ist.
BEYRICH, A. H. E. (1849) gab eine geognostische Karte der Umgegend von Regensburg heraus und verfasste dazu Erläuterungen. Er war ein Schüler von Professor Goldfuß und wurde später Professor für Geologie und Paläontologie in Berlin, schließlich Direktor der Preußischen Geologischen Landesanstalt.
SCHMIDT, Friedrich (1850), der die Gesteine der Zentralgruppe des Fichtelgebirges beschrieb und dazu eine geognostische Karte herausgab. Er stammte aus Wunsiedel, war dort Apotheker und außerdem ein eifriger Sammler und Heimatforscher.
WINEBERGER, L. (1851), der den gelungenen Versuch unternahm, eine geognostische Beschreibung des Bayerischen Waldgebirges und Neuburger Waldes mit einer beachtlichen geognostischen Karte zu verfassen. Wineberger war Forstmeister in Passau und kam 1851 als Regierungs- und Kreisforstrat nach Regensburg.
SCHAFHÄUTL, K. E. (1851) mit seiner geognostischen Untersuchung des südbayerischen Alpengebirges, ausgestattet mit einer geognostischen Karte. Er hat damals sicherlich noch nicht geahnt, wie bald diese Arbeit von seinem Schüler Gümbel in den Schatten gestellt werden sollte.

30 NAUMANN, C. F. (1797–1873) wurde 1826 Professor in Freiberg, 1842 in Leipzig und vertrat die Fächer Mineralogie und Geognosie. Er führte eine erste umfassende geognostische Landesaufnahme des Königreichs Sachsen und der angrenzenden Länder durch. Das große Kartenwerk, das er teilweise unter Mitarbeit von COTTA schuf, besteht aus 12 Sektionen, die zwischen 1836 und 1844 erschienen sind.

31 Bernhard v. Cotta, Professor der Geognosie an der Bergakademie in Freiberg, gab zunächst gemeinsam mit Naumann das geognostische Kartenwerk des Königreichs Sachsen und der angrenzenden Länder heraus (1836–1844), dessen Karten in Bayern und Österreich als beispielhaft galten. Als Fortsetzung dieses Werkes widmete sich v. Cotta der Geognosie von Thüringen und schuf eine Karte in 4 Sektionen. Diese Karten erschienen im Maßstab 1:200 000.

32 A. E. Reuss, der 1840 mit seinen »Skizzen aus Böhmen« eine sehr ansprechende handkolorierte geognostische Karte der Umgebung von Bilin und Teplitz im Maßstab von ca. 1:100 000 veröffentlichte, war fürstlich Lobkowitzscher Brunnenarzt zu Bilin und korrespondierendes Mitglied der k.k. Gesellschaft der Ärzte zu Wien und verstand es, den heilkräftigen Quellen auf den Grund zu gehen und den Gesteinsaufbau der Landschaft vorbildlich darzustellen.

33 A. von Morlot war Kommissair des geognostisch-montanistischen Vereins für Innerösterreich und das Land ob der Enns. Das heißt, er war Mitglied einer Kommission, die der Verein für die Erforschung des Landes in geognostischer Sicht, also für Geologie und Lagerstätten eingesetzt hatte. Geeignete Kommissaire waren gesuchte Leute.

34 Wilhelm von Haidinger stellte auf der Grundlage von zahlreichen Einzelarbeiten namhafter Geologen eine »Uebersichtskarte der österreichischen Monarchie« zusammen, die 1847 im Maßstab von 1:860 000 erschien. Seiner Beharrlichkeit war die Errichtung der k.k. geologischen Reichsanstalt in Wien zu verdanken, die nach dem Muster des englischen Geological Survey im Jahre 1849 gegründet wurde.

35 Bernhard v. COTTA (1850) gibt in seiner Schrift »Geognostische Karten unseres Jahrhunderts« alle ihm bekannten geognostischen oder geologischen Karten an. Von Anbeginn bis einschließlich 1849 hat er 571 Karten erfassen können.
Im Einzelnen kannte v. COTTA (1850):
  10 Karten vor 1800,
   8 sog. Generalkarten: Erde und Europa,
 219 Karten von deutschen und österreichischen Gauen und der Schweiz,
 103 Karten von Frankreich, Belgien, Spanien, Portugal und Italien,
 102 Karten von Großbritannien und Irland,
  76 Karten von Osteuropa und Skandinavien,
  53 Karten von Amerika, Asien und Afrika.
Wenn F. W. PFAFF (1899, S. 69), unter Berufung auf v. Ammon, für Bayern bis 1850 auf immerhin 17 geologische Karten kommt, zeigt dies, dass die staatliche geologische Landesaufnahme in diesem Königreich einige Grundlagen hatte, um darauf aufzubauen.

36 Weltrich wird von B. v. FREYBERG (1974) in seinem Geologischen Schrifttum über Nordost-Bayern mit einer einzigen Veröffentlichung zitiert, die 1848 erschienen ist und die unter dem Titel »Geognostische Skizze von Oberfranken« die Einteilung eines geplanten Buches bringt (Korr.-Bl. Zool.-mineral. Ver. Regensburg, **2**, 171–175; 1848). Da Weltrich bereits am 23.8.1850 gestorben ist, muss man annehmen, dass er sein geplantes Werk nicht vollenden konnte.

37 Dr. Andreas Haupt (1813–1893) hatte in Theologie und Philosophie promoviert, wurde 1836 zum Priester geweiht, ist im gleichen Jahr Religionslehrer am Gymnasium in Bamberg geworden und 1838 Professor am Lyceum. Am Lyceum befasste er sich mit Hingabe mit

dem Aufbau des Naturalienkabinetts. Von Haupt stammt eine Reihe von geowissenschaftlichen Veröffentlichungen, die er auch ohne Unterstützung durch die K.G.B.u.S.A. zuwege brachte und die zwischen 1845 und 1868 erschienen sind. Hier hat wohl die oberste Bergbaubehörde versäumt, ausreichende Erkundigungen einzuziehen und notfalls Sondermittel zu beantragen, um einen tüchtigen freiwilligen Helfer für die geognostische Landesaufnahme in Oberfranken zu gewinnen.

38 Der Auftrag des Königs an die Akademie der Wissenschaften dürfte ganz und gar nicht im Sinne der K.G.B.u.S.A. gewesen sein, da sie bis dahin allein für die geognostische Erfassung des Königreichs zuständig gewesen war. Ohne ausreichende finanzielle Mittel und ohne das nötige Personal waren ihr jedoch die Hände gebunden. – Der Auftrag an die Akademie-Mitglieder war indessen nicht mit ausreichenden finanziellen Zusagen verbunden. Die für die K. Akademie der Wissenschaften zugesagte Summe von 300 Gulden pro Jahr war gänzlich ungenügend.

39 Die Nachricht aus Wien wird in München einige Unruhe ausgelöst haben. Wollte man mit der Landesaufnahme nicht noch weiter hinter Österreich und andere fortschrittliche Länder wie Frankreich und England zurückfallen, war Eile geboten, die geognostische Untersuchung des Königreichs Bayern neu zu organisieren und wirksam in Gang zu bringen.

40 Der Beschluss ist in den Verhandlungen der Kammer der Abgeordneten 1850, Beil. Bd. II, S. 516, Referat von Hermann, Sten. Bericht Bd. IV, S. 307, S. 437 ff. festgehalten.

41 Damit war gemeint, geognostische Karten und Profile zu zeichnen.

42 Die Blätter der Steuerkatasterverwaltung erwiesen sich damals wegen ihres günstigen Maßstabs von 1:5000 und ihrer aktuellen Darstellung als am besten geeignet für die geognostische Kartierung. Diese Karten enthielten jedoch noch keine Höhenangaben, was ein genaues Arbeiten erschwerte.

43 Bei seinen Untersuchungen in der Rhön fand Gümbel zwar nicht die erhofften Bodenschätze, die man der Bevölkerung hätte nutzbar machen können. Er sah jedoch die Möglichkeit, den Bewohnern dadurch zu helfen, dass man die großen kahlen Flächen aufforstete, damit sich das Klima und die Bodenfruchtbarkeit verbesserte und man von einer Weidewirtschaft zu einer Bodenbewirtschaftung übergehen konnte.

44 Aus der Abschrift eines Vertrags, der zwischen der K. General-Bergwerks- und Salinen-Administration und Ed. Gronen, Graveur bei der K. Steuerkataster-Kommission am 15. Mai 1858 abgeschlossen worden ist, geht Folgendes hervor: unter Beisein des K. Bergmeisters Gümbel, der den Vertrag entworfen hatte, vereinbarte man mit Gronen, dass dieser die Reinzeichnung dreier Blätter als Grundlage für die Herausgabe der Geognostischen Karte von Bayern im Maßstab von 1:100000 übernimmt. Es handelte sich um die Blätter Erbendorf, Regensburg und Cham, wobei eine Summe von 350 Gulden für jedes einzelne Blatt festgelegt wurde. Es wurde außerdem beschlossen, dass die Blätter innerhalb von achtzehn Monaten fertigzustellen waren. Gronen hatte sich dabei in der Schriftart sowie in den Gewässer-, Straßen-, Berg- und Ortsbezeichnungen nach dem Beispiel des Blattes Berchtesgaden zu richten, das als Muster dienen sollte. Als Grundlage dienten dem Graveur die Landgerichts-Übersichtskarten, mit Ausnahme der Orte, die man als auszulassende kenntlich gemacht hatte. Außerdem sollten aus den Atlasblättern des Topographischen Bureaus Einzelheiten übernommen werden. Für die auf den Karten fehlenden Anteile des Auslands wurden die entsprechenden Blätter des k.k. Militär-Atlas im Maßstab von 1:144000 festgelegt.

45 Letzten Endes wurden aus den auf 3 Tafeln entworfenen Alpenprofilen nicht 45, sondern nur 42 Einzelblätter gezeichnet, die dem Alpenband angefügt sind. Einige Profile erschienen innerhalb des Textes als Abbildungen. Es dürfte zu den größten Seltenheiten gehören, einen Originalband von Gümbels Geognostischer Beschreibung des Bayerischen Alpengebirges zu finden, in dem die Alpenprofile in sorgfältiger Handkolorierung vorliegen, wie in dem Band, der als Vorlage für den Nachdruck gedient hat.

46 Transkription der ersten Seite des Briefes von C. W. Gümbel an Perthes in Gotha:

München am 3ten May 1859.

Verehrliche Just. Perthes'sche geographische Anstalt in Gotha.

Unter Zurückgabe der mittelst verehrlichen Schreibens vom 22ten v. M's überschickten Tafel: »Entwurf einer Farbenskala« bemerke ich, daß im Allgemeinen die von Herrn Hellfahrt getroffene Anordnung der Farben und Farbnuancen zweckdienlich erscheint, daß ich jedoch:
1) in Betreff der Veränderung der bei N° 11, 29 und 32 projektirten Punktirung in eine Schraffirung aus inneren Gründen nicht von meinem ersten Entwurf abgehen kann,
2) daß für die Farbe N° 14 eine Überdeckung von gelben Strichen über Krapproth für andere Formationen vorbehalten bleibt, und ich daher vorschlage, obwohl die Ausführung zweierlei Schraffirungen in einer Farbe bei hiesigen Farbendruck keinen Anstoß findet, hier für 14 umgekehrt wie bei N° 13 braunen Grund mit Krapp Strichen zu geben. Beide Farben 13 und 14 sollen nahe beieinander liegen.
Unter den überschickten Probelithographien verdienen die 2 unten stehenden vor den 4 oberen unbedingt den Vorzug. Ich bin damit einverstanden, durch den Lithographen der 2 letzten Profile die 3 Tafel-Profile (resp: 42 Blätter) ausführen zu lassen.
Es ist dem Lithographen bei der Ausführung dringend zu empfehlen, daß er bezüglich der …

47 Transkription eines Briefes von J. Perthes an C. W. Gümbel:

Gotha 22 July 1863

Indem ich Ihnen, verehrter Herr Bergrath, anbey die Probedrucke zurücksende, muß ich allerdings auch bekennen, daß die mit einer zweiten Farbplatte gedruckten Blätter einen viel günstigeren u. mehr künstlerischen Eindruck machen. Ich bin daher auch der Meinung, daß wir die 16 Ansichten mit einer 2. Farbpl. drucken, nämlich außer dem bläulichem Ton, eine gelb-bräunliche Platte; wie Sie das mit H. Bernatz feststellen wollen.
Was die Unterschriften betrifft, so scheint mir die Schrift, wie H. Bernatz sie bey den Ansichten zu Barth's Reisen

angewendet hat, * *eine zweckmäßige vielleicht etwas größer, wie Ihre Blätter auch größer sind als die Barth'schen. Im ganzen ist die Schrift des Herrn Bernatz nicht immer das Gelungenste seiner Blätter. Ich bitte ihm demnach in dieser Hinsicht besondere Sorgfalt anzuempfehlen und ein Auge auf diesen Theil der Blätter zu halten.*

Hochachtungsvoll ergebenst
Justus Perthes

* *ich lege ein Blatt dieser Ansichten hier bey.*

Danksagung

Was die Geschichte des Bayerischen Geologischen Landesamtes betrifft, verdankt der Verfasser seinem Kollegen Dr. Horst Frank vielfältige Anregungen und Anstöße. Frau Elsa Bläbst hat viele hundert Transkriptionen von Dokumenten aus historischen Akten des Bayerischen Geologischen Landesamts ins Reine geschrieben und dabei eine wichtige Vorarbeit auch für diesen Beitrag geleistet. Ihr ist auch die Reinschrift des Manuskripts zu verdanken. Herr Paul Maucher hat wichtige Literatur und historische Angaben beigesteuert.

Literatur

ALBERTI, F. V. (1834): Beitrag zu einer Monographie des Bunten Sandsteins, Muschelkalks und Keupers, und die Verbindung dieser Gebilde zu einer Formation. – 366 S., 1 Tab., 2 Taf.; Stuttgart und Tübingen.

AMMON, L. v. (1899): Wilhelm von Gümbel. – Geognostische Jahreshefte [für 1898], **11**. Jg.: 1–37, 2 Abb.; München.

AMMON, L. v., REIS, O. M., LEPPLA, [A.] & THÜRACH, [H.] (1909): Geognostische Karte des Königreichs Bayern (1:100 000), Fünfte Abteilung: Die Bayerische Rheinpfalz. – München (Geognostische Abteilung des kgl. bayer. Oberbergamtes).

ARNDT, H. (1932): Geognostische Karte von Bayern 1:100 000 (Sechste Abteilung), Blatt Windsheim (Nr. XXII), Teilblatt Windsheim. – München (Geologische Landesuntersuchung am Oberbergamt).

— (1951): Festrede zur Geschichte des Bayerischen Geologischen Landesamtes. – Geologica Bavarica, **6**: 7–15; München.

BAYERISCHE STAATSBIBLIOTHEK [Hrsg.] (1988): Cartographia Bavariae – Bayern im Bild der Karte. – Ausstellungskataloge, **44**: 431 S., 309 Abb.; Weißenhorn in Bayern (A. H. Konrad).

BAYERISCHES GEOLOGISCHES LANDESAMT [Hrsg.] (1992): Von Mathias von Flurl's »Beschreibung der Gebirge« zur modernen geowissenschaftlichen Landesaufnahme in Bayern 1792–1992. Verdeutlicht am Beispiel: Datenhandbuch der Böden Bayerns. – 51 S., 12 Abb., 4 Tab.; München.

BEYRICH, A. H. E. (1849): Erläuterungen zu der geognostischen Karte der Umgegend von Regensburg. – Z. Dtsch. Geol. Ges., **1**, 1849: 411–423, 1 geol. Kt. auf Taf. 5; Berlin.

BUCH, L. v. (1823): Über die Lagerungsverhältnisse der Kalkschichten mit Fisch-Abdrücken und über den Dolomit im Frankenlande. – Leonhards Taschenbuch, **18**: 239-260; Frankfurt/M.

— (1828): Einige Bemerkungen über die Alpen in Baiern. – Abh. K. Akad. d. Wiss., 12 S., 1 Profiltaf.; Berlin.

COTTA, B. (1850): Geognostische Karten unseres Jahrhunderts. – 60 S.; Freiberg (J.G. Engelhardt).

FIKENSCHER, M. G. W. A. (1811): Beiträge zur genauen Kunde der Königlich-Baierischen Monarchie. – Bd. 1 (Statistik des Fürstenthums Bayreuth): XXXII +375 S.; München (J. Giel).

FLURL, M. V. (1792): Beschreibung der Gebirge von Baiern und der oberen Pfalz. Ergänzt durch die akademische Rede: Uiber die Gebirgsformationen in den dermaligen Churpfalzbaierischen Staaten (1805). – XIV + 315 + 40 + 48 S. Anh., 4 Taf., 1 geol. Karte; München 1992 (G. Lehrberger).

FREYBERG, B. V. (1974): Das geologische Schrifttum über Nordost-Bayern (1476–1965). Teil I: Bibliographie. – Geologica Bavarica, **70**: 467 S., 1 Abb.; München.

— (1974): Das geologische Schrifttum über Nordost-Bayern (1476–1965). Teil II: Biographisches Autoren-Register. – Geologica Bavarica, **71**: 177 S.; München.

GOLDFUSS, D. A. & BISCHOF, D. G. (1817): Physikalisch-statistische Beschreibung des Fichtelgebirges. – Bd. **I**: VIII + 328 S., 1 Taf.; Bd. **II**: VIII + 270 S., 1 Kt.; Nürnberg (Stein'sche Buchhandlung).

GÜMBEL, C. W. (1861): Geognostische Beschreibung des bayerischen Alpengebirges und seines Vorlandes. – Erste Abt.: 950 S., 34 Abb., 42 Taf., 5 Kt., 1 Tafel-Beil.; Gotha (J. Perthes).
[5 Blätter der geognostischen Karte des Königreichs Bayern 1:100 000: I. Lindau, II. Sonthofen, III. Werdenfels, IV. Miesbach, V. Berchtesgaden, 1 Blatt Gebirgsansichten.]

— (1868): Geognostische Beschreibung des ostbayerischen Grenzgebirges oder des bayerischen und oberpfälzer Waldgebirges. – In: Geognostische Beschreibung des Koenigreichs Bayern. – Zweite Abt.: 968 S., 169 Abb., 16 Taf., 5 Kt., 1 Taf.-Beil.; Gotha (J. Perthes).
[5 Blätter der geognostischen Karte des Königreichs Bayern 1:100 000: VI. Regensburg, VII. Passau, VIII. Erbendorf, IX. Cham, X. Waidhaus-Zwiesel, 1 Taf.-Beil. »Gebirgsformen aus dem Oberpfälzer- und Bayerischen Waldgebirge«.]

— (1877): Die geognostische Durchforschung Bayerns. Rede in der öffentlichen Sitzung der k. Akademie der Wissenschaften am 28. März 1877 zur Feier ihres einhundert und achtzehnten Stiftungstages. – 80 S.; München.

— (1879): Geognostische Beschreibung des Fichtelgebirges mit dem Frankenwalde und dem westlichen Vorlande. – In: Geognostische Beschreibung des Königreichs Bayern. – Dritte Abt.: 698 S., 88 Abb., 12 Taf. mit 35 Abb., 2 Kt., 1 Taf.-Beil.; Gotha (J. Perthes).
[2 Blätter der geognostischen Karte des Königreichs Bayern 1:100 000: XI. Münchberg, XII. Kronach, 1 Taf.-Beil. »Gebirgsformen aus dem Fichtelgebirge und Frankenwalde in 6 Ansichten«.]

GÜMBEL, C. W. v. (1891): Geognostische Beschreibung der Fränkischen Alb (Frankenjura) mit dem anstoßen-

den fränkischen Keupergebiete. – In: Geognostische Beschreibung des Königreichs Bayern. – Vierte Abt.: 763 S., 111 Abb., 6 Kt.; Kassel (Th. Fischer).
[5 Blätter der geognostischen Karte des Königreichs Bayern 1:100 000: XIII. Bamberg, XIV. Neumarkt, XV. Ingolstadt, XVI. Nördlingen, XVII. Ansbach, 1 geol. Übersichtskarte 1:500 000. Der Textband enthält Beiträge von Dr. von Ammon und Dr. Thürach.]

- (1897): Kurze Erläuterungen zu dem Blatte Speyer (No. XVIII) der geognostischen Karte des Königreichs Bayern. – 77 S., 1 geognostische Karte 1:100 000; Cassel.

HELFRECHT, J. Th. B. (1799): Versuch einer geognostisch-mineralogischen Beschreibung des Fichtelgebirges. – XXXVIII + 268 S., 6 Taf.; Hof.

HOFF, K. E. A. v. (1813): Beschreibung des Thonschiefer- und Grauwackengebirges im Thüringer- und Frankenwalde nebst einigen Bemerkungen in Betreff der Übergangsformation überhaupt. – Leonhards Taschenbuch, 7: 135–186, 1 geol. Kt.; Nachtrag ebenda: 294–295; Frankfurt/ M.

HOFFMANN, A. (1835): Grundlinien zu einer Geschichte des fränkischen Keuper-Gebirges im mittleren Main-Gebiete. – 47 S.; Würzburg (F. E. Thein).

KEFERSTEIN, C. (1821): Darstellung der allgemeinen geognostischen Verhältnisse von Teutschland. – Teutschland, geognostisch-geologisch dargestellt und mit Charten und Durchschnittszeichnungen erläutert. Eine Zeitschrift in freien Heften herausgegeben von Ch. Keferstein, I. Theil, 1. und 2. Heft: 1–252, 6 Taf. (einschließl. geogn. Karte von Bayern); Weimar.

- (1828): Mineralogisch-statistisch-geographische Beschreibung von Teutschland. – Teutschland geognostisch-geologisch dargestellt und mit Charten und Durchschnittszeichnungen erläutert. Eine Zeitschrift in freien Heften herausgegeben von Ch. Keferstein, 5. Band, II. Heft: 185–423; Weimar.

KITTEL, M. B. (1840): Skizze der geognostischen Verhältnisse der nächsten Umgegend Aschaffenburgs. – 63 S., 1 Kt., 1 Taf. (Gebirgsdurchschnitte); Aschaffenburg.

KNAUER, J. (1929): Geognostische Karte von Bayern 1:100 000 (Siebente Abteilung), Blatt München West (Nr. XXVII), Teilblatt Landsberg. – München (Geologische Landesuntersuchung des Oberbergamtes).

- (1931). Geognostische Karte von Bayern 1:100 000 (Siebente Abteilung), Blatt München West (Nr. XXVII), Teilblatt München-Starnberg. – München (Geologische Landesuntersuchung des Oberbergamtes).

KOEHNE, W. (1915): Die Entwicklungsgeschichte der geologischen Landesaufnahme Bayerns im Zusammenhang mit derjenigen des übrigen Deutschland. – Zeitschrift für praktische Geologie, 23. Jg. (1915), H.8 u. 9: 109–122; Berlin.

LEONHARD, K. C. von (1832): Die Basaltgebilde in ihren Beziehungen zu normalen und abnormen Felsmassen. – 1. u. 2. Abt.; Stuttgart.

MORLOT, A. von (1847): Erläuterungen zur Geologischen Übersichtskarte der Nordöstlichen Alpen. Ein Entwurf zur vorzunehmenden Bearbeitung der Physikalischen Geographie und Geologie ihres Gebietes. – VII + 212 S., 1 Kt., 1 Profiltaf.; Wien.

NATHAN, H. (1951): Festrede über die Persönlichkeit Carl Wilhelm von Gümbels. – Geologica Bavarica, **6**: 16–25; München.

PFAFF, F. W. (1899): Versuch einer Zusammenstellung der geologisch-mineralogischen Literatur vom Königreich Bayern. – Geognostische Jahreshefte, 12. Jg.: 1-71; München.

QUENSTEDT, F. A. (1843): Das Flözgebirge Württembergs. Mit besonderer Rücksicht auf den Jura. – VIII + 578 S.; Tübingen.

REIS, O. M. & SCHUSTER, M. (1927): Geognostische Karte von Bayern 1:100 000 (Sechste Abteilung), Blatt Würzburg (Nr. XXIII), Teilblatt Würzburg-W. – München (Geologische Landesuntersuchung am Oberbergamt).

REUSS, A. E. (1840): Geognostische Skizzen aus Böhmen. Die Umgebungen von Teplitz und Bilin und ihre geognostischen Verhältnisse. Ein Beitrag zur Physiographie des Böhmischen Mittelgebirges. – Karsten's Archiv, Bd. XI: XX + 298 S., 9 Taf., 1 geognost. Kt.

SCHAFHÄUTL, K. E. (1851): Geognostische Untersuchungen des südbayerischen Alpengebirges. – XXXII + 4 + 146 S., 2 Tab., 26 Taf., 1 Kt.; München (Literar.-artist. Anstalt).

SCHMIDT, F. (1850): Die Gesteine der Centralgruppe des Fichtelgebirgs in ihren Lagerungsverhältnissen und ihrem Vorkommen. – 39 S., 1 Taf., 1 Kt.; Leipzig (Th. Thomas).

SCHMITZ, Chr. (1843): Ueber die für die Fabriken und die Gewerbe, die Baukunst und den Handel dienlichen Mineralien des bayerischen Alpengebirges. – Kunst- u. Gewerbeblatt Polytechn. Verein f. d. Königreich Bayern, Jg. **1843**, August/Sept.: 36 S., 1 min.-petrograph. Kt.; München.

SCHNEIDER, J. (1840): Naturhistorisch-topographisch-statistische Beschreibung des hohen Rhöngebirges, seiner Vorberge und Umgebungen. – X + 355 S., 6 Abb.; Fulda (C. Müller'sche Buchhandlung).

SCHNITZLEIN, A. & FRICKHINGER, A. (1848): Die Vegetations-Verhältnisse der Jura- und Keuperformation in den Flussgebieten der Wörnitz und Altmühl. – VI + 344 S., 1 geognost.-topograph. Kt.; Nördlingen (C.H. Beck'sche Buchhandlung).

SCHUSTER, M. (1926): Geognostische Karte von Bayern 1:100 000 (Sechste Abteilung), Blatt Windsheim (Nr. XXII), Teilblatt Uffenheim. – München (Geologische Landesuntersuchung am Oberbergamt).

SCHUSTER, M. & NATHAN, H. (1934): Geognostische Karte von Bayern 1:100 000 (Sechste Abteilung), Blatt Windsheim (Nr. XXII), Teilblatt Kitzingen. – München (Geologische Landesuntersuchung am Oberbergamt).

SCHWERIN, C. J. E., Freiherr von (1829): Geognostische Profile nach eigenen Beobachtungen entworfen. – 220 S., 6 Taf.; München (Geographisches Dépôt).

STUDER, M. B. & ESCHER v. d. LINTH, A. (1853): Carte geologique de la Suisse. – Winterthur.

VEREIN ZUR GEOGNOSTISCH-MONTANISTISCHEN DURCHFORSCHUNG DES LANDES TIROL UND VORARLBERG (1841): Bericht über die am 12. Mai 1841 abgehaltene dritte General-Versammlung des Vereins. – XXIV + 66 S., 1 geognost. Kt.; Innsbruck.

VOITH, I. v. (1809): Mineralogische Streifzüge durch einige Gegenden der Oberpfalz. – N. Jb. Berg- u. Hüttenkunde (v. Moll), 1: 49–98, Nürnberg.

– (1838): Geognostische Beschreibung der Umgegend von Regensburg. – In: FÜRNROHRs Naturhist. Topographie von Regensburg, **1**, Teil 3: 253–303; Regensburg.

– (1839): Technisch-historische Beiträge zu einer Geschichte des ehemaligen Eisenberg- und Hüttenwesens im Norgau. – Verh. Histor. Ver. Oberpfalz u. von Regensburg, **1**: 489-510; Regensburg.

VIDAL, H. (1975): 125 Jahre geologische Landesaufnahme in Bayern 1850–1975 – Rückblick auf das letzte Vierteljahrhundert, Ausblick in die Zukunft. – Geologica Bavarica, **74**: 7–32; München.

WEISS, J. F. (1820): Süd-Bayerns Oberfläche nach ihrer äußern Gestalt. – Geognostisch-topographisch entworfen im Jahre 1815. – VIII + 312 S., 1 Abb., 2 Taf., 2 Kt. (1 top. Kt., 1 geognostisch-topographische Karte); München.

WELTRICH, A. (1848): Geognostische Skizze von Oberfranken. – Korr.-Bl. zool.-mineral. Ver. Regensburg, **2**: 171–175; Regensburg.

WINEBERGER, L. (1851): Versuch einer geognostischen Beschreibung des Bayerischen Waldgebirges und Neuburger Waldes. – 140 S., 1 Taf., 1 geognost. Kt.; Passau (Dietenberger & Dr. Breßl).

WOLFF, H. mit Beiträgen von G. APPELT, R. FINSTERWALDER & U. LINDGREN (1988): Cartographia Bavariae – Bayern im Bild der Karte. – Ausstellungskatalog der Bayerischen Staatsbibliothek, **44**: 431 S., 309 Abb.; Weißenhorn in Bayern (A. H. Konrad).

Geologische Karten Bayerns zur Zeit Gümbels

Hans Wolff

Um die Bedeutung Carl Wilhelm von Gümbels und besonders seiner geologischen Karten, die in diesem Beitrag der thematische Kern sind, verstehen und würdigen zu können, sei zunächst ein Streiflicht auf den heutigen Stand anhand der »Geologischen Karte Bayerns 1:500 000« sowie anschließend auf die Entwicklung der geologischen Pionierzeit in der ersten Hälfte des 19. Jahrhunderts geworfen. Darüber hinaus wird von Fall zu Fall auf Forschungen und Karten des Nachbarlandes Österreich eingegangen, um die geistesgeschichtliche Situation Mitte des 19. Jahrhunderts mit ihren Auswirkungen auf die Ergebnisse Gümbels bzw. die forschungsgeschichtlichen Wechselwirkungen zu skizzieren.

In einer seit 1954 mehrfach aktualisierten, in der Generalisierung und Farbgebung zweckmäßigen und klaren Übersicht zeigt die »Geologische Karte von Bayern 1:500 000«, herausgegeben vom Bayerischen Geologischen Landesamt, die Vielfalt der Geologie Bayerns nach heutigem Kenntnisstand. Die einzelnen Großzonen repräsentieren das Grundgebirge Ost- und Nordwestbayerns, das Schichtstufenland Nordbayerns, die Molassezone südlich der Donau und den Alpenraum. Von der ersten Auflage 1954 bis zur vierten im Jahr 1996 vermittelt die Gestaltung der Legende, abgesehen von reproduktionstechnischen Fortschritten, einen ersten Eindruck von der intensiven geologischen Spezialkartierung in den vergangenen Jahrzehnten. In dieser Zeit nahm die Zahl der Schichtglieder bzw. Gesteinsgruppen, die mit Hilfe verschiedener Farben, Farbraster und Symbole (Buchstabensignaturen) ausgeschieden wurden, von 94 auf 170 zu. Auch die Kenntnis von der Verbreitung einzelner stratigraphischer und petrographischer Einheiten gewann erheblichen Zuwachs. Und immer noch harren manche Gebiete Bayerns seit Gümbels Zeiten einer modernen Überarbeitung.

Nun zurück zu den Anfängen. Die Entwicklung der geologischen Darstellung Bayerns begann im Jahr 1792 mit der »Gebürgskarte« bzw. »petrographischen« Übersichtskarte von Mathias von FLURL, der ältesten bekannten geologischen Landeskarte Altbayerns und der Oberpfalz (35,5×42 cm). Als Maßstab ergibt sich mit Hilfe von Vergleichsstrecken ein Wert von ca. 1:750 000 bis 1:830 000. Die Geologie wird in 8 Einheiten nach den typischen und am meisten verbreiteten Gesteinen zusammengefasst. Zusätzlich finden sich Signaturen für »Gyps, Porphyr, Basalt, Thon, Eisenstein«.

Nach Flurl schuf erst Christian Keferstein aus Halle (1784–1866) ein neues Bild der Geologie Bayerns. 1821 begann KEFERSTEIN erstmals eine Gesamtdarstellung der Geologie Mitteleuropas in Form einer »General-Charte« und zugleich eine Folge von Territorialkarten herauszugeben. In seiner Zeitschriftenreihe »Teutschland geognostisch-geologisch dargestellt« (7 Bde., Weimar 1821–31) erschienen 1821 und 1828 geologische Übersichtskarten des Königreiches Bayern (ca. 1:850 000; 59×46,5 cm), zuletzt mit 19 stratigraphisch-petrographischen Einheiten. Die Erläuterungen zur Formationsfolge der beiden Karten zeigen, dass in wenigen Jahren ein regelrechter Umbau der Stratigraphie stattgefunden hatte. Ein ähnliches Bild vermittelt ein synoptisches Werk von Leopold von BUCH (1826), die »Geognostische Karte von ganz Deutschland und den umliegenden Staaten in 42 Blättern ...« (Gesamtgröße ca. 147×121 cm, ca. 1:1 100 000), die seit 1826 in mehreren Auflagen bis in die vierziger Jahre erschien. Bayern ist im Kartenwerk Buchs, das zu seiner Zeit als beste kartographische Zusammenfassung der damaligen geologischen Kenntnisse gewürdigt wurde, durch die vier Blätter Mannheim, Regensburg, München und Salzburg abgedeckt.

Für die ab 1825 durchgeführte Formationsbildung und Gliederung von Trias und Jura in Süddeutschland waren die tiefschürfenden Werke von F. v. Alberti, Graf v. Mandelslohe, L. v. Buch und F. A. Quenstedt von besonderer Bedeutung. Beim Problem »Alpenkalk« bzw. dem »Hochen Kalkgebürg« Flurls standen die Geologen jedoch vor größten Schwierigkeiten, da sich keine bzw. kaum Parallelisierungen mit der Stratigraphie Mitteleuropas feststellen ließen und die normalen Abfolgen durch die Tektonik in vielfältiger Form gestört waren. Außerdem machte sich der Mangel guter großmaß-

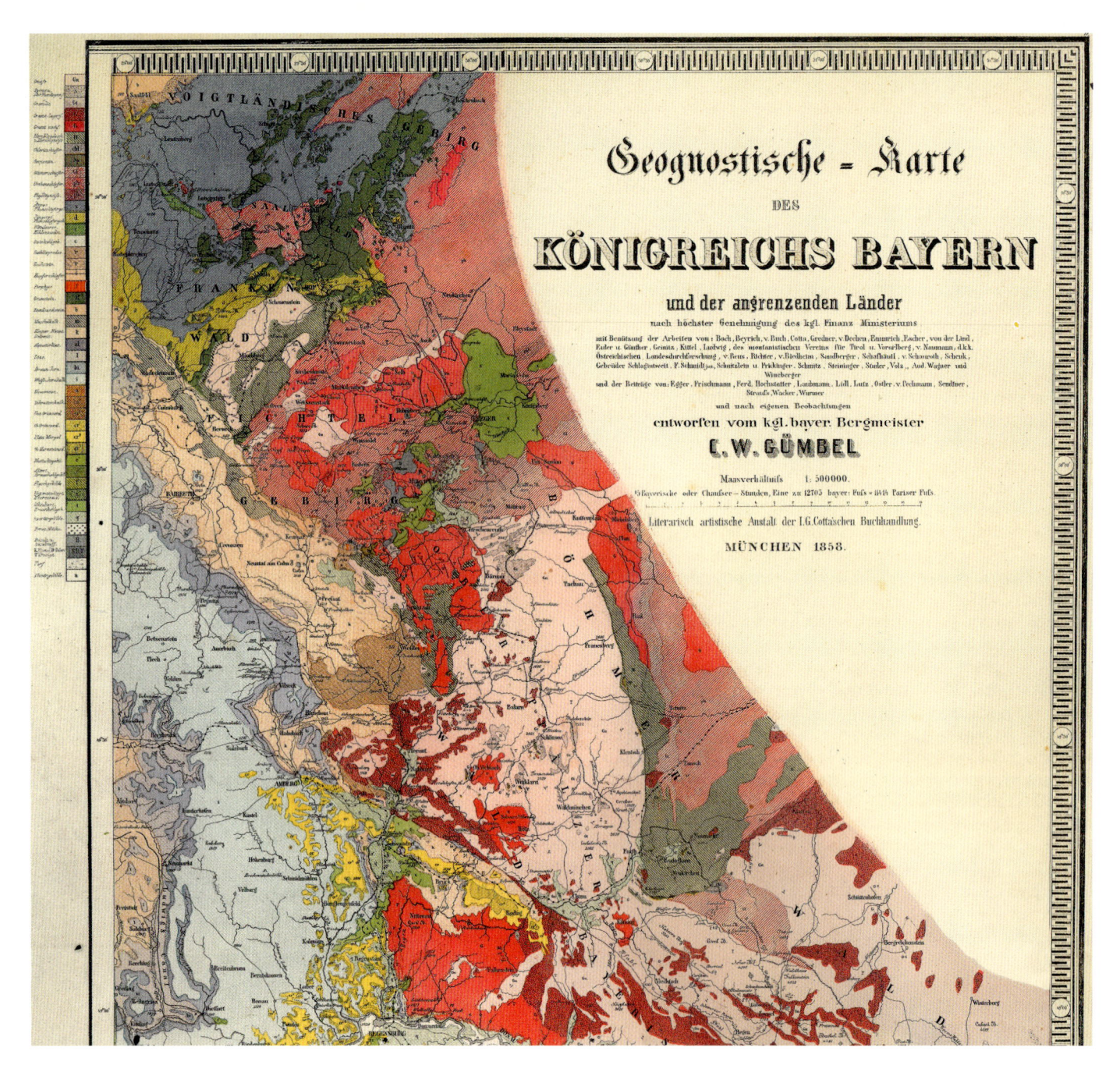

Abb. 1. Geognostische Karte des Königreichs Bayern … 1:500 000, 1858, mit Angabe der benützten Arbeiten, Ausschnitt (Nordostteil). (Verkleinert auf 44,4 %).

stäbiger topographischer Karten im Gebirge besonders bemerkbar.

Bis über die Mitte des 19. Jahrhunderts entstanden durch die Bemühungen von Universitätsgeologen und Privatforschern neben den Einzel- und Regionalforschungen auch Kartierungen. Zu den letzteren zählen nach F. W. PFAFF (1899) 18 geologische Karten Bayerns von 1792 bis 1850, wobei offensichtlich manche übersehen wurden. Diese und andere Untersuchungen erzielten wesentliche Fortschritte der örtlichen und regionalen Geologie, die ihrerseits auf den teilweise erwähnten mineralogisch-petrographischen und paläontologisch-stratigraphischen Forschungen und Methoden aufbauten.

Im Jahr 1845 hatte die geologische Darstellung Bayerns durch Carl Wilhelm GÜMBEL (1823–1898) mit einem großen Wurf, der »Geognostischen Übersichtskarte von Bayern« 1:500 000 (75×76 cm) begonnen. Diese wurde nur in wenigen handkolorierten Blättern angefertigt[1], für welche die erste amtliche hydrographische Karte von Bayern von 1834 eine übersichtliche und zugleich detaillierte Grundlage bot. Die Geologie wird wiedergegeben in 22 Flächenfarben und Farbpunktierungen. Der »Alpenkalk« erscheint noch ungegliedert. Erkannt ist der »Rothe Sandstein der Alpen« am Südrand des Nordkalkalpenzuges. Kreide sowie Werfener Schichten/Haselgebirge innerhalb der Kalkalpen wurden jedoch noch mit dem Flysch in einen Topf geworfen. Das Ries ist in seinen Umgrenzungen noch nicht herausgearbeitet. Dies erfolgte erst in den frühen Ries-Karten durch A. SCHNIZLEIN & G. A. FRICKHINGER (1848) (ca. 1:200 000) sowie SCHAFHÄUTL (1849).

Hervorgehoben sei, dass in dem für die Forschung über die Nordkalkalpen so wichtigen Jahr 1846 erstmals Franz von Hauer in zwei Arbeiten die Anwesenheit der Trias in den österreichischen Nordalpen nachgewiesen hatte.[2] Die regionalgeologischen Kenntnisse verbreiteten sich jedoch nicht schlagartig. So unterscheidet die großmaßstäbige geognostische Karte Tirols (ca. 1:110 000) des geognostisch-montanistischen Vereins von Tirol und Vorarlberg 1849[3] ohne Altersangabe nur unteren, mittleren und oberen Alpenkalk. Ein wichtiger Grund der Kartenerstellung war eine geographisch-geologische Verzeichnung der im Betrieb befindlichen Bergbaue mit Hinweisen auf die abgebauten Erze, die Begleitgesteine, die Ausbeute und die Verarbeitungsorte. Mit Bergschraffen ist auch das Gelände anschaulich dargestellt.

Gegen Ende der Frühzeit geologischer Forschung in Bayern erhielt die Münchner Universität im Jahr 1843 ihre erste Professur für Geologie, Bergbaukunst und Hüttenkunde, die der vielseitig interessierte Karl Franz Emil von Schafhäutl (1803–1890) bekleidete. Er widmete sich vor allem der Erforschung der bayerischen Alpen, was sich in einer Reihe wissenschaftlicher Abhandlungen, besonders in den »Geognostischen Untersuchungen des südbayerischen Alpengebirges« (182 S., mit 26 Steindrucktafeln, 1 Kt. u. 2 Tab.) 1851 niederschlug. Das Werk enthielt eine »geognostische Karte des südbayerischen und oesterreichischen Gebirges bis an den Inn« (1:500 000), womit erstmals der Versuch einer topographischen Abgrenzung bestimmter Gesteinseinheiten in diesem Gebiet vorlag. Freilich findet sich auch hier sowohl von der faziellen als auch von der altersmäßigen Zuordnung verständlicher Weise noch vieles miteinander verwechselt und in falsche Beziehungen gebracht. Eine alpine Trias ist auch hier noch nicht ausgeschieden und ihre Glieder werden nach wie vor dem »Lias« bzw. »Jura« zugeordnet.

Schafhäutl war auch Mitglied der auf Befehl von König Max II. geschaffenen Kommission zur wissenschaftlichen Untersuchung Bayerns. Dies war der Anstoß für eine neue Phase geologischer Forschung, in welcher der Staat besonders durch das Ziel einer amtlichen geologischen Kartographie die Entwicklung maßgebend prägte.

Einige Jahre nach Erscheinen der Karten Schafhäutls zeigt die »Geognostische Übersichtskarte von Deutschland, der Schweiz und den angrenzenden Ländertheilen« (1:1 Mio.) von Heinrich Bach, erschienen 1855 in Gotha bei Justus Perthes[4], die bekannte Gliederung von Trias und Jura in Franken und Schwaben, in den Alpen jedoch die damalige Problematik der nun sehr rasch aufblühenden und sich verbreitenden Erkenntnisse über den ominösen Alpenkalk. In den nördlichen Kalkalpen wird dieser in Buntsandstein, Muschelkalk, schwarzen und weißen Jura gegliedert, wobei die Zuordnungen im Einzelnen teilweise noch völlig unzutreffend sind. Beispielsweise finden sich das Wettersteingebirge und die Berchtesgadener Alpen immer noch als Jura eingestuft. Auch für die Trennung von Ost- und Westalpen liegen bislang keine Kenntnisse vor. Über die unsicheren Zuordnungen schreibt Bach in seinen Begleitworten: »*Dem Lias ist auf der Karte auch der mittlere Alpenkalk von Tyrol beigezählt, wodurch eine Uebereinstimmung mit den bayerischen Hochalpen nach SCHAFHÄUTL erzielt ist. Der Dachsteinkalk, der Gervillienkalk, die Sandsteine und Schiefer in den östlichen Alpen, welche nach andern Mittheilungen v. HAUER's dem Muschelkalk angehören dürften, wurden vorerst, bis die Ansichten der Geologen über das relative Alter dieser Kalke allgemein übereinstimmend sind, zur Unterscheidung von den jüngern Alpen-Kalken auch mit der violeten Farbe des Lias angegeben.*«

Bereits ein Jahr später konnte A. v. PICHLER (1856) folgende Einteilung der Trias für die nordöstlichen Kalkalpen Tirols aufstellen: Bunter Sandstein, Unterer Alpenkalk, Dolomit- und Cardita-Schichten, Oberer Alpenkalk, Gervillien-Schichten und Lithodendronkalk.

Eine »Geognostische Karte des bayerischen Waldgebirges« (ca. 1:190 000) wurde 1851 in dem »Versuch einer geognostischen Beschreibung des Bayerischen Waldgebirges und Neuburger Waldes« mit 17 petrographisch-stratigraphischen Einheiten, wovon sich 12 auf das Kristallin bezogen, von Forstmeister Ludwig WINEBERGER in Passau veröffentlicht. Die Kolorierung erfolgte im Gegensatz

---

1 Z.B. Exemplar an der BSB Mapp. XXIV, 82 1
2 ZITTEL 1899, S. 621
3 BSB [= Bayerische Staatsbibliothek], Mapp. XXIV, 64
4 BSB, Mapp. XXIV, 38

zur Rieskarte von 1848 noch nicht im Farbendruck, sondern manuell.[5]

Was man bis 1860 über das ostbayerische Grenzgebirge und die bayerisch-schwäbische Hochebene wusste, findet sich nach ZITTEL (1899)[6] »*fast Alles in Flurl's Beschreibung der Gebirge in Bayern (1792), sowie in einigen kleineren Aufsätzen von Voith, Waltl (1836–1853) und Wineberger (1851)*«[7]. Allerdings fand dabei unter anderem die oben angeführte und gegenüber Flurl fortschrittlichere Karte keine Berücksichtigung. Auch von F. W. PFAFF (1899) wurde sie nicht erwähnt, obwohl GÜMBEL sie in seiner Quellenliste (Karte 1:500 000, 1858) nannte. Als Beispiele seien die Darstellungen der Metamorphitzone einschließlich der Metabasite zwischen Furth und Waldhaus nördlich Zwiesel oder der Bayerische Pfahl genannt. Dass die Gliederung und kartographische Darstellung des Kristallins von Bayerischem Wald, Böhmerwald und Oberpfälzer Wald mit großen Schwierigkeiten und hohem Aufwand verbunden ist, zeigt sogar noch die Entwicklung der geologischen Übersichtskarte von Bayern in den letzten Jahrzehnten.

Zum Abschnitt Frühzeit der Geologie Bayerns finden sich in WOLFF (1991[8] und 1993) weitere Angaben. Festzuhalten ist, dass bis zur Mitte des 19. Jahrhunderts keine umfassenden und systematischen geologischen Kartierungen in Bayern wie auch in den meisten anderen Territorien Mitteleuropas vorlagen. Wie die Kartierung bewegte sich auch die Klärung der Stratigraphie immer noch im Pionierstadium. Besonders in den Alpen, aber auch im Paläozoikum und im Kristallin Nordostbayerns war noch keine durchgreifende und überregional verwendbare Ordnung der Gesteinsgruppen und ihrer Zuordnung zu Formationen in unserem Sinn vorhanden.

1852 fertigte unser Jubilar Gümbel, der zwischen 1849 und 1850 auf Rechnung der bayerischen Akademie der Wissenschaften in der Pfalz geognostische Untersuchungen vorgenommen hatte (vgl. SPERLING, dieses Buch S. 24–25), eine geologische Übersichtskarte 1:150 000 der bayerischen Pfalz mit 16 petrographischen bzw. stratigraphischen Einheiten.[9] Als topographische Grundlage diente die Karte der bayerischen Pfalz des topographischen Bureaus des kgl. bayr. Generalquatiermeister-Stabes von 1845.

Eine im gleichen Maßstab 1:500 000 wie Gümbels Karte von 1845 im Jahr 1858 gedruckte Bayernkarte zeigt bereits 45 Farben und Farbraster sowie 38 Einzelzeichen (4 Teile, je 37,5 × 37,5 cm). Die Karte spiegelt den gewaltigen Fortschritt in der geologischen Landesaufnahme des Königreiches sowohl in der stratigraphischen und petrographischen Gliederung, den lagerstättenkundlichen Einzelangaben, als auch in der topographischen Abgrenzung wider. Als prägnante regionale Beispiele dieser Entwicklung seien die Bayerischen Alpen, das Ries, die Regensburger Kreidezone und die Grenzzone Nordostbayerisches Grundgebirge/Mesozoikum hervorgehoben. Am eingehendsten und mit größtem Erfolg hatte sich Gümbel in seiner frühen amtlichen Zeit den Bayerischen Alpen und ihrem Vorland gewidmet. Im Zusammenhang mit der intensiven und rasche Fortschritte erzielenden Erkundung der nordalpinen Trias, ihrer Untergliederung und Abgrenzung in den fünfziger Jahren seien noch die verdienstvollen Namen H. Emmrich, F. v. Hauer, A. Escher von der Linth, E. Suess, F. v. Richthofen, E. Suess & A. Oppel in einer gemeinsamen Arbeit sowie G. Winkler hervorgehoben. Ihre Ergebnisse bildeten ein fruchtbares Substrat für die Forschung Gümbels. So verwandelte sich der »Alpenkalk« zu einer differenzierten Schichtenfolge von den »Werfener Schiefern« bis zum Tertiär. Der Austausch wissenschaftlicher Ergebnisse erfolgte schon damals sehr rasch, wobei auch an jenes »denkwürdige Treffen« Gümbels mit seinen teilweise schon genannten österreichischen Kollegen F. v. Hauer, F. Fötterle, F. v. Richthofen, A. v. Pichler, mit A. Escher von der Linth aus der Schweiz und B. von Cotta aus Freiberg sowie ihre gemeinsamen Begehungen erinnert sei.[10] Die Trias wird in Parallelisierung mit dem germanischen Faziesbereich, aber auch mit ihren spezifischen alpinen Schichtgruppen von GÜMBEL (1858) folgendermaßen dargestellt: »*Buntsandstein, Werfener Schiefer in den Alpen*«; »*Muschelkalk in den Alpen, Guttensteiner Kalk*«; »*Unterer Alpenkeuper, Partnachschiefer, Hallstätterkalk und St. Cassianer Gebilde*«; »*Keuper, allgemein und Haupt Dolomit der Alpen*«; »*Oberster Alp. Keuper, Kössener Schicht. od. Gervillienbildung und Dachsteinkalk.*« Auch Jura, Kreide und Tertiär erfuhren wesentliche Verbesserungen in ihrer Abgrenzung und Untergliederung (Abb. 1).

Gümbels Erkenntnisse verbreiteten sich sehr rasch. So zeigt bereits 1860 der »Geologische Atlas des Österreichischen Kaiserstaates« von Franz Fötterle (Gotha: Perthes) auf dem Blatt »Österreich ob der Enns …« (ca. 1:2 200 000) das ostbayerische Grundgebirge im Raum Passau-Deggendorf nach

---

5   BSB, Mapp. XXIV, 83 v
6   ZITTEL 1899, S. 525
7   Der »kleinere Aufsatz« von WINEBERGER ist immerhin ein kleines Buch mit 140 S.
8   WOLFF, H. (1991): Bayern im Bild der Karte …, S. 364-366
9   BSB, Mapp. XXIV, 82 m

10   Vgl. ZITTEL 1899, S. 621–635

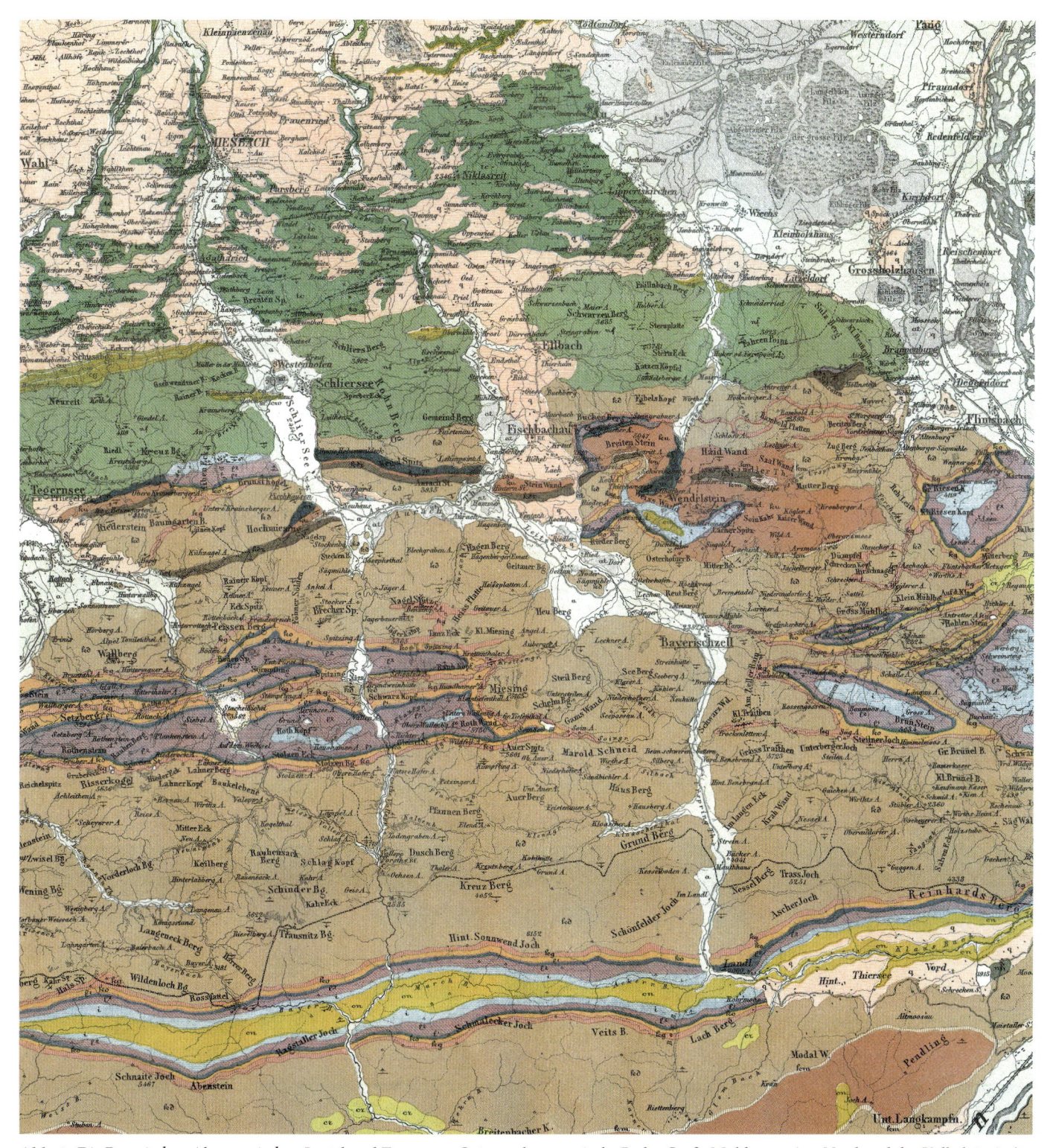

Abb. 2. Die Bayerischen Alpen zwischen Inntal und Tegernsee. Gut zu erkennen sind z.B. der Große Muldenzug (am Nordrand des Kalkalpins), das Synklinorium (z.B. Sachrang, Brünnstein-Gebiet, Wallberg-Risserkogel), die Thiersee-Mulde (Thiersee bis in die Gegend des Achensees). Ausschnitt aus Blatt Miesbach der Geognostischen Karte des Königreichs Bayern (Blatt No. IV der »Geognostischen Bescheibung des bayerischen Alpengebirges und seines Vorlandes«), Maßstab 1:100 000 (verkleinert auf 65,5 %).

den Aufnahmen Gümbels bzw. seiner Bayernkarte von 1858. Die Darstellung der Bayerisch-tirolischen Alpen folgt indessen noch in manchen Details der Auffassung der österreichischen Geologen. Der Atlas zählt zu den ersten Werken, die wesentliche Ergebnisse geologischer Forschung im 5. und 6. Jahrzehnt des 19. Jahrhunderts zusammenfassend darstellen.

Noch deutlicher als in der maßstabsgemäß vereinfachten und komprimierten Übersichtskarte von 1858 ist die gleichsam explosionsartige Zunahme der geologischen Kenntnisse in der von 5 Kartenblättern 1:100 000 begleiteten »Geognostischen Beschreibung des bayerischen Alpengebirges und seines Vorlandes« (XX, 950 S., 25 Abb., 42 Taf., Gotha 1861), dem »persönlichsten und bedeutendsten Werk«[11] Gümbels, zu erkennen. »*In meisterhafter Weise wurden darin die bis dahin ganz verworrenen stratigraphischen Verhältnisse zur Darstellung gebracht und die Fundamente zur Gliederung der Trias-, Jura-, Kreide- und Tertiärformation in diesem Theile der Alpen gelegt ...*«[12] (Abb. 2). Herausgegriffen sei hier aus der Vielfalt der Ergebnisse, dass Gümbel beim Problem der Abgrenzung gegen den Jura eine Verbindung von Kössener Schichten und Dachsteinkalk zur »Rhätischen Gruppe« kreierte und diese mit dem obersten Keuper parallelisierte. Die Kartenblätter waren ebenfalls schon 1858 im Druck erschienen. Sie zeigen die Geologie mit Hilfe von 43 stratigraphischen und petrographischen Einheiten sowie 20 Zeichen für Lagerstätten. Regional lassen sich unter anderem die Thiersee-Mulde, die Doppelmulde des Synklinoriums und der Große Muldenzug am Nordrand der Lechtal-Decke gut erkennen. Noch nicht richtig gedeutet ist z.B. der an die Wendelstein-Mulde anschließende Sattel mit seinen Jungschichten im Kern, die jedoch einer tiefer liegenden tektonischen Einheit, dem Tiefbajuvarikum bzw. der Allgäu-Decke angehören.[13] Von der Deckentektonik konnte Gümbel freilich noch nichts wissen. Die Jungschichtenzone erfasste er in einem dem Kartenblatt beigegebenen Profil als in die Trias eingebrochene Scholle, obwohl schon die Lagerungsverhältnisse dagegen sprechen. Auch die Beobachtungen Gümbels standen mit seiner Theorie im Widerspruch. Das Wendelstein-Gebiet ließ Gümbel jedenfalls nicht los, wie sich noch zeigen wird. Die Quintessenz der Erkenntnisse galt jedenfalls sehr rasch als »*die Grundlage für Schichtenauffassung und Namengebung in den nordalpinen Gebieten. In das Dunkel, das bis dahin hinsichtlich der Auffassung von Lagerung, Altersbestimmung und Gliederung der einzelnen Formationsgruppen in den bayerischen Alpen herrschte,* brachte er zuerst genügende Aufhellung, die zur dauernden Klarheit wurde ...*« wie L. v. AMMON (1899) rühmte.[14] Noch nicht erkannt war beispielsweise das unterschiedliche Alter von Hallstätter Kalken und Wettersteinkalk.

Den durchschlagenden Erfolg des qualitativ und quantitativ höchst beeindruckenden Werkes schilderte AMMON (1899) weiter mit folgenden Worten: »*Die grossen Erfolge der Thätigkeit GÜMBELS wurden bald in Fachkreisen anerkannt. Als im Jahre 1857 in Innsbruck eine Kommission österreichischer Geologen ihre Sitzungen abhielt, konnten die an der Spitze stehenden Herren, unter denen sich ausser v. HAUER, v. RICHTHOFEN und PICHLER auch ESCHER v. DER LINTH und v. COTTA befanden, alle wesentlichen Ergebnisse der bisherigen Forschungen GÜMBELS über die Alpen als richtig bestätigen. Nachdem das Alpenwerk erschienen war, rühmten NAUMANN, v. HAUER und v. DECHEN in beredten Worten dessen hohe Bedeutung und erklärten es als ein wissenschaftliches Meisterstück. Auf diese grossartige Publikation hin ist GÜMBEL im Jahre 1862 von der Universität Jena zum Doktor der Philosophie honoris causa promovirt worden. Weitere Auszeichnungen, wie die Ernennung zum Mitgliede der Akademie der Wissenschaften und Verleihung einer Honorarprofessur für Geognosie an der Universität, folgten bald nach.*«[15] Zitiert sei auch eine Passage der Würdigung Gümbels durch C. VOIT (1899)[16] »*Das Werk machte unter den Geologen das grösste Aufsehen und ist von den Führern in diesem Fache glänzend beurtheilt worden, z.B. von Dechen, Hauer, Naumann, Bronn und Anderen, so dass Gümbel dadurch mit einem Schlage in die vorderste Reihe der Geologen gerückt war.*

Hauer bezeichnete in einer Besprechung das Alpenwerk von 1861 als die wichtigste und ausführlichste Monographie, welche bisher überhaupt über einen Theil der Kalkalpen erschienen ist, als die Frucht der mit unermüdlicher Ausdauer und begeisterter Hingebung durchgeführten geologischen Landesaufnahme und als ein wahres Grundwerk. Auch Karl Naumann hat das Werk ein wahres Meisterstück genannt und gesagt, dass ihm eine so kolossale Arbeitskraft wie die des Verfassers noch nicht vorgekommen sei.

Seit 37 Jahren hat das Alpen-Werk nur in unwesentlichen Punkten und im Detail Berichtigungen erfahren.«

Auf zahlreiche grundlegende Ergebnisse Gümbels geht ZITTEL in seiner Geschichte der Geologie und Paläontologie (1899)[17] ein.

Zum entwicklungsgeschichtlichen Verständnis der Geowissenschaften zur frühen Zeit Gümbels sei noch erläutert, dass sich in den Jahrzehnten zuvor

---

11 NATHAN 1951, S. 21
12 A. ROTHPLETZ 1904
13 Vgl. hierzu WOLFF 1973 u. 1985

14 AMMON 1899, S. 8
15 Daselbst S. 9
16 C. VOIT 1899, S. 295
17 ZITTEL 1899, z.B. S. 526 ff. (vgl. S. 853 Register)

auch die wissenschaftliche Geografie zunehmend spezialisiert hatte. Die kartographischen Methoden zur Wiedergabe thematischer Sachverhalte erreichten nun ihre erste volle Entfaltung, thematische Karten wurden Allgemeingut und in Europa lagen die ersten wissenschaftlich erstellten Fachatlanten vor.[18] Weiter brachte die Chromolithographie für die Reproduktion farbiger thematischer Karten und Atlanten einen entscheidenden Fortschritt, der sich nach der Mitte des 19. Jahrhunderts massiv auszuwirken begann. All dies trug um 1860 zu einem ersten Höhepunkt der thematischen Kartographie bei. Dementsprechend entstanden in verschiedensten Fachbereichen der Natur- und Anthropogeographie thematische Übersichtskarten Bayerns, wobei als Beispiele aus verschiedenen geowissenschaftlichen Teildisziplinen die Karten der magnetischen Deklination von Lamont 1854, die »Ombrometrische und Hydrographische Übersichtskarte des Königreiches Bayern« 1855, die »Verbreitung der Cholera in Bayern« 1856, die »Forstliche Uebersichtskarte des Königreiches Bayern ...« 1857, die »Hippologische Karte von Bayern« 1861, oder die Karten der Eisenbahnlinien (z.B. 1848, 1862) genannt seien.[19] All diese Aktivitäten sind besonders auch unter dem Aspekt einer zunehmend tiefer schürfenden Landeskunde und Landeserschließung zu sehen.

Zur geologischen Darstellung Bayerns im Maßstab 1:100000 durch Gümbel sei zusammenfassend festgehalten: Die Aufnahmen selbst erfolgten, außer in den Alpen, großenteils auf Flurkatasterblättern 1:5000, wovon dann die Generalisierungen im kleineren Maßstab angefertigt wurden.

1851–1854 entstanden erste Aufnahmen in Nordostbayern (Oberpfälzer Wald und Bayerischer Wald bis zur Donau), das bis dahin am wenigsten bekannt war und zur Hoffnung Anlass gab, neue Lagerstätten aufzufinden und die Verbreitung bereits bekannter zu präzisieren. Von 1854 bis 1859 führte Gümbel seine Studien in den Alpen durch. Hier erfolgte »*nur eine rekognoszierende Untersuchung, welche wegen der grossen, in der Natur der Alpen liegenden Schwierigkeiten einer nachfolgenden Detailaufnahme vorangehen sollte ...*« (GÜMBEL 1861, S. IV). Aufgrund der guten Ergebnisse wurde jedoch auf eine weitergehende Detailuntersuchung verzichtet. Als Grundlage dienten die topographischen Atlasblätter 1:50000, im östlichen Gebirgsteil die Forsteinrichtungskarten 1:25000 und nur in besonderen Fällen Katasterkarten 1:5000.

Die Aufnahme des bayerischen Alpengebirges und seines Vorlandes, die Gümbel im Wesentlichen allein durchführte, mündete 1861 in 5 Kartenblätter 1:100000 (Lindau, Sonthofen, Werdenfels, Miesbach und Berchtesgaden) und einen Begleitband von 970 Seiten.

Im Jahre 1868 schloss sich die Darstellung des ostbayerischen Grenzgebirges (Bayerischer Wald und Oberpfälzer Wald) in Form von 5 Kartenblättern 1:100000 an (Abb. 3), die von einem nahezu 1000 Seiten starken Erläuterungsband begleitet waren.

Zwischen 1869 und 1879 fand schließlich die Bearbeitung von Fichtelgebirge und Frankenwald nebst ihrem Vorland in Form von 2 Kartenblättern statt. Der zugehörige Erläuterungsband (1879) umfasst 706 Seiten.

Im nächsten Jahrzehnt widmeten sich geologische Mitarbeiter Gümbels der Aufnahme des Fränkischen Juras und des benachbarten Keupers mit 5 Blättern. Die Dokumentation der Untersuchungen in einem 772 Seiten umfassenden Begleitband (1891) führte jedoch nach wie vor GÜMBEL selbst durch.

Die geologischen Karten 1:100000 zeigen zu unserem Bedauern keine morphologischen Gegebenheiten. Eine Verwendung der Landgerichtsübersichtskarten 1:100000 musste wegen Unvollständigkeit, unzweckmäßiger Abgrenzung und ungleicher Zeichnung ausscheiden. Die Darstellung wäre unter Verwendung des Topographischen Atlas von Bayern 1:50000 und Generalisierung der Bergstrichtopographie auf den Maßstab 1:100000 grundsätzlich möglich, aber sehr aufwendig und teuer gewesen. Sie hätte einen langwierigen Einsatz von topographischen Fachzeichnern bedeutet. Möglicherweise wäre wegen Überladung auch ein unübersichtliches Bild entstanden, wie das von manchen späteren geologischen Alpenkarten bekannt ist. Die Grundlagen einer Höhenlinientopographie waren in dieser Zeit noch nicht erarbeitet.

Ein gewisser Ersatz des fehlenden morphologischen Bildes wird durch die zahlreichen Profile, Gebirgsbilder und Tafeln mit Landschaftsansichten geboten, die Morphologie und Geologie gleichzeitig darstellen und Karten bzw. Text begleiten. Das Gleiche soll durch ein dem Textband beigegebenes Höhenverzeichnis erfolgen, in das Gümbel alle bekannten Höhenbeobachtungen aufnahm.

Als Ergänzung zum großen Kartenwerk und der Gesamtübersicht veröffentlichte Gümbel auch Karten von Teilen oder kleineren Regionen Bayerns. So erschienen 1875 mit kleinem Textband die »Geognostische Karte der miocänen und oligocänen Molasse-Schichten im Leitzach-Thale bei Miesbach« (1:10000) und die »Geognostische Ausflugskarte in dem bayerischen Alpengebirge zwischen Tegernsee

---

18 Vgl. KRETSCHMER 1995, WOLFF 1995, S. 350 ff., S. 369
19 Näheres in WOLFF 1991 passim, KUPČÍK 1995

Abb. 3. Gümbel wies eine genaue Übereinstimmung der Kreideschichten der Oberpfalz mit jenen des sächsisch-böhmischen Raumes nach. Ausschnitt aus Blatt Regensburg der Geognostischen Karte des Königreichs Bayern (Blatt No. VI der »Geognostischen Beschreibung des ostbayerischen Grenzgebirges oder des bayerischen und oberpfälzer Waldgebirges«), Maßstab 1:100000 (verkleinert auf 87 %).

Abb. 4. Ausschnitt aus dem Westteil der »Uebersichtskarte der geologischen Verhältnisse des Kreises Oberbayern« (GÜMBEL 1885). Maßstab 1:400 000.

und Wendelstein« (1:50 000).²⁰ Beide großmaßstäbigen Karten waren der deutschen Geologenversammlung im Jahre 1875 gewidmet. Der detaillierten Molassekarte ist ein eindrucksvolles, den dreifachen Muldenbau aufzeigendes Querprofil vom Heimberg bis zum Rohnberg beigegeben. Im südlichen Wendelstein-Gebiet widmete sich GÜMBEL (1875) erneut der Jungschichtenzone, beschrieb ihre fazielle und paläontologische Entwicklung und die Kartierung zeigt realistischere Auffassungen als die Karte 1:100 000 aus dem Jahr 1858. Doch musste GÜMBEL (1875) natürlich auch diesmal an einer richtigen tektonischen Deutung scheitern.

1885 erschien eine »Uebersichtskarte der geologischen Verhältnisse des Kreises Oberbayern«²¹ (Abb. 4), wobei vor allem die Untersuchungen von Ammon und Penck zu Grunde lagen. Bemerkenswert ist hier die Darstellung des Quartärs mit den Ablagerungen der Vorlandgletscher (Moränenlandschaft) sowie den vorgelagerten Schotterebenen. Sehr weit verbreitet waren in den Diluvial- und Alluvialbereichen noch die Moore mit ihren Torflagern, die 1843 Chr. SCHMITZ »fast als unerschöpflich« bewertet hatte.²²

Nur ein Jahrzehnt vor Erscheinen der Karte war von F. STARK (1873, Ideale Uebersichtskarte von Südostbayern zur Eiszeit)²³ und von Zittel (1874, Ueber Gletschererscheinungen in der bayerischen Hochebene) eine Vergletscherung der schwäbisch-bayerischen Hochebene nachgewiesen und die alte Drifttheorie (Transport von kristallinem Material aus den Alpen in das Vorland durch schwimmende Eisberge) endgültig widerlegt worden.²⁴ 1882 war in Begleitung einer Karte »Die Vergletscherung der deutschen Alpen« (und ihrem Vorland) von Albrecht PENCK, die alle nachfolgenden Glazialforscher maßgeblich prägte, erschienen. Zu den bayerischen gehörten dabei S. Clessin, F. Bayberger und L. von Ammon.²⁵ Gümbel war bestrebt, die Theorie von der Vergletscherung des Alpenvorlandes durchzusetzen. Schon 1875 hatte er in der Tegernsee-Wendelstein-Karte 1:50 000 »Älteres geschichtetes Diluvium« und »Erratisches Diluvium« ausgegliedert, kartiert und in den Erläuterungen kommentiert.

Es gibt kaum einen Teilbereich der Geologie, in dem Gümbels Geist nicht zu fruchtbaren Ergebnissen führte. So seien im Zusammenhang mit seinen Karten auch die Untersuchungen über die Grundwasserverhältnisse und die neue Wasserversorgung der Stadt München genannt. Sie enthielten Karten des Grundwasserstandes und des wasserdichten Untergrundes 1:12 000 nach Brunnenmessungen (1875).²⁶

Unter der Leitung von GÜMBEL bearbeiteten schließlich L. von AMMON und Hans THÜRACH 1891 eine Übersichtskarte 1:500 000 von Nordbayern, die vor allem auf Trias und Jura eingeht. 23 stratigraphische Einheiten und Zeichen sowie 4 geologische Profile spiegeln die geologischen Verhältnisse wider.²⁷ Die Karte erschien als Beilage in der »Geognostischen Beschreibung der Fränkischen Alb (Frankenjura)« zusätzlich zu den Karten 1:100 000.

Von den 31 geplanten Blättern des geologischen Kartenwerks Bayern 1:100 000 konnten zur Lebenszeit Gümbels 18 Blätter verwirklicht werden. Seine umfangreichen, tiefschürfenden und grundlegenden Publikationen zur gesamten Erdgeschichte Bayerns einschließlich der Karten sind und bleiben *»Quellenwerke ersten Ranges für die geognostische Forschung. In den Alpen waren, wie man weiss, die Arbeiten GÜMBELS bahnbrechend, und was die Beschreibung des ostbayerischen Grenzgebirges betrifft, so ist in dem auf das Reichste ausgestatteten Werke zum erstenmale eine genaue Gliederung der Schichtenkomplexe in einem weit ausgedehnten Urgebirgsterritorium mit Erfolg durchgeführt worden. Den beiden ersten Abtheilungen schliessen sich die zwei folgenden über das Fichtelgebirge mit dem Frankenwald und über den Fränkischen Jura würdig an.«* Mit diesen Worten, die auch heute noch ungeschmälert gelten, würdigte Ludwig von AMMON (1899) zusammenfassend das große Werk Carl Wilhelm von Gümbels.²⁸ Es bot schließlich seinen Nachfolgern eine ausgezeichnete Grundlage, Bayerns Geologie nach und nach in offiziellen Karten vor allem des Maßstabes 1:25 000 zu publi-

---

20 BSB, Mapp. XXIV, 84 ad
21 Beilage in: »Landwirtschaft im Regierungsbezirk Oberbayern« Tl. 1, A, Übersicht über die geologischen Verhältnisse
22 In: Ueber die für die Fabriken und die Gewerbe, die Baukunst und den Handel dienlichen Mineralien des bayerischen Alpengebirges. – Kunst- und Gewerbeblatt des Polytechnischen Vereins für das Königreich Bayern, 29. Jg., 1843, S. 487–555
23 Beilage zu: Die bayerischen Seen und die alten Moränen. – In: Zeitschr. d. deutsch. Alpenvereins, Bd. 4, 1873
24 Vgl. ZITTEL 1899, S. 344
25 Vgl. ZITTEL 1899, S. 345

26 GÜMBEL, W.: Grundzüge für die Erforschung der geologischen Beschaffenheit des Bodens und des Untergrundes vom Stadtgebiete München's. – Anhang I in: I. Bericht über die Verhandlungen und Arbeiten der vom Stadtmagistrate München niedergesetzten Commission für Wasserversorgung, Canalisation und Abfuhr in den Jahren 1874 und 1875. Mit 15 Blatt Plänen. München 1875
27 BSB, Mapp. XXIV, 82 of
28 AMMON, Ludwig von: Wilhelm von Gümbel, Nekrolog, mit 2 Porträtbildern. – Geognost. Jahreshefte, 11. Jg. 1898, S. 1–37, hier S. 5

zieren, eine Arbeit, die unter Verwendung der jeweils neuesten Erkenntnisse noch heute fortgeführt wird. Vereinzelt waren bereits in Gümbels Zeit Spezialkarten größeren Maßstabs von außeramtlichen Geologen vor allem in den Alpen erschienen, so jene von Geyer (Regensburg mit Umgebung 1:25000, 1867), W. B. Clark (Achensee-Gebiet, 1887), A. Rothpletz (Karwendel 1:50000, 1888), E. Fraas (Wendelsteingebiet 1:25000, 1890), E. Böse (Hohenschwangauer Alpen 1:25000, 1893), O. M. Reis (Gebiet zwischen Bergen und Teisendorf 1:25000, 1894), H. Heimbach (Farchanter Alpen, 1895), U. Söhle (Labergebiet bei Oberammergau 1896). In den neunziger Jahren ließ Gümbel noch die tertiären, eisenerzführenden Nummulitenschichten am Alpenrand bei Teisendorf und das Wettersteingebirge neu aufnehmen.

Last not least sei betont, dass auch für die Forschung unserer Zeit das Werk Gümbels nach wie vor von großem Interesse ist. So hoben H. ARNDT und H. NATHAN anlässlich der Hundertjahrfeier des Bayerischen Geologischen Landesamtes 1950[29] die epochalen Leistungen Gümbels gebührend hervor. Und A. WURM resümierte 1961 in seiner »Geologie von Bayern. Frankenwald, Münchberger Gneismasse, Fichtelgebirge, Nördlicher Oberpfälzer Wald«: »*Auf den von GÜMBEL geschaffenen Grundlagen baut alle spätere Forschung auf. Mögen auch manche von seinen Vorstellungen überholt sein, GÜMBELS Werk ist auch heute noch von bleibendem Wert. Aus der Fülle seiner Beobachtungen wird jeder, der im Alten Gebirge arbeitet, reiche Anregungen schöpfen.*« Und dies gilt für die übrigen geologischen Einheiten Bayerns in gleichem Maß.

Literatur

AMMON, Ludwig v. (1899): † Wilhelm von Gümbel. – Geognost. Jahreshefte, **11** (1898): 1–37, mit Schriftenverzeichnis, München.

ARNDT, Heinrich (1951): Festrede zur Geschichte des Bayerischen Geologischen Landesamtes. – Geologica Bavarica, **6**: 7–16, München.

BUCH, Leopold v. (1826): Geognostische Karte von Deutschland und den umliegenden Staaten in 42 Blättern, ca 1:1100000, Berlin.

EMMRICH, Hermann F. (1851): Geognostische Beobachtungen aus den östlichen bairischen und den angränzenden österreichischen Alpen. – Jb. k.k. geol. Reichsanst., **2**: 1–22, 6 Abb., Wien.

– (1853): Geognostische Beobachtungen aus den östlichen bayerischen und den angränzenden österreichischen Alpen. – Jb. k.k. Geol. Reichsanst., **4**: 80–101, 326–394, 9 Abb., Wien.

[29] In: Geologica Bavarica Nr. 6, 1951

FLURL, M. (1792): Beschreibung der Gebirge von Baiern und der oberen Pfalz mit den darinn vorkommenden Fossilien, aufläßigen und noch vorhandenen Berg- und Hüttengebäuden, ihrer älteren und neueren Geschichte, dann einige Nachrichten über das Prozellan- und Salinenwesen, und anderen nützlichen Bemerkungen und Vorschlägen, wie dem verfallenen Bergbau wieder aufzuhelfen wäre. – 642 S.; München.

GÜMBEL, Carl Wilhelm (1845): Geognostische Übersichtskarte von Bayern, 1:500000, als Manuskript vervielfältigt (handkoloriert).

– (1858): Geognostische Karte des Königreichs Bayern und der angrenzenden Länder, 1:500000, 4 Tle., München.

– (1861): Geognostische Beschreibung des bayerischen Alpengebirges und seines Vorlandes. – XX, 950 S., 25 Abb., 42 Taf., dazu 5 geol. Kt. 1:100000 u. 1 Taf. Gebirgsansichten, Gotha (Nachdruck München 1998).

– (1868): Geognostische Beschreibung des ostbayerischen Grenzgebirges oder des bayerischen und oberpfälzer Waldgebirges. – VIII, 968 S., zahlr. Abb., 16 Farbtaf., dazu 5 geol. Kt. 1:100000 u. 1 Taf. Gebirgsansichten, Gotha (Nachdruck München 1998).

– (1875): Abriss der geognostischen Verhältnisse der Tertiärschichten bei Miesbach und des Alpengebiets zwischen Tegernsee und Wendelstein. – 76 S., mit 2 geognost. Kt., München.

– (1879): Geognostische Beschreibung des Fichtelgebirges mit dem Frankenwalde und dem westlichen Vorlande. – VIII, 698 S., zahlr. Abb., 14 Farbtaf., dazu 2 geol., Kt. 1:100000 u. 1 Taf. Gebirgsansichten, Gotha (Nachdruck München 1998).

GÜMBEL, Carl Wilhelm v. (1885): Uebersichtskarte der geologischen Verhältnisse des Kreises Oberbayern nach … den Arbeiten von AMMON und PENCK und nach den eigenen Beobachtungen, 1:400000, München. – Beilage in: Landwirtschaft … – vgl. Anmerkung 21.

– (1888): Geologie von Bayern. – 1. Bd.: Grundzüge der Geologie: XVI, 1144 S.; Kassel.

– (1891): Geognostische Beschreibung der Fränkischen Alb (Frankenjura) mit dem anstossenden fränkischen Keupergebiete. – IX, 763 S., zahlr. Abb., dazu 5 geol. Kt. 1:100000 u. 1 geol. Übersichtskt., Kassel (Nachdruck München 1998).

– (1891): Uebersichtskarte der Verbreitung jurassischer und Keuperbildungen im nördlichen Bayern unter Leitung des kgl. Oberbergdirektors C. W. von GÜMBEL bearbeitet von L. von AMMON u. Hans THÜRACH, 1:500000 (zugl. Beil. in GÜMBEL 1891, Geognost. Beschreibung der Fränkischen Alb …).

– (1894): Geologie von Bayern. – 2. Bd.: Geologische Beschreibung von Bayern. – VIII, 1184 S., mit zahlr. Zeichnungen u. Profilen im Text u. einer geolog. Kt. 1:1 Mio., Cassel.

HAUER, Franz v. (1853): Über die Gliederung der Trias-, Lias und Jurabgebilde in den nordöstlichen Alpen. – Jb. k.k. geol. Reichsanst., **4**: 715–784, 8 Abb., 8 Tab., Wien.

KEFERSTEIN, Christian (Hrsg.) (1821 ff.): Teutschland, geognostisch-geologisch dargestellt, mit Charten und Durchschnittszeichnungen, welche einen geognostischen Atlas bilden. Eine Zeitschrift, hrsg. v. Ch. KEFERSTEIN, Weimar.

— (1840): Geschichte und Literatur der Geognosie, ein Versuch. – XIV, 281 S., Halle.

KRETSCHMER, Ingrid (1995): Zur Entwicklung thematischer Atlanten im 19. und 20. Jahrhundert. – In: H. WOLFF 1995, 231–265.

KUPČÍK, Ivan (1995): Mappae Bavariae. Thematische Karten von Bayern bis zum Jahr 1900. Sonderausstellung des Deutschen Museums München. Weissenhorn: Konrad. 134 S., davon Abbildungen S. 35–114. (Veröffentlichungen aus dem Archiv des Deutschen Museums, **2**).

NATHAN, Hans (1951): Festrede über die Persönlichkeit Carl Wilhelm von Gümbels. – Geologica Bavarica, **6**: 16–25, 1 Portr., München.

PENCK, Albrecht (1882): Die Vergletscherung der deutschen Alpen. – 483 S., mit 16 Holzschnitten, 2 Karten u. 2 Taf., Leipzig.

PFAFF, Friedrich W. (1899): Versuch einer Zusammenstellung der geologisch-mineralogischen Litteratur vom Königreich Bayern. – Geognost. Jahreshefte, **12**: 1–71, München.

PICHLER, A. v. (1856): Zur Geognosie der nordöstlichen Kalkalpen Tirols. – Jahrbuch der k.k. geol. Reichsanstalt, **7**: 717–738, Wien.

ROTHPLETZ, A. (1904): Gümbel: Wilhelm. – Allgemeine deutsche Biographie, Bd. **49**: 623–627, Leipzig (Nachdruck Berlin 1971).

SCHAFHÄUTL, Karl E. (1846): Beiträge zur näheren Kenntnis der Bayerischen Voralpen. – N. Jb. Mineral., Geognosie, Geol. u. Petrefaktenkde., **1846**: 641–695, Taf. 8 (teilw.), Taf. 9, Stuttgart.

— (1847): Die Stellung der Bayerischen Voralpen im geologischen Systeme, als fernere Erörterungen zu den »Beiträgen zur näheren Kenntnis der Bayerischen Voralpen« im Jahrbuche 1846, S. 641 ff. – N. Jb. Mineral., Geognosie, Geol. u. Petrefaktenkde., **1847**: 803–812, Stuttgart.

— (1849): Chemische Analyse des sogenannten Trasses aus dem Riese (Riesgau) bei Nördlingen in Bayern, nebst Andeutungen über die künstliche Bildung Feldspath-artiger und trachytischer Gesteine. Mit einer geognostischen Karte des Rieses und seiner Umgebungen. – N. Jb. Mineral., Geognosie, Geol. u. Petrefaktenkde., **1849**: 641–670, mit Kt. (Taf. IX), Stuttgart.

— (1851): Geognostische Untersuchungen des südbayerischen Alpengebirges. – Mit 26 Steindrucktaf., 1 Kt. 1:500000 u. 2 Tab., XXXII, 4, 146 S., München.

— (1854): Beiträge zur näheren Kenntnis der Bayerischen Voralpen. – N. Jb. Mineral., Geognosie, Geol. u. Petrefaktenkde., **1854**: 513–559, Taf. 7–8, Stuttgart.

SCHMITZ, Chr. (1842): Ueber das Vorkommen nutzbarer Fossilien in den bayerischen Alpen. – Kunst- u. Gewerbeblatt d. polytechn. Vereins für d. Königreich Bayern, **28**, 4: 291–318; 6: 362–381, München.

SCHNIZLEIN, A. & FRICKHINGER, A. (1848): Die Vegetations-Verhältnisse der Jura- und Keuperformation in den Flussgebieten der Wörnitz und Altmühl. Mit einer geognostisch-topographischen Karte des Bezirkes. (Geognostische Verhältnisse S. 29–34). – 344 S., Nördlingen.

STARK, F. (1873): Die bayerischen Seen und die alten Moränen. Erläuterungen zur Karte: Ideale Übersicht von Südostbayern zur Eiszeit. – Zeitschr. d. deutsch. Alpenvereins, **4**: 67–78, München.

VOIT, C. v. (1890): Nekrolog auf Karl Emil Schafhäutl. – Sitzungsber. Bayer. Akad. Wiss., math.-phys. Kl., **20**: 397–415, München.

— (1899): Wilhelm Gümbel. – Sitzungsber. Bayer. Akad. Wiss., math.-phys. Kl., **29**: 281-307, München.

WINEBERGER, Ludwig (1851): Versuch einer geognostischen Beschreibung des Bayerischen Waldgebirges und Neuburger Waldes. – 141 S., 5 Taf., 1 geogn. Kt., Passau.

WOLFF, Hans (1973): Geologische Karte von Bayern 1:25000, mit Erläuterungen, Blatt Nr. **8238** Neubeuern. Mit Beiträgen von K. BADER u.a. – 352 S., 38 Abb., 3 Tab., 20 Taf. u. 2 Beil., München.

— (1985): Geologische Karte von Bayern 1:25000, mit Erläuterungen, Blatt Nr. **8338** Bayrischzell. Mit Beiträgen von K. BADER u.a. – 190 S., 46 Abb., 4 Tab., 2 Beil., 1 Kt., 1 Profiltaf., München.

— (1991): Bayern im Bild der Karte. Cartographia Bavariae. – 2., erw. Aufl. – 451 S., 320 Abb. (teilw. farbig), Weißenhorn.

— (1993): Von Flurl bis Gümbel. Die geologische Karte Bayerns im Pionierstadium. – In: Mathias von Flurl (1756–1823), Begründer der Mineralogie und Geologie in Bayern. Hrsg. von G. LEHRBERGER u. J. PRAMMER. Ausstellung im Gäubodenmuseum 19. Nov. 1993 – 14. Feb. 1994. – Katalog d. Gäubodenmuseums Straubing, **21**: 239-260, Taf. 8-12b, Straubing.

WOLFF, Hans (Hrsg.) (1995): Vierhundert Jahre Mercator, vierhundert Jahre Atlas. – 384 S., 250 Abb. (teilw. farbig), Weißenhorn.

WURM, Adolf (1961): Geologie von Bayern. Frankenwald, Münchberger Gneismasse, Fichtelgebirge, Nördlicher Oberpfälzer Wald. – 2. Aufl.: XX, 555 S., 13 Taf., 6 Beil., Berlin.

ZITTEL, Karl A. v. (1899): Geschichte der Geologie und Paläontolgie bis Ende des 19. Jahrhunderts. – XII, 868 S., 1 Tab., München u. Leipzig.

Carl Wilhelm von Gümbel (1823–1898) als Paläontologe

Herbert Hagn

Vor etwas über hundert Jahren starb C. W. v. Gümbel in München, seines Zeichens Geheimer Rat, Oberbergdirektor, Leiter der Geognostischen Landesuntersuchung des Königreichs Bayern, Professor und Träger zahlreicher Auszeichnungen, darunter der Ehrenbürgerwürde der Stadt München. Er gilt mit Recht als der »Altmeister« der Bayerischen Geologie, der ein umfangreiches Lebenswerk hinterlassen hat. Dabei vergisst man leicht, dass Gümbel auch auf dem Gebiet der Versteinerungslehre, vor allem in der Mikropaläontologie, Wesentliches geleistet hat. Er hatte in München und Heidelberg (1843–1848) eine gediegene paläontologische Ausbildung genossen. Seine Lehrer in München waren Andreas Wagner und Karl Emil Schafhäutl, während er in Heidelberg von Karl Caesar von Leonhard und Heinrich Georg Bronn gefördert wurde (v. AMMON 1899: 2–3; NATHAN 1951: 18–20). Im Jahre 1848 bestand er das Staatsexamen in München mit Auszeichnung. Auf weitere biographische Daten sei hier verzichtet, da sie andernorts geboten werden.

Bibliographische Übersicht

Die paläobotanischen Arbeiten Gümbels seien hier gleichfalls ausgeklammert, da sie von anderer Seite besprochen werden. Eine Ausnahme bilden lediglich das kalkschalige Nannoplankton und marine Kalkalgen des Alttertiärs, da sie in der mikropaläontologischen Praxis heute eine außerordentlich große Rolle spielen. Zum Zwergplankton gehören die sog. Coccolithen und verwandte Formen, die heute mit großem Erfolg vor allem in der Kreide und im Tertiär zur Zonengliederung verwendet werden (z.B. MARTINI & MÜLLER 1971). GÜMBEL (1873: 300), der sich mit den eozänen Stockletten des bayerischen Helvetikums wiederholt beschäftigte, berechnete, dass ein Kubikmeter dieser Mergel 800 Billionen Coccolithen enthält (vgl. hierzu MARTINI in HAGN et al. 1981: 92 und 345 usf.). Dabei muss berücksichtigt werden, dass Coccolithen mit dem bloßen Auge unsichtbar sind und erst bei sehr starken Vergrößerungen erkannt werden können. Es war demnach der unbezähmbare Forscherdrang, der Gümbel in einen bis dahin noch unbekannten Mikrokosmos vorstoßen ließ. Im Anschluss daran erwähnte er, dass in den Bodensedimenten der Alpenseen (z.B. Königssee) keine Coccolithen vorkämen (S. 301), was dadurch erklärbar ist, dass Coccolithen marine Organismen sind. Außerdem wies er (S. 303) auf die Bedeutung von Dünnschliffen und Ätzmethoden in der paläontologischen Praxis hin. Er forderte deshalb die Einrichtung chemisch-mechanischer Werkstätten in jedem paläontologischen Museum.

Zwei Jahre zuvor beschäftigte sich GÜMBEL (1871a) mit sog. Nulliporen, die heute der Familie Corallinaceae aus der Gruppe der Rhodophyta zugeteilt werden. Die bekannteste Gattung dieser Rotalgen ist *Lithothamnium* (»Steinstrunk«). Er beschrieb die neuen Arten *Lithothamnium nummuliticum* (37–38, Taf. 1, Fig. 2) und *L. torulosum* (40–41, Taf. 2, Fig. 6). Die erstgenannte Art entstammt den Lithothamnienkalken und -schuttkalken, teilweise nach Schafhäutl auch Granitmarmor genannt, die den Stockletten des Helvetikums eingelagert sind. *L. nummuliticum* wurde in der späteren Literatur gewöhnlich zur Gattung *Archaeolithothamnium* gestellt. In jüngster Zeit bevorzugten MOUSSAVIAN & KUSS (1990) das Genus *Sporolithon*. *L. torulosum* beschrieb Gümbel aus der Molasse des Thalberg-Grabens nördlich Siegsdorf. Man darf die Art daher als umgelagert betrachten. Ihre Heimat ist gleichfalls das bayerische Helvetikum. Sie gehört mit großer Wahrscheinlichkeit der Gattung *Mesophyllum* an (HAGN et al. 1981: 76).

Es wurde geklagt, dass Gümbel mit seinen Nulliporen der Nachwelt schier unlösbare Rätsel aufgegeben hat (HAGN, DARGA & SCHMID 1992: Taf. 77, oben). Zur Ehrenrettung Gümbels muss allerdings gesagt werden, dass die Bestimmung gerade dieser Kalkalgen im Dünnschliff außerordentlich schwierig ist. Die Hartteile (»Thalli«) weisen ein sehr feinmaschiges Gewebe auf, das in Hypothallus und Perithallus gegliedert werden kann. Es enthält die Fortpflanzungsorgane (Conceptakeln), die für die Bestimmung sehr wichtig sind. Heute existiert ein umfangreiches Schrifttum über diese gesteinsbildenden Algen.

Bei der geognostischen Landesaufnahme stieß Gümbel immer wieder auf Überreste tierischer Organismen, die ihn in ihren Bann zogen. Zahlreiche kleinere und größere Arbeiten enthalten teilweise sehr umfangreiche Listen, Tabellen und/oder Beschreibungen von Megafossilien, denen allerdings keine Abbildungen beigegeben sind (z.B. GÜMBEL 1861a, b). Es würde den Rahmen der vorliegenden Schrift sprengen, wollte man auf sie hier näher eingehen. Es sollen hingegen nur solche Arbeiten vorgestellt werden, die einen eher monographischen Charakter tragen. Derartige Publikationen lagen im Trend der Zeit, da in der 2. Hälfte des 19. Jahrhunderts ausführliche Fossilbeschreibungen und Darstellungen ganzer Faunen sehr beliebt waren. Die ungewöhnliche Bandbreite seiner Arbeiten reicht dabei vom Altpaläozoikum bis ins Jungtertiär.

Seine geognostische Untersuchung des Fichtelgebirges machte ihn u. a. mit den altpaläozoischen Graptolithen bekannt, denen er eine kleinere Studie widmete (GÜMBEL 1878). Dabei gelang ihm die Beobachtung, dass die Skelettelemente dieser heute im System sehr hochstehenden Tiergruppe eine chitinartige Beschaffenheit aufweisen (S. 295). Das Versteinerungsmittel des Periderms der Graptolithen wurde später von F. v. Kobell zu Ehren Gümbels Gümbelit genannt (v. AMMON 1899: 24; v. ZITTEL 1903: 116).

Aus dem frühen Erdaltertum stammt ferner die Gattung *Receptaculites*, ein enigmatisches Fossil, das schon viele Autoren beschäftigte. Auch GÜMBEL (1875) scheute vor diesem Rätsel nicht zurück und trug alles Wissenswerte über dieses Genus zusammen. Seine Stellung im System wird heute immer noch mit »incertae sedis« angegeben. Es wird in der internationalen Literatur als eigene Gruppe im Anschluss an die Porifera behandelt (de LAUBENFELS 1955: 108–110).

Auf sicherem Boden bewegt sich hingegen die Arbeit (GÜMBEL 1863b) über die oberdevonischen Clymenien des Fichtelgebirges (vgl. hierzu GÜMBEL 1862a). Im selben Jahr (1863a) erschien ferner eine monographische Darstellung der »Dachsteinbivalve« *Megalodus* aus der Oberen Trias der Nord- und Südalpen. In ihr nehmen taxonomische und stratigraphische Fragen einen breiten Raum ein. Die Fossilien der sieben Tafeln wurden von Gümbel mit großer Sorgfalt selbst gezeichnet. Die aus dem Dachsteinkalk der Berchtesgadener Fazies herausgewitterten Megalodonten werden im Volksmund als »versteinerte Kuhtritte« bezeichnet. Diese Trittsiegel erregten seit altersher die Aufmerksamkeit der Alpenbewohner (vgl. hierzu THENIUS & VÁVRA 1996: 35, Abb. 3.37).

In den grauen Liaskalken (Calcari grigi) des Trento (Gegend um Rotzo und Rovereto) kommt eine dickschalige Muschel vor, die geradezu gesteinsbildend auftritt. Für sie prägte v. GÜMBEL (1890; seit 1882 geadelt) den Namen *Lithiotis problematica*. Nach eingehender Untersuchung stellte er ihre Verwandtschaft mit den Austern fest. Diese Ansicht wurde in jüngerer Zeit von COX in STENZEL (1971: 1199–1200) bestätigt. Nach Gümbel wurde die Gattung auch von G. Böhm und O. M. Reis bearbeitet. Sie wird nicht nur in Norditalien, sondern auch im Norden des ehemaligen Jugoslawiens gefunden. Die marmorartigen weil polierfähigen *Lithiotis*-Kalke wurden nicht selten in der Innenarchitektur verwendet, so z.B. in der Krypta der Kirche von Brentonico bei Mori im Massiv des Monte Baldo (Gardasee-Gebiet; eigene Beobachtung).

Ein weiteres Betätigungsfeld waren für GÜMBEL (1868b) die Megafossilien der Regensburger Kreide und benachbarter Gebiete. Den Ablagerungen der »Procän«-Formation, wie er die Kreide nannte, spürte er bis nach Böhmen nach (vgl. hierzu GÜMBEL 1868c: 751 usf.).

Eine kurze, aber inhaltsreiche Notiz (GÜMBEL 1880: 213–214) berichtet über das Auftreten von Schwammnadeln in Flyschgesteinen. Diese Mesofossilien konnten mit Hilfe von Dünnschliffen und Anätzungen von feinkörnigen Flyschkarbonaten sichtbar gemacht werden. Gümbel sammelte seine Beobachtungen im Flysch der Bayerischen und Schweizer Alpen, im Wiener Wald, in den Karpaten und im Apennin. Auch die Roßfeld-Schichten und der alpine Lias wurden zum Vergleich herangezogen. Die Schwammnadelgesteine werden heute als Spiculite bezeichnet. Sie gehören der Becken- oder Tiefwasser-Fazies an und kennzeichnen häufig die Nähe von aus dem Süden heranbrandenden tektonischen Decken.

In späteren Jahren machte sich v. GÜMBEL (1884: 386 usf.) Gedanken über die verschiedenartige Erhaltung von Mollusken-Schalen innerhalb einer bestimmten Fauna. Er führte sie auf das Vorhandensein von Kalkspat oder Aragonit zurück. Er unterschied darüber hinaus eine äußere Faser- oder Wabenstruktur (Prismenschicht), eine mittlere Perlmutterschicht mit äußerst feinen Lamellen sowie eine innere Porzellan- oder Elfenbeinschicht. Damit wurde das Thema chemische Beschaffenheit und Feinstruktur von Mollusken-Schalen schon sehr frühzeitig aufgegriffen. Ein halbes Jahrhundert später wurde es von BØGGILD (1930) in umfassender Weise behandelt.

Kommen wir nun zur Mikropaläontologie. In seinem 40. Lebensjahr legte GÜMBEL (1862b) seine erste Arbeit über Kleinforaminiferen vor. Er sammelte sein Untersuchungsmaterial während eines erzwungenen Kuraufenthaltes in untermalmischen Schichten von Streitberg in der Fränkischen Schweiz auf. Die einzelnen Gattungen und Arten wurden von ihm selbst gezeichnet. Im Jahr 1868(a) folgte seine, man kann schon sagen berühmte Monographie der organischen Einschlüsse der Stockletten des bayerischen Helvetikums, auf die weiter unten noch ausführlich zurückzukommen sein wird.

Sein nächstes Ziel (1869) waren die Foraminiferen, Ostracoden und Echinodermenreste der Cassianer und Raibler Schichten der Alpen. Ein Jahr später (1870) lieferte GÜMBEL eine tabellarische Übersicht über die Foraminiferenfaunen der Götzreuther (Gerhartsreiter) und Pattenauer Schichten des Siegsdorfer Helvetikums (Tab. I: 282–283; Tab. II: 286–287). Die Bestimmungen gingen »grossenteils« auf seinen Assistenten C. Schwager zurück. Dieselben Faunen wurden knapp vor der Jahrhundertwende von dem Passauer Obermedizinalrat J. G. EGGER (1899) ausführlich beschrieben und dargestellt (vgl. hierzu HAGN et al. 1981: 233–242; HAGN, DARGA & SCHMID 1992: Taf. 6). Den Abschluss bildete eine Studie über die Foraminiferen der Ulmer Zementmergel aus dem höheren Teil des Oberen Jura (GÜMBEL 1871b). Seine Fundschichten verteilen sich somit auf Trias, Jura, Kreide und Alttertiär. In allen Fällen erkannte Gümbel den stratigraphischen Wert der von ihm untersuchten Foraminiferen-Arten.

Auch auf dem Gebiet der Großforaminiferen konnte Gümbel einige schöne Erfolge verbuchen. Im Jahre 1872 beschrieb er »Riesenforaminiferen« aus grauen Kalken (calcari grigi) aus der Umgebung von Rovereto im Trientiner Gebiet. Die scheibenförmigen Gehäuse waren in der Mitte ziemlich dünn und wiesen eine wulstartig verdickte Peripherie auf. Er nannte sie *Orbitulites praecursor* und *O. circumvulvata* (256–259, Taf. 7). Diese kompliziert gebauten Gehäuse haben heute als *Orbitopsella praecursor* (GÜMBEL) einen festen Platz im mikropaläontologischen Schrifttum. Sie wurden zur Familie der Dicyclinidae aus der Überfamilie der Lituolacea gestellt (LOEBLICH & TAPPAN 1964: 308, Abb. 214, 1–4). *O. praecursor* ist im Übrigen Bestandteil der norditalienischen Mikrofazies und wurde von CITA (1965: Taf. 15, 1–2; Taf. 16, 1–2; Taf. 17, 1) aus dem Monte-Baldo-Massiv östlich des Gardasees beschrieben.

Auf der Weltausstellung in Wien im Jahre 1873 sah Gümbel geschliffene Gesteine aus Japan (v. AMMON 1899: 23), in denen er Gehäuse von Fusulinen entdeckte. Kurz entschlossen verfasste er darüber eine kurze Notiz und stellte die neue Art *Fusulina japonica* auf (1874). Diese Art wurde von SCHWAGER 1883 (in Richthofen, China, vol. 4, Pal., art. 7, Taf. 15, Fig. 1–10) aus dem Oberkarbon der Mino Provinz in Japan beschrieben. Seither wurde *F. japonica* immer wieder gefunden und der Fachwelt vorgestellt. Außerdem konnten in den Folgejahren die Unterarten *akasakensis* DEPRAT, *constricta* DEPRAT, *hayasakai* LEE und *truncata* OZAWA aufgestellt werden (siehe ELLIS & MESSINA).

In Anbetracht seiner Verdienste um die Mikropaläontologie wurden von verschiedenen Autoren neue Gattungen aufgestellt, die den Namen Gümbels tragen. Es sind dies *Guembelitria* CUSHMAN 1933 (Unterkreide-Eozän), *Guembelitriella* TAPPAN 1940 (Cenoman, USA), *Chiloguembelina* LOEBLICH & TAPPAN 1956 (Paleozän-Oligozän), *Pseudoguembelina* BRÖNNIMANN & BROWN 1953 (Oberkreide) und *Racemiguembelina* MONTANARO GALLI-TELLI 1957 (Oberkreide). Die beiden Gattungen *Guembelina* (ursprünglich *Gümbelina*) EGGER 1899 (Oberkreide) und *Gümbelia* PREVER 1902 (Alttertiär) mussten aus Gründen der Homonymie aufgegeben werden. Die erstgenannte Gattung wird heute als *Heterohelix* bezeichnet, Letztere war eine ungültige Bezeichnung für *Nummulites*. Weitere Gattungsnamen, die an Gümbels Verdienste um die Paläontologie erinnern, nennt SPERLING (dieses Buch S. 66–67).

Zur Revision der eozänen Stockletten-Arten (GÜMBEL 1868a)

Nach dem II. Weltkrieg wurde vom Berichterstatter am Institut für Paläontologie und historische Geologie in München eine mikropaläontologische Arbeitsrichtung begründet. Da die Stockletten und ihre Begleitgesteine aus dem Helvetikum des Bayerischen Alpenvorlandes gleichzeitig im Brennpunkt des Interesses standen, lag es nahe, mit der Revision der Gümbelschen Arten zu beginnen.

Es stellt sich sehr bald heraus, dass viele der seinerzeit von Gümbel aufgestellten Foraminiferen-Arten seither in Vergessenheit gerieten. Ende der 20er Jahre wurden daher von amerikanischen Mikropaläontologen (z.B. COLE 1927–1928; NUTTALL 1930) aus dem Eozän von Mexiko neue Taxa beschrieben, die mit bayerischen Arten teilweise völlig übereinstimmen. So entspricht z.B. *Rotalia ammophila* GÜMBEL der Art *Hanzawaia cushmani* (NUTTALL). Ein weiteres Paar bilden *Rotalia pteromphalia* GÜMBEL und *Osangularia mexica* (COLE). Andererseits riefen die Gümbelschen Arten *Truncatulina grosserugosa* und *T. sublobatula* im Schrifttum eine geradezu säkulare Verwirrung hervor. Es galt daher, durch taxonomische und, falls erforderlich, variationsstatistische Arbeiten Klarheit über die einzelnen Gattungen und Arten zu schaffen.

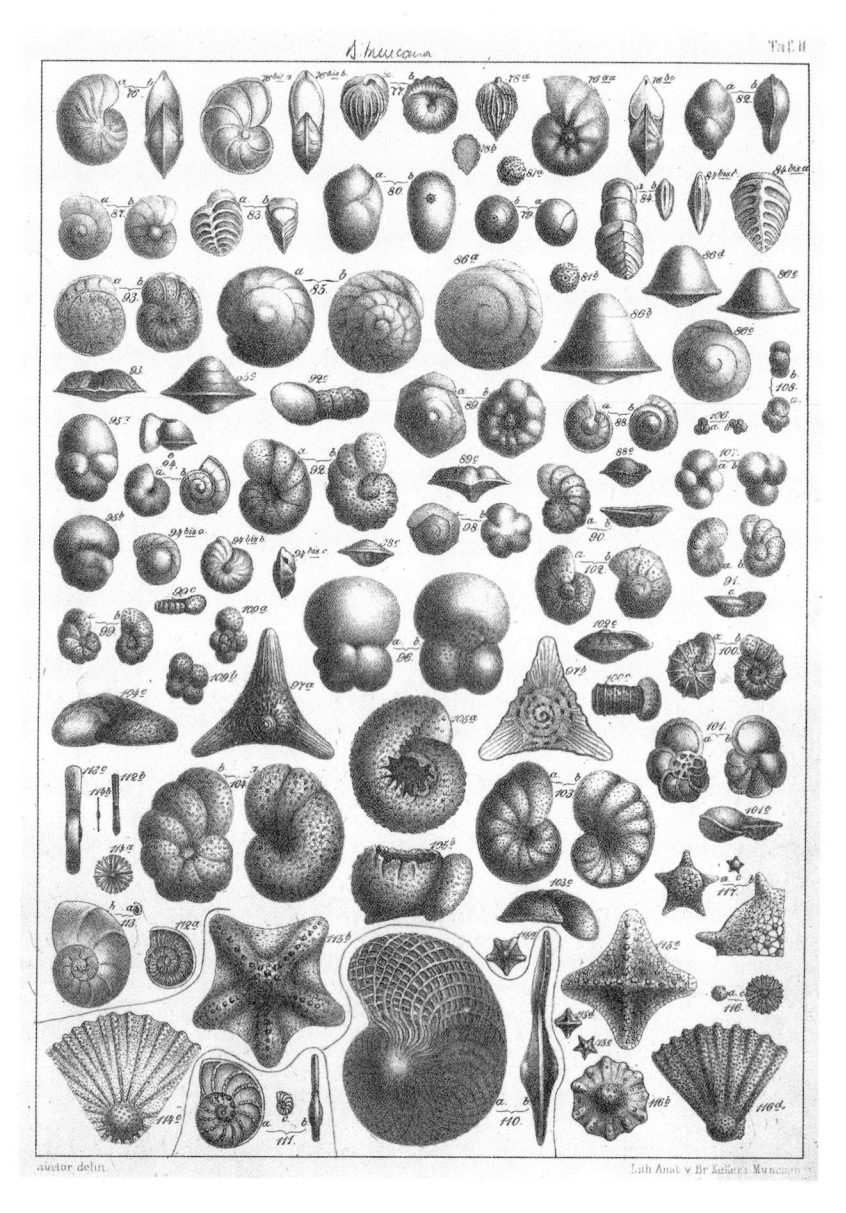

Abb. 1. Tafel II aus GÜMBEL 1868a mit *Truncatulina cristata*, Fig. 105.

Das Typusmaterial zur Gümbelschen Arbeit erlitt ein herbes Schicksal. Es wurde lange Zeit an der Geognostischen Landesuntersuchung des Bayerischen Oberbergamtes in München aufbewahrt. Als der berühmte amerikanische Mikropaläontologe J. A. Cushman im Jahre 1932 das Paläontologische Museum in München und die Aufschlüsse in Siegsdorf besuchte, kamen ihm daher die Gümbelschen Originale nicht zu Gesicht (vgl. hierzu HAGN, DARGA & SCHMID 1992: 10–11). Er konnte sie daher auch nicht in seine Monographien (z.B. der Familie der Verneuilinidae, 1937) aufnehmen. Nur wenig später nach dieser verpassten Gelegenheit gelangte das wertvolle Material an die Bayerische Staatssammlung für Paläontologie und historische Geologie, wo es im April 1944 in der »Alten Akademie« Opfer amerikanischer Bomben wurde (HAGN 1955: 48).

Die Typlokalitäten zur Arbeit von Gümbel liegen im Gerhartsreiter Graben SE Siegsdorf, im Rollgraben bei Neukirchen und bei Hammer im Tal der Roten Traun (HAGN 1955: Fußn. 2 auf S. 49). Auch der Rohrdorfer Bruch bei Neubeuern am Inn kann in diesem Zusammenhang genannt werden. Durch einen glücklichen Umstand »überlebte« den Weltenbrand eine kleine Menge von Foraminferen, die von dem Konservator C. Schwager, nach dem im übrigen die Großforaminiferen-Gattung *Schwagerina* benannt ist, mit der Inventar-Nummer 1873 III G bezeichnet wurde. Dieses lückenhafte Material kann wohl als Autotopohyle zu Gümbel gewertet werden und war für die Revision der Gümbelschen Arten von unschätzbarem Wert.

In der ersten, kleineren Arbeit wurden die Arten *Gaudryina subglabra* GÜMBEL (602–603, Taf. 1, Fig. 4) und *Rosalina asterites* GÜMBEL (658, Taf. 2, Fig. 101) vorgestellt (HAGN 1954). Erstere Art konnte als *Karreriella subglabra* (GÜMBEL) bestimmt werden (HAGN 1954: 16, Taf. 3, Fig. 5–8; Taf. 4, Fig. 5–7, 13). Sie ist eine der bezeichnendsten Arten der bayerischen Stockletten. Für die zweite Spezies wurde eine neue Gattung, nämlich *Schlosserina*, zu Ehren des Münchner Paläontologen Max Schlosser, aufgestellt (HAGN 1954: 18–19, Taf. 3, Fig. 15; Taf. 4, Fig. 1–2). Diese flache, großwüchsige Art besitzt auf der Dorsalseite stark verbreitete Suturen sowie zusätzliche Mündungen auf der Ventralseite. Bemerkenswert für die genannte rotaliide Kleinforaminifere ist ferner das seltene Zusammenvorkommen von Calcit und Aragonit in ein und demselben Gehäuse. LOEBLICH & TAPPAN (1964: 777, Abb. 640,1) stellten *Schlosserina asterites*, die gewöhnlich in den sublitoralen Lithothamnien-Schuttmergeln angetroffen wird, in die Familie der Ceratobuliminidae.

Ein Röhrchen aus der Sammlung Schwager (s. oben) trug die Bezeichnung *Truncatulina cristata* GÜMBEL (1868a: 660, Taf. 2, Fig. 105). Die zahlreichen großwüchsigen Gehäuse waren ehedem mit der Dorsalseite auf ein Substrat aufgewachsen. Die Windungen schließen einen axialen Hohlraum ein. Die Gehäusewand zeigt sich ferner mit imperforierten Pfeilern durchsetzt (HAGN 1955: 50 usf., Taf. 4–6). Die teils angeschliffenen, teils angeätzten Gehäuse wurden in Dünnschliffen untersucht, wie dies Gümbel seit jeher empfahl. Auch die Variationsstatistik (Abb. 1–2) blieb nicht unberücksichtigt. LOEBLICH & TAPPAN (1964: 708–709) ordneten die Gattung *Eorupertia* in die Unterfamilie der Victoriellinae der Familie der Homotrematidae ein. *E. cristata* (GÜMBEL) ist im Mittel- und Obereozän der Tethys-

Gebiete weit verbreitet (vgl. hierzu HAGN & WELLNHOFER 1967: 231, Taf. 4, Bild 1).

Im Rahmen von geologisch-paläontologischen Untersuchungen im Bereich des Monte Brione und seines Umlandes (Nordende Gardasee) wurden u.a. auch die obereozänen Globigerinenmergel von Varignano mikropaläontologisch untersucht (HAGN 1956). Bei den Bestimmungen wurde darauf geachtet, so viele Gümbelsche Arten wie möglich wiederzuentdecken und sie von den mexikanischen Spezies (s. oben) abzugrenzen. Im Übrigen war das Profil des Monte Brione v. GÜMBEL sehr wohl bekannt, da er es als eines der besten des südalpinen Tertiärs bezeichnete (1896: 585).

Die Stockletten des bayerischen Helvetikums sind in der Regel erfüllt von Gehäusen der Gattung *Globigerina* (»Kugelträgerin«). Sie gehören im Gegensatz zum Benthos dem Plankton an und eignen sich ganz besonders für eine Zonengliederung des Tertiärs. Zusammen mit dem kalkschaligen Nannoplankton (s. oben) und Großforaminiferen bilden sie die Pfeiler einer gesicherten Feinstratigraphie. GÜMBEL (1868a: 661–662, Taf. 2, Fig. 106–109) beschrieb die Arten *G. bulloides* D'ORB., *G. alpigena* GÜMBEL, *G. asperula* GÜMBEL und *G. eocaena* GÜMBEL. Letztere Art wurde im Schrifttum sehr häufig missverstanden. HAGN & LINDENBERG (1966, 1969) nahmen daher eine Revision dieser Art vor und legten einen Neotypus aus dem Obereozän des Gerhardsreiter Grabens SE Siegsdorf fest (HAGN & LINDENBERG 1969: 236–239, Taf. 1, Fig. 1). Als Untergattung wurde die grobgenetzte »Gattung« *Subbotina* BROTZEN & POŻARYSKA gewählt. *G. bulloides* mag eine *G. praebulloides* BLOW sein. Über die beiden anderen Arten kann lediglich spekuliert werden, weil die viel zu kleinen, wenig typischen Zeichnungen keine Identifizierung zulassen (vgl. hierzu HAUSER 1992). Es mag noch erwähnt werden, dass die formenreiche Gruppe der Globigerinen ziemlich schwer zu bestimmen ist, da nur relativ wenige Merkmale (Zahl der Kammern im letzten Umgang, Form der Kammern, Mündungsform, Oberfläche) zur Verfügung stehen.

Kehren wir zum Benthos zurück. Wohl die bekanntesten Arten aus den eozänen Lithothamnien-Schuttmergeln sind *Truncatulina grosserugosa* GÜMBEL und *T. sublobatula* GÜMBEL (1868a: 659–660, Taf. 2, Fig. 103–104). Die großwüchsigen Gehäuse sind flach trochospiral aufgewunden, weisen eine flache, eher glatte Dorsalseite auf, mit der sie auf einer Unterlage festgewachsen waren und fallen durch eine sehr grob perforierte Ventralseite auf. Letzteres Merkmal gab der Art den Namen *grosserugosa* (grob, rauh). Der Name *sublobatula* bezieht sich auf den gelappten Umriss der Peripherie. HAGN & OHMERT (1971: 136 usf., Taf. 1–2) führten auch für diese häufig verkannte Art eine Revision durch und legten zwei Neotypen von der Lokalität Hammer fest. Die Art *sublobatula* wurde fortan als Unterart zu »*T.*« *grosserugosa* betrachtet. Es erwies sich ferner als notwendig, die neue Gattung *Korobkovella* (zu Ehren des verstorbenen russischen Paläontologen Prof. Dr. I. A. Korobkov in St. Petersburg) aufzustellen. Sie ist mit der Gattung *Eorupertia* aufs engste verwandt (HAGN & OHMERT 1971: 136).

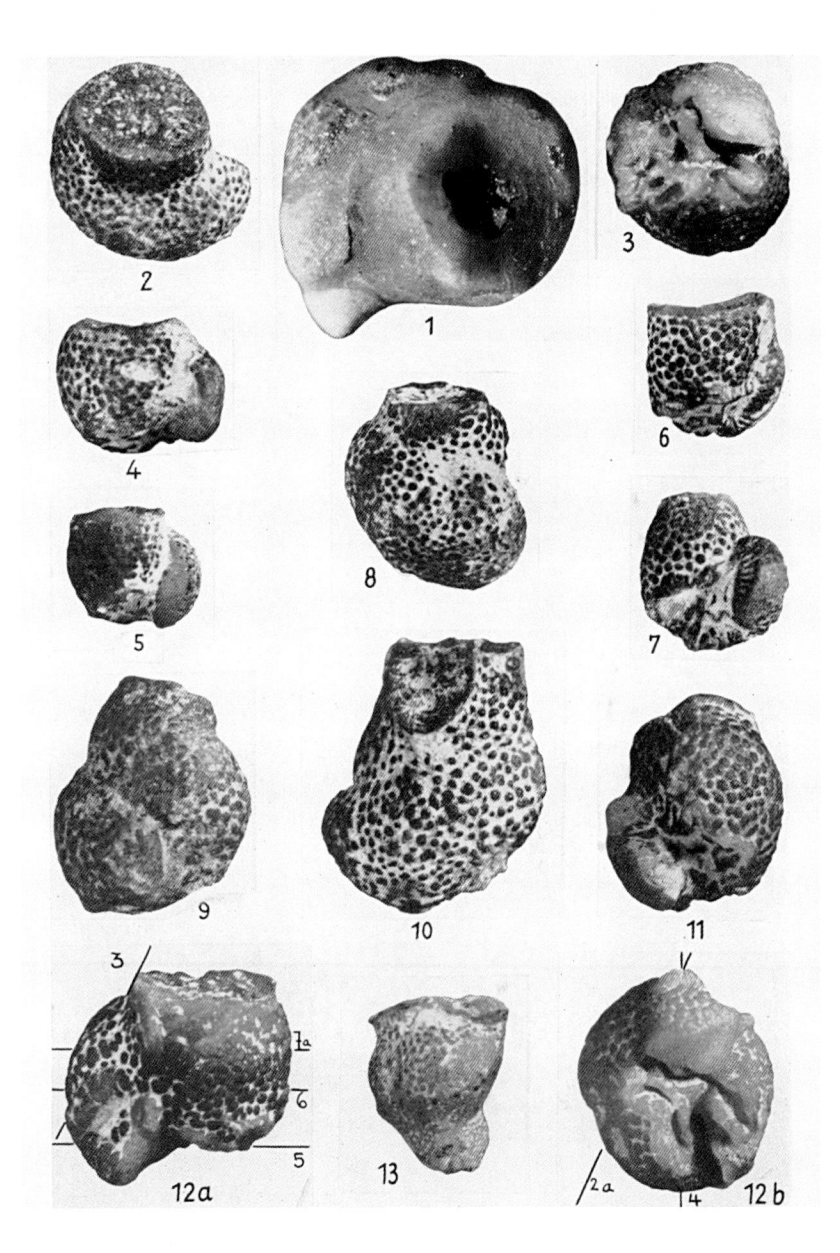

Weitere Textstellen, die sich mit Gümbelschen Arten befassen, sind HAGN et al. (1981: 94–95) und HAGN, DARGA & SCHMID (1992: Taf. 8). Abschließend sei die Dissertation von HAUSER (1992) angeführt, in der alle übrigen Arten von Gümbel

Abb. 2. Tafel 5 aus HAGN 1955: Variationsbreite von *Eorupertia cristata* (GÜMBEL).

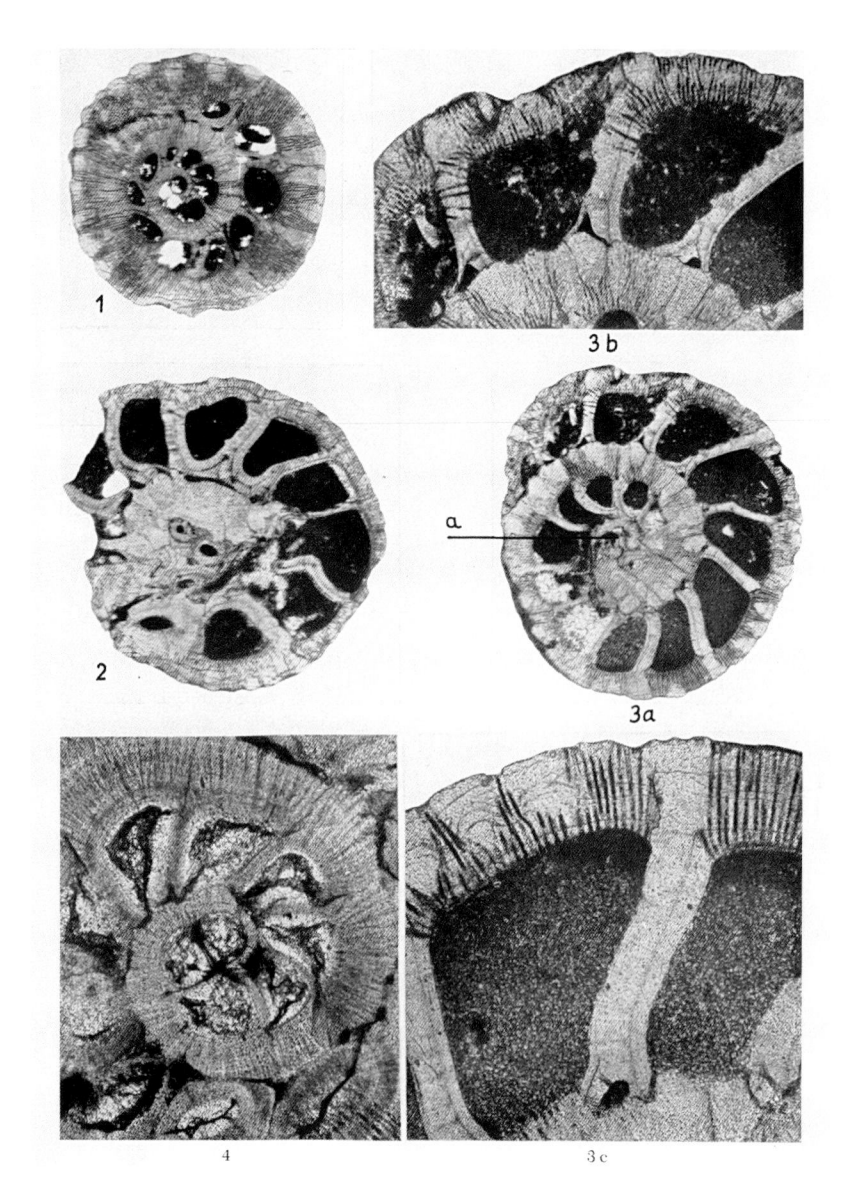

Abb. 3. Tafel 6 derselben Arbeit. Feinstrukturen. Schliffbilder.

einer kritischen Prüfung unterzogen und nach dem neuesten Stand der Taxonomie und Nomenklatur behandelt wurden.

So weit die Kleinforaminiferen. Im zweiten Teil seiner Eozänarbeit beschrieb Gümbel neben den Gattungen *Heterostegina, Operculina* und *Nummulites* (letztere nur kursorisch) zahlreiche orbitoidale Großforaminiferen, deren Gehäuse eine Mediankammerlage mit dem zentralen Anfangsteil (Juvenarium, Embryonalapparat) und beiseitig Lateralkammerlagen aufweisen.

Unter der Sammelgattung *Orbitoides* (Einführung allein 17 Seiten!) beschrieb Gümbel die Subgenera *Discocyclina, Rhipidocyclina, Aktinocyclina, Asterocyclina* und *Lepidocyclina* (S. 687 usf.). Letztere kann in diesem Rahmen unberücksichtigt bleiben.

Der Gattungsname *Orbitoides* ist heute oberkretazischen Großforaminiferen vorbehalten. Die »Untergattungen« *Discocyclina* und *Asterocyclina* wurden von LOEBLICH & TAPPAN (1964: 714–715) in den Gattungsrang erhoben. *Aktinocyclina* kann hingegen als Subgenus von *Discocyclina* betrachtet werden, die für den Zeitbereich Paleozän – Obereozän bezeichnend ist.

Auch nach LESS (1987), der in jüngster Zeit eine Monographie der europäischen Discocyclinidae und Asterocyclinidae lieferte, sind *Discocyclina* und *Asterocyclina* valide Gattungen (S. 73, vgl. hierzu 53–54). Zahlreiche Gümbelsche Arten erscheinen heute teilweise in einem neuen (Gattungs-)Gewand. Beispiele sind: *Orbitoclypeus multiplicatus* (GÜMBEL: 704; LESS: 202), *Nemkovella strophiolata strophiolata* (GÜMBEL: 705; LESS: 189), *N. strophiolata tenella* (GÜMBEL: 698; LESS: 190), *Asterocyclina stella* (GÜMBEL: 716; LESS: 226) und *A. priabonensis* (GÜMBEL: 715; LESS: 238). Andere Gümbelsche Arten fanden weniger Gnade in den strengen Augen des ungarischen Discocyclinenforschers, so z.B. *D. applanata, aspera, nummulitica, tenuicostata* und *variecostata* (LESS: 245 usf.).

Aus alledem erhellt, dass zahlreiche Gümbelsche Taxa auch heute noch in der internationalen Forschung eine große Rolle spielen. Zum Abschluss sei noch eine Stellungnahme (HOFKER 1970) zitiert, die da lautet: »*This work is still a highly valued contribution to foraminiferal literature.*«

Zum Lebenswerk Gümbels

Bei der Ausarbeitung des vorliegenden Berichtes waren die durch v. AMMON (1899: 28–37) und MAYR (2001) erstellten Schriftenverzeichnisse sehr hilfreich. Der Letztgenannte führt 415 kleinere und größere Publikationen an, die fast ausschließlich den Geowissenschaften gewidmet sind. Manche Veröffentlichungen sind schmal, doch reich an Inhalt. Wieder andere sind äußerst umfangreich, wie seine »Geognostische Beschreibung des bayerischen Alpengebirges und seines Vorlandes«, ein fast 1000-seitiges Prachtwerk, das ihm 1862 die Ehrendoktorwürde der Universität Jena einbrachte (v. AMMON 1899: 9). Es fällt im Übrigen auf, dass Gümbel nur fünf Arbeiten zusammen mit anderen Autoren verfasste, wie aus der Liste von MAYR (2001) hervorgeht. Dies ist wohl bezeichnend für seinen Arbeitsstil.

Der Umfang seines ungewöhnlichen Lebenswerkes rückt Gümbel in die Nähe von Georg Agricola, des Polyhistors der deutschen Renaissance, deren späterer Nachfahre er wohl ist. Die schier unbegrenzte Spannweite der behandelten Themen nötigt uns Heutigen absolute Bewunderung ab.

Gümbel war sich seiner genialen Veranlagung sehr wohl bewusst und wucherte mit seinen Talenten, zumal brennender Ehrgeiz als Motor wirkte. Man bestätigte ihm immer wieder Fleiß, Ausdauer, Zähigkeit, Willenstärke, eiserne Disziplin und Verzicht auf Zerstreuungen. Dabei stand es mit seiner Gesundheit nicht zum Besten, doch er trotzte seinem kränkelnden Körper höchste physische und geistige Leistungen ab.

Wo viel Licht ist, fehlt auch der Schatten nicht. Seine Mitarbeiter förderte er vielleicht nicht in dem Maße, wie dies wünschenswert gewesen wäre. Es flossen wohl auch viele Fremdleistungen in sein Werk ein. Der Konflikt mit einem anderen berühmten Paläontologen, nämlich mit Karl Emil Schafhäutl, sei hier ausgespart (vgl. hierzu HAGN 1979; ERNST 1994: 119–120). Um sich ein unparteiisches Bild unseres Altmeisters machen zu können, vergleiche man den panegyrischen, lobreichen Nekrolog von L. v. AMMON (1899) mit den eher nüchternen Ausführungen von LEPPLA (1898), der einmal Mitarbeiter Gümbels war.

Auf der Urnensäule seines Grabmals im Alten Nördlichen Friedhof an der Arcisstraße in München steht der Spruch: »*Te saxa loquuntur!*« (Dich rühmen die Steine!).

Literatur

AMMON, L. v. (1899): † Wilhelm von Gümbel. – Geogn. Jh., 11. Jg.: 1–37, 2 Portraits; München.

BØGGILD, O. B. (1930): The Shell Structure of the Mollusks. – D. Kgl. Danske Vidensk. Selsk. Skrifter, Naturvid. og Mathem. Afd., 9. Raekke, **2**, 2: 231–326, 10 Abb., 2 Tab., 15 Taf.; Kopenhagen.

CITA, M. B. (1965): Jurassic, Cretaceous and Tertiary Microfacies from the Southern Alps (Northern Italy). – Internation. Sedim. Petrograph. Ser., **8**: 99 S., 17 Abb., 117 Taf., 1 Farbtaf.; Leiden.

COLE, W. S. (1927): A Foraminiferal Fauna from the Guayabal Formation in Mexico. – Bull. Amer. Pal., 14: 1–46, Taf. 1–5; Ithaca, N.Y.

– (1928): A Foraminferal Fauna from the Chapapote Formation in Mexico. – Bull. Amer. Pal., **14**: 200–232, Taf. 1–4; Ithaca, N.Y.

CUSHMAN, J. A. (1937): A Monograph of the foraminiferal Family Verneuilinidae. – Cushm. Lab. Foram. Res., Spec. Publ., **7**: 1-157, Taf. 1–20; Sharon, Mass.

EGGER, J. G. (1899): Foraminiferen und Ostrakoden aus den Kreidemergeln der Oberbayerischen Alpen. – Abh. kgl. bayer. Akad. Wiss., II. Cl., 21, 1. Abth.: 1–230, 4 Tab., 27 Taf.; München.

ELLIS, B. F. & MESSINA, A. R. (1940 und spätere supplements): Catalogue of Foraminifera. – Spec. Publ., 35; New York (The Amer. Mus. Natur. Hist.).

ERNST, W. (1994): Karl Emil von Schafhäutl (1803–1890). Ein bayerisches Universalgenie des 19. Jahrhunderts. – 280 S., zahlr. Abb.; Ingolstadt (Selbstverlag).

GÜMBEL, C. W. (1860): Die geognostischen Verhältnisse der bayerischen Alpen und der Donau-Hochebene. – Bavaria, 1: 3–66; München.

– (1861a): Geognostische Beschreibung des bayerischen Alpengebirges und seines Vorlandes. – 950 S., 34 Abb., 42 Taf., 1 Blatt Gebirgsans., 5 geogn. Karten; Gotha (Perthes).

– (1961b): Verzeichniss neuer Arten von organischen Ueberresten aus verschiedenen Schichten der bayerischen Alpen. (Als Prodromus aus der Geogn. Beschreibung des bayer. Alpengebirgs und seines Vorlandes ausgezogen). – Korresp.-Bl. zool.-miner. Ver. Regensburg, 14. Jg.: 41–94; Regensburg.

– (1862a): Revision der Goniatiten des Fichtelgebirgs. – N. Jb. Miner. Geogn. Geol. Petrefakten-Kunde: 284–326, Taf. 5; Stuttgart.

– (1862b): Die Streitberger Schwammlager und ihre Foraminiferen-Einschlüsse. – Jh. Ver. vaterl. Naturkd. Württemberg, 18: 192–238, Taf. 3–4; Stuttgart.

– (1863a): Die Dachsteinbivalve (*Megalodon triqueter*) und ihre alpinen Verwandten. Ein Beitrag zur Kenntniss der Faunen der Alpen. – Sitz.-Ber. k.-k. Akad. Wiss. 45: 325–377, 7 Taf.; Wien.

– (1863b): Ueber Clymenien in den Uebergangsgebilden des Fichtelgebirges. – Palaeontographica, 11: 85–165, Taf. 15–21; Cassel.

– (1868a): Beiträge zur Foraminiferenfauna der nordalpinen Eocängebilde. – Abh. kgl. bayer. Akad. Wiss., math.-phys. Cl., **10**, 2: 579–730, Taf. 1–4; München. – Hierzu Reprint der Fa. Junk, Lochem / Holland, 1970, mit einem Vorwort von J. HOFKER.

– (1868b): Verzeichnis der in der Sammlung des zool.-mineral. Vereins in Regensburg vorfindlichen Versteinerungen aus den Schichten der Procän- oder Kreideformation aus der Umgegend von Regensburg. – Corresp.-Bl. zool.-miner. Ver. Regensburg, **22**: 51–80, 2 Taf.; Regensburg.

– (1868c): Geognostische Beschreibung des ostbayerischen Grenzgebirges oder des bayerischen und oberpfälzer Waldgebirges. – In: Geogn. Beschreibung des Koenigreichs Bayern, 2. Abth.: 968 S., 169 Abb., 16 Taf., 5 geogn. Karten 1:100000; Gotha (Perthes).

– (1869): Ueber Foraminiferen, Ostracoden und mikroskopische Thier-Ueberreste in den St. Cassianer und Raibler Schichten. – Jb. k.-k. geol. Reichsanst., 19: 175–186, Taf. 5–6; Wien.

– (1870): Vergleichung der Foraminiferenfauna aus den Gosaumergeln und den Belemnitellen-Schichten der bayerischen Alpen. – Sitz.-Ber. kgl. bayer. Akad. Wiss., math.-phys. Cl., **2**: 278–288; München.

– (1871a): Die sogenannten Nulliporen (*Lithothamnium* und *Dactylopora*) und ihre Betheiligung an der Zusammensetzung der Kalkgesteine. 1. Die Nulliporen des Pflanzenreichs (*Lithothamnium*). – Abh. kgl. bayer. Akad. Wiss., math.-naturw. Cl., **11**, 1: 11–52, Taf. 1–2; München.

– (1871b): Die geognostischen Verhältnisse des Ulmer Cementmergels, seine Beziehungen zu dem lithographischen Schiefer und seine Foraminiferenfauna. – Sitz.-Ber. kgl. bayer. Akad. Wiss., math.-phys. Cl., 1: 38–72, Taf. 1; München.

– (1872): Über zwei jurassische Vorläufer des Foraminiferen-Geschlechtes *Nummulina* und *Orbitulites*. – N. Jb. Miner. Geol. Palaeont.: 241–260, Taf. 6–7; Stuttgart.

- (1873): I. Coccolithen im Eocänmergel. – II. Coccolithen fehlen im Tiefschlamm unserer Alpenseen. – III. Untersuchungsart der dichten Kalksteine. – IV. Arten der Oolithbildung. – N. Jb. Miner. Geol. Palaeont.: 299-304; Stuttgart.
- (1874): Japanesische Gesteine (Fusulinenkalk). – Ausland, 47: 479-480; Stuttgart (Cotta).
- (1875): Beiträge zur Kenntniss der Organisation und systematischen Stellung von *Receptaculites*. – Abh. kgl. bayer. Akad. Wiss., II. Cl., **12**: 1. Abth.: 167–216, Taf. A; München.
- (1878): Einige Bemerkungen über Graptolithen. – N. Jb. Miner. Geol. Palaeont.: 292–296, 3 Abb; Stuttgart.
- (1880): Spongien-Nadeln im Flysch. – Verh. k.-k. geol. Reichsanst., **12**: 213–215; Wien.

GÜMBEL, C. W. v. (1884): Über die Beschaffenheit der Mollusken-Schalen. – Z. dt. geol. Ges., **36**: 386–398; Berlin.
- (1890): *Lithiotis problematica* Gümb. Eine Muschel. – Verh. k.-k. geol. Reichsanst., **3**: 64–67, 1 Abb.: Wien.
- (1896): Ueber die Grünerde vom Monte Baldo. – Sitz.-Ber. kgl. bayer. Akad. Wiss., math.-phys. Cl., **26**: 545–604; München.

HAGN, H. (1954): Some Eocene Foraminifera from the Bavarian Alps and Adjacent Areas. – Contr. Cushm. Found. Foram. Res., **5**: 14–20, Taf. 3–4; Washington.
- (1955): Zur Kenntnis alpiner Eozän-Foraminiferen. III. *Eorupertia cristata* (GÜMBEL). – Paläont. Z., **29**: 46–73, 2 Abb., Taf. 4–6; Stuttgart.
- (1956): Geologische und paläontologische Untersuchungen im Tertiär des Monte Brione und seiner Umgebung (Gardasee, Ober-Italien). – Palaeontographica, **107**, Abt. A: 67–210, 8 Abb., Taf. 7–18; Stuttgart.
- (1979): Karl Emil Schafhäutl – der erste Bearbeiter der Großforaminiferen des bayerischen Alpenvorlandes. – Jber. 1978 und Mitt. Freunde Bayer. Staatsslg. Paläont. hist. Geol., **7**: 21–52, 4 Abb., 4 Taf.; München.
- (1981): Die Bayerischen Alpen und ihr Vorland in mikropaläontologischer Sicht. Exkursionsführer zum 17. Europäischen Mikropaläontologischen Kolloquium in Oberbayern September 1981. Mit Beiträgen zahlreicher Autoren (zit. als HAGN et al.). – Geologica Bavarica, **82**: 408 S., 70 Abb., 7 Tab., 13 Taf.; München.

HAGN, H., DARGA, R. & SCHMID, R. (1992): Erdgeschichte und Urwelt im Raum Siegsdorf. Fossilien als Zeugen der geologischen Vergangenheit. – 77 S., 20 Abb., 4 Tab., 80 Taf.; Siegsdorf.

HAGN, H. & LINDENBERG, H. G. (1966): Revizija *Globigerina (Subbotina) eocaena* GÜMBEL iz Eotsena predgorij Bavarskikh Alp'. – Voprosy Mikropaleontologii, **10**: 342–358, 4 Abb., 1 Taf.; Moskau.
- (1969): Revision der von C. W. GÜMBEL 1868 aus dem Eozän des Bayerischen Alpenvorlandes beschriebenen planktonischen Foraminiferen. – Proc. First Internat. Confer. Plankt. Microfoss., Geneva 1967, **2**: 229–249, 6 Abb., 1 Taf.; Leiden (E. J. Brill).

HAGN, H. & OHMERT, W. (1971): Révision de »*Truncatulina*« *grosserugossa* GÜMBEL et de »*Truncatulina*« *sublobatula* GÜMBEL (Foraminifères) de l'Éocène des Préalpes Bavaroises. – Rev. Micropaléont., **14**: 131–144, 6 Abb., Taf. 1–2; Paris.

HAGN, H. & WELLNHOFER, P. (1967): Ein erratisches Vorkommen von kalkalpinem Obereozän in Pfaffing bei Wasserburg. Mit einem Beitrag von Alfred SELMEIER. – Geologica Bavarica, **57**: 205–288, 5 Abb., 12 Taf.; München.

HAUSER, E. (1992): Mittel- und Obereozänforaminiferen des bayerischen Helvetikums. Systematik, Stratigraphie und Palökologie. Mit einer Revision von GÜMBEL (1868). – Dissertation, 16 unnum. S., 479 S., 29 Abb., 13 Tab., 40 Taf.; München (Inst. f. Paläont. hist. Geol.; unveröff.).

HOFKER, J. (1970): Vorwort (engl.). – Reprint des Gümbelschen Werkes von 1868a, 1 S.; Lochem/Holland (Antiquariaat Junk).

LAUBENFELS, M. W. de (1955): Porifera. – In: MOORE, R. C. (Hrsg.): Treatise on Invertebrate Paleontology, Part E, Archaeocyatha und Porifera: 21–122, Abb. 14–89; New York – Lawrence (Geol. Soc. Amer. und Univ. Kansas Press).

LEPPLA, A. (1898): W. von Gümbel †. – Z. prakt. Geol., 6. Jg.: 375–376; Berlin.

LESS, G. (1987): Paleontology and Stratigraphy of the European Orthophragminae. – Geologica Hungarica, Ser. Paleontologica, Fasc. 51: 1–372, 32 Abb., 12 Tab., 45 Taf.; Budapest.

LOEBLICH, A. R. & TAPPAN, H. (1964): Sarcodina chiefly »Thecamoebians« and Foraminiferida. – In.: MOORE, R. C. (Hrsg.): Treatise on Invertebrate Paleontology, Part C, Protista 2: I–XXXI, 1–900, 653 Abb.; New York – Lawrence (Geol. Soc. Amer. und Univ. Kansas Press).

MARTINI, E. (1981): Nannoplankton in der Ober-Kreide, im Alttertiär und im tieferen Jungtertiär von Süddeutschland und dem angrenzenden Österreich. – In: HAGN, H. et al.: Die Bayerischen Alpen und ihr Vorland in mikropaläontologischer Sicht, Geologica Bavarica, **82**: 345–356, 2 Abb., 2 Taf.; München.

MARTINI, E. & MÜLLER, C. (1971): Das marine Alttertiär in Deutschland und seine Einordnung in die Standard Nannoplankton Zonen. – Erdöl und Kohle, Erdgas, Petrochemie, Brennstoff-Chemie, **24**: 381–384, 1 Tab.; Hamburg.

MAYR, H. (2001): Verzeichnis der Veröffentlichungen Carl Wilhelm von Gümbels. – Dieses Buch: 183–195.

MOUSSAVIAN, E. & KUSS, J. (1990): Typification and status of *Lithothamnium aschersoni* SCHWAGER, 1883 (Corallinaceae, Rhodophyta) from Paleocene limestones of Egypt. A. contribution to the synonymy and priority of the genera *Archaeolithothamnium* ROTHPLETZ and *Sporolithon* HEYDRICH. – Berliner geowiss. Abh., A., 120.2: 929–942, 1 Abb., 1 Taf.; Berlin.

NATHAN, H. (1951): Festrede über die Persönlichkeit Carl Wilhelm von Gümbels. – Geologica Bavarica, **6**: 16–25; München.

NUTTALL, W. L. F. (1930): Eocene Foraminifera from Mexico. – J. Pal., **4**: 271–293, Taf. 23–25; Tulsa/Oklah.

STENZEL, H. B. (1971): Oysters. – In: MOORE, R. C. (Hrsg.): Treatise on Invertebrate Paleontology, Part N, Mollusca 6, Bivalvia, **3**: 953–1224, Abb. 1–153; New York – Lawrence (Geol. Soc. Amer. und Univ. Kansas Press).

THENIUS, E. & VÁVRA, N. (1996): Fossilien im Volksglauben und im Alltag. – Senckenberg-Buch **71**: 179 S., 197 Abb.; Frankfurt a.M.

ZITTEL, K. A. v. (1903): Grundzüge der Paläontologie (Paläozoologie). 1. Abteilung: Invertebrata. 2. Auflage. – I–VIII, 1–558, 1405 Abb.: München – Berlin (R. Oldenbourg).

Die Rolle Gümbels
bei der Erforschung fossiler Wirtelalgen

Ernst Ott

Die bis einige Zentimeter langen Kalkhülsen von Wirtelalgen treten mitunter in gesteinsbildender Menge in den Karbonatplattformen der Alpinen Trias auf, vor allem im nordalpinen Wettersteinkalk und in seinen südalpinen Gegenstücken, dem Marmoladakalk der Dolomiten und dem Esinokalk der Lombardei.

Der Kenntnisstand vor Gümbel

Vermutlich wurden die Versteinerungen anfangs für Crinoiden-Stielglieder gehalten; Verwechslungen damit kamen später noch oft vor.

Die ersten Paläontologen, die Mitte des 19. Jahrhunderts erkannten, dass es keinesfalls Crinoiden sein können, dachten natürlich nicht gleich an Wirtelalgen. Denn wer kannte damals schon die inzwischen als »lebende Fossilien« bezeichneten Dasycladaceen? Von der Familie leben nur noch sechs Gattungen, meist in tropisch warmen Meeren. Als Gesteinsbildner spielen sie keine Rolle mehr. Von den auch im Mittelmeer vorkommenden Vertretern ist die schwach verkalkende Schirmchenalge *Acetabularia* ein so stark abgeleiteter Zweig der Ordnung Dasycladales, dass man keine Verwandtschaft zu den fossilen Trias-Formen vermuten wird, und die namengebende Gattung *Dasycladus* verkalkt überhaupt nicht. Von *Cymopolia*, die schließlich 1877 bei der endgültigen Zuweisung der fossilen Arten die entscheidende Rolle gespielt hatte, gab es damals noch keinen Herbarbeleg in München, wie aus einem Briefe Zittels hervorgeht (vgl. TOULA, 1878).

Ausgangspunkt der Erforschung der Trias-Dasycladaceen war der Wettersteinkalk der Zugspitze. Als dort 1851 ein massives Gipfelkreuz installiert wurde, brachte der Forstgehilfe Max Thoma Gesteinsscherben mit, die er selbst als Muschelkalk bezeichnete, und die dann SCHAFHÄUTL näher untersuchte. Er beschrieb 1853 erstmals die bekannte *Diplopora annulata*, heute ein Leitfossil für die ladinische Stufe, unter dem Namen *Nullipora annulata*. *Nullipora* war damals eine heterogene Sammelgattung für verschiedene kalkige Säulchen, die auf der Oberfläche keine sichtbaren Poren hatten. SCHAFHÄUTL (1853) hat zwar schon bei der Erstbeschreibung kegelige oder kelchförmige Poren gesehen, sodass die Zuordnung zu *Nullipora* ein Widerspruch zu sein scheint. Er hat aber die zentrale Achse mit schwammiger Struktur irrtümlich ebenso als Eigenbestandteil des Fossils angesehen wie eine äußere runzelige Rinde. Die Poren konnte er nur sichtbar machen, nachdem er die äußere Kruste mit Salzsäure entfernt hatte. Wegen der Außenrinde musste er die Versteinerung – »einstweilen«, wie er zehn Jahre später meint – bei *Nullipora* unterbringen.

STOPPANI hingegen, der 1857 Funde aus dem Esinokalk beschrieb, hat die Poren für eine Täuschung gehalten, aber das Innere richtig als Sedimentfüllung und damit die Röhren-Natur der Gebilde erkannt. Er ging von Bohrmuschel-Röhren aus und gab den Namen *Gastrochaena annulata*; größere und nicht geringelte Röhren beschrieb er als *Gastrochaena herculea*, die heutige *Teutloporella herculea*.

In seiner Lethaea 1863 gab SCHAFHÄUTL schließlich eine Neubeschreibung anhand weiterer Fundstücke und änderte den Namen in *Diplopora annulata*. *Diplopora* sollte eine neue Bryozoen-Gattung sein, zu der er weitere neue Spezies aus dem Wettersteinkalk hinzufügte, von denen neben der *D. annulata* noch *D. nodosa* überdauert hat.

Gümbel auf dem Weg zu einer neuen Deutung

Als Gümbel sich mit diesen Fossilien zu beschäftigen begann, lagen also zwei Deutungen vor (Bryozoen, Bohrmuscheln), die er bald durch ein systematisches Konzept ersetzen sollte, das auf der Foraminiferen-Natur der Gebilde aufgebaut war.

1857 hat er allerdings noch den Namen *Nullipora annulata* gelten lassen, aber zum ersten und zum letzten Mal.

1861 ersetzte er im Text seiner Geognostischen Beschreibung des bayerischen Alpengebirges *Nullipora annulata* einfach durch *Chaetetes annulata*, ohne weitere Erklärung.

Dazu kam es, weil 1855 SCHAUROTH aus der Trias von Recoaro ein ähnliches Fossil als *Chaetetes* (?) abgebildet und schließlich 1859 als *Chaetetes* (?) *triasinus* bezeichnet hatte. Der von Schauroth mit Zögern gewählte Name *Chaetetes* und die damit verbundenen systematischen Konsequenzen waren für Gümbel zu diesem Zeitpunkt offensichtlich nicht so wichtig. Wichtiger war der Artname, also das Trias-Alter, ein stratigraphisches Argument gegen seinen Gegner Schafhäutl, der ja noch immer ein Jura-Alter des Wettersteinkalkes verteidigte. Beim Studium der Funde seines »hochgeschätzten Freundes« Schauroth konstatierte er »*eine unzweifelhafte Gattungs-Identität der Versteinerungen von Tretto mit der Versteinerung des Wettersteinkalkes*« und zur Vereinigung hatte er »*um so mehr Grund, als bis dahin die triassische Natur des Wettersteinkalkes noch nicht festgestellt war*«. So rechtfertigte er sich später, 1867, auf den Vorwurf von REUSS (1866), dass er *Nullipora annulata* ohne Grund in die Anthozoen-Gattung *Chaetetes* versetzt hätte.

Auf die vermeintliche Foraminiferen-Natur ist Gümbel nicht ganz von alleine gekommen. Er hatte die Foraminiferen-Monographie von CARPENTER (1862) kennengelernt und sofort gesehen, dass Parallelen existierten zwischen den Trias-Formen und jenen aus dem Tertiär des Pariser Beckens, die in diesem Werk in Tafel 10 deutlich im Schliffbild abgebildet worden waren. Es handelte sich um die Gattung *Dactylopora*, eine noch heute gültige Gattung tertiärer Dasycladaceen, damals aber noch bei den Foraminiferen gruppiert.

Auch der Foraminiferen-Spezialist REUSS (1866) in Wien hatte dies bei CARPENTER (1862) entdeckt und in der Dezembersitzung 1866 bei der geologischen Reichsanstalt einen Bericht vorgelegt über »Die sogenannte *Nullipora annulata* SCHAFH.«, worin er erstmals und ausführlich darlegt, dass das Zugspitz-Fossil zu den Dactyloporen im Sinne von CARPENTER (1862) gehört.

Schon zur Januarsitzung 1867 lag die »*Reclamation*« von GÜMBEL (1867) vor, in welcher er die Priorität für die Zuordnung zu *Dactylopora* beansprucht. Aus dem Titel einer mit Schafhäutl geführten Auseinandersetzung über die Nummulitenschichten des Kressenberges (GÜMBEL 1866) konnte zwar niemand entnehmen, dass darin auch noch kurz der Wettersteinkalk und *Diplopora* angesprochen werden, aber die betreffende Bemerkung (GÜMBEL 1867) endet mit dem Satz: »*Ich selbst halte sie jetzt für eine Form aus der Nachbarschaft von Dactylopora.*« Das war auch schon alles; doch es reichte, um den Wienern höflich mitzuteilen: »*Sie sehen, dass ich demnach, bereits ehe Herr Professor Reuss seine Untersuchungsresultate mitgetheilt hatte, zu einer Ansicht gelangt war, welche meine frühere Angabe berichtigte, und von der ich mich recht sehr freue, dass dieselbe mit der späteren Mittheilung des Herrn Professors Reuss sehr gut übereinstimmt.*«

Die Monographie über die so genannten Nulliporen

Obwohl Teil I mit 1871 und Teil II mit 1872 datiert ist, soll die zweiteilige Monographie über »Die sogenannten Nulliporen (*Lithothamnium* und *Dactylopora*)« im kompletten Akademie-Band erst 1874 erschienen sein. Doch die Sonderdrucke müssen schon in den angegebenen Jahren versandt worden sein, wie aus den Anmerkungen bei MOJSISOVICS (1874b) zu entnehmen ist.

Für sein Hauptwerk auf diesem Fachgebiet hat sich Gümbel zahlreiches Probenmaterial beschafft aus den Sammlungen von Wien, Budapest, München und Innsbruck; dazu kam ein »*beträchtlicher Vorrath*« eigener Funde.

In der Einleitung bringt GÜMBEL den Leser zunächst auf einen Kenntnisstand, der 1871 eigentlich schon überholt ist. Er schreibt von *Leithanullipora* und *Zugspitznullipora* (zusammengeschrieben und kursiv), obwohl zu dieser Zeit kaum jemand noch von Nulliporen redete, und unterteilt schließlich in Nulliporen des Pflanzenreiches und des Tierreiches.

Dass die Nulliporen des Leithakalkes zu den Lithothamnien (Rotalgen) gehören, war längst durch UNGER (1858) klargestellt. GÜMBEL hatte dies schon 1870 entsprechend gewürdigt und dabei erwähnt, dass er anlässlich seines Aufenthalts in Wien bei der Besichtigung des Leithakalkes auch für seine geologische Kenntnis Südbayerns profitiert hat. Er habe dort die Anregung bekommen, sich einmal die weißen Bestandteile im so genannten Granitmarmor von Neubeuern genauer anzusehen: »*Ich hielt diese in unendlicher Menge in diesem eocänen Kalk vorkommenden Knöllchen bisher nach einer Untersuchung bloss mit der Loupe irrthümlich für einfache Kalkconcretionen.*« (1870, S. 202).

Bei den vermeintlich tierischen und nunmehr von ihm zu den Foraminiferen gerechneten Fossilien findet GÜMBEL (1872b) mit Staunen einen unerwarteten Formenreichtum in der Trias. Dennoch glaubt er mit nur einer einzigen Gattung für alle Trias-Funde auszukommen. Die neugeschaffene Gattung ist seine *Gyroporella* (mit damals 12 Arten vom alpinen Muschelkalk bis zum Hauptdolomit). Der Gattungsname soll zum Ausdruck bringen, dass die Poren oder Kanälchen in bestimmten Kreisen auf der zentralen Achse angeordnet sind. (Damit hatte er genau das Kennzeichen der Wirtelalgen getroffen.)

Eine vorhandene oder fehlende Gliederung der Röhren in Ringstücke, vergleichbar einem Kanalschacht aus Betonringen, war für seine Artauffassung ein wichtiges Kriterium. Heute ist das irrelevant, zumindest bei *Diplopora annulata*.

Dann war natürlich beim Foraminiferenkonzept die Orientierung der Röhren genau anders herum. Was in Wirklichkeit der adulte Scheitel ist, wird von Gümbel logischerweise als juveniles Ende des Tieres bezeichnet. Die Abbildungen sind demgemäß etwas ungewohnt, weil sie meist auf den Kopf gestellt sind.

In der später von PIA (1912, 1920) geschaffenen Wirtelalgen-Systematik kommt es sehr auf die Form und Anordnung der Poren an. Das sind die Hauptkriterien für die verschiedenen Gattungen. Gümbel hat dies nicht so sehr beachtet und vor allem hat er den Verlauf der Poren aufgrund der zu dicken Schliffe nicht richtig gesehen, jedenfalls nicht bei *Diplopora*, das geht aus seinen Abbildungen klar hervor.

Obwohl die angenommene Foraminiferen-Natur zu einer ganz anderen Gewichtung von Merkmalen führte als die heutige, so wird doch das systematische Konzept von GÜMBEL (1872b) von allen späteren Autoren als wichtiger Meilenstein bezeichnet und als wesentlicher Fortschritt gegenüber den mehr tastenden Versuchen der Vorgänger angesehen.

Dass er die Gebilde zu Foraminiferen rechnete, wird ihm niemand ankreiden, aber Kritik verlangt sein rüdes Umgehen mit den Nomenklatur- und Prioritätsregeln. Man hat fast den Eindruck, als ob er glaubte, aufgrund der ganz anderen Zuordnung im System könne er nun auch nomenklatorisch einen Neubeginn machen:

Der ältere Name *Diplopora* wird einfach eingezogen. – Zur neuen *Gyroporella infundibuliformis* n. sp., wovon er nur einen einzigen Anschnitt hat, schreibt er: »*Vermuthlich gehört hierher Diplopora nodosa* SCHAFHÄUTL«. Das stimmt auch, und bei keiner anderen Art war das schon rein äußerlich nach den Abbildungen so offenkundig. (Es kann sein, dass er das heute noch zugängliche Original-Material von Schafhäutl nicht sehen konnte oder wollte, was aus gewissen Fußnoten bei SCHAFHÄUTL (1863) hervorgeht, wo dieser sich wundert, woher »*der Herr Bergmeister Gümbel*« dieses oder jenes Stück aus seiner Sammlung kennen will, wo er es doch nie gesehen hat!).

In gleicher Weise verfährt GÜMBEL bei seiner *Gyroporella aequalis* n. sp., wo es ebenso zutreffend heißt: »*Vermuthlich gehört zu dieser Art die Gastrochaena herculea* STOPPANI.«

Dieses Vorgehen hat schon damals Kritik geweckt: So hat MOJSISOVICS (1874a: 95) einfach *Gyroporella* als späteres Synonym von *Diplopora* bezeichnet. Sogleich beschwert sich GÜMBEL (1874b) in einer Zuschrift nach Wien. Angeblich »*im Interesse der Klärung der leider an sich schon so schwierigen Synonymie*« – legt er entschieden Verwahrung ein (1874b: 236). Dabei hebt er hervor, dass Schafhäutl die *Diplopora* zu den Bryozoen stellte, »*ohne ihre Foraminiferennatur zu erkennen oder anzuerkennen*« und dass »*ich zuerst ihre Foraminiferennatur ausser Zweifel gestellt habe*«. Und dass man außerdem »*für Formen mit einer oder vier und mehr Porenreihen auf einem Ringe nicht die Bezeichnung Diplopora in Anwendung bringen kann*«.

Hier kommt GÜMBEL (1874b) bei dem studierten Juristen MOJSISOVICS (1874b) an den Falschen. Gleich im Anschluss an seine »*Reclamation*« steht die Erwiderung abgedruckt, wo er sich belehren lassen muss, dass der erste Name gilt, »*mag er passend oder nicht passend sein und mag die systematische Stellung vom ersten Autor verkannt worden sein oder nicht*«. Außerdem muss Gümbel sich fragen lassen, wieso er »*die in derselben Arbeit beliebte Aenderung von Dactylopora in Dactyloporella blos wegen der Uebereinstimmung der Endung*« vorgenommen habe und warum er nicht den von ihm gewählten Gattungsnamen dem bereits bestehenden Namen *Dactylopora* angepasst habe.

Die Gattung *Petrascula* als Bindeglied zu den Tertiär-Formen

In seiner Diagnose zu *Gyroporella* nahm Gümbel das wichtige Merkmal auf, dass die Schale lediglich von radial gestellten Zwischenkanälchen durchbrochen, im Übrigen aber »ohne Kammerhöhlungen« sei. Das ist nämlich der Unterschied zu den tertiären Arten, die außer feinen Kanälen auch noch größere, ovale oder kugelige Hohlräume in der Schale haben (d.h. Gametangien in den Seitenästen, die bei den Mitteltrias-Formen noch fehlen). Die Verwandtschaft der komplizierten tertiären Formen mit den relativ simplen triadischen war demnach nicht so einfach zu erkennen, dass es nur eines kurzen Blickes in die Arbeit von CARPENTER (1862) bedurft hätte.

Gümbel hat bald nach Formen Ausschau gehalten aus der Zeit zwischen Trias und Tertiär, um zu sehen, wann die modernen Formen erscheinen. Er machte sich an die Untersuchung des verdächtigen *Conodictyum bursiforme*, eines keulenförmigen und schon seit längerem bekannten Fossils aus dem Malm. Es war für ihn ein voller Erfolg. Die erwarteten Merkmale einer fortgeschritteneren Dactyloporide konnte er durch Dünnschliff-Befunde bestätigen (GÜMBEL 1873b). Für diesen Organisationstyp schuf er die heute noch gültige Gattung *Petrascula* mit dem Typus *P. bursiformis*.

Es war zugleich seine letzte ausführlichere Studie über die vermeintlichen Großforaminiferen.

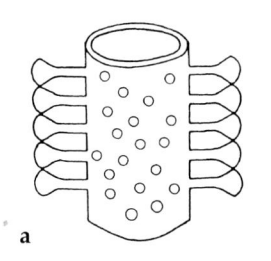

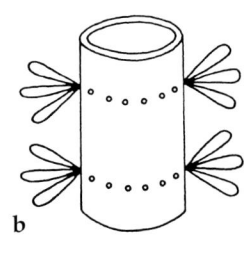

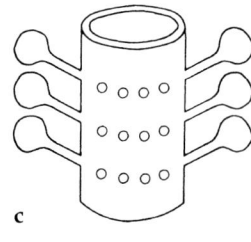

Abb. 1. Die Stellung der Seitenäste bei den Dasycladales. Gezeichnet ist jeweils ein Abschnitt der ca. 3 mm dicken Stammzelle, ohne die Kalkschale. (Aus BERGER & KAEVER 1992)
a. Seitenäste nicht in Wirteln angeordnet. Dazu *Gyroporella*, heute in einer eigenen Familie Seletonellaceae.
b. Seitenäste in Wirteln und außerdem noch in Büscheln gruppiert. Typisches Kennzeichen der Gattung *Diplopora*.
c. Seitenäste in einfachen Wirteln.

Der Umbruch 1877 und die Zeit danach

Gegen die kurze Klarstellung von MUNIER-CHALMAS (1877) über die Verwechslung fossiler Dasycladaceen mit Foraminiferen gab es anscheinend keine Einwände mehr, jedenfalls nicht von Gümbel. Als einer der wenigen, die damals mit der inneren Organisation der Gebilde wirklich vertraut waren, muss er sofort überzeugt gewesen sein, dass dies die Lösung des Rätsels war.

Er hat die neue Deutung nie kommentiert, aber sofort übernommen. Schon im folgenden Jahr (1878: 116) stellt er in einem populärwissenschaftlichen Werk des Alpenvereins die abgebildeten Röhrchen als Rasen von Kalkalgen vor.

In einem Literaturreferat hat TOULA (1878) versucht, für Gümbel doch noch einen kleinen Anteil an der Erkenntnis der Algennatur zu retten, indem er schreibt, Gümbel hätte ja schon einmal 1871 die Gattung *Diplopora* bei den Nulliporen des Pflanzenreiches gehabt und sie dann erst 1872 unter die Nulliporen des Tierreiches gestellt. – Gegen eine solche Unterstellung hätte Gümbel früher sofort eine seiner »Reclamationen« losgelassen. Dass er dies widerspruchslos hingenommen hat, zeigt schon, dass er nicht mehr mit dem alten Eifer bei der Sache war.

Gümbel hat es auch nie mehr der Mühe wert gefunden, selbst seine Trias-Universalgattung *Gyroporella* im Lichte der neuen systematischen Deutung aufzugliedern. Angefangen hatte damit BENECKE (1876), schon ein Jahr vor dem Umbruch, als er dem Namen *Diplopora* wieder zum Recht verhelfen wollte und zeigte, dass die von Gümbel aufgestellte *Gyroporella vesiculifera* aus dem Hauptdolomit infolge anderer Porenstellung gar nicht in dessen eigene Definition von *Gyroporella* passe. GÜMBEL musste dies 1880 sogar zugestehen: »*Auch gewinnt diese Form dadurch eine gewisse Eigenthümlichkeit, dass die Hohlräumchen nicht in einem geschlossenen Kreise stehen; desshalb glaubt Benecke folgern zu sollen, dass darin ein besonderer Typus, der von jenem der G. annulata abzutrennen wäre, begründet sei, für den jedoch der Namen Gyroporella desshalb nicht passe, weil die Poren nicht ringförmig gestellt seien.*« (GÜMBEL 1880: 210). Er schloss mit dem Vorschlag: »*Will man diese Form als besonderes Genus von Gyroporella abgrenzen, so wird man sie wohl als Ascoporella zu bezeichnen haben.*«

Diese Umtaufempfehlung wurde aber nicht befolgt. *Gyroporella annulata* hieß bald wieder *Diplopora annulata* und *Gyroporella vesiculifera* verblieb als eigentlicher Typus dieser Gattung (PIA 1912). (Aufgrund der ganz anderen Porenstellung wird *Gyroporella* neuerdings sogar zu einer eigenen Familie Seletonellaceae gestellt. Zur Porenstellung vgl. Abb. 1.)

Später ist ALTH (1882) einer ähnlichen, diesmal aber berechtigten Empfehlung Gümbels gefolgt: Er hat seine früher als *Gyroporella podolica* beschriebene Form aus dem Oberjura Galiziens nach Zuschrift in eine neue Gattung *Actinoporella* GÜMBEL gestellt.

1891 hat GÜMBEL noch in seiner Geognostischen Beschreibung der Fränkischen Alb zwei neue Arten publiziert, aber nur ganz kurz und mit dürftigen Abbildungen auf Seite 306. Aufgrund der für Malm-Formen überraschend einfach gestalteten Wirteläste hat er sie konsequent wieder in sein Genus *Gyroporella* gestellt. Heute heißen sie *Salpingoporella pygmaea* und *Uragiella suprajurassica*.

Die Ergebnisse zur Trias-Stratigraphie

Von Anfang an hat Gümbel die Bedeutung der fraglichen Fossilien für die Gesteinsbildung erkannt und bald hat er auch an den stratigraphischen Nutzen geglaubt. Nach Wien schreibt GÜMBEL (1872a: 91): »*Man wird diese Versteinerungen demnach, da sie sich freilich nur durch Schliff und Mikroskop, aber auf diese Weise leicht unterscheiden lassen, künftig wohl zur Unterscheidung der verschiedenen Triasstufen benützen können.*« Als besessener Kämpfer in der heroischen Zeit der geologischen Durchforschung der Alpen war er besonders am stratigraphischen Leitwert interessiert.

Schon mit seiner ersten Bewertung des alten Fundes von Schauroth hatte er den richtigen Riecher: diese heutige *Teutloporella triasina* gilt als Leitform für Unterladin. Ihre angenommene Nähe zu den Zugspitz-Fossilien sprach gegen den immer noch von Schafhäutl vertretenen weißen Jurakalk des Wettersteingebirges.

Schon vor und erst recht dann nach seiner Monographie bekam Gümbel als damals einziger Spezialist Materialzusendungen mit stratigraphischer Fragestellung. Er ist natürlich auch dafür verantwortlich, dass der Ausdruck »Gyroporellen« eine so weite Verbreitung fand. Weil in der Trias nur diese eine Gattung *Gyroporella* galt, konnte jeder ruhig den Begriff Gyroporellen hinschreiben, ohne befürchten zu müssen, etwas falsch zu machen. Erst im Laufe der nächsten Jahrzehnte hat sich dafür langsam der Name Diploporen durchgesetzt, weil diese von PIA (1912) aufgestellte Familie mehrere Gattungen enthielt, worunter *Gyroporella* selbst zu einer eher seltenen geworden war.

Fundmitteilungen und daran geknüpfte Fragen zur Gliederung der Alpinen Trias finden sich außer in Gümbels Monographie in den hierin zitierten Mitteilungen von 1871, 1873a, 1874a, 1880, 1882 und 1887, wobei das sicherlich nicht alle sind.

Das wichtige Ergebnis waren 3 stratigraphische

Niveaus in der Alpinen Trias, die Gümbel aufgrund der Gyroporellen-Führung auseinanderhalten konnte:

- Alpiner Muschelkalk (heute Steinalmkalk) mit *G. pauciforata*
- Wettersteinkalk mit *G. annulata* und anderen Arten
- Hauptdolomit mit *G. vesiculifera* und *G. curvata*.

Beim Hauptdolomit war hier nur das stratigraphische Niveau an sich gemeint, aufgrund südalpiner Vorkommen; aus dem Hauptdolomit der Nordalpen hatte er keine Funde.

Einen so genannten Wetterling-Kalk von Rohrbach bzw. »*den weißen Wetterlingskalk der Wiener Geologen*« hat er wegen der Gyroporellenführung (heute *Teutloporella herculea*) schon 1871 aus dem angeblich fossilbelegten Oberkreide-Alter in die Trias verwiesen. Der Name kam von einem Wetterling-Berg (slowakisch Veterlin) in den Kleinen Karpaten.

Ebenfalls mit dem Niveau des Wettersteinkalkes konnten der Latemarkalk in den Südalpen, der Ramsaudolomit am Torrener Joch bei Berchtesgaden und der Himmelwitzer Dolomit in Oberschlesien parallelisiert werden. 1882 konnte GÜMBEL dasselbe Alter für den »*Tauerndolomit*« der Radstädter Tauern nachweisen und damit klarstellen, dass die dunkle Gesteinsfarbe allein kein Grund sein dürfe, wie bisher deshalb eine Position im Niveau der Gutensteiner Schichten oder des Muschelkalkes anzunehmen.

Gümbels Dünnschliffe und ihr Schicksal

Ein weiteres Verdienst Gümbels ist, die Dünnschliff-Methode nicht nur bei der Untersuchung mikropaläontologischer Objekte sondern auch allgemein zur Charakterisierung von Kalk- und Dolomitgesteinen der Alpinen Trias eingeführt zu haben.

Über Methodik und Ergebnisse berichtete er kurz 1870 und ausführlicher 1873.

Er empfahl nur mäßig dünne Schliffe und schwache Ätzung mit verdünnter Säure anstatt der Politur. Die Schliffe wurden also nicht abgedeckt, sondern man versuchte ein Relief herauszuätzen. Somit werden auch die oft merkwürdig plastischen Schliff-Abbildungen auf seinen Tafeln erklärlich, weil der Zeichner ein Halbrelief zu zeichnen hatte. Nach heutigem Geschmack waren die Schliffe sicherlich zu dick.

Als PIA (1912) seine Studien zur Dissertation über die triadischen Wirtelalgen machte, hätte er natürlich die Schliffe von Gümbel dringend benötigt. Er hat eigens zu diesem Zwecke eine Reise nach München unternommen. Dort gelang es den Bemühungen der Professoren Rothpletz und v. Ammon nicht, ihm die Schliffe zu verschaffen. Hoffnungsvoll schrieb damals noch PIA (1912: 26): »*Sollten die Gümbelschen Originalschliffe doch noch einmal wieder auftauchen, was ich übrigens nicht ohne Grund bezweifeln möchte, so …*«.

Sie sind aber nie mehr aufgetaucht.

Literatur

ALTH, A. (1882): Die Versteinerungen des Nizniower Kalksteines. – Beitr. Paläont. Oest.-Ung., **1**: 183–332, Taf. 18–29, Wien.

BENECKE, E. (1876): Über die Umgebung von Esino in der Lombardei. – Geogn.-paläont. Beitr., **2**: 261–367, Taf. 21–25, München.

BERGER, S. & KAEVER, M. J. (1992): Dasycladales. – An Illustrated Monograph of a Fascinating Algal Order. – 247 S., Stuttgart.

CARPENTER, W. B. (1862): Introduction to the study of the Foraminifera. – 319 S., 22 Taf., London.

GÜMBEL, C. W. (1857): Untersuchungen in den bayerischen Alpen zwischen der Isar und Salzach. – Jb. geol. Reichsanst., **8**: 146–151, Wien.

– (1861): Geognostische Beschreibung des bayerischen Alpengebirges und seines Vorlandes. – 950 S., Gotha.

– (1866): Comatula oder Belemnites in den Nummulitenschichten des Kressenberges. – N. Jb. Miner. Geol. Palaeont., **1866**: 564–568, Stuttgart.

– (1867): *Nullipora annulata*. – Verh. geol. Reichsanst., **1867**: 3–4, Wien.

– (1870): Ueber Nulliporenkalk und Coccolithen. – Verh. geol. Reichsanst., **1870**: 201–203, Wien.

– (1871): Ueber *Dactylopora*. – Verh. geol. Reichsanst., **1871**: 127–128, Wien.

– (1872a): Ueber die dactyloporenähnlichen Fossilien der Trias. – Verh. geol. Reichsanst., **1872**: 91–92, Wien.

– (1872b): Die sogenannten Nulliporen (*Lithothamnium* und *Dactylopora*) und ihre Betheiligung an der Zusammensetzung der Kalkgesteine. – Abh. bayer. Akad. Wiss., math.-phys. Cl., XI.–I. Die Nulliporen des Pflanzenreichs (*Lithothamnium*): 11–52, Taf. 1–2. – II. Die Nulliporen des Thierreichs (Dactyloporideae) nebst Nachtrag zum ersten Theile: 229–290, Taf. 1–4, München.

– (1873a): Mikroskopische Untersuchung alpiner Triaskalke und Dolomite. – Verh. geol. Reichsanst., **1873**: 141–144, Wien.

– (1873b) Ueber *Conodictyum bursiforme* Etallon, einer Foraminifere aus der Gruppe der Dactyloporideen. – Sber. bayer. Akad. Wiss., math.-phys. Cl., III: 282–294, 1 Taf., München.

– (1874a): Ueber neue Gyroporellen aus dem Gailthaler Gebirge. – Verh. geol. Reichsanst., **1874**: 79–80, Wien.

– (1874b): *Gyroporella* oder *Diplopora*? – Verh. geol. Reichsanst., **1874**: 235–236, Wien.

– (1878): Kurze Anleitung zu geologischen Beobachtungen in den Alpen. – S. 25–192, 63 Abb. in: Anleitung zu wissenschaftlichen Beobachtungen auf Alpenreisen. – Beilageband zu Z. D. Oe. AV 1878, München.

- (1880): Ein geognostischer Streifzug durch die Bergamasker Alpen. – Sber. bayer. Akad. Wiss., math.-phys. Cl., **X**: 164–240, München.
- (1882): Gyroporellenschichten in den Radstädter Tauern. – Verh. geol. Reichsanst., **1882**: 286, Wien.

GÜMBEL, C. W. v. (1887): Geologisches aus Westtirol und Unterengadin. – Verh. geol. Reichsanst., **1887**: 291–296, Wien.
- (1891): Geognostische Beschreibung der Fränkischen Alb (Frankenjura). – 763 S., 6 Ktn., Kassel.

MOJSISOVICS, E. v. (1874a): Faunengebiete und Faciesgebilde der Trias-Periode in den Ost-Alpen. – Jb. geol. Reichsanst., **24**: 79–134, Wien.
- (1874b): *Diplopora* oder *Gyroporella*? – Verh. geol. Reichsanst., **1874**: 236–237, Wien.

MUNIER-CHALMAS, E. (1877): Observations sur les Algues calcaires appartenant au groupe des Siphonées verticillées (Dasycladées HARV.) et confondues avec les Foraminiféres. – Compt. rend. Acad. Sc. Paris, **85**: 814–817, Paris.

PIA, J. (1912): Neue Studien über die triadischen Siphoneae verticillatae. – Beitr. Paläont. Geol. Oest.-Ung., **25**: 25–81, Taf. 2–8, Wien.
- (1920): Die Siphoneae verticillatae vom Karbon bis zur Kreide. – Abh. zool.-bot. Ges. Wien, **11**: 1–263, 8 Taf., Wien.

REUSS, A. E. (1866): Die sogenannte *Nullipora annulata* Schafh. – Verh. geol Reichsanst., **1866**: 200–202, Wien.

SCHAFHÄUTL, E. (1853): Beiträge zur näheren Kenntniss der Bayern'schen Voralpen. – N. Jb. Miner. etc., **1853**: 299–319, Taf. 6, Stuttgart.
- (1863): Süd-Bayerns Lethaea geognostica. Der Kressenberg und die südlich von ihm gelegenen Hochalpen geognostisch betrachtet in ihren Petrefacten. – S. I–XVII, 1–487, 86 Taf., 46 Abb., Leipzig.

SCHAUROTH, K. (1855): Uebersicht der geognostischen Verhältnisse der Gegend von Recoaro im Vicentinischen. – Sber. Akad. Wiss., math.-naturwiss. Cl., **17**: 481–562, Taf. 1–4, Wien.
- (1859): Kritisches Verzeichnis der Versteinerungen der Trias im Vicentinischen. – Sber. Akad. Wiss., math.-naturwiss. Cl., **34**: 283-356, Wien.

STOPPANI, A. (1857): Studii geologici e paleontologici sulla Lombardia. – 461 S., 4 Taf., Milano.

TOULA, F. (1878): Neue Ansichten über die systematische Stellung der Daktyloporiden. – Verh. geol. Reichsanst., **1878**: 301–304, Wien.

UNGER, F. (1858): Beiträge zur Kenntnis des Leithakalkes etc. – Denkschr. Acad. Wiss. Wien, math.-naturwiss. Cl., **14**: 13–38, 5 Abb., 3 Taf., Wien.

Eozoon bavaricum GÜMBEL
oder
die Jagd nach dem »Tier der Morgenröte«

Helmut Mayr

In der Sitzung der Bayerischen Akademie der Wissenschaften am 13. Januar 1866 hielt Gümbel einen Vortrag »Ueber das Vorkommen von *Eozoon* in dem ostbayerischen Urgebirge« und erläutert ihn durch vorgezeigte Handstücke und Originalzeichnungen. Er bezeichnet dabei die Entdeckung von organischen Überresten in den Urkalklagen der Gneisschichten von Kanada durch die Geologen Logan, Dawson und Carpenter (1859–1865) als *»ein für die geognostische Wissenschaft Epoche-machendes Ereignis«*.

Vorausgegangen war eine Erforschung der »Laurentischen Gneisformation« in Kanada, die als älteste bekannt gewordene Gesteinsserie galt. Das vorläufige Ergebnis dieser Untersuchungen war eine Dreiteilung mächtiger Gesteinsserien, wobei deren oberste – die sog. Huronische Formation mit Konglomeraten, Dioriten und Kalkgestein – die Unterlage der damals als Silur eingestuften, überlagernden Schichten bilden sollte. Der untersuchende Landesgeologe Logan postulierte nun weiter, dass diese drei Formationen ebenso wie die darauf liegenden jüngeren Sedimente durch chemische und mechanische Vorgänge entstanden sein müssten und deshalb auch Belege von Lebewesen enthalten sollten. Denn zum damaligen Zeitpunkt galt eine scharfe Grenze zwischen der unbelebten Periode (azoisch) und einer so genannten Primordialfauna (Erstauftreten von Lebewesen) als gesichert. Was lag also näher, als unter Zuhilfenahme dieser geologischen Theorien diese scheinbar scharfe Grenzziehung weiter in die Vergangenheit zurückzuverlegen?

Scheinbare Indizien für eine sedimentäre Herkunft der Schichten lagen ja vor. In der Huronischen Formation gab es gebänderte Eisenerze, Schwefelvorkommen und die als Belege für eine ehemalige Vegetation geltenden Graphite. Schon als »direkte Beweise« galten damals die eigentümlichen, organischen Formen ähnelnden Gesteinsstrukturen, die in der älteren Unteren Gruppe der Laurentischen Gneise in den Kalklagern auftraten, Beweise hauptsächlich wegen der lagigen Anordung von Pyroxen, Serpentin und einem serpentinähnlichen Mineral, umgeben von Kalk oder Dolomit.

1859 sprach sich Logan, Direktor der geologischen Anstalt, für eine organische Struktur dieser Bildungen aus. Bestärkt wurde er in dieser Annahme durch die erstmalig durchgeführten mikroskopischen Untersuchungen von DAWSON (1865), der dem vermeintlichen Fossil den Namen *Eozoon canadense* (das kanadische Tier der Morgenröte) gab. Seine Fossilbeschreibung lautete folgendermaßen: Grundstruktur massiv, in großen sessilen Lagen oder irregulären Zylindern, Größenzunahme durch Wachstum aufeinanderfolgender Lagen. Die Internstruktur besteht aus großen abgeflachten irregulären Kammern mit zahlreichen gerundeten Auswölbungen, getrennt durch Wände verschiedener Dicke, die von unregelmäßig verteilten Scheidewandöffnungen durchzogen sind, in dichteren Teilen zeigen die Wände Bündel von fein verzweigten Röhrchen.

In Dünnschliffen solcher Stücke glaubte Dawson damals eine Art von Foraminiferen-Natur zu erkennen, nämlich eine Hülle aus unregelmäßig geformten Kammern, durchzogen von einem astförmigen Kanalsystem. Serpentin wurde als gelöstes Silikat interpretiert, das in Hohlräume infiltrierte, die ursprünglich einer fleischlichen Masse des Tieres vorbehalten waren. Die ausgedehnten Wechsellagerungen wurden als großflächige Habitate des *Eozoon* erklärt, das den Meeresboden zur Laurentischen Zeit besiedelt habe. Der nicht immer einfach zu erklärende »Feinbau« des *Eozoons* wurde schlichterhand dem bereits bekannten Bau von Foraminiferen entlehnt. Feine Röhrchen in der vermeintlichen Kammerwand sollten aus der *Nummulina*-Gruppe stammen, unregelmäßige Wachstumsweise war der Gattung *Polytrema* ähnlich, unvollständige Teilung der Gattung *Carpentaria* ... usw., kurzum, es fand sich immer ein bereits vorhandener passender Bauplan, der alles erklären konnte. Die nicht unbeträchtliche Größe der *Eozoon*-Tiere wird mit Gruppenwachstum, zeitlichem Absterben und Neuwuchs erklärt. Nicht zuletzt war das *Eozoon* ja älter als alle bisher bekannten Lebewesen und sollte somit alle Spezialeigenschaften seiner Foraminiferen-Nachfolger besitzen.

In derselben Zeitschrift bestägtigte CARPEN-

Abb. 1. CARPENTER's »Diagram illustrating the Structure of Eozoon« (Quart. Journ. Geol. Soc. London, 21: 59-66):
A Kammern von Eozoon;
a Kammerverbindungen;
B Kammerwandung aus feinröhriger Schalensubstanz;
C Zwischenskelet;
D Kammerverbindung zwischen den einzelnen Lagen;
E Ästiges Kanalsystem;
F Ausbuchtung.

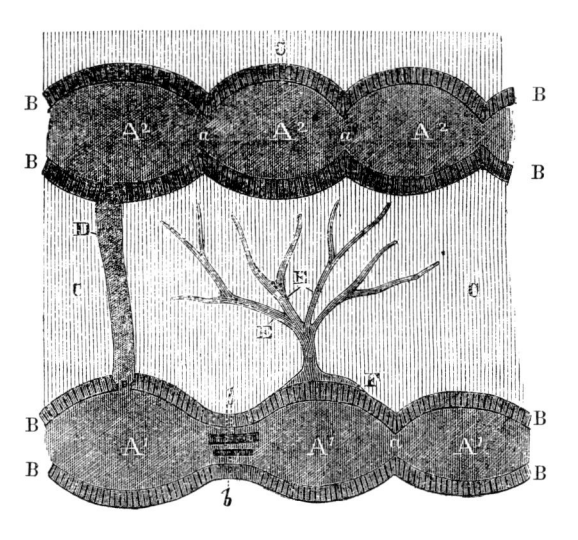

TER (1865) anhand von entkalkten Proben die Untersuchungen Dawsons und erstellte einen schematischen Bauplan von *Eozoon* (Abb. 1). Auch die im Anschluss an diese Ausführung folgenden mineralogischen Untersuchungen von HUNT (1865) gingen davon aus, dass der vorhandene Kalk das ehemalige Hartskelet des Tieres repräsentiert hätte und der Serpentin nach Absterben der fleischlichen Anteile in die Wohnkammern des Tieres eingedrungen wäre. Er verweist dabei auf die Entstehung von Glaukonit, der in ähnlicher Weise die leeren Kammern von Foraminiferen ausgefüllt hätte.

Gerade zu einem Zeitpunkt, als die organische Struktur des *Eozoon canadense* DAWSON bestätigt schien, trat Gümbel in die Diskussion ein.

Am 20. Dezember 1865 – in einer brieflichen Mitteilung an Prof. H. B. Geinitz im Neuen Jahrbuch – erklärte er die Urgebirgsschiefer des ostbayerischen Grenzgebirges, des Böhmerwaldes und oberösterreichischen Gebirges als wirkliches Urgebirge im Sinne Murchisons (Grundgneis in Schottland) und vergleichbar mit dem Kanadas. Er hätte sich bereits darüber mit Murchison verständigt.

»*Es lag daher sehr nahe, sich auch bei uns nach der merkwürdigsten aller Versteinerungen, nach dem Eozoon Umschau zu halten. Ich bin in der That vor Kurzem so glücklich gewesen, dasselbe in dem körnigen Kalke des bayerischen Waldes zu entdecken, …*«. Gümbel hatte vom Engländer Lyell ein Originalstück des *Eozoons* erhalten und diesem Proben des bayerischen *Eozoons* geschickt, die Lyell wiederum an Carpenter zur Untersuchung weitergeleitet hatte. »*Zu meiner grössten Befriedigung hat CARPENTER erklärt, dass er nicht das geringste Bedenken trage, sich für das Vorkommen des Eozoon in den Proben zu erklären*«.

Gümbel führte weiter aus, dass er Hoffnungen habe in Krumma/Böhmen oder in Wunsiedel/Fichtelgebirge weitere Vorkommen zu entdecken, aber eine organische Natur dort ohne Anschleifen der Flächen sehr schwer zu identifizieren sei, jedoch bei serpentinhaltigem Gestein ungleich leichter wäre.

GÜMBEL fühlte sich jetzt wohl als Autorität in *Eozoon*-Fragen, denn bereits am 6. Juni 1866 – in einer brieflichen Mitteilung an das Jahrbuch für Mineralogie stellte er fest: »*Ich habe die von Ihnen mir anvertrauten Proben von körnigem Kalke sorgfältig untersucht. In dem Ophicalcit* [Gemenge aus Marmor und basischen Silikaten] *konnte ich sicher Eozoon nicht erkennen, wohl aber in den kleinen, graulich gefärbten Bruchstücken. Die Form erinnert mehr an jene des Fichtelgebirges als an die von Passau. Wenn man einmal an Ort und Stelle sucht, wird man wohl auch die spiraligen Anfänge finden. Die Analogie mit lebenden, haufenweise sich vergrössernden Foraminiferen ist wirklich frappant.*«

Bei den zugesandten Proben handelte es sich um Stücke aus dem »Urkalke« von Maxen – südlich von Dresden – die von Engelhardt und Haymann aufgefunden wurden.

Die Herausgeber des Neuen Jahrbuchs erkennen nachdrücklich die Autorität Gümbels zu diesem Thema an: »*Bevor wir hierüber eine Notiz an die Öffentlichkeit gelangen liessen, wollten wir uns zuvor des competenten Urtheils hierüber versichern, das wir hier mittheilen zu können die Freude haben*«.

1866 publizierte GÜMBEL dann in den Sitzungsberichten der Bayerischen Akademie der Wissenschaften seine eigene Arbeit über das Vorkommen von *Eozoon* im ostbayerischen Urgebirge«.

Er berief sich dabei auf den den englischen Geologen Murchison, der die Gneisformation in Schottland (auch ein *Eozoon*-Fundpunkt), im bayerisch-böhmischen Urgebirge und in Kanada als zeitliche Äquivalente erklärt. Gümbels Urthonschiefer (oberste Serie im bayerischen Urgebirge) seien wie das Huronische Systeme dem Kambrium zuzuordnen. Vertraut mit den Arbeiten von Logan, Dawson, Carpenter sowie des Foraminiferenspezialisten Jones schreibt er: »*Sie hat das scharfsinnige Urtheil des grossen englischen Geologen auf's glänzendste bestätigt und nun auch den paläontologischen Nachweis geliefert, dass trotz der ungeheuren Entfernung zwischen Canada und Bayern die gleichgebildeten und -gelagerten Urgesteine auch durch gleichgeartete organische Ueberreste charakterisirt sind.*«

Nach einer weitausholenden Einleitung, die eigentlich nur die nicht anzuzweifelnde organische Natur des *Eozoons* betreffen, kommt er auf eigene Resultate zu sprechen. Bei seiner Fundstelle Steinhag bei Obernzell/Passau sei die Parallelstruktur weniger ausgebildet und nur eine unregelmäßige haufenweise Anordnung wahrzunehmen. Er lässt aber keinen Zweifel darüber, dass er dem Urteil

Carpenters traute, der Gümbels Proben als *Eozoon*-haltig bestätigt hatte. Die Anordung des Ophicalcites am Steinhag und seine Abgrenzung gegen die Kalklagen erinnert ihn an einen großflächigen Riff-ähnlichen Aufbau.

Über das Alter der Fundstelle bestand für ihn kein Zweifel. Er rechnete sie (auch als Donaugneis bezeichnet) zum jüngeren hercynischen Stockwerk, also älter als Kambrium und äquivalent den laurentischen Serien. Beweise waren für ihn die Urkalklagen, inklusive des *Eozoon*s und die innerhalb des Gesteinkomplexes auftretenden Graphitlager organischer Herkunft.

Gümbels Untersuchungen – mit Hilfe seiner Assistenten Reber und Schwager – stützten sich auf die Erfahrungen von Dawson und Carpenter. Kleine Gesteinsplättchen von 0,2 mm Stärke wurden kurz anpoliert, mit Essig- oder Salpetersäure geätzt und unter dem Mikroskop untersucht, um je nach Lichteinfall feine Schattierungen auszudeuten. Im Feinbau aber erkannte er einen Unterschied: er fand nirgendwo eine das *Eozoon canadense* charakterisierende lamellierte Anordnung des Serpentins, lediglich auf Putzen und Nester verteilte Bereiche. Bei Wegätzung des Kalkes kam ein Serpentinskelett zum Vorschein, das ihn an »durchlöcherte alte Holzstöcke« erinnerte. Er fand flaumähnlichen Überzug auf Serpentin, strahlige Büschel eines kristallisierten Minerals und zylindrische Röhrchen aus weißer Mineralsubstanz. Hohlräume im Serpentin galten für ihn als Spuren organischer Struktur. Seltsamerweise ließ sich aber im Kalk, der ja das Skelett des Tieres sein sollte, keine organische Struktur erkennen. Auch büschelförmige Röhrchen – wie bei CARPENTER (1865) als Verbindungskanäle der einzelnen Kammern – wurden beobachtet.

Gümbel fand in Proben anderer Lokalitäten in körnigen Kalken Spuren von *Eozoon*, nicht aber im Fichtelgebirge, noch einmal wurde er am Hohenberg bei Wunsiedel fündig. Hier entdeckte er in den Gesteinen Röhrchenbüschel, die an Serpentinteile anschließen, kleiner als am Steinhag bei Obernzell und bogenförmige Wände wie bei *Eozoon*. »*Um diese auffallend kleinere Form mit den verschlungenen feinen Serpentinausfüllungen von dem typischen Eozoon der lorenzischen Gneissformation getrennt zu halten, könnte man die Form der hercynischen Urthonschieferformation als Eozoon bavaricum unterscheiden.*« Somit ist deutlich, dass Gümbel zwar ein *Eozoon*-ähnliches Gebilde zuerst am Steinhag bei Obernzell entdeckt hatte, die Typlokalität für *Eozoon bavaricum* GÜMBEL aber die Fundstelle Hohenberg unweit Wunsiedel gewesen wäre.

1869 folgte dann eine weitere Arbeit über das »*Eozoon* im körnigen Kalke von Schweden«. Gümbel nahm die oft in Foraminiferen steckenden Glaukonitkörner als ein weiteres Indiz für die organische Natur des *Eozoon*, leugnete aber sein definitives Interesse ob organisch oder nicht, es erschien ihm zunächst in der Einleitung dieses Artikels nicht nötig. Er kam aber doch wiederum auf die organische Natur des *Eozoon* zu sprechen. Er diskutierte weit auseinanderliegende Fundpunkte des »*Eozoon*«, Größenmaße des Serpentins, dessen Konfiguration in konzentrischen Lagen, spiraligen und zyklischen Reihen. Zwar leugnet er nicht das Auftreten von anderen Mineralien in knolliger Form (Kammern), sah aber gerade im Serpentin des *Eozoon*s einen klaren Beweis für »*eine von der ursprünglich größenmäßig festgelegten organischen Form aufgezwungene Bildung*«. Letztendlich verglich er wiederum die röhrenförmigen Körperchen mit den Bildungen bei Foraminiferen (wie Nummuliten und Orbitoiden) und entschied sich zum Schluss des Artikels wachsweich für eine organische Natur des Serpentin-*Eozoon*s. Das war das Ergebnis der Untersuchungen von 10 Proben, die ihm durch seinen schwedischen Kollegen Tornebohm übersandt worden waren.

Bedauerlicherweise sind alle Schliffe Gümbels, so weit sie das *Eozoon* betreffen, verloren gegangen, sodass wir heute lediglich auf die Schliffbilder und schematischen Zeichnungen angewiesen sind.

Inzwischen ging der erbitterte Kampf um das *Eozoon* weiter. Für eine organische Form waren Dawson und Carpenter, die damals zu den besten Kennern der Foraminiferen und der Beherrschung des Mikroskops zählten. Weitere »Organiker« waren Jones, Brady, Hochstetter, der angesehene Zittel und Schwager, während die Engländer Garter, King und Rowney sich auf das heftigste für eine mineralogische Erklärung des Phänomens einsetzten.

1876 trat ein Schüler von Quenstedt, nämlich HAHN in die wissenschaftliche Arena. Er begann seine mikrogeologische Untersuchung (über die Natur des *Eozoon*) eigentlich mit einer kleinen Provokation. Wie groß war die Freude, als man endlich den Anfang der organischen Schöpfung gefunden glaubte! Es fehlte der Darwinschen Lehre noch der Schlussstein – nun war er da. – Der Urschleim hatte sich wie durch ein Wunder in einer Serpentinkalkmasse erhalten. HAHN (1876) fasste gleich zu Beginn seine Meinung zu dem *Eozoon*-Thema zusammen, dass »*eben die wesentlichen Merkmale der Foraminifere, die Kammer und die Haut (Schale) nicht da sind –, dass dies vielmehr reine Gesteinsbildungen sind, wie sie überall im Serpentin vorkommen*«. Nach Untersuchungen an drei kanadischen Handstücken erwies sich der Serpentin von Chrysotiläderchen durchzogen und täuschte Schalenöffnungen vor. Die sog. Haut oder Schale war eine senkrecht ste-

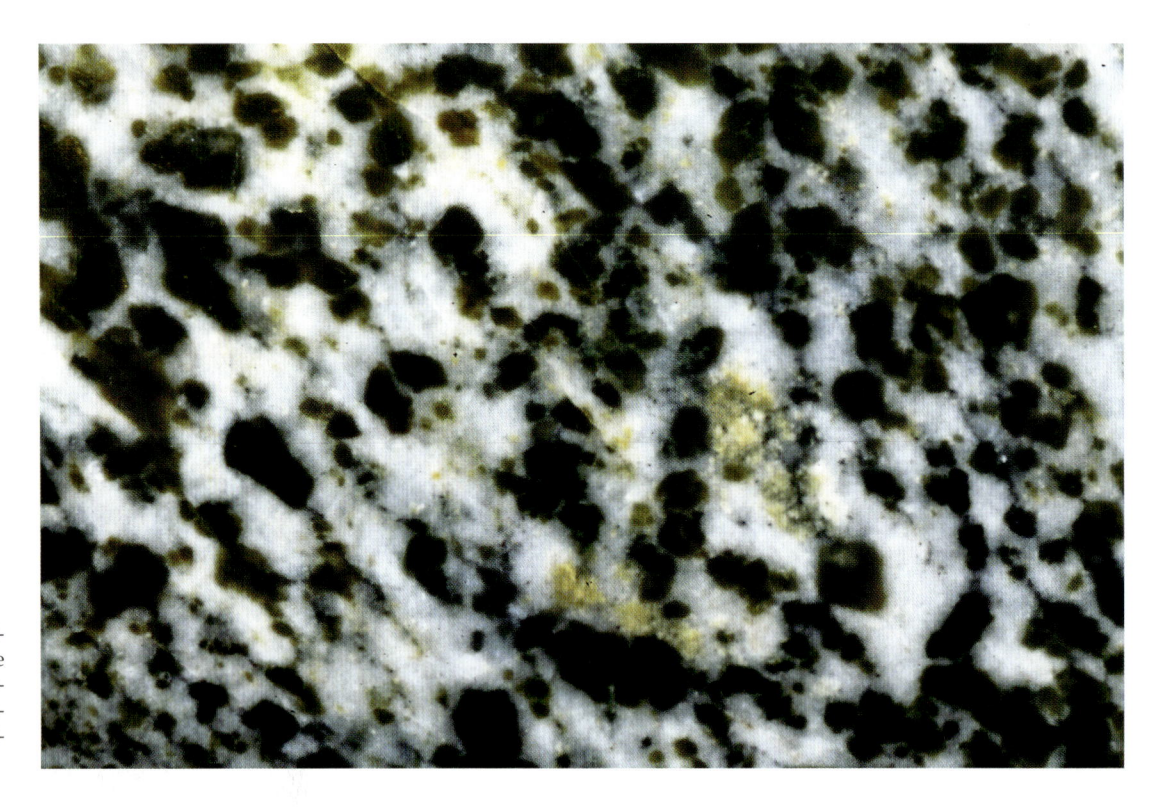

Abb. 2. Nahaufnahme einer geschliffenen Platte *Eozoon bavaricum* (»bayerisches Urtier«) vom Steinhag bei Obernzell. Bildbreite ca. 3 cm.

hende Chrysotilnadelschicht auf Serpentin; es sind keine Röhrchen, sondern Kristalle, die sich auch in den Kalk hinein fortsetzen. Vermeintliche Astsysteme waren ausgefüllte Risse im Aragonit. Der Serpentin entstand unzweifelhaft – wie er schrieb – aus Olivin, die lagige bzw. walzenförmige Anordung (als Kammern interpretiert) war ein Ergebnis des allseitigen Druckes. HAHN (1876) betonte, dass der Serpentin ein metamorphes Gestein sei und verwies auf entsprechende neuere und ältere Arbeiten über Olivinumwandlung in Serpentin.

Gümbel äußerte sich zu Hahns Arbeit, die 1876 bereits ins Englische übersetzt wurde, despektierlich. Im Korrespondenzblatt des zoologisch-mineralogischen Vereins zu Regensburg sah Gümbel – als Mitglied – das geeignete Forum, die organische Natur des *Eozoon bavaricum* und des *E. canadense* zu verteidigen.

Gümbel hielt sich zunächst nicht an Fakten, die HAHN (1876) in seinem Artikel aufzählte, sondern versuchte in einem einleitenden evolutionsgeschichtlichem Rundumschlag den Autor zu Fall zu bringen, um die organische Herkunft der »Eozoa« zu verteidigen, was bereits in seinen früheren Publikationen angeklungen, aber nie deutlich gesagt worden war.

»Denn im Falle der Entscheidung zu Gunsten einer Abstammung aus dem organischen Reiche haben wir in Eozoon die, soweit bis jetzt unsere Kenntnisse reichen, älteste Spur tierischen Lebens auf Erden in Form einer Foraminifere und zugleich einen Beweis« – und jetzt der entscheidende Grundsatz – *»mehr von dem Gesetz der stufenmässigen Entwicklung der Organismen aus tieferen zu höheren Formen, als auch davon, daß solch ältere Gattungen den Charakter mehrerer Gruppen in sich vereinigen, der in der jetzigen Lebewelt auf verschiedenen Gruppen verteilt erscheint«*.

Mit diesem Rundumschlag versuchte Gümbel Hahn schon zum Anfang ins Abseits der herrschenden Lehre Darwins und der damaligen Lehrmeinung zu stellen, was – gelinde gesagt – nicht unbedingt für eine Unparteilichkeit spricht. Nicht genug, Gümbel sprach von Hahn als einem Neuling, der einen Erstversuch in der Paläontologie gewagt hätte und einer Untersuchung, unwürdig eines von Foraminiferen ergrauten Forschers.

Doch damit nicht genug: Gümbels Assistent Gerster besorgte eine Übersetzung der Erwiderung Carpenters auf Hahns beileibe nicht polemische, sondern sachlich gehaltene Publikation. Damit wirkten die Erwiderungen CARPENTERS (1876) für einen nicht voreingenommenen Kritiker arg belastend.

In einer nachfolgenden Einleitung zu Gümbels Worten, versuchte Carpenter in deutscher Übersetzung in mehreren Punkten Hahn abzuqualifizieren. Er hätte zudem seine älteren oder jüngeren Arbeiten kaum gelesen.

1. CARPENTER (1876) weist wiederum auf die nummulitenartigen Struktur und die Beziehung zwischen Kammer- und Kanalsystem hin.
2. Eine metamorph überprägte Situation sage nichts über den organischen, ursprünglichen Anteil des Gesteins.
3. In metamorphen Vorgängen hätten sich doch Reste organischer Substanz erhalten haben können, wie bei Globigerinen-Ablagerungen in unseren Ozeanen, Anhäufungen von Korallentrümmern in Neuholland und Travertin-Gesteinen in Italien ...
4. Hahn kümmere sich nicht um die Ähnlichkeit der Kalkstrukturen bei *Eozoon* im Vergleich mit den ältesten, wohl zweifelsfrei fossilen Formen von *Stromatopora* oder *Receptaculites*.
5. CARPENTER (1876) führt eine ausweichende und unnötige Diskussion des organischen Problems bezüglich anderer Tiergruppen wie der damals noch nicht erforschten und in der Diskussion stehenden Cystoideen, Hydrozoen, Trilobiten sowie dem »Obertrumpf« einer angeführten inkrustierenden Foraminifere von Mobius 1871 auf Mauritius – was bestens ins Abwehrkonzept der organischen Natur des *Eozoons* passt.

Dies erscheint uns heute als wohl letzter verzweifelter Versuch – ablenkend vom eigentlichen Diskussionsobjekt – die organische Natur von *Eozoon* doch noch mit allen Mitteln zu rechtfertigen.

Sowohl 1878 als auch 1882 versuchte Gümbel noch die These der organischen Herkunft des *Eozoon* in seinen »kurzen Anleitungen zu geologischen Beobachtungen in den Alpen« aufrecht zu erhalten, wobei er noch eine schematische Bauzeichnung des Tieres gab.

1914, in einem Büchlein zu petrographischen Exkursionen im Bayerischen Wald, schrieb WEINSCHENK, a.o. Prof. für Petrographie an der Universität München, dass das von Gümbel entdeckte Vorkommen von *Eozoon bavaricum* am Steinhag bei Obernzell/Passau von allen Kalksteinbrüchen der wohl berühmteste sei. »*Und wenn auch der feinen Struktur des kanadischen Ophikalzites, des* **Eozoon ca-**

Abb. 3. »*Eozoon bavaricum*« (»bayerisches Urtier«), serpentinisierte Forsterit-Einsprenglinge in metamorphem Kalk vom Wimhof bei Vilshofen. Bildbreite ca. 8 cm. Mineralogische Staatssammlung München.

nadense [...], *die viel derbere des niederbayerischen gegenüberstand, so wurde dies doch als eine Abart des archäischen Urtiers, als* **Eozoon bavaricum** *bezeichnet* [...].«

»*Jahrzehntelang wurde gekämpft für oder wider die organische Natur des Eozoon; heute ist der Streit wohl endgültig entschieden für den anorganischen Ursprung aus einem früheren* **Forsterit** *führenden* **kontaktmetamorphen Kalkstein,** *wobei die Faser– und Maschenstruktur des in Serpentin veränderten Forsterites den Aufbau des Organismus vortäuschte. Findet man doch im Dünnschliff die Reste des einstigen Forsterits noch in deutlich bestimmbaren Körnern im Inneren der ›Kammern‹ dieses vermeintlichen Urtieres. Merkwürdig bleibt, daß es in diesem wissenschaftlichen Dispute niemand auffiel, daß die Formen einer einstigen* **Foraminifere** *oder* **Koralle** *innerhalb des körnigen Kalkes gerade zu dem Magnesiasilikat des Serpentins geworden sein sollten, während ursprünglich doch wohl auch hier kohlensaurer Kalk die Skelett-Teile aufgebaut haben mußte.*«

Diese Meinung (WEINSCHENK 1914: 43) kann auch heute noch so am Abschluss der *Eozoon*-Diskussion stehen. Sie hat sich als die richtige erwiesen und steht auch heute noch als unzweifelhafte Erklärung der *Eozoon*-Struktur da.

Literatur

CARPENTER, W. B. (1865): Additional note on the structure and affinities of *Eozoon canadense*. – Quart. Journ. Geol. Soc. London, 21: 59-66, Taf. VIII–IX; London.

– (1876): Bemerkungen zu Dr. Otto Hahns microgeologischer Untersuchung des *Eozoon canadense*. – Jh. Ver. vaterl. Naturkd. Württemberg, **32**: 180–186; Stuttgart.

DAWSON, J. W. (1865): On the structure of certain organic remains in the Laurentian limestones of Canada. – Quart. Journ. Geol. Soc. London, 21: 51–58, 2 Taf.; London.

HAHN, O. (1876): Gibt es ein *Eozoon canadense*? – Jh. Ver. vaterl. Naturkd. Württemberg, **32**: 132–155; Stuttgart.

HUNT, T. S. (1865): On the mineralogy of certain organic remains from the Laurentian rocks of Canada. – Quart. Journ. Geol. Soc. London, 21: 67–71; London.

LOGAN, W. E. (1865): On the occurrence of organic remains in the Laurentian Rocks. – Quart. Journal Geol. Soc. London, 21: 45–50, 2 Fig.; London.

WEINSCHENK, E. (1914): Bodenmais-Passau. Petrographische Exkursionen im bayerischen Wald. – 2. erweiterte Auflage: 71 S.; München.

Kleine Wissenschaftsgeschichte der Geologie am Beispiel der Arbeiten Gümbels zur Petrographie der Ganggesteine des Fichtelgebirges

Elmar Linhardt

Der Weg vom Naturselbstdruck zum Streckeisendiagramm

Sah die Geognosie bis Ende des 18. Jahrhunderts ihr Ziel ausschließlich in der Beschreibung und Benennung möglichst vieler Phänomene in der unbelebten Natur, wie Art, Auftreten und Lagerungsformen von Gesteinen, Mineralen und Erzen, entsprach dieses rein deskriptive Handeln der naturwissenschaftlichen Grundeinstellung der Epoche. Als erklärte und praktizierte Aufgaben des Wissenschaftszweiges Geognosie galten das Aufspüren und Sammeln immer neuer Gesteins- und Mineralproben sowie das Ordnen nach äußeren Merkmalen. All dies war sicher geprägt vom wissenschaftlichen Interesse am Unbekannten und Sensationellen, war verbunden mit der Ehrfurcht vor der natürlichen Mannigfaltigkeit der Gesteins- und Mineralwelt, erfolgte aber trotz manch konkreter Überlegungen in relativ verhaltener, beinahe distanzierter Art und Weise. Mit dem Eintritt ins 19. Jahrhundert vollzog sich der Wandel zur Geologie nach heutigem Verständnis. Die »Erdwissenschaft« entfernte sich zunehmend von der sammlerischen, musealen Betätigung an interessanten Kabinettstücken und entwickelte sich zu einer modernen Forschungsrichtung, bei der die Fragen nach Ursache und Wirkung, nach den Entstehungs- und Veränderungsprozessen der Gesteine, und letztlich nach denen der Erde, in den Vordergrund rückten.

Stellvertretend für diese Entwicklung sei an J. Hutton (1726–1797) und A. G Werner (1749–1817) als Begründer der plutonistischen und neptunistischen Schulen sowie an K. E. A. von Hoff (1771–1837) und Ch. Lyell (1797–1875) erinnert, deren Studien die Grundlage des Aktualitätsprinzips in der Geologie bildeten.

Gümbels Tätigkeit fällt in diesen Zeitraum des Umschwunges. Er untersucht, beschreibt und sammelt nach herkömmlicher Manier, aber er analysiert

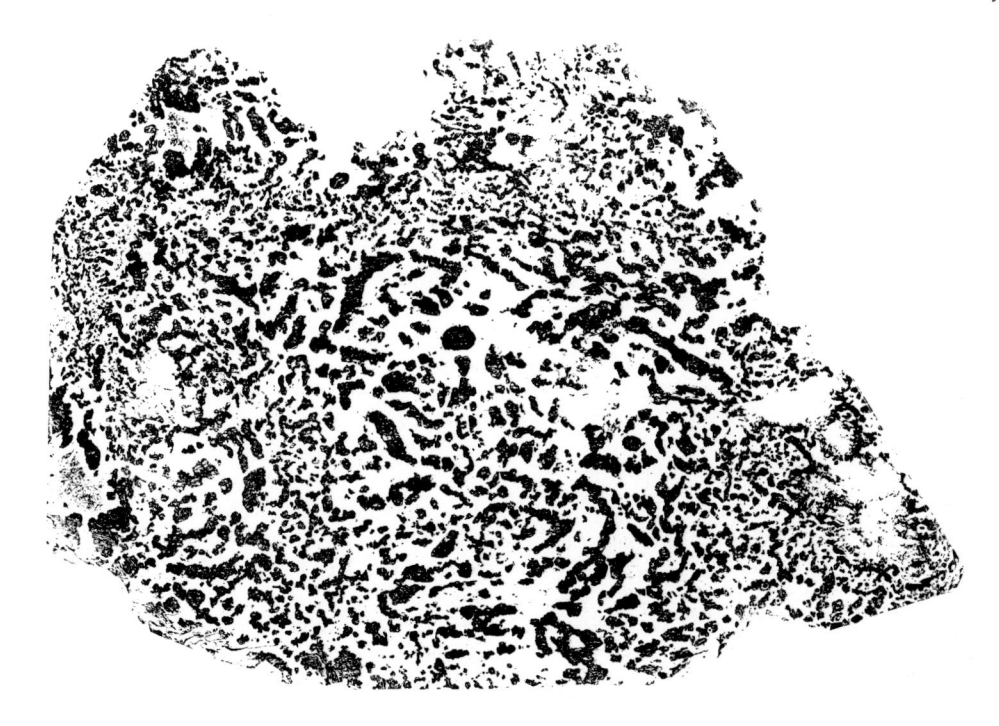

Abb. 1. Ophicalcit, Naturselbstdruck. – Aus GÜMBEL (1868: 415).

Abb. 2. Quarzschiefer, Naturselbstdruck. – Aus GÜMBEL (1868: 379).

Abb. 3. Nadeldiorit, Naturselbstdruck. – Aus GÜMBEL (1868: 349).

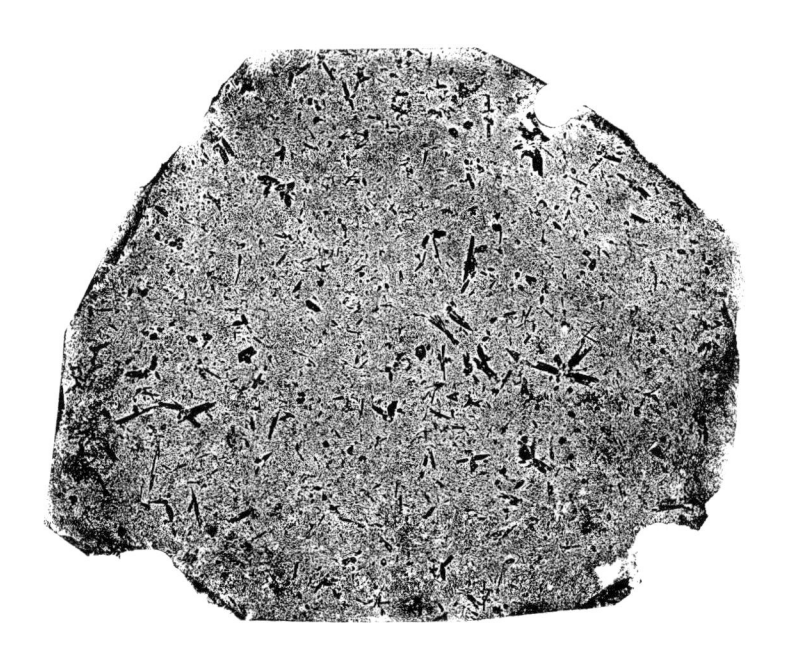

und aggregiert auch die Summe seiner Befunde zu einem geschlossenen Ganzen. Trotz manch vorhandener Vorarbeiten zu Bayerns Geologie betritt er geologisches Neuland, besonders indem er vom Üblichen abweichend, neue »geologische« Methoden anwendet. Seine von der Einzelbeobachtung geprägte Arbeitsweise erkennt das Detail, sucht aber auch zu interpretieren, um letztlich aufgrund von Analogieschlüssen die gesetzmäßigen, genetischen Zusammenhänge erklären zu können. Dabei helfen ihm sicherlich das gewandelte Bewusstsein in der erdwissenschaftlichen Fachrichtung sowie die sprunghaft ansteigende Information zu weltweit erzielten geologischen Erkenntnissen. Seine Schriften bezeugen einerseits den allgemeinen Wandel von der Geognosie im Speziellen hin zur Geologie in ihrer neuen, breiten Auslegung. Sie lassen aber auch Gümbels ureigene Arbeitsweise erkennen, das geologische Umfeld nicht nur zu beschreiben sondern es auch wissenschaftlich zu interpretieren. So finden durch ihn erstmalig umfassende und nach heutigen Maßstäben durchaus noch zutreffende Überlegungen sowohl zum Bildungsgeschehen und -ort der Gesteine, als auch zu ihrem Alter statt. Ausgehend von geologischen Feldbefunden und mittels petrographischer und gesteinschemischer Merkmale werden von ihm ebenfalls grundlegende nomenklatorische Gesteinseinstufungen durchgeführt. Dabei kommt ihm die neue petrographische Methode der Dünnschliffuntersuchung von Gesteinen im polarisierten Licht (ZIRKEL, 1873) zu Hilfe, die er sich innerhalb kurzer Zeit nach ihrer Einführung in Deutschland aneignet und im Folgenden sowohl als Untersuchungs- als auch als Darstellungsmedium einsetzt. Der bis dahin als Darstellungsmöglichkeit für Gesteine verwendete Naturselbstdruck erhält dadurch zum einen – bis zu seiner Ablösung durch andere Medien (z.B. Fotografie) – eine auf mikroskopische Dimensionen ausgeweitete Ergänzung. Zum anderen eröffnet sich nun auch die Möglichkeit, detaillierte petrographisch-petrogenetische Studien durch die Bearbeitung von Dünnschliffen durchzuführen.

Dieser Bedeutungs- und Methodenwandel von der reinen Darstellung hin zur wissenschaftlichen, mikroskopisch-gefügekundlichen Bearbeitung zeigt sich schon in der Ausstattung der »Geognostischen Beschreibung des ostbayerischen Grenzgebirges [...]« (GÜMBEL, 1868) und der »Geognostischen Beschreibung des Fichtelgebirges [...]« (GÜMBEL, 1879). Enthält das erstgenannte Werk noch 33 in den Text eingestellte Naturdrucke von Gesteinen (mit dem Grabstichel überarbeitete Stereotypien geätzter Handstückanschliffe) werden im folgenden Werk die im Textteil aufgrund mikroskopischer Arbeiten beschriebenen Gesteine, anhand von farbig gestalteten Dünnschliffbildern, auf 12 Tafeln im Anhang vorgestellt.

Beispiele für Naturselbstdrucke zeigen die Abbildungen 1–7, ausgewählte Dünnschliffe von oberfränkischen Gesteinen die Abbildung 8.

Die Summe des kombinierten Vorgehens aus Megaskopie und Mikroskopie führt schließlich zur ersten eingehenden petrographischen Bearbeitung einer Reihe, unten näher diskutierter Ganggesteine des Fichtelgebirges (GÜMBEL, 1879), wobei ihnen z.T. von Gümbel neu vergebene Bezeichnungen zugewiesen werden. Als Klassifizierungskriterien dienen ihm u.a. die geographische Lage, das relative Alter und die Verbandsverhältnisse, das makroskopische Erscheinungsbild der Gesteine, Art und Mengenverhältnisse der beteiligten Minerale sowie das Gefüge im Dünnschliffbereich. Damit vollzieht Gümbel auch einen wichtigen Schritt des bis in die zweite Hälfte des 20. Jahrhunderts verfolgten Weges zur Nomenklatur und Systematisierung der Gesteine. Am Endpunkt dieser Entwicklung können die Arbeiten der Internationalen Vereinigung der Geowissenschaften (IUGS), mit dem Ziel der Vereinheitlichung von Gesteinsnamen und der Etablierung einer weltweit anerkannten Gesteinsklassifizierung, genannt werden. Basierend auf einer umfassenden Sammlung von Gesteinsnamen, von oft nur lokaler Bedeutung oder unsicherer Einstufung, wurde 1989 ein allgemeingültiges Klassifizierungs- und Nomenklaturschema für alle magmatischen Gesteine erarbeitet (LE MAITRE, 1989) und publiziert. Als alleinige Kriterien zur Einteilung der gröberkörnigen Plutonite dienen hierin die prozentualen Gehalte – weltweit nachvollziehbarer – klassifizierender Minerale (Quarz–Feldspäte–Foide–Mafite) in Form der »Modalgehalte«; grafisch übertragen in die sog. »Streckeisendiagramme« mit nomenklatorisch und numerisch definierten Gesteinsfeldern sind damit eindeutige Zuordnungen und Abgrenzungen der zu bestimmenden Gesteine möglich. Für die mikroskopisch oft nur schlecht auflösbaren, i.d.R. feinkörnigen Vulkanite wurden zusätzliche chemographische Unterscheidungskriterien eingeführt.

Gümbels ursprünglich für »bayerische Ganggesteine« vergebene Bezeichnungen finden sich in dieser Sammlung gültiger Begriffe teilweise wieder. Als zwar alte, aber anerkannte Gesteinsnamen sind sie damit noch »legal« verwendbar. Darunter fallen der »Proterobas« sowie der »Lamprophyr«, auf die im Folgenden näher eingegangen werden soll. Weitere 17 von ihm eingeführte, bzw. definierte oder verwendete Bezeichnungen entsprechen entweder nicht mehr diesem Schema und sind diskreditiert (z.B. Leucophyr, Paläophyr, Paläopikrit) oder bestehen unter gleichen Namen weiter mit geänderten, breiter oder enger gefassten Inhalten (z.B. Epidiorit, Keratophyr).

Die Bezeichnung Proterobas, für Gangdiabase mit Hornblende als Hauptgemengteil gewählt, geht auf die von Gümbel – falsch eingestufte – relative Altersbeziehung zu den ordovizisch bis devonischen Diabasen des Frankenwaldes zurück. Der

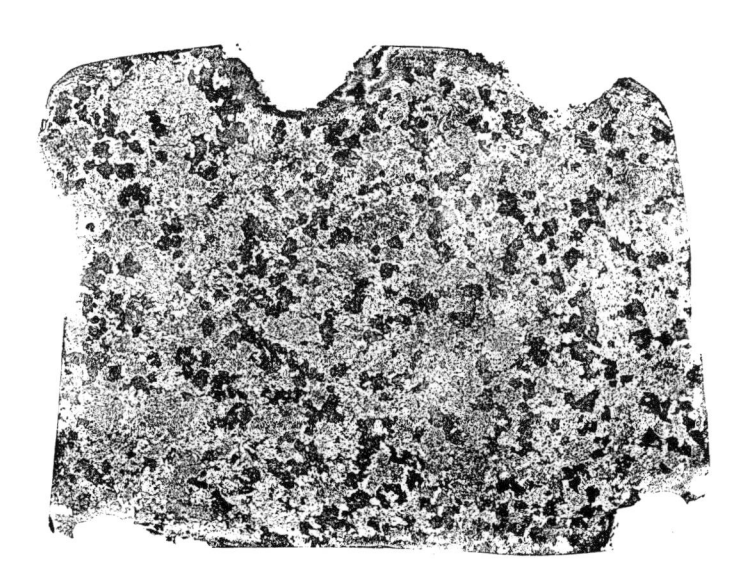

Abb. 4. Passauer Waldgranit, Naturselbstdruck. – Aus GÜMBEL (1868: 310).

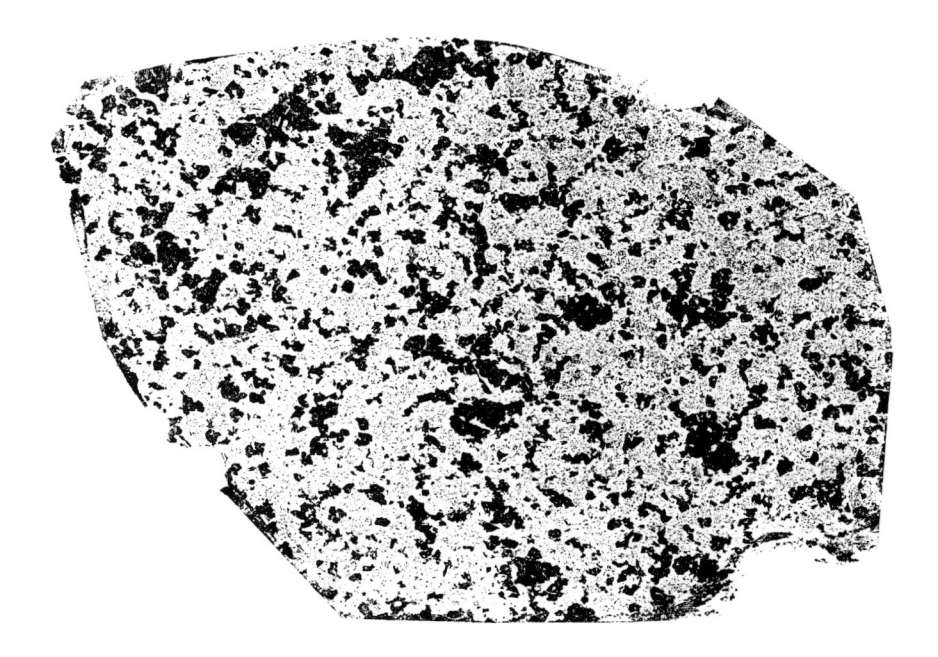

Abb. 5. Steinwaldgranit, Naturselbstdruck. – Aus GÜMBEL (1868: 305).

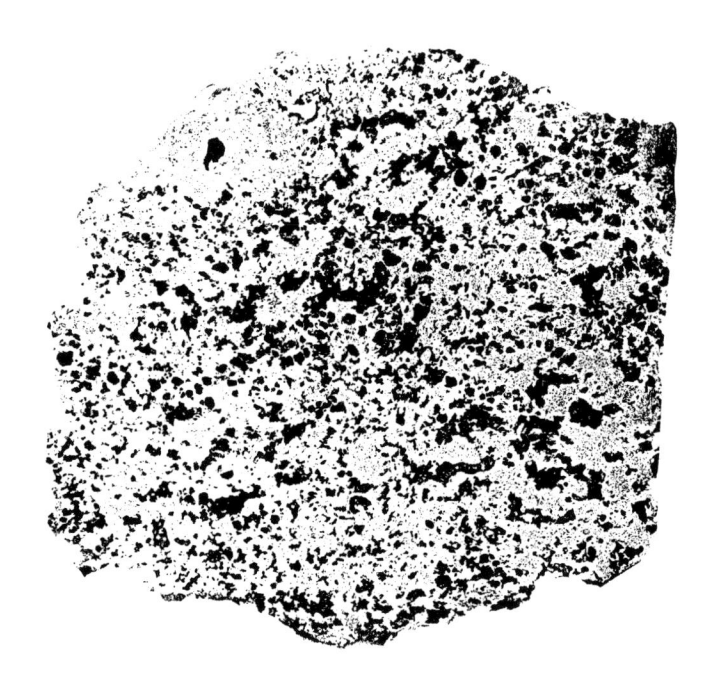

Abb. 6. Dichroitgneis, Naturselbstdruck. – Aus GÜMBEL (1868: 237).

Abb. 7. Schriftgranit, Naturselbstdruck. Aus GÜMBEL (1868: 314).

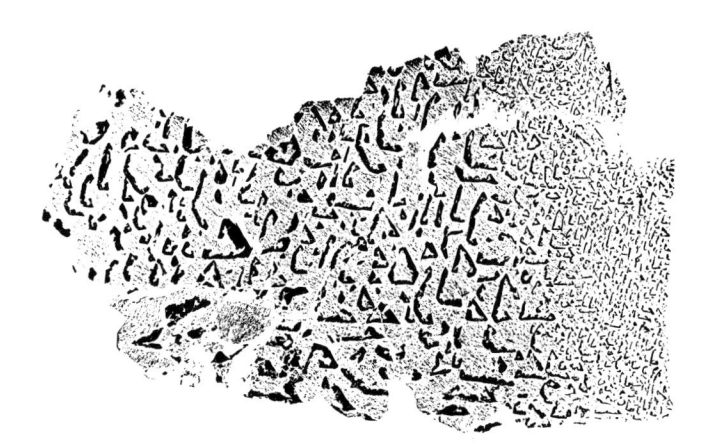

Name sollte ursprünglich zum Ausdruck bringen, dass der in die »untere Stufe der cambrischen Formation« gestellte Proterobas vor den »Hauptdiabasen« als Eruptivgestein gebildet wurde (griechisch »proteros« – früher). Jüngere Bearbeitungen (v. HORSTIG, 1957; v. HORSTIG & STETTNER, 1962) konnten sowohl die durch Gümbel beschriebenen Proterobas-Vorkommen zeitlich als auch petrographisch differenzieren. Demnach handelt es sich bei den »großkörnigen und porphyrartigen Proterobasen« der Typlokalitäten Feilitzsch/Hof und Buttermühle/Steben um oberdevonische Gangdiabase, deren Amphibole nicht primär, sondern aufgrund einer statischen Epimetamorphose sekundär gebildet wurden. Der Typus »feinkörniger Proterobas« von Fichtelberg–Ochsenkopf entspricht einem postgranitischen (permischen?) Gangdiabas, dessen primärer Mineralbestand aus Augit und Plagioklas autometasomatisch u.a. zu Hornblende, Epidot und Chlorit umgewandelt wurde (STETTNER, 1958). Nach neuester Definition findet der Begriff »Proterobas« ausschließlich Verwendung für Gesteine basaltischer Zusammensetzung mit primären Hornblendegehalten (LE MAITRE, 1989).

Der »Lamprophyr« (griechisch »lampros« – funkelnd, schimmernd), als Oberbegriff für Gesteine wie Minette und Kersantit, wurde ebenfalls durch Gümbel geprägt, um auf das gemeinsame Erscheinungsbild dieser Gesteinsgruppe hinzuweisen. Die dunklen, durch Gehalte mafischer Minerale (u.a. Pyroxene, Amphibole), den Diabasen ähnlichen Gesteine, fallen makroskopisch durch ihre cm-körnige, granitartige Struktur und die hohen Gehalte von Biotit auf. Namensgebend war das durch den Glimmer hervorgerufene Funkeln auf den Gesteinsbruchflächen. Ehemals als präkarbonisches Eruptivgestein von der Typlokalität Marlesreuth, südlich Naila, eingestuft, umfasst der Begriff nach neuerer Definition alle gangförmig oder in Form kleinerer Intrusionen auftretenden Gesteine, deren mafische Gemengteile ein porphyrisches Gefüge bilden, wobei Feldspatanteile auf die Grundmasse beschränkt bleiben (LE MAITRE, 1989).

Dass Gümbels wissenschaftliche Leistungen auch anhand nüchterner Zahlen anschaulich gemacht werden können, sollen abschließend die nachfolgenden Zeilen verdeutlichen. Alle in der Zeit vor 1800 bis Ende 1988 neu geschaffenen und publizierten Gesteinsnamen ergaben beim Abschluss der Tätigkeiten der IUGS eine Gesamtzahl von 1534 (LE MAITRE, 1989). Ein knappes Drittel (460) dieser Gesteinsnamen ging auf deutschsprachige Autoren zurück, angeführt von englischsprachigen Autoren (719 Einträge, ca. 50 % aller neuer Gesteinsnamen) und gefolgt von französischsprachigen Autoren, die mit 199 Einträgen knapp 13 % publizierten. Gümbel schaffte es mit fünf Publikationen, 19 neue Namen (1,2 % weltweit, 4,1 % bezogen auf Deutschland) einzuführen. Zusammen mit 20 weiteren Autoren hat Gümbel zur Namensgebung und Definition von knapp über 45 % aller neuen Gesteinsnamen beigetragen. Selbst Umdefinitionen mancher Begrifflichkeiten, die dem methodisch-personellen Aufschwung in der Geologie zu Beginn des 20. Jahrhunderts zu verdanken sind, schmälern nicht diesen Teil von Gümbels Schaffen, war es doch wesentliche, innovative Grundlagenarbeit.

Literatur

GÜMBEL, C. W. (1868): Geognostische Beschreibung des Königreiches Bayern. – Zweite Abt., Geognostische Beschreibung des ostbayerischen Grenzgebirges oder des bayerischen und oberpfälzer Waldgebirges. – 968 S., Verlag J. Perthes, Gotha.

– (1879): Geognostische Beschreibung des Königreiches Bayern. – Dritte Abt., Geognostische Beschreibung des Fichtelgebirges mit dem Frankenwalde und dem westlichen Vorlande. – 698 S., Verlag J. Perthes, Gotha.

HEILMANN, P. N. (1997): Die Technik des Naturselbstdruckes. – Mitt. Geol. und Paläont. Landesmuseum Joanneum, H. 55: 85–101, Graz.

HORSTIG, G. v. (1957): Erläuterungen zur geologischen Karte von Bayern, Blatt 5637, Hof. – 111 S., Bayerisches Geologisches Landesamt, München.

HORSTIG, G. v. & STETTNER, G. (1962): Erläuterungen zur geologischen Karte von Bayern, Blatt 5636, Naila. – 192 S., Bayerisches Geologisches Landesamt, München.

KIRCHHEIMER, F. (1982): Die Einführung des Naturselbstdruckes und der Photographie in die erdwissenschaftliche Dokumentation. – Z. dt. geol. Ges., **133**: 1-117, Hannover.

LE MAITRE, R. W. et al. (1989): A classification of igneous rocks and glossary of terms. – 193 S., Carlton, Australia.

STETTNER, G. (1958): Erläuterungen zur geologischen Karte von Bayern, Blatt 5937, Fichtelberg. – 116 S., Bayerisches Geologisches Landesamt, München.

ZIRKEL, F. (1873): Die mikroskopische Beschaffenheit der Mineralien und Gesteine. – 502 S., Verlag Wilhelm Engelmann, Leipzig.

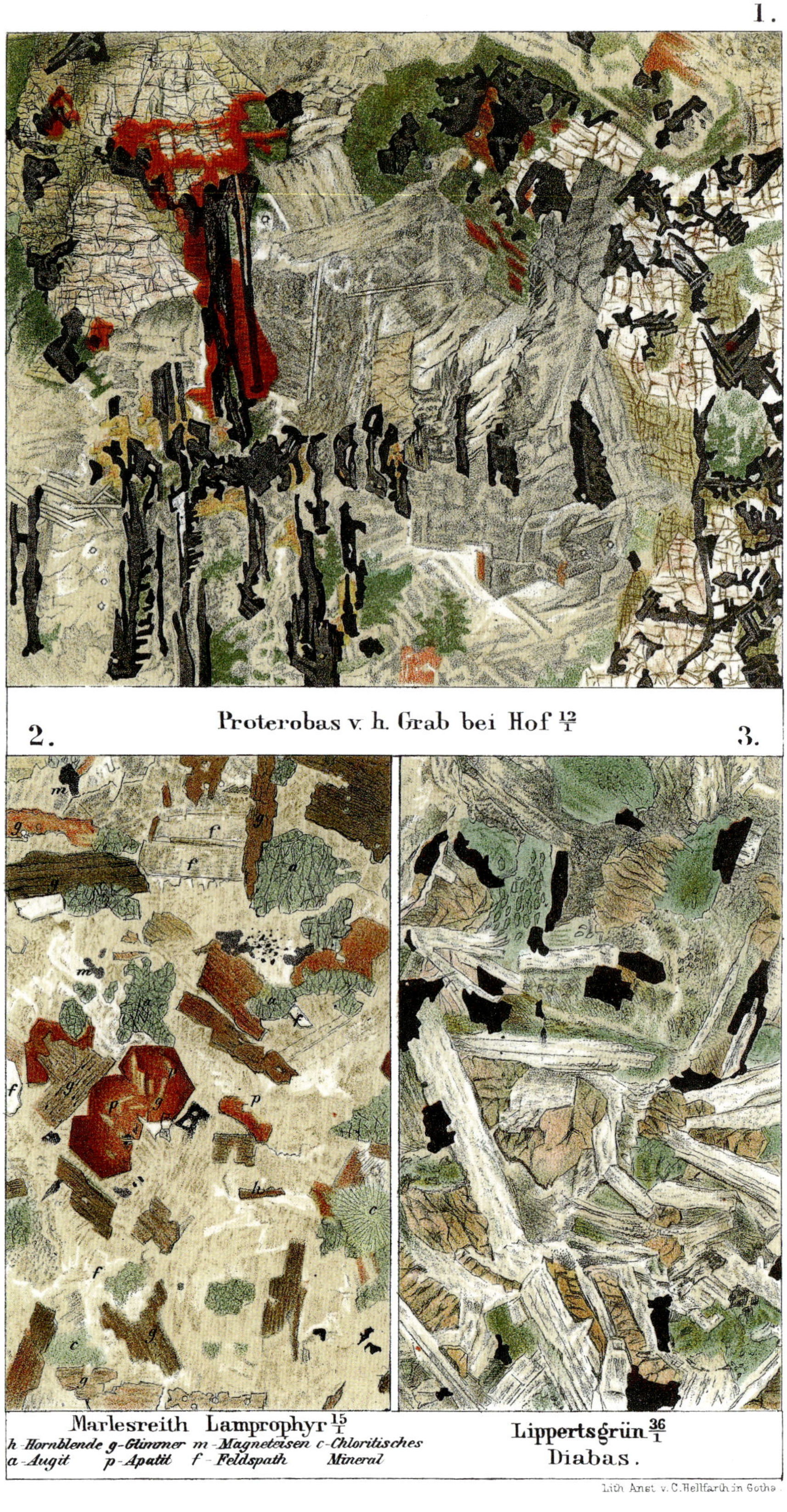

Abb. 8. Dünnschliffe 1–3.
– Aus GÜMBEL (1879: 699), Tafel 1.

1. Proterobas v. h. Grab bei Hof $\frac{12}{1}$

2. Marlesreith Lamprophyr $\frac{15}{1}$
h - Hornblende g - Glimmer m - Magneteisen c - Chloritisches
a - Augit   p - Apatit   f - Feldspath   Mineral

3. Lippertsgrün $\frac{36}{1}$ Diabas.

Lith. Anst. v. C. Hellfarth in Gotha

Gümbels moderne Sicht zur Lagerstättengenese des Sulfiderzvorkommens am Silberberg bei Bodenmais

Elmar Linhardt

Knapp zwei Jahre nach Beginn der Feldaufnahmen zur geologischen Landesaufnahme Bayerns wurde das Bodenmaiser Sulfiderzrevier durch Gümbel, der die Geländearbeiten seit 1851 als »Berg- und Salinen-Praktikant« und »leitender Geognost« überwachte, besucht und wissenschaftlich bearbeitet.

Die eigentliche Kartierung führte Gümbels Mitarbeiter August Schneider auf den Blättern N.O.XLV.48 (Bodenmais Ort) und N.O.XLV.49 (Silberberg-Lagerstätte) zwischen dem 31. August 1853 und dem 10. September 1853 sowie auf dem östlich anschließenden Blatt N.O.XLV.50 (Brandtner Riegel bis Hühnerkobel) vom 12. September 1853 bis 8. Oktober 1853 durch.

Neben der Darstellung und einer eingehenden wissenschaftlichen Diskussion der damaligen Lehrmeinungen zur Genese der Kristallingesteine werden in der die Kartenblätter begleitenden »Geognostischen Beschreibung des ostbayerischen Grenzgebirges oder des bayerischen und oberpfälzer Waldgebirges«, die 1868 erschien, erstmals eine Fülle petrographischer und lagerstättenkundlicher Einzelangaben geliefert. Dass diese Arbeiten und Ansichten Gümbels auch heute noch Bestand haben und darüber hinaus ganz aktuellen Vorstellungen entsprechen, soll am Beispiel der Sulfiderzlagerstätte Silberberg bei Bodenmais gezeigt werden.

Trotz oder gerade wegen des Auftrages zur geognostischen Gesamtaufnahme Bayerns, der damit verbundenen wissenschaftlichen Bearbeitung eines der größten Kristallingebiete Europas und des Zwanges zur Integrierung über eine Fülle von Detailbeobachtungen lässt sich Gümbel nicht abschrecken, bei den Betrachtungen zur Genese der Kristallingesteine eine Sulfiderzlagerstätte in seine Überlegungen mit einzubeziehen. Die bekannte Lagerstätte am Silberberg bei Bodenmais wurde selbst nach damaligem Ermessen schon wirtschaftlich ambivalent eingestuft und gilt aus heutiger Sicht als unbedeutend, was jedoch dem von ihr ausgehenden lagerstättenkundlichen sowie bergbaugeschichtlichen Reiz nie abträglich war.

Die Lagerstätte heute

Nach Einstellung des Bergbaues am Silberberg im Jahr 1953, das auch das bisherige Ende aller Rohstoff-Erkundungsprogramme auf Sulfiderze in diesem Raum aufzeigt, dokumentiert sich die Lagerstätte nach heutigen nüchternen Maßstäben als weitestgehend ausgebeutet, jedoch gut untersucht. Sie besteht aus lagen- und linsenförmigen Sulfiderzkörpern, die konkordant in die Gneise eines über mehrere Kilometer verfolgbaren erzführenden Horizontes eingeschaltet sind. Das Erzlager am Silberberg ist in den tieferen Niveaus als zusammenhängender plattenförmiger Horizont ausgebildet und fächert sich in den oberen Teufen zunehmend in einzelne linsenförmige »Trume« auf. Das mittlere Streichen der Erzkörper liegt bei 114°SE mit einem mittleren Einfallen von 43°NNE. Das Einfallen der Erzkörper verflacht von ca. 50–70° in den oberen Teufen auf ca. 32–45° in den unteren Teufen (BLENDINGER & WOLF 1971). Von GÜMBEL (1868) werden das »Haupttrum«, das »Liegend-« und das »Hangendtrum« unterschieden. Innerhalb der zwei wesentlichen im Abstand von 20–50 m verlaufenden Erzlager (Haupt- und Liegendtrum) treten die Erzkörper feingebändert (cm- bis dm-mächtig), in der Regel aber als bis 2 m mächtige kompakte Lagen auf. In den linsenförmig verdickten Erzpartien der Trume (im Barbara-, Mittelsohlen- und Ludwigstollenniveau) dagegen werden Mächtigkeiten von maximal 6 m beschrieben (BLENDINGER & WOLF 1971). Alle Lagerstättenteile eingeschlossen ist der Sulfiderzhorizont am Silberberg auf ca. 600 m in Streichrichtung (NW–SE) und auf ca. 250 m im Einfallen bergmännisch aufgeschlossen (Abb. 1: Saigerriss).

Die Sulfiderze treten als gemischte, grobkörnige und ungeregelte Aggregate auf, die in ihrer Zusammensetzung keine primären Teufenabhängigkeiten erkennen lassen.

Die Erzmineralparagenese umfasst Pyrrhotin und Pyrit als Haupterz, in die als wesentliche Beimengung Sphalerit eingelagert ist. Untergeordnet und oft nur lokal angereichert finden sich Chalkopyrit, Galenit (silberreich), Magnetit und Gahnit

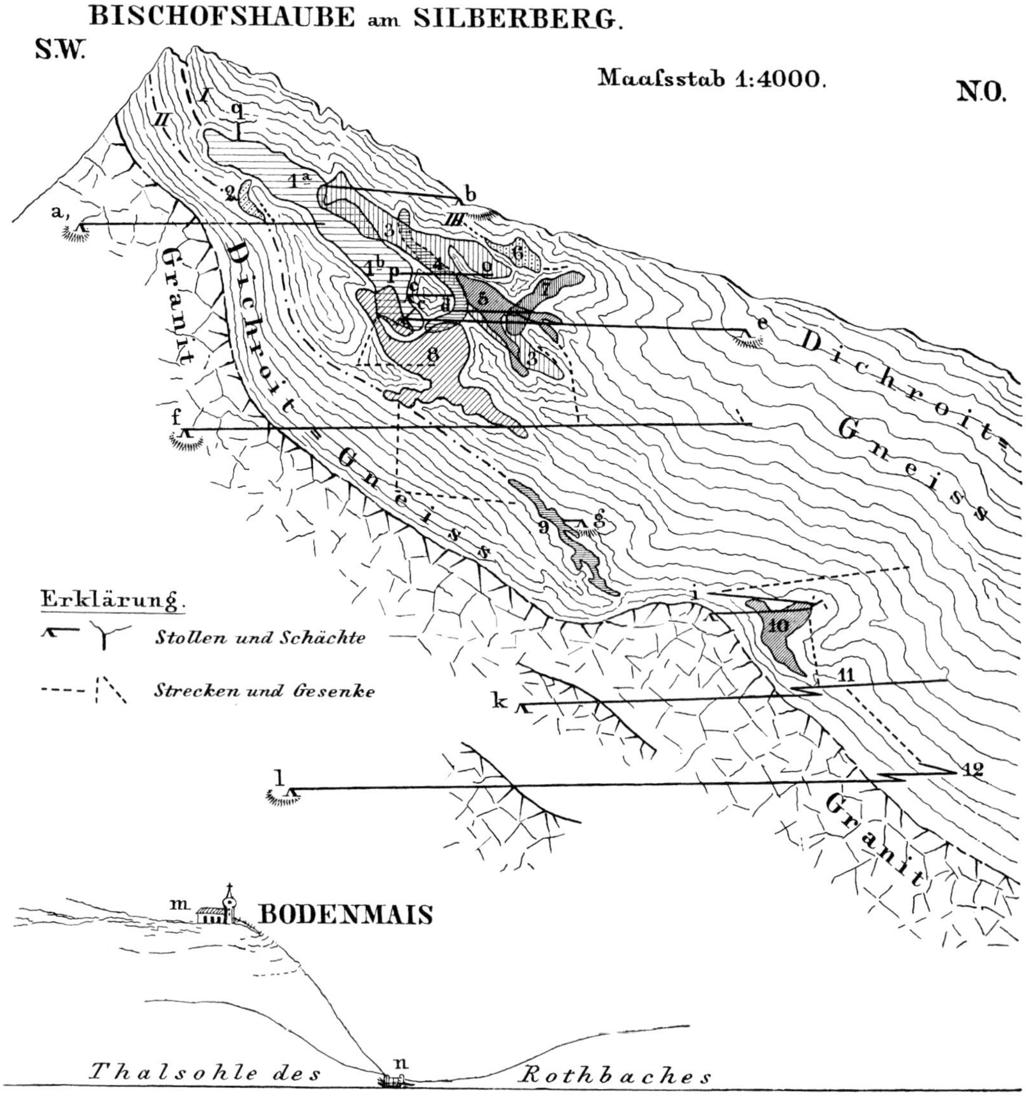

BISCHOFSHAUBE am SILBERBERG.

Maafsstab 1:4000.

Abb. 1. Saigerriss der Sulfiderzlagerstätte Silberberg. – Aus GÜMBEL (1868: 554).

I. Haupterzlager.
II. Liegendtrumm.
III. Hangendtrumm (Ausläufer).
1—10. Abbauräume oder sogenannte Verhaue und zwar auf den Zechen oder Gruben:
1a. Gieshübel-Fundgrube; 1b. Gieshübel-Mittelteufe; 1c. Gieshübel-Tiefstes; 2. Wolfgangsstollen-Liegendtrumm; 3. Gottesgab; 4. grosse Kaue; 5. Christoph; 6. Weitzeche auf dem Hangendtrumm; 7. Kannes-; 8. Barbara-; 9. Johannes-; 10. Sebastianzeche.
11. Erzstände im Ludwigsstollen.
12. Erzspuren im Tiefsten d. Stollortes.
a–l. Stollengebäude und zwar:
a. Wolfgangsstollen; b. Gieshübelstollen; c. Christophsstollen; d. Helenastollen; e. Weitzechstollen; f. Neustollen; g. Johannesstollen; i. Sebastiansstollen; k. Ludwigsstollen, und l. Unterbaustollen.
m. Kirche von Bodenmais.
n. Thalsohle des Rothbaches.
o–p. sogenannte Brunnerstrecke.
q. Gieshübelfundschacht.

(»Kreittonit«). Als Seltenheit wurden primärer Markasit, gediegen Bismut, gediegen Silber, Kassiterit und Valleriit gefunden. Vereinzelt traten weiterhin Chalkosin und Ilmenit auf (HEGEMANN & MAUCHER 1933). Ein in mehrere Einzelvorkommen aufgelöster Biotitgneis-Horizont im Hangenden der Erzzone enthält neben Zirkon, SEE-Mineralen und Gahnit auch Monazit bis zu 5 Vol.-% angereichert (TEUSCHER 1982). Mit den Sulfiderzen verknüpft und in sie z.T. eingelagert sind die Silikate Cordierit, Biotit, Quarz, Sillimanit, Andalusit, Andesin, Kalifeldspat, Anthophyllit, Hypersthen, Almandin und Turmalin. Daneben findet sich eine Reihe von Mineralen, u.a. Zeolithe, als hydrothermale Produkte der ausklingenden Metamorphose sowie Sekundärbildungen der Oxidationszone.

ZECHE „GOTTES GABE" (OBERSTE TEUFE)

am Silberberg bei Bodenmais.

Abb. 2. Die Zeche »Gottes Gabe« (oberste Teufe) am Silberberg bei Bodenmais. – Aus GÜMBEL (1868: 555).

Zeitgeschichte

Bei den Kartierarbeiten sowie bei den Besuchen Gümbels in Bodenmais und am bzw. im Silberberg muss sich der Bergbau in einer der wenigen konjunkturellen Hochphasen befunden haben. Nach Jahrhunderten, die geprägt waren von ständig wechselnden Besitzverhältnissen, von wirtschaftlichen Einbrüchen infolge Kriegsauswirkungen, Unkenntnis und Fehleinschätzung der lagerstättenmäßigen Gegebenheiten (vor allem die Edelmetallgehalte betreffend) hebt sich dieser Zeitraum positiv heraus. Den detaillierten Beschreibungen zur Mineralogie der Lagerstätte, zu bergbaulichen und hüttentechnischen Einrichtungen und angewandten Verfahren sowie zur geologischen Situation über und unter Tage ist zu entnehmen, dass sowohl der Abbau als auch die Aufbereitung in großem und geregeltem Ausmaß betrieben wurden. Die hohen Produktionszahlen des aus den Erzen gewonnenen Eisenvitriols, von kupferhaltigem Eisenvitriol, Alaun und Polierrot lassen eine gute Absatzlage vermuten (Abb. 4: »Der Silberberg und die Vitriolhütte bei Bodenmais«). Wie GÜMBEL (1868) beschreibt, konnte die Abbauleistung dadurch gesteigert werden, dass anstelle des noch bis zur Mitte des 19. Jahrhunderts üblichen Feuersetzens die Bohr- und Schießarbeit langsam an Boden gewann. Daneben konnte durch Umstellung des Aufbereitungsverfahrens das in Bodenmais als Hauptprodukt erzeugte Polierrot nun auch durch direkte Bearbeitung aus den Kieserzen gewonnen werden, was das Verfahren beschleunigte und das Ausbringen vergrößerte. So nimmt es insgesamt nicht Wunder, dass durch Gümbel die erste eingehende Beschreibung des Bodenmaiser Berg- und Hüttenwesens vorgenommen wurde. (Abb. 2: Zeche »Gottes Gabe«).

Die Diskussion zum Gneisrahmen der Erzlagerstätte am Silberberg

An die genetische Deutung der Lagerstätte tastet sich GÜMBEL (1868) überraschend vorsichtig heran und verknüpft sie nur schrittweise mit der ihm wahrscheinlichen Entstehungsart der Rahmengesteine. Man könnte dabei den Eindruck gewinnen, dass die Beziehung zwischen Erz und Rahmengestein wechselweise sowohl für die genetische Interpretation der Erze als auch für die von GÜMBEL (1868) postulierte Gneisbildung verwendet wird. Im Exkurs (S. 183 ff.) über die zu seiner Zeit aufgestellten gängigen Ansichten zur Bildung der gneisartigen Gesteine wird deutlich, wie überwältigend die geologischen Informationen zu dieser Problematik vor Ort, wie differierend die aktuellen Lehrmeinungen, aber auch wie umfangreich schon die Detailkenntnisse zu Vorkommen weltweit gewesen sein müssen. So ist es auch erklärlich, dass GÜMBEL (1868) von einer Festlegung, von einer Aussage für das eine oder andere absieht und stattdessen den Leser langsam mit der Geologie und den Problemstellungen zur Genese von Rahmengestein und Erz vertraut macht. GÜMBEL (1868: 183) verweist noch am Ende dieser als Vorspann gedachten Einführung darauf, dass »... *der Leser* [damit] *soweit vorbereitet sein* [wird] *dem weiteren Gang unserer Darstellung mit dem Interesse zu folgen, welches die geognostischen Verhältnisse eines der ausgedehntesten Urgebirgsdistrikte Europa's – wenigstens des bayerischen Antheils an demselben – in Anspruch zu nehmen verdienen. Am Schlusse der bis in's Detail eingehenden Beschreibung wird dann Gelegenheit genommen werden, die durch die Beobachtungen in unserem Urgebigsdistrikte gewonnenen festen Thatsachen den Annahmen der verschiedenen so eben vorgetragenen Theorien gegenüber zu halten, um zu sehen, für welche sich durch unsere Untersuchung neue Stützpunkte gewinnen lassen.«*

In Paragraph 1 seiner Einleitung zur »Geognostischen Beschreibung des ostbayerischen Grenzgebirges oder des bayerischen und oberpfälzer Waldgebirges« macht GÜMBEL (1868) die verschiedenen Theorien zur Natur und Entstehung der so genannten Urgebirgsfelsarten offenkundig und diskutiert ausführlich die Für und Wider. Neben der »neptunistischen« und der »plutonischen« Entstehungslehre werden die der »Metamorphose« oder der »Hydatopyrogenesis« genannt (S. 167). Nach Ende dieser Erörterung bleibt jedoch Gümbels Standpunkt noch weitgehend unklar. Nur ein Satz zeigt seine tatsächliche Einstellung, als er seine Anerkennung gegenüber der plutonischen Lehre ausspricht: *»Der plutonischen Lehre der älteren Schule kann die Anerkennung nicht versagt werden, dass sie sich auf thatsächliche Beobachtungen zu stützen und nach Analogieen mit Erscheinungen in der Jetztwelt (Vulkanismus) Vorgänge und Bildungen in früheren Zeitperioden zu erklären suchte ...«* (GÜMBEL 1868: 172). Damit bekennt er sich zu einem wichtigen Leitsatz der Geologie, dem aktualistischen Prinzip, nach dem er im Folgenden auch seine wissenschaftliche Argumentation aufbaut.

Der Schlüssel zur Erkenntnis

Zusammenfassend und dann ganz konkret äußert sich GÜMBEL (1868: 833), bezogen auf seine Geländebefunde über die Bildungen der »*Urgebirgsgesteine*« des Grundgebirges, des Gneises i.e.S., dass er »[...] *von älterem Ursprung,* [...] *geschichtet und stufenweis aufgebaut* [ist] *wie die Sedimentgesteine«.*

Als alleinige Ursache der Schichtung erkennt er die Sedimentation und nicht die durch metamorphe Bildungen erzeugte Schieferung. Als Beweise dafür sieht er die konkordant in den normalen Gneisverband eingelagerten, als synform-syngenetisch gebildeten Gesteine von abweichender Zusammensetzung, die auf weite Strecken im Gneis auftreten können (s. auch S. 178). Zu diesen »*wirklichen Lagern*« werden dann auch u.a. die schwefelkiesreichen Gesteine gezählt. Die allochemische Metamorphose im Sinn einer Stoffveränderung (»Metamorphismus durch Erhitzung« entspr. plutonischer Metamorphose, infolge »durchdringendem Gewässer« entspr. »Hydratmetamorphose«) wird abgelehnt, weil »[...] *insbesondere aber das Vorkommen mächtiger Schwefelkieslager (Fallbänder) in unserem Gebirge und die regelmässige Wechsellagerung von Gneissvarietäten mit sehr heterogenen Mineralbeimengungen ganz entschieden mit der Vorstellung einer solchen Umwandlungsart nicht in Einklang gebracht werden können.*« GÜMBEL (1868: 835). Und weiterhin, »[...] *durch Zufuhr einiger weniger neuer und durch die Wegnahme einiger früher vorhandener entbehrlicher Stoffe [...] müsste als Konsequenz eine erstaunliche Gleichförmigkeit in der Zusammensetzung der Gneissschichten sich zu erkennen geben. Die Beobachtung in der Natur weist aber einen grossartigen Wechsel in der Beschaffenheit der sogenannten metamorphosirten Gesteinslage nach, einen Wechsel, der sich stets streng an die Lagerung und an die Schichtung hält und desshalb für eine ursprüngliche, nicht für eine von aussen erst gewordene erklärt werden muss.*« (GÜMBEL 1868: 835).

Eingedenk der Tatsache, dass aber durch äußere geänderte Einflüsse aus ehemaligen Lockergesteinen verfestigte Kristallingesteine entstanden sind, schließt er, dass der Gneis unter Einwirkung von Wasser, erhöhtem Druck und erhöhter Temperatur unter partieller Lösung ähnlich der Diagenese, entstanden ist. »*In diesem Sinne sind allerdings der Gneis und die übrigen krystallinischen Schiefer auch metamorphische Gebilde.*« (GÜMBEL 1868: 838). Diese Feststellungen entsprechen modernen Gedanken zur Metamorphose, die, abweichend vom ursprünglichen Barrowschen Konzept der Regionalmetamorphose, im Wesentlichen die Beibehaltung früherer Chemismen der Ausgangsgesteine anerkennen (isochemische Metamorphose oder Gesteinsumwandlung im Festen unter Stoffkonstanz).

In dieses Gedankengerüst ordnen sich sehr gut seine Erkenntnisse über die in den Cordierit-Gneisen des Bodenmaiser Raumes konkordant eingelagerten granitischen- oder Ortho-Gneise. GÜMBEL (1868) beobachtet ihre innige räumliche Beziehung zueinander und schließt aufgrund dessen auf ähnliche äußere Bedingungen, die sowohl bei ihrem Ursprung (Sedimentation) als auch ihrer nachfolgenden Überprägung (hier Metamorphose) bestanden haben. Demnach waren diese so genannten Lagergranite, als chemisch abweichende Gesteinseinheiten, ursprüngliche Teile des Sediments, die zusammen mit ihm abgelagert und durch nachfolgende Metamorphose(n) verändert wurden. Nur der Umstand, dass dabei die »weiche Masse« (Granitschmelze) vor Ort blieb und nicht intrusiv ins Nebengestein entwich, unterscheidet sie von den stockförmigen Graniten, die an anderen Stellen diskordant den Gneisrahmen durchsetzen (Abb. 3: Kartenausschnitt 1:50 000, Manuskriptblatt Zwiesel).

Die Bestätigung der Ideen Gümbels zur Lagerstättengenese

Wie kontrovers die genetischen Deutungen der Lagerstätte von Beginn ihrer wissenschaftlichen Bearbeitung an verliefen, zeigen die umfangreichen Publikationen zu diesem Thema in der Zeit nach Gümbel. Stets fanden sich andere Argumente, besonders unter steigender Einbeziehung weltweiter Informationen zu ähnlich aufgebauten Lagerstätten, welche die Schwerpunkte in die eine oder andere Richtung verlagerten. Gümbel, der diesem Konflikt als erster wissenschaftlicher Bearbeiter noch nicht ausgesetzt war, konnte, allein gestützt auf seine Beobachtungen, den Wettstreit der Meinungen eröffnen.

Er selbst erkennt und beschreibt den Zusammenhang mit den anderen, entlang einer Linie auftretenden Sulfiderzlagern im Hinteren Bayerischen Wald und betrachtet die Erzlager als gleichzeitig mit den Rahmengesteinen gebildet und abgelagert (syngenetisch). GÜMBEL (1868: 248–262, 546–548, 550–559) erkannte, dass die »Kiese« [Sulfiderze] nur eine Beimengung des Gneises sind. Aufgrund dessen kommt er zur Schlussfolgerung: »*Stets bleiben selbst in den derbsten Kiespartieen Feldspath, Quarz, Glimmer, meist auch Dichroit und Granat, in der Art mit dem Kies verbunden, dass man an der gleichzeitigen Bildung der Kiese und des Gneisses kaum zweifeln darf.*« (GÜMBEL 1868: 248). Fragen zu den Bildungsmechanismen, der Herkunft der Erze sowie dem paläogeographischen Bildungsraum werden von GÜMBEL (1868) jedoch noch nicht behandelt.

Nach GÜMBEL (1868) folgt eine nahezu 90-jährige Periode der wissenschaftlichen Auseinandersetzung, in der man sich von diesem Konzept grundlegend abwendet und die Uneinigkeit der Wissenschaft zu diesem Thema zeigt.

So wird die Lagerstätte in Folge wechselnd durch Intrusion von Erzmagmen, als reine metamorphe Bildung (Kontakt- oder Regionalmetamorphose), als »hydrothermales Gangäquivalent« zum Pfahl

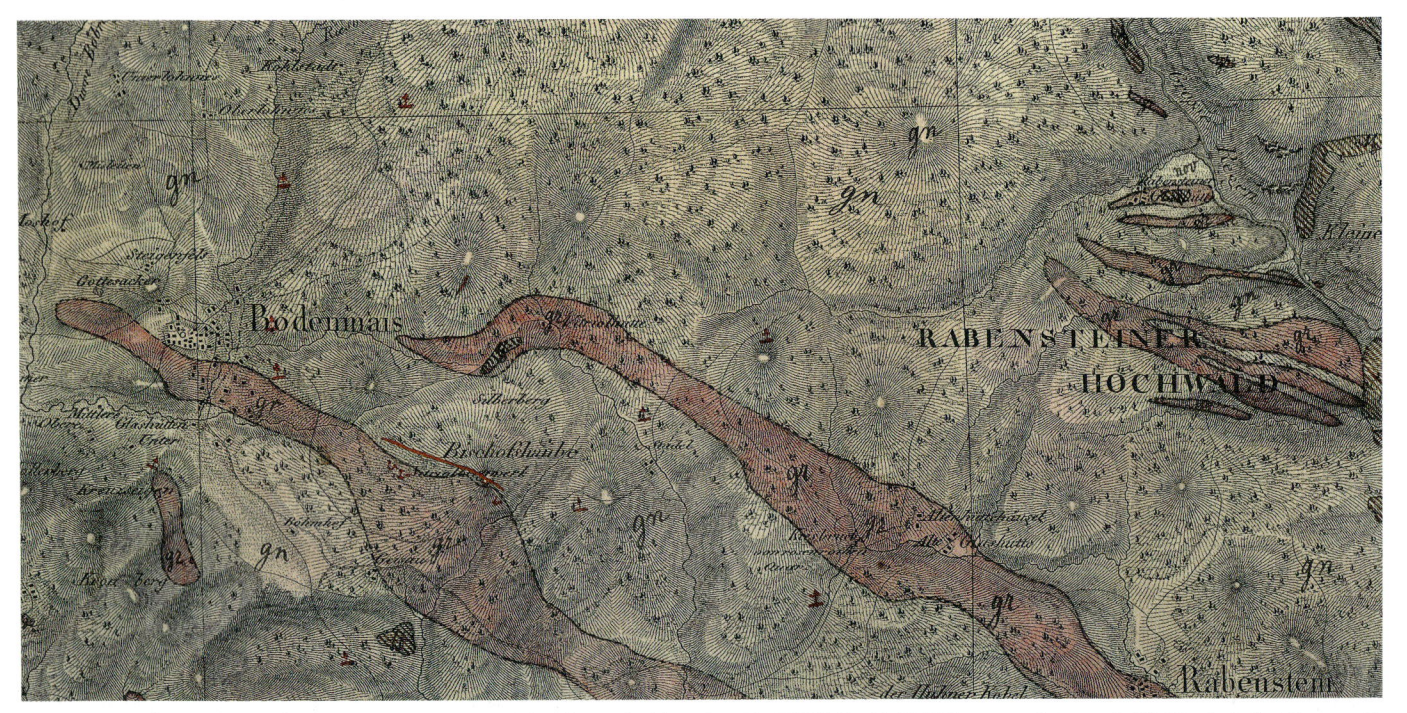

Abb. 3. Ausschnitt aus dem handkolorierten »topographischen Atlasblatt« Nr. 50 »ZWISEL« (1 : 50 000), entworfen von C. W. Gümbel als »Geognostische Karte von Bayern Blatt XII«. Der gewählte Ausschnitt stellt die geognostischen Verhältnisse zwischen Bodenmais und Rabenstein (im Inneren Bayerischen Wald) dar. Die Topographie stammt aus dem Jahre 1820. Die kolorierten Atlasblätter (1 : 50 000) dienten Gümbel als Grundlage für die »Geognostische Karte des Königreichs Bayern« im Maßstab 1 : 100 000. – Bibliothek des Bayerischen Geologischen Landesamts, Inventar-Nr. 2480, Bl. 50, 3. Expl., M 19.

und in »Mischformen« der genannten Möglichkeiten gedeutet.

Erst modernere Bearbeitungen in der zweiten Hälfte des 20. Jahrhunderts greifen bewusst oder unbewusst Gümbels Ideen wieder auf.

SCHRÖCKE (1955) gelangt aufgrund seiner geologischen, tektonischen und mikroskopischen Untersuchungen zu der Auffassung, dass sich ehemalige sandig-tonige Schichtglieder mit den eingeschalteten Erzkörpern hydrothermal-sedimentärer Herkunft prämetamorph bzw. am Beginn der Deformation, parallel dem heutigen tektonischen Streichen, anordneten. Dadurch konnte die von GÜMBEL (1868) postulierte Konformität von sedimentärem und metamorphem Schichtstreichen erhärtet werden. Der Verband aus unterschiedlichen Lithologien verdankt demnach im Wesentlichen sedimentären Prozessen seine Entstehung.

SCHREYER, KULLERUD & RAMDOHR (1964) zeigen in ihrer Arbeit anhand verschiedener geologischer Thermometer, dass Erze und Rahmengesteine der Lagerstätte während einer Regionalmetamorphose annähernd gleichen Druck- und Temperatur-Bedingungen ausgesetzt waren – eine weitere Einengung der wahrscheinlichen gemeinsamen Bildungsgeschichte von Erz und Rahmengestein. Weitergehende Überlegungen zur Herkunft der Erze werden jedoch auch hier nicht angestellt.

In Kenntnis aktuogeologischer Sulfiderzkonzentrationen und durch Analogien zu stratiformen Sulfidvorkommen präkambrischen bis paläozoischen Alters wird schließlich der Bildungsort der Bodenmaiser Erze als submarin, vulkanisch-exhalativ eingestuft (LINHARDT 1985; TROLL, LINHARDT & SKERIES 1987). Die Engräumigkeit im Auftreten sowie die geochemische Variabilität der die Erzlager begleitenden Lithologien lassen den Schluss auf einen tektonisch aktiven Plattenrand zur Zeit der Sedimentation zu. Als Edukte der (poly-)metamorph überprägten Rahmengesteine werden unterschiedlich hydrothermal alterierte kalkalkalische Pyroklastite und Tuffite sowie Gelquarzite identifiziert, die in den stärker pelitisch geprägten Serien im Hangenden und Liegenden der Erzzone eingeschaltet sind. Die Assoziation aus petrographisch und geochemisch stark differenzierten Gesteinstypen mit Quarz-, Sillimanit-, Biotit-, Anthophyllit- oder Magnetit-Vormacht wird mit einer hydrothermalen Umwandlung detritischer Minerale im ursprünglichen Sediment erklärt; im Einflussbereich der erzbringenden Hydrothermen werden als wirksame Prozesse Um- und Neubil-

DER SILBERBERG UND DIE VITRIOLHÜTTE BEI BODENMAIS.

dung von Tonmineralen (Kaolinit, Chlorit), Ausfällung von kolloidalem SiO$_2$ (Gelquarzite) und Absorption und Ionenaustausch (Ba, SEE, Th und U) an Tonmineralen angesiedelt. Die hochgradig metamorphen Prozesse, denen die Bodenmaiser Gesteine ausgesetzt waren, werden als weitestgehend isochem angesprochen, wobei der Verband von Erz und Rahmengestein im Wesentlichen als primär sedimentärer Lagenbau gedeutet wird. Dadurch konnte schließlich und endlich, in Erweiterung der von GÜMBEL (1868) bereits vorformulierten Konzepte, mittels Überlegungen zu den Ursprungschemismen der Gesteine, der Schluss auf den paläogeographischen Bildungsraum der Erze gezogen werden.

Damit schließt sich der Kreis der wissenschaftlichen Bearbeitung zum Thema Silberberg. Es zeigt sich, wie GÜMBEL (1868), ausgehend von intensiven Geländebeobachtungen, durch Vergleiche mit anderen, ihm offensichtlich nur durch Literatur bekannten Lagerstätten, durch logisches Abwägen der Tatsachen und Meinungen sowie durch Homogenisierung verschiedener Detailbefunde, den nach wie vor gültigen Grundstock zum Verständnis einer seither vielfach wissenschaftlich bearbeiteten Lagerstätte legen konnte. Auch wenn ihm die heutigen technisch-apparativen Untersuchungsmethoden nicht zur Verfügung standen, hat er die Geologie nach richtungsweisenden, modernen Maßstäben betrieben.

Abb. 4. Der Silberberg und die Vitriolhütte bei Bodenmais. – Aus GÜMBEL (1868: 918).

Literatur

ARNDT, H. (1951): Festrede zur Geschichte des Bayerischen Geologischen Landesamtes 1950. – Geologica Bavarica, **6**: 7–16, München.

BERGEAT, A. (1906): Die Erzlagerstätten. – Verlag A. Felix, Leipzig.

BLENDINGER, H. & WOLF, H. (1971): Die Magnetkieslagerstätte Silberberg bei Bodenmais und weitere Erzvorkommen im Hinteren Bayerischen Wald. – Aufschluß, Sonderheft **21**: 108-139, Heidelberg.

FISCHER, G. (1939): Über das Grundgebirge der bayerischen Ostmark. Die Gneise nördlich des Bayerischen Pfahls. – Jb. Preuss. geol. L.-Anst., **59**, 1938: 289-352, Berlin.

– (1967): Über das Moldanubikum der Bayerischen Oberpfalz und des Bayerischen Waldes. – Aufschluß, Sonderheft **16**: 27-111, Heidelberg.

FREBOLD, G. (1929): Versuch einer genetischen Deutung der Kieslagerstätten von Lam und Bodenmais im Bayerischen Walde. – Cbl. Min., Abt. A: 143-151, Stuttgart.

GAB (GESELLSCHAFT ZUR AUFSUCHUNG VON BODENSCHÄTZEN IN BAYERN mbH) (1963): Bericht über die Aufsuchung von Mineralien und Wasser in Bayern von 1951 bis 1962. – 85 S., München.

GRUBER, K. (1901): Der Schwefel- und Magnetkiesbergbau am Silberberge bei Bodenmais. – Abh. math.-phys. Cl. Bayer. Akad. Wiss. Bd. **21**, Abth. 2: 337-348, München.

GÜMBEL, C. W. (1868): Geognostische Beschreibung des Königreichs Bayern – Zweite Abt., Geognostische Beschreibung des ostbayerisches Grenzgebirges oder des bayerischen und oberpfälzer Waldgebirges. – 968 S., Verlag J. Perthes, Gotha.

HALLER, R. (1971): Berg- und Hüttenmännisches Leben in der Hofmark Bodenmais 1580-1820. Eine volkskundliche Monographie auf Grund archivalischer Quellen. – Diss. phil., München.

– (1971): Fragmente zur Geschichte des Schwefelkiesbergwerks am Silberberg bei Bodenmais. – Aufschluß, Sonderband **21**: 207-212, Heidelberg.

HARTMANN, H. (1938): Vorläufige Mitteilung zur Geologie und Entstehungsgeschichte der Magnet- und Schwefelkies-Lagerstätten des Bayerischen Waldes bei Unterried, Bodenmais, Zwiesel, Maisried und Lam. – Unveröffentl. Manuskript, Bayer. Geol. Landesamt, München.

HEGEMANN, F. & MAUCHER, A. (1933): Die Bildungsgeschichte der Kieslagerstätte im Silber-Berg bei Bodenmais. – Abh. Geol. Landesuntersuchung, Bayer. Oberbergamt, Heft **11**: 1-36, München.

HEGEMANN, F. (1937): Über die Entstehung der sulfidischen Erzlager des ostbayerischen Grenzgebirges.- Fortschr. Min. Krist. Petr., **21**: 54 ff.

LEHMANN, J. (1884): Untersuchung über die Entstehung der altkristallinen Schiefergesteine mit besonderer Bezugnahme auf das sächsische Granulitgebirge, Erzgebirge, Fichtelgebirge und bayer.-böhm. Grenzgebirge. – Mit 5 lithograph. Tafeln und einem Atlas. Bonn.

LINHARDT, E. (1985): Petrographische Untersuchungen am Silberberg bei Bodenmais im Hinblick auf den Stoffbestand der Rahmengesteine. – Diplomarbeit Univ. München: 89 S., München.

NATHAN, H. (1951): Festrede über die Persönlichkeit Carl Wilhelm von Gümbels. – Geologica Bavarica, **6**: 16–25, München.

SCHREYER, W., KULLERUD, G. & RAMDOHR, P. (1964): Metamorphic conditions of ore and country rock of the Bodenmais, Bavaria, sulfide deposit. – N. Jb. Min. Abh., **101**: 1-26, Stuttgart.

SCHRÖCKE, H. (1955): Petrotektonische Untersuchung des Cordieritgneisgebietes um Bodenmais im Bayerischen Wald und der eingelagerten Kieslagerstätten. – Heidelberger Beitr. Miner. Petr., **4**: 464-503, Heidelberg.

TEUSCHER, E. O. (1982): Thorium concentrations in the Bodenmais, Bavaria, Sulphide deposit. – Ore genesis – The state of the art: 465–468, Springer, Berlin.

TROLL, G., LINHARDT, E. & SKERIES, R. (1987): Petrographic and geochemical studies on country rock of the Bodenmais (Bavaria) sulfide deposit. – N. Jb. Geol. Palaeont., Mh., H. **12**: 726-752, Stuttgart.

WEINSCHENK, E. (1901): Die Kieslagerstätte im Silberberg bei Bodenmais. Ein Beitrag zur Entwicklungsgeschichte der Falbänder. – Abh. math.-phys. Cl. Bayer. Akad. Wiss., **21**, 2. Abt.: 349-410, München.

WINEBERGER, L. (1851): Versuch einer geognostischen Beschreibung des Bayerischen Waldgebirges und Neuburger Waldes. – 141 S., Passau.

Der Pfahl im Bayerischen Wald –
ein geologisches und landschaftliches Lieblingsmotiv
Carl Wilhelm von Gümbels

Gerhard Lehrberger

Carl Wilhelm von Gümbel widmet sich dem ostbayerischen Grundgebirge in seinen Werken von 1868 und 1894 ausführlich. Die »Geognostische Beschreibung des ostbayerischen Grenzgebirges oder des bayerischen und oberpfälzischen Waldgebirges« (1868) stellt neben dem »Alpenband« das bedeutendste Werk Gümbels dar. Der hohe wissenschaftliche Stellenwert liegt darin, dass er erstmalig den Versuch unternimmt, die südwestlichen Randgebiete des Grundgebirgskomplexes der Böhmischen Masse lithologisch, stratigrafisch und strukturell-tektonisch zu gliedern. Besondere Bedeutung hat in diesen Werken der Pfahl in Wort und Bild.

Der Pfahl stellt die wohl auffälligste geologische Struktur im Bayerischen Wald dar. So wundert es nicht, dass bereits die vorausgegangenen geologischen Erforscher dieser Gegend die auffälligen weißen Quarzmauern dieses Naturdenkmals beschrieben. Mathias FLURL gibt uns in seiner »Beschreibung der Gebirge von Bayern und der Oberen Pfalz« (1792/1992: 146–150) einen ersten Eindruck der Geologie und Mineralogie dieser »*nackten prächtigen Felsenwand*«.

Die geologische Struktur des Pfahls stellt auch die geografische Grenze zwischen dem Vorderen und Hinteren oder Inneren Bayerischen Wald dar. Der Pfahl ist auf eine Länge von über 150 km geradlinig in Nordwest-Südost-Richtung zu verfolgen, was die Geologen nach dem Harz als »hercynische« Streichrichtung bezeichnen. Die Auswertung von Satellitenbildern und Flugaufnahmen sowie geologische Geländeaufnahmen ergaben, dass der Pfahl nicht die einzige großräumige Verwerfung in dieser Richtung am Westrand der Böhmischen Masse darstellt. Weiter im Nordwesten und in nördlicher Richtung seitlich versetzt verläuft die fränkische Linie als Grenze zwischen dem Grundgebirge und dem überwiegend mesozoischen Schichtstufenland. Weiter im Süden begrenzt der sog. Donaurandbruch das Grundgebirge gegen den Jura, die Kreide und die tertiären Molassesedimente. Aber auch innerhalb des Grundgebirges verlaufen parallel zum Pfahl Störungen wie die Rundinger Zone. Andere Störungszonen, wie die des Böhmischen Pfahls korrespondieren nach ihrer Richtung mit dem Pfahl im Rahmen regionaler Spannungsfelder.

Zwar hatte bereits WINEBERGER (1851) erkannt, dass der Pfahlquarz immer von einer Art grünem Schiefer begleitet wird, aber erst Carl Wilhelm GÜMBEL (1868) liefert in der »Geognostischen Beschreibung des ostbayerischen Grenzgebirges ...« eine detaillierte Beschreibung der Pfahlzone, die auch die ursächliche und gesetzmäßige Assoziation von Quarz und den Pfahlschiefern erklärt. Der Pfahl besteht geologisch aus dem Pfahlquarz und den Pfahlschiefern.

Gümbel konnte aufgrund der umfassenden geologischen Kartierungsarbeiten die grünlichen Pfahlschiefer mit den ähnlich ausgebildeten Gesteinen der Winzer-Zone am Südrand des Bayerischen Waldes vergleichen. Letztere benannte er als »Winzergneis« und »Winzergranit«. Bei den Winzergesteinen und den Pfahlschiefern handelt es sich nach der heutigen petrografischen Nomenklatur um »kataklastische Blastomylonite oder Ultramylonite«, die unter grünschieferfaziellen Metamorphosebedingungen gebildet wurden bzw. rekristallisierten (GRAUERT 1967). Die Pfahlschiefer entstanden also durch starke tektonische Bewegungen, bei denen es zur Rekristallisation und mechanischen Zerkleinerung der Mineralkörner und, unter Zufuhr von Flüssigkeiten und Gasen, zum Wachstum neuer Kristalle kam. So entstand aus den Gneisen und Graniten ein Grünschiefer-ähnliches Gestein.

Die größten Bewegungen an der Pfahlverwerfung traten gegen Ende der variszischen Gebirgsbildung auf, als die gesamte tektonische Scholle des Vorderen Bayerischen Waldes gegenüber derjenigen des Inneren Bayerischen Waldes um wenigstens mehrere hundert Meter gehoben wurde. In dieser Phase entstanden auch die für den Pfahl charakteristischen Quarzgänge (HORN, KÖHLER & MÜLLER-SOHNIUS 1983; PEUCKERT-EHRENBRINK & BEHR 1993).

auf Landschaftsansichten und in der geologischen Karte zu unterscheiden.

Die frühesten Abbildungen des Pfahls sind aus der Zeit um 1850 bekannt. In der ersten geografischen Beschreibungen des Bayerischen Waldes von GRUEBER & MÜLLER (1846) findet man eine genaue Beschreibung sowie eine Ansicht der gezackten Felsenkämme des Pfahls. Das überzeichnet bizarre Aussehen lässt dabei die Felsen fast unnatürlich wirken (Abb. 1). In der »Illustrierten Zeitung« wird 1851 eine Holzfällergruppe vor einer Felsformation nahe Wilting bei Cham gezeigt. Die Darstellung der plattigen Gesteinskörper erinnert eher an Gneis als an den Pfahlquarz (Abb. 2).

Im Buch GÜMBELS von 1868 wird der Pfahl als Landschaft erstmals detailliert und realistisch abgebildet. Als Motive wählte GÜMBEL (1868) die spektakulären Quarzfelsen bei Moosbach und Viechtach in mehreren Variationen. 1894 zeigt er eine Ansicht des Pfahls mit der Burgruine Weißenstein.

Als Vorlagen für die farbigen Lithografien des Buches dienten Bleistiftzeichnungen. Eine dieser Bleistiftzeichnungen ist im Archiv des Bayerischen Geologischen Landesamtes in München erhalten (Abb. 3), weitere zwei Blätter befinden sich im Besitz des Autors. Sie tragen alle die Aufschrift »*Der Pfahl bei Viechtach 31. July 1861*«. Gegen eine eigenhändige Zeichnung Gümbels spricht, dass die Auf-

Abb. 1. Erste bekannte Ansicht des Pfahls bei Viechtach aus GRUEBER & MÜLLER (1846, Zeichnung von GRUEBER, Abb. nach S. 248).

Der Pfahl im Abbild

Der Pfahl ist das Motiv, das in den geognostischen Beschreibungen Gümbels am häufigsten dargestellt wird. Dabei ist die grafische Darstellung des Pfahls

Abb. 2. Holzfäller vor den Felsen des Pfahls bei Wilting. Illustrierte Zeitung, 1851.

Abb. 3. Max Reiseneggers Bleistiftzeichnung der Quarzfelsen des Pfahls bei Viechtach, Archiv des Bayerischen Geologischen Landesamts. Originalgröße 24,2 ×15,7 cm.

FELSEN DES PFAHLQUARZES BEI VIECHTACH.

Abb. 4. Farblithografie aus der Geognostischen Beschreibung des ostbayerischen Grenzgebirges … (GÜMBEL 1868, Abb. nach S. 376). Farblithografie Originalgröße 19,3 × 12,8 cm.

167

Abb. 5. Ansicht der Burgruine Weißenstein bei Regen in der »Geologie von Bayern« (1894, S. 463). Originalgröße 17,9 × 10,9 cm.

schrift aufgrund eines Schriftenvergleichs mit Gümbelschen Tagebucheintragungen eindeutig nicht aus seiner Hand stammt. Es ist wohl dem autoritären Arbeitsstil Gümbels zuzuschreiben, dass er den Urheber der Zeichnungen in seinem Buch nicht nennt.

Die Indizien führen aber eindeutig zu Max Reisenegger, einem Mitarbeiter Gümbels. Wie wir aus dem Nekrolog von Ludwig von AMMON (1899) wissen, stammen die Lithografien in GÜMBELS Buch (1868) aus »*der Meisterhand MAX REISENEGGERS*« (Abb. 4). Reisenegger war Berg- und Salinen-Praktikant und wurde zeitweise in der Landesaufnahme eingesetzt. Er kartierte neben dem Bayerischen Wald und dem Oberpfälzer Wald auch im Fichtelgebirge und im mesozoischen Schichtstufenland. Über Geländearbeiten im Bayerischen Wald liegt ein Bericht vom 30. Juli 1861 vor, den Max Reisenegger in Regen verfasst hat. Daraus geht hervor, dass Max Reisenegger die Aufschlussansichten und Landschaftsdarstellungen im Bayerischen Wald im Frühsommer 1861 gezeichnet hat (siehe SPERLING dieses Buch S. 37).

Ein weiteres Indiz für die Urheberschaft Reiseneggers an den Geländeansichten des Pfahls ist die Signatur »M.R.« auf der wohl als kolorierte Zeichnung angefertigten Ansicht der Ruine Weißenstein bei Regen in GÜMBELS »Geologie von Bayern« von 1894 (S. 463, Abb. 5).

Versucht man das Motiv der Zeichnung der Quarzfelsen bei Viechtach heute einer Felsformation am Pfahl zuzuweisen, so zeigen sich neben deutlichen Übereinstimmungen auch Unterschiede, die entweder auf eine ästhetische »Schönung« des Bildes zurückzuführen sein könnten, oder die Bilder zeigen Felszacken, die der Quarzgewinnung im vergangenen Jahrhundert zum Opfer gefallen sind. Die Ähnlichkeit des Motives auf dem Foto aus der ersten Hälfte des 20. Jahrhunderts (Abb. 6) mit der Darstellung GÜMBELS (1868) ist auffällig und belegt nochmals die enge Orientierung der grafischen Darstellung an den natürlichen Verhältnissen. Besonders realistisch sind die Kluftgefüge und der morphologische Gesamteindruck sowohl in der Zeichnung als auch in der Lithografie wiedergegeben.

Die Landschaftsansichten des 19. Jahrhunderts erlangten Anfang der 1990er Jahre wieder an Aktualität, als über die Rückführung eines Teil der Landschaft entlang des Pfahls in eine Heidelandschaft diskutiert wurde. Die offene Landschaft, die auch auf den Grafiken Gümbels dargestellt ist, war das Produkt einer intensiven Beweidung durch Schafe und Ziegen, wodurch das Wachstum seltener Pflanzen gefördert wurde, die trockene und nährstoffarme Standorte bevorzugen. Die Einstellung der landwirtschaftlichen Nutzung der Grünflächen führte ab den 30er Jahren des 20. Jahrhunderts zur Rückeroberung des Pfahls durch den Wald, sodass in den 1970er und 1980er Jahren von den weißen Quarzfelsen nur noch wenig zu sehen war.

Abb. 6. Postkarte, ca. 1950 mit freistehenden Felszacken des sog. Hintern Pfahls bei Viechtach.

Eine »Renaturierung« nordwestlich von Viechtach im Bereich der »Teufelsmauer« versucht diesen Zustand der extensiv bewirtschafteten Kulturlandschaft wiederherzustellen (GAISBAUER 1992). Diese Maßnahmen vermitteln uns heute einen Eindruck vom Pfahl, der dem aus der Zeit Gümbels ähnlich sein dürfte.

Weniger spektakulär, aber für die geologische Erforschungsgeschichte des Bayerischen Waldes umso wichtiger, ist die Darstellung des Pfahls in der Grafik der geologischen Karten. Mathias FLURL (1792) beschränkt sich in seiner »Gebürgskarte« auf eine »Wortsignatur« etwa an der Stelle und in der Verlaufsrichtung des Pfahls (Abb. 7). Farblich abgegrenzt als eigenständiger Gesteinskörper tritt der Pfahl erstmals bei WINEBERGER (1851) in Erscheinung. Mit einer durchgezogenen kräftig-blauen Linie zeichnete er den Pfahlquarz in seine »Geognostische Karte des bayerischen Waldgebirges« ein (Abb. 8). Durch ein linsenförmiges Verbreitern der Linie hebt er besonders mächtig zutage tretende Partien des Pfahlquarzes wie beispielsweise bei Weißenstein hervor (Abb. 5). Die Pfahlschiefer werden in der Karte nicht dargestellt, obwohl sie im Text beschrieben sind. So lässt WINEBERGER (1851) den Pfahl auf der Karte im Südosten auch schon bei Kirchdorf NW Schönberg aufhören, denn weiter im Südosten treten hauptsächlich die Pfahlschiefer auf.

In seinen geologischen Kartenblättern im Maßstab 1:100 000 stellt GÜMBEL (1868) nun erstmals den Pfahl detailliert dar (Abb. 9). Er gibt die Ausbisse der »Quarzfelsen« mit einer eigenen Signatur an und achtet auf die realistische Darstellung der Ausdehnung und Verbreitung. Die Mächtigkeit der Quarzgänge ist der grafischen Darstellbarkeit wegen übertrieben groß; es sind sogar bereits das fiederspaltenartige Auskeilen des Pfahlquarzes und die laterale Versetzung dargestellt. GÜMBEL (1868) beschreibt nicht nur erstmals die Pfahlschiefer eingehend, er kartiert sie auch als eigene Gesteinsart. Die Ausstrichbreite der Pfahlschiefer entspricht sehr genau den wirklichen Gegebenheiten und kann auch heute kaum besser erfasst werden. In der Karte geben einzelne Streich- und Fallzeichen die Neigung der Schieferungsflächen innerhalb der Pfahlschiefer an.

Diese exakten Angaben waren aufgrund genauer und sorgfältiger Geländeaufnahmen im Maßstab 1:5000 möglich (Abb. 10). Die Originalaufnahmeblätter von Gümbels Arbeitsgruppe werden in der Bibliothek des Bayerischen Geologischen Landesamts aufbewahrt. Aus ihnen wurde die Übersichtskarte im Maßstab 1:100 000 mosaikartig zusammengesetzt. Diese Karten stellen noch heute wichtige Grundlagen bei vielen modernen Kartiervorhaben dar.

GÜMBEL (1894) wagt den Schritt zur räumlichen Darstellung und zeichnet Profilschnitte durch

Abb. 7. Ausschnitt aus der »Gebürgskarte« von Mathias FLURL (1792) mit Darstellung der Pfahlzone bei Viechtach. FLURL zeichnete sämtliche Nebengesteine einheitlich rosafarben als Granit. (2,45 × vergrößerter Ausschnitt)

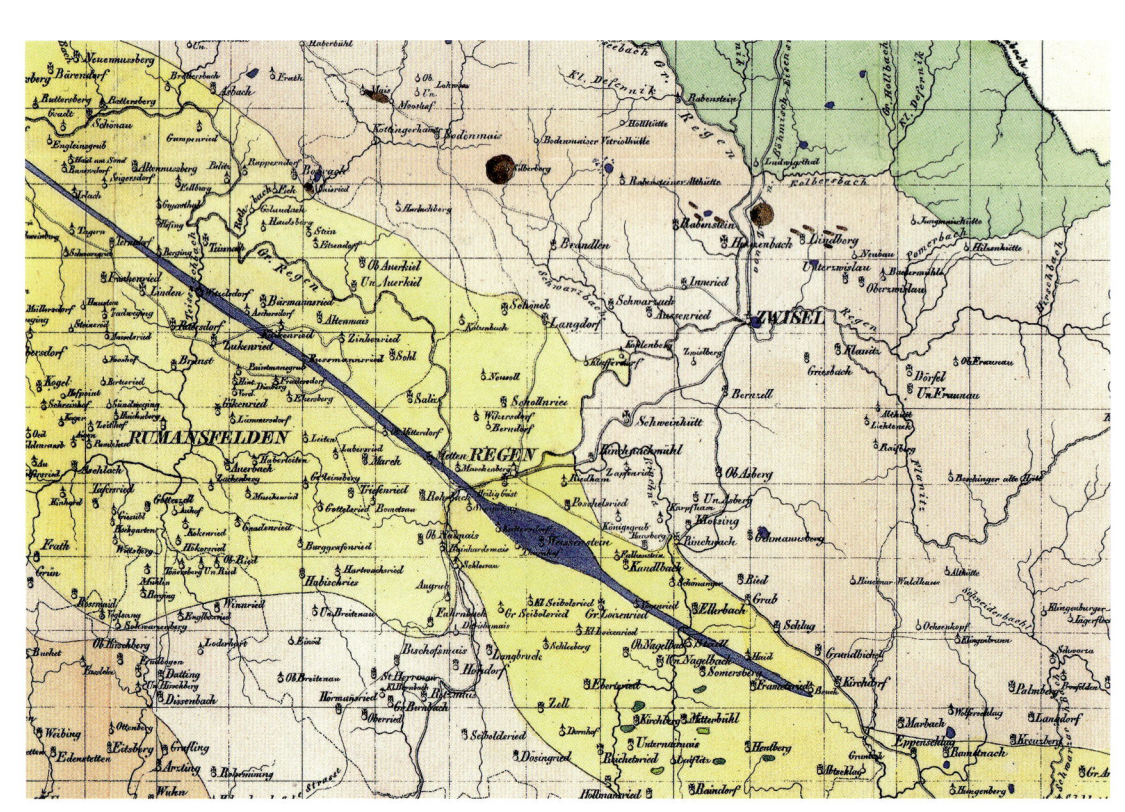

Abb. 8. Ausschnitt aus der »Geognostischen Karte des bayerischen Waldgebirges« von WINEBERGER (1851).

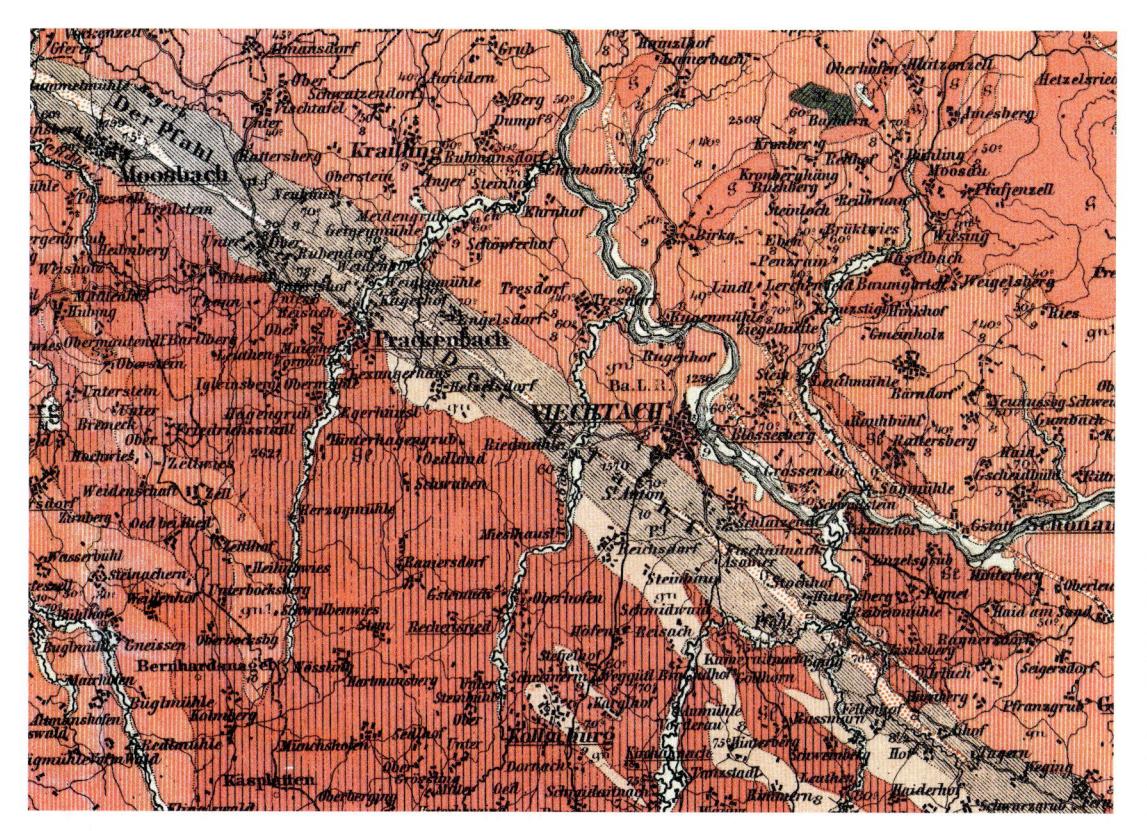

Abb. 9. Die Kartierung der Pfahlzone zwischen Moosbach und Viechtach. Kartenausschnitt aus dem Kartenblatt von GÜMBEL (1868) im Maßstab 1:100000, Blatt Cham, No. IX. – Bayerisches Geologisches Landesamt, Bibliothek, Kartensammlung, Inv. Nr. 2435, 5. Exemplar.

Abb. 10. Ausschnitt des Originalaufnahmeblattes Nr. N.O.XLVI 41 mit dem Pfahl westlich von Viechtach im Bereich des Parkplatzes an der B85. Die geologische Aufnahme erfolgte durch den Berg- und Salinen-Praktikanten Cölestin Wurmer im August 1853. – Bayerisches Geologisches Landesamt, Bibliothek, Kartensammlung, Inv. Nr. 7775.

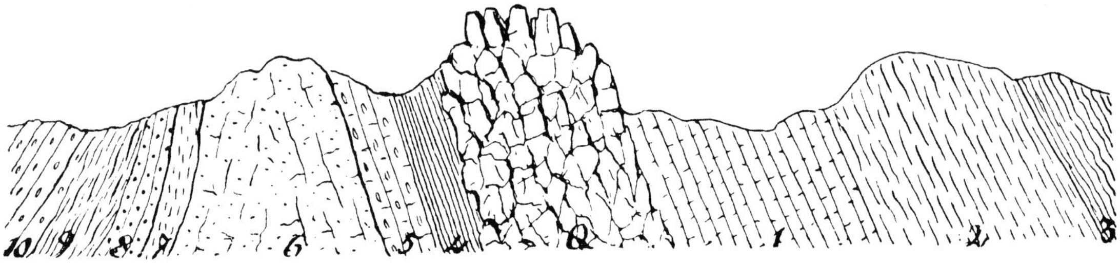

Abb. 11. Profilzeichnung durch die Pfahlzone bei Regen (GÜMBEL 1894, S. 462 oben)

die Pfahlzone bei Moosbach (1868: 511) und Regen (1894: 462; Abb. 11). Darin werden der Gesteinsverband und die Lagerungsverhältnisse treffend charakterisiert und dokumentiert. Die streng parallele Einregelung der Gesteine der Pfahlzone samt des Pfahlquarzes interpretierte GÜMBEL (1868) noch als sedimentäres Gefüge.

Entstehung des Pfahls

GÜMBEL (1868) findet die Entstehung des Pfahls so spannend, dass er ihr ein eigenes Kapitel widmet. Während WINEBERGER (1851: 43) den Pfahl noch als Kamm eines sich nach unten verbreiternden Quarzgebirges auffasste, stellt Gümbel systematische Überlegungen zur Entstehung des Pfahls an.

Aufgrund der Tatsache, dass die zum Teil tonschieferähnlich ausgebildeten Pfahlschiefer stets dasselbe Streichen und Fallen aufweisen wie die Quarzkörper, zieht GÜMBEL (1868) zunächst den Schluss, dass »*der Pfahlquarz eine gleichförmige Einlagerung im Gneissgebirge sei, der Hauptsache nach gleichzeitig mit diesem entstanden und ausgebildet ... Der Pfahl muss als eine ursprünglich lagerförmige Quarzbildung angesehen werden, welche durch spätere Quarzausscheidungen mit Quarzgängen vielfach in Verbindung steht*«. Er nimmt also eine sedimentäre Entstehung der stofflich unterschiedlichen »Schichten« des Pfahlschiefers und des Quarzes an (vgl. auch Abb. 11). Die offensichtlichen gangförmigen Strukturen des Quarzes interpretiert er als spätere Mobilisate und Wiederausscheidungen von Kieselsäure. Bereits in seiner »Geologie von Bayern« von 1894 revidiert GÜMBEL jedoch sein neoneptunistisches Genesemodell, denn zu klar sind die Indizien für die Gangbildung. So wertet er den Pfahl nun als Füllung einer schieferungsparallelen, aber tektonisch bedingten »Aufbruchsspalte« und schließt folgerichtig auf die sekundäre, also nachträgliche Silifizierung der Pfahlschiefer. Die gesamte enge, streng in Nordwest-Südost-Richtung verlaufende Zone bezeichnet er sogar als eigenes »Pfahlgebirge«. Er erkennt folgerichtig die Fortsetzung der Pfahlzone nach Südosten hin, wenn auch dort die sonst typische Ausbildung der mächtigen Quarzadern fehlt. Vor allem im Raum Grafenau beschreibt er die mächtigen Pfahlschiefer, die dort als dichte, verkieselte, felsitische Schiefer ausgebildet sind. Gümbel fielen auch die stellenweise auftretenden und für Gangstrukturen typischen wasserklaren Quarzkristalle auf, wie sie vor allem im Bereich von Viechtach gefunden wurden. (Abb. 12)

Weitere Belege für die hydrothermale Entstehung konnten OCHOTZKY & SANDKÜHLER (1914) und HEGEMANN (1936) in ihren Arbeiten mit dem Nachweis typisch hydrothermaler Erzminerale wie Galenit (Bleiglanz) erbringen. Heute weiß man auch durch die Uranprospektion (BÜLTEMANN & HOFMANN 1986), dass der Pfahl an einigen Stellen doch eine Vererzung im Wesentlichen mit Blei- und Uranmineralen aufweist. Dem entsprechend werden die Fluoritgänge von Wölsendorf als ein höheres Stockwerk der Pfahlgänge verstanden, denn diese Gänge gehen zur Tiefe hin in reinen Quarz über, man spricht daher von der »erzleeren Quarzwurzel«. Inwieweit sich auch im Bereich über den heute erztauben Bereichen des Pfahls in höheren Stockwerken einmal Erzkörper befanden, muss Gegenstand von Spekulationen bleiben, da sowohl die Erzminerale als auch die Gangartminerale in der Regel chemisch und mechanisch eine geringe Beständigkeit haben und deshalb vollständig zersetzt bzw. abgetragen sind.

Wirtschaftliche Nutzung der Gesteine der Pfahlzone

Schon im 18. Jahrhundert wurde rein-weißer Pfahlquarz für die Glashütten im Raum Zwiesel abgebaut (FLURL 1792/1992: 149). Bei Weißenstein ist beispielsweise ein Abbau für die von Poschingersche Glashütte nachgewiesen. Der Pfahlquarz eignet sich allerdings aufgrund seiner zwar geringen, aber häufig auftretenden Verunreinigungen weniger für die Glasherstellung als die im Bayerischen Wald an vielen Stellen abgebauten Vorkommen von Pegmatitquarz (SPERLING 1993: 195; SPERLING 1996: 26).

Als WINEBERGER (1851) im Bayerischen Wald tätig war, wurde der Quarz neben der eher unbedeutenden Verwendung als Rohstoff für die Glashütten schon verstärkt als Schottermaterial für den Straßenbau eingesetzt.

Gümbel beschäftigte sich als Leiter des »geognostischen Bureaus« auch mit der Nutzung der in der Pfahlzone auftretenden Gesteine. Bei seinen Betrachtungen über »das ostbayerische Urgebirge und seine Bewohner« (1868: 880 ff.) bringt er seine Überzeugung zum Ausdruck, dass eine Abhängigkeit der Entwicklung der jeweiligen Region von ihren natürlichen Ressourcen besteht. In Bayern war die größte Bevölkerungsdichte an Gegenden gebunden, die von der Landwirtschaft und vom Bergbau geprägt waren. In seinen Ausführungen über die »Bau- und Strassensteine« (1868: 894 f.) weist GÜMBEL darauf hin, dass der Pfahlquarz im Bayerischen Wald ein vorzügliches und verbreitetes Baumaterial für Straßen darstellt.

Begünstigt wurde diese Nutzung des Pfahlquarzes auch dadurch, dass der Pfahl von starken tektonischen Zerbrechungen betroffen war. Das stückige Material musste zum Straßenbau kaum zerkleinert werden. Die Klüftigkeit hatte aber auch eine erhöhte Wegsamkeit für eisen- und manganhaltige Lösungen zur Folge, was die Verwendbarkeit des Quarzes in der Glasindustrie einschränkte.

Der gesamte Bedarf an Quarz konnte offensicht-

Abb. 12 a, b. Bergkristalle aus Hohlräumen des Gangquarzes. Ehem. Steinbruch westlich Viechtach. Slg. Lehrberger. Foto: U. Hartmann. Bildbreite: **a**: 0,5 cm, **b**: 5 cm.

lich in der Pfahlzone gedeckt werden. Eine überregionale Verwendung ist nicht bekannt.

Von den vielen Steinbrüchen am Pfahl sind heute nur noch zwei Betriebe westlich von Regen übrig geblieben. Bis in die 1980er Jahre war auch der Quarzbruch bei Viechtach in Betrieb. In diesen modernen und bis zu 50 m tiefen Tagebaubetrieben wird Quarz zur Herstellung von hochwertigen Schottern und Edelsplitten sowie für Siliziumlegierungen in der metallurgischen Industrie, aber auch für Silizium in Hightech-Produkten abgebaut (WEINELT 1986).

Naturdenkmal Pfahl

Wie v. AMMON (1899) feststellt, fasste man aufgrund des Raubbaus an den schönsten Felspartien des Pfahls bereits gegen Ende des 19. Jahrhunderts erste Gedanken des »Geotopschutzes«. Seit 1939 stehen viele markante Quarzfelsen unter Naturschutz und auch die Quarzgewinnung ist heute stark eingeschränkt. Die natürlichen Quarzmauern, aber auch die rekultivierten Steinbrüche werden immer mehr in die touristische Nutzung eingebunden.

Besonders der Bereich des Großen Pfahls ist durch einen beschilderten Lehrpfad gut erschlossen und informiert über Naturschutzaspekte genauso wie über die Geologie und Nutzung des Pfahls. Zur umfassenden öffentlichen Information wurde im Februar 2001 vom Naturpark Bayerischer Wald e.V. in Zusammenarbeit mit der Stadt Viechtach eine »Pfahlinfostelle« mit einer sehr anregenden und ansprechenden Ausstellung im Alten Rathaus von Viechtach am Stadtplatz eingerichtet.

Danksagung

Dem Bayerischen Geologischen Landesamt danke ich für die Erlaubnis, Archivunterlagen einzusehen und abzubilden. Besonderer Dank gilt Herrn Dr. Reinhard Streit, der mir bei den Recherchen stets mit Rat und Tat zur Seite stand. Frau Elisabeth Kappel danke ich für die kritische Durchsicht des Manuskripts. Herrn Udo Hartmann gilt mein Dank für die Unterstützung bei den fotografischen Arbeiten.

Literatur

AMMON, L. v. (1899): † Wilhelm von Gümbel. – Geognostische Jahreshefte, 11. Jg: 1–37, München.

BÜLTEMANN, H. W. & HOFMANN, R. (1986): Die Mineralisation des mittleren Bayerischen Pfahls. – Geologisches Jahrbuch, Reihe D, Heft 83: 3–48, Hannover.

FLURL, M. (1792/1992): Beschreibung der Gebirge von Baiern und der Oberen Pfalz (1792), ergänzt durch die akademische Rede ueber die Gebirgsformationen in den dermaligen Churpfalz-baierischen Staaten (1805). – Hrsg. G. LEHRBERGER, 434 S., München.

GAISBAUER, H. (1992): Reine Geschmacksfrage? Landschaftspflege am Großen Pfahl bei Viechtach. – Lichtung. Ostbayerisches Magazin, **2**: 9.

GRAUERT, B. (1967): Die Pfahlzone in der Umgebung von Regen. – In: Führer zu geologisch-petrografischen Exkursionen im Bayerischen Wald. Zus. gest. v. G. TROLL., Geologica Bavarica, **58**: 34–46, München (Bayer. Geol. L.-Amt).

GRUEBER, B. & MÜLLER, A. (1846): Der bayrische Wald (Böhmerwald). – 417 S., Regensburg (Georg Joseph Manz).

GÜMBEL, C. W. (1868): Geognostische Beschreibung des Königreichs Bayern. II. Abt. ostbayerisches Grenzgebirge. – 968 S., Gotha (Justus Perthes).

– (1894): Geologie von Bayern. II. Geologische Beschreibung von Bayern. – 1184 S., Gotha (Justus Perthes).

HEGEMANN, F. (1936): Die Bildungsweise des Quarzes im Bayerischen Pfahl. – Chemie der Erde, **10**: 521–538, Jena.

HORN, P., KÖHLER, H. & MÜLLER-SOHNIUS, D. (1983): A Rb/Sr WR-Isochron (»Fluid Inclusion«) – Age of the Bayerischer Pfahl, Eastern Bavaria. – Terra cognita, 3, 2–3: 199, Strasbourg.

– (1986): Rb-Sr-Isotopengeochemie hydrothermaler Quarze des Bayerischen Pfahls und eines Flussspat-Schwerspat-Ganges von Nabburg-Wölsendorf, Bundesrepublik Deutschland. – Chemical Geology, **58**: 259–272, Amsterdam (Elsevier).

OCHOTZKY, H. & SANDKÜHLER, B. (1914): Zur Frage der Entstehung des Pfahles im Bayrischen Walde. – Cbl. Mineral., 190.

PEUCKER-EHRENBRINK, B. & BEHR, H.-J. (1993): Chemistry of hydrothermal Quartz in the post Variscan »Bavarian Pfahl« system, F. R. Germany. – Chemical Geology, 103: 85–102, Amsterdam (Elsevier).

SPERLING, T. (1993): Kein Glas ohne Quarz.– Die Quarzvorkommen und ihre Mineralien in Bayern. – In: LEHRBERGER, G. & PRAMMER, J. (Hrsg.) (1993): Mathias von Flurl (1756–1823) Begründer der Mineralogie und Geologie von Bayern. – Katalog des Gäubodenmuseums Straubing, Nr. **21**: 193–202; Straubing.

– (1996): Pegmatit-Vorkommen im Hinteren Bayerischen Wald. – In: OBERMÜLLER, T. (Hrsg.): Mineralien und Lagerstätten des Bayerischen Waldes: 21–126, Deggendorf.

WEINELT, W. (1986): Quarz. – In: Der Bergbau in Bayern, Geologica Bavarica, **91**: 143–151, München (Bayer. Geol. L.-Amt).

WINEBERGER, L. (1851): Versuch einer geognostischen Beschreibung des Bayerischen Waldgebirges und Neuburger Waldes. – 141 S., Passau.

Der Beginn einer chemischen Analytik für die geologische Landesaufnahme in Bayern

Reinhard Streit

Geologische Landesaufnahme fängt mit dem Aufsammeln und Untersuchen von Gesteinsproben an. Dessen war sich bereits Mathias von Flurl (* 5. 2. 1756 in Straubing, † 27. 7. 1823 in Kissingen) bewusst, der auf seinen Inspektionsreisen zu Bergämtern, Bergwerken, Hüttenämtern und Salinen, Gesteine und Mineralien sammelte und darüber Aufzeichnungen machte. Das befähigte ihn, 1792 eine erste geologische Karte von Bayern zu veröffentlichen. Sein Mineralienkabinett und seine Gesteinssammlungen übernahm die Königliche General-Bergwerks- und Salinen-Administration (K.G.B. u.S.A.). Diese Behörde erinnerte im Jahre 1829 die ihr unterstehenden 13 Berg- und Hüttenämter und ihre vier Hauptsalzämter an einen, noch unter v. Flurls Leitung 1823 ergangenen Auftrag, »Fossilien-Sammlungen« anzulegen. Gleichzeitig wurde mitgeteilt, dass einigen Kgl. Ämtern die einschlägigen Blätter der großen, im Kgl. Topographischen Bureau erscheinenden Karte zugesendet worden sind, um petrographische Karten ihrer Amtsbezirke herzustellen. Letzteres ließ sich damals wohl nur in Ansätzen verwirklichen, weil verschiedene Voraussetzungen dazu nicht gegeben waren. – Als es die K.G.B.u.S.A. 1831 geschafft hatte, im Altenhof in München einen hellen Saal mit anschließendem Arbeitszimmer für das Mineralienkabinett des Mathias von Flurl und weitere allgemeine und vaterländische Mineralien- und Gesteinssammlungen zu erhalten, hatte sie die volle Unterstützung von König Ludwig I., der damit die Erfassung des Landes in geologischer Hinsicht voranbringen wollte. Der Oberberg- und Salinenrat Carl Kleinschrod, der sich für die Sammlungen und die geologische Landesaufnahme ganz besonders einsetzte, beantragte zur Ausrüstung des Sammlungsbeauftragten, neben einigen mineralogischen Werkzeugen, auch einen »Löthrohr-Apparat«, wie er damals zur Grundausrüstung eines Chemischen Laboratoriums gehörte. Dieser Antrag ist Kleinschrod umgehend bewilligt worden. Damit stand für die im Werden begriffene geologische Landesaufnahme in Bayern schon früh zumindest ein einfaches Gerät für qualitative chemische Analysen zur Verfügung.

Nachdem Kleinschrod, gemeinsam mit einem tüchtigen Gehilfen, Christian Meinhold, einem »Beflissenen der Cammeralwissenschaften« und Schüler des Mineralogen Prof. Dr. Fuchs, fast ein halbes Jahr lang an der Aufstellung der Mineralien- und Gesteinssammlungen gearbeitet hatte, musste er über das Erreichte Rechenschaft ablegen. Kleinschrod berichtete der K.G.B.u.S.A. im Dezember 1831, dass bereits gegen 10 000 Sammlungsstücke gereinigt, weitgehend beschriftet und in Schränken untergebracht waren, dass jedoch noch Einsatzschränke und Geräte zur Mineralbestimmung fehlten. Er vermisste ein Goniometer und Geräte zur Bestimmung des spezifischen Gewichts und zur Polaritätsuntersuchung an Eisenerzen. Diese Wünsche wurden Kleinschrod erfüllt. Ein anderer großer Wunsch, Hilfsmittel zu erhalten, die eine Untersuchung auf chemischem Wege ermöglicht hätten, konnte nicht in Erfüllung gehen, weil dafür noch keine Räumlichkeit in Aussicht war. Man musste deshalb weiterhin auf die Gefälligkeit chemischer Institute vertrauen.

Am 12. Feburar 1850 erhielt die Königliche General-Bergwerks- und Salinen-Administration, die zur geognostischen Erforschung des Königreichs Bayern ausersehen war, Mitteilung von einer Bekanntmachung. Darin informierte das »k. k. Ministerium für Landeskultur und Bergwesen« in Wien, mit Datum 1. Dezember 1849, das k. Staatsministerium der Finanzen in München, dass im November 1849 die Gründung einer Österreichischen Geologischen Reichsanstalt nach dem Muster anderer ähnlicher Staatsinstitute genehmigt worden sei. Die Aufgaben dieser Reichsanstalt wurden kurz genannt. Unter Punkt 3 war festgelegt, dass alle eingesammelten Erd- und Steinarten, Erze und sonstigen Fossilien in dem chemischen Laboratorium einer analytischen Untersuchung unterzogen werden. – Diese Bekanntmachung hat den zuständigen bayerischen Behörden sicherlich ein willkommenes Beispiel gegeben.

In einer »Instruction« vom 21. Mai 1851, die als Anleitung für die mit der geognostischen bzw. geologischen Landesaufnahme betrauten Personen entworfen war, regelte die K.G.B.u.S.A. in 21 Paragraphen, wie bei der Landesuntersuchung vorzugehen sei. Diese Richtlinien hatte auch von Anfang an der Berg- und Salinen-Praktikant Carl Wilhelm Gümbel mit seinen Hilfskräften zu befolgen. Unter § 2, Abs. 2 heißt es darin: »*Die Bestimmung der Petrefakten, so wie die chemische Untersuchung und die Bestimmung der aufgefundenen Mineralien, ist den mit Beirath und Mitwirkung bei der geognostischen Untersuchung betheiligten Mitgliedern der k. Akademie der Wissenschaften übertragen.*« Für Mineralogie und Chemie war Professor Dr. Franz v. Kobell vorgesehen. Die K.G.B.u.S.A. verfügte nämlich noch nicht über ein eigenes chemisches Laboratorium.

Ein Beispiel dafür, dass v. Kobell tatsächlich chemische Analysen für die K.G.B.u.S.A. durchgeführt hat, ist in einem Briefwechsel dokumentiert, der vier Briefe umfasst, die im Sommer 1856 geschrieben worden sind. Ein Brief stellt ein Begleitschreiben des Bergamts Wunsiedel in Brandholz zu einer Sendung von Arsen- und Schwefelkiesen an die K.G.B.u.S.A. als oberste Bergbehörde dar. In solchen Kiesen wurden Spuren von edlen Metallen (Nickel u.a.) vermutet. Die K.G.B.u.S.A. gab die Proben an den k. Universitäts-Professor u. Akademiker Dr. v. Kobell weiter, mit dem Auftrag, den Nickelgehalt dieser Kiese zu untersuchen. In einem Brief vom 1. August 1856 teilte Professor v. Kobell der K.G.B.u.S.A. mit, wie er bei der chemischen Untersuchung der Proben vorgegangen sei und dass er zwar Spuren von Kupfer und Kobalt festgestellt habe, dass aber kein Nickel enthalten wäre, oder nur so geringe Spuren, dass dies bedeutungslos sei. Die K.G.B.u.S.A. gab in einem Brief vom 6. August 1856 dem K. Bergamt Wunsiedel das negative Untersuchungsergebnis bekannt.

Dass auch Gümbel für die geognostische Untersuchung des Königreichs schon frühzeitig zahlreiche chemische Analysen in Auftrag gab, allerdings bei Professor Dr. Wittstein, geht aus vorhandenen Belegen für die Jahre 1862 bis 1864 hervor, die auch Anmerkungen über das gezahlte Honorar für die Untersuchung enthalten. Auch Begleitschreiben mit Bemerkungen Gümbels an Wittstein sind vorhanden. Es liegt sogar ein »Vertrag über Vornahme von chemischen Mineral-Analysen für Zwecke der geognostischen Untersuchung des Königreiches pro 1863/64« vor, der am 27. Juni 1864 zwischen dem kgl. Bergrat Dr. C. W. Gümbel und Prof. Dr. G. C. Wittstein abgeschlossen worden ist. Darin wurde die quantitative chemische Analyse von 20 Mineral- und Gesteinsproben vereinbart und ein Preis von zehn Gulden pro Analyse festgelegt. Dieser Vertrag ist am 2. Juli 1864 von der K.G.B.u.S.A. genehmigt worden.

Am 24. Dezember 1864 stellte Gümbel bei der K.G.B.u.S.A. den Antrag, eine der beiden im Kgl. Hüttenamte Bodenmais befindlichen Analysenwaagen, samt den nötigen Gewichten, zeitweise an das Bureau der Geognostischen Untersuchung abzugeben. Auch das für die Bestimmung des spezifischen Gewichts erforderliche Normalgläschen würde benötigt. Dieser Weihnachtswunsch ist Gümbel nicht erfüllt worden. Stattdessen erhielt er bereits am 25. Januar 1865 von seiner Dienststelle den Auftrag, Erkundigungen bezüglich des Preises und Ankaufs einer neuen Analysenwaage einzuholen. Gümbel fand heraus, dass eine solche Waage des Mechanikers Jung in Gießen, mit Gewichten und der Aufstellung, 150 Gulden kostete. Er beantragte daraufhin, eine solche bestellen zu dürfen. Dieser Antrag wurde Gümbel am 6. Februar. 1865 bewilligt. Als sich zeigte, dass es Schwierigkeiten bei der Lieferung der ins Auge gefassten Waage gab, wurde bei einem anderen Mechaniker in Gießen, namens Haadinger, der gleichfalls sehr erprobte Waagen lieferte, eine Analysenwaage zum Preis von 175 Gulden ausfindig gemacht. Gümbel erhielt auch dafür die Genehmigung und bestellte diese Waage. Am 14. Mai. 1865 konnte Gümbel berichten, dass die Waage geliefert und aufgestellt worden sei.

Während die Bestellung der Analysenwaage noch lief, waren am 28. März und am 24. April 1865 Proben mehrerer Sorten von Kochsalz und Sole aus dem Salzbergbau zu Berchtesgaden von Bergrat Dr. Gümbel an Prof. Dr. Wittstein ausgehändigt worden, mit dem Auftrag, davon chemische Analysen durchzuführen. In Berchtesgaden war es nämlich zu Störungen im Sudbetrieb gekommen, deren Ursache man durch diese Analysen zu klären hoffte.

In seinem Bericht über die Analyse der Soleproben vom 6. Mai 1865 gab Wittstein unter anderem bei 3 Analysen ungewöhnlich hohe Gehalte von Brom an, nämlich 2,195 %, 0,928 % und 1,184 %. Er merkte außerdem noch an, dass der hohe Bromgehalt die Kochsalzerzeugung nicht beeinträchtige, weil das Brom in der Mutterlauge zurückbleibe und daraus gewonnen werden könne. Dies verdiene auch in medizinischer Hinsicht alle Beachtung.

Die Analysenergebnisse Wittsteins ermöglichten Gümbel, die Störungsursache im Sudbetrieb zu klären, wobei nicht etwa die Störungen etwas mit Brom zu tun gehabt hätten. Vielmehr waren sie auf eine unzweckmäßige Mischung verschiedener Solen zurückzuführen. Die hohen Bromgehalte waren indessen für Gümbel neu und er hielt in einer Niederschrift und in einem Bericht fest, dass in Erwägung gezogen werden sollte, den besonders hohen Bromgehalt der »Baldiron-Sole« zu Heilzwecken zu nutzen und auf die Gewinnung des Broms aus der Mutterlauge die Aufmerksamkeit zu lenken.

Der Bericht Gümbels vom 8. Mai 1865 ging an das Kgl. Staatsministerium der Finanzen und an das Kgl. Hauptsalzamt. Das Erstere teilte mit, dass es davon »*befriedigende Kenntnis*« genommen habe und die Kosten für die Untersuchung in Höhe von 72 Gulden genehmige.

Gümbel informierte darauf den Vorstand der Kgl. Akademie der Wissenschaften, Professor Justus von Liebig, von dieser Angelegenheit, der jedoch den Analysen Wittsteins offenbar nicht traute und eine erneute Untersuchung anregte, an der er sich selbst beteiligen wollte. Im Auftrag der K.G.B.u.S.A. wurden nochmals größere Solemengen von Berchtesgaden angefordert und Gümbel erhielt den Auftrag, Proben davon sowohl an Professor von Liebig als auch an den Chemiker Dr. Wittstein zur genaueren chemischen Analyse weiterzugeben, um einen Vergleich zu haben. – Am 25. Juni 1865 musste Gümbel in einem Bericht seiner Behörde die Mitteilung machen, dass die von Professor Liebig untersuchten Proben nicht mit Sicherheit Spuren von Brom erkennen ließen. – Damit stand fest, dass die Analysenergebnisse von Dr. Wittstein falsch sein mussten. Als Gümbel daraufhin Wittstein zur Rede stellte, gab dieser zu, dass er nur eine quantitative, nicht jedoch zusätzlich eine qualitative Bestimmung auf Brom durchgeführt hatte. Damit hatte Dr. Wittstein eingestanden, dass er gegen eine Grundregel der Analytischen Chemie verstoßen hatte. Dadurch fiel auf alle früheren Arbeiten Wittsteins ein schlimmes Licht, und wahrscheinlich hatte Wittstein damit den letzten Auftrag zu chemischen Analysen von der K.G.B.u.S.A. erhalten.

Die Enttäuschung, die man mit dem Chemiker Dr. Wittstein erlebt hatte, ließen Gümbel und wohl auch die Leitung der K.G.B.u.S.A. zur Überzeugung kommen, dass ein eigenes chemisches Laboratorium notwendig sei. Es wurde deshalb beim Kgl. Staatsministerium der Finanzen der Antrag gestellt, im Hof des Salinengebäudes ein eigenes Haus zu errichten, das als Laboratorium dienen sollte. Dieser Antrag wurde jedoch vom Ministerium mit Bescheid vom 24. August 1865 abgelehnt, weil man die bedeutenden Ausgaben dafür scheute und weil man glaubte, die geognostische Aufnahme sei bald abgeschlossen und es wäre deshalb nur mit einer kurzen Benützungsdauer zu rechnen. Diese ministerielle Entscheidung ließ Gümbel jedoch nicht zur Ruhe kommen. In einem ausführlichen Brief vom 20. Oktober 1865 an seine Behörde (Anhang 1) stellte Gümbel die Dringlichkeit und Unverzichtbarkeit eines eigenen chemischen Laboratoriums für die geognostische Landesaufnahme heraus. Er wies ausdrücklich darauf hin, dass es ihm bei der eben in Ausarbeitung befindlichen Publikation über das ostbayerische Urgebirge unmöglich sei, den allgemeinen Anforderungen zu genügen, falls ihm nicht ein chemisches Laboratorium »*zur Hand gestellt wird*«. Gümbel verwies in seinem Brief auf das Beispiel der Geologischen Reichsanstalt in Wien, welche als eines der besten Muster aller ähnlichen Institute allgemein anerkannt würde und mit welcher ein großes chemisches Laboratorium verbunden sei. Er führte außerdem die aufs Vorzüglichste organisierten Untersuchungskommissionen der einzelnen Staaten der Nordamerikanischen Union an, denen immer eine chemische Sektion beigegeben wäre. – Gümbel brachte eine Reihe überzeugender Gründe für die absolute Notwendigkeit eines chemischen Laboratoriums für die Geognostische Landesuntersuchung vor. Dann unterbreitete er Vorschläge, wie im Dienstgebäude zwei Räume für diese Zwecke bereitgestellt werden könnten und welchen Anforderungen diese Räume zu entsprechen hätten. Gümbel hielt dabei zwei bestimmte Räume im Parterre des Salinengebäudes für geeignet.

Die Kgl. General-Bergwerks- und Salinen-Administration ließ Gümbels Vorschläge durch ihren Baubeamten prüfen und kam in ihrer Stellungnahme vom 5. November 1865 zu dem Ergebnis, dass sich die von Gümbel vorgeschlagenen Räume nicht eignen würden, weil zu den als notwendig angesehenen Einrichtungen ein Glühofen, ein Abdampfherd und ein Sandbad gehörten, wozu der einzige Kamin eines Zimmers nicht ausreichend wäre. Der Neubau eines Kamins durch alle Stockwerke hätte jedoch, außer den Kosten für die Verlegung des Bergamtes aus den beiden Zimmern, nach den Überschlagsberechnungen 2283 Gulden gekostet und wäre nicht viel billiger gewesen als ein Neubau im Salinenhof. Damit hätte kaum Aussicht bestanden, den Plan Gümbels beim Finanzministerium bewilligt zu erhalten. Allenfalls wären die Kosten aus dem Fonds für die Geognostische Landesuntersuchung zu bezahlen gewesen, was bei einem Etat von 5000 Gulden pro Jahr eine sehr empfindliche Kürzung der Mittel bedeutet hätte. Gümbel wurde deshalb aufgefordert sich darüber zu äußern, wie die Kosten für ein chemisches Laboratorium auf ein geringeres Maß zurückgeführt werden könnten.

Gümbel fand eine überraschend schnelle Lösung des Problems und konnte seiner Behörde bereits am nächsten Tag, nämlich am 6. November 1865, einen zweiten Vorschlag unterbreiten, der die Einwände der K.G.B.u.S.A. berücksichtigte (Anhang 2). Er verstand es, überzeugende Argumente dafür zu bringen, dass ein einziger Kamin für das von ihm benötigte chemische Laboratorium ausreichend sei. Außerdem konnte er klarstellen, dass mit 1200 bis 1400 Gulden für die Einrichtung des Laboratoriums auszukommen sei. Gümbel argumentier-

nach einem inzwischen entworfenen Plan und Kostenvoranschlag einzurichten sei, wobei der Maximalaufwand auf 1487 Gulden festgelegt wurde.

Außerdem wurde bestimmt, dass nur 500 Gulden der aufzuwendenden Summe aus dem Fonds der Geognostischen Untersuchung zu bezahlen wären. An den Assessor und Baubeamten der K.G.B.u.S.A. Schenk ergingen anschließend auch gleich die Aufträge, für die Räumung der zwei Zimmer im Erdgeschoss zu sorgen und im Benehmen mit dem Bergrat Dr. Gümbel die Einrichtung des chemischen Laboratoriums zu beginnen, zu leiten und »*baldthunlichst*« zustande zu bringen.

Damit darf man annehmen, dass Gümbel bereits zu Beginn des Jahres 1866 über ein chemisches Laboratorium verfügte, das nach seinen Vorstellungen und Plänen für die von ihm geleitete »Geognostische Untersuchung« des Bayerischen Königreichs eingerichtet war. – Eine alte Fotografie, die sich in einem von zwei von Dr. Helmut Gudden dem GLA zur Verfügung gestellten Fotoalben zur Amtsgeschichte befindet, zeigt Dr. Adolph Schwager bei chemischen Untersuchungsarbeiten (Abb. 1). Dr. Schwager steht vor geöffneten verglasten Abzügen, die über den (damals) üblichen, heute altertümlich anmutenden Herden eingebaut sind, und verfolgt gerade eine Reaktion im Reagenzglas. Mit einiger Wahrscheinlichkeit dürfen wir annehmen, dass uns diese Fotografie einen Blick in Gümbels chemisches Laboratorium im Salinengebäude gewährt.

Anmerkungen

In seiner Geognostischen Beschreibung des ostbayerischen Grenzgebirges bringt C. W. GÜMBEL (1868) an verschiedenen Stellen Ergebnisse von Gesteinsanalysen, die er Professor Franz von Kobell verdankt, z.B. auf den Seiten 254, 406 und 455. Daneben werden auch zahlreiche chemische Gesteinsanalysen anderer Bearbeiter angegeben, auch solche, die Gümbel selbst durchgeführt hat. – Außerdem enthält die Sammlung des Bayerischen Geologischen Landesamts eine Reihe von Gesteinsproben aus der Zeit des Beginns der systematischen geognostischen Landesaufnahme, unter der Leitung von C. W. Gümbel. Bei einer größeren Anzahl davon ist angegeben, dass sie von Kobell untersucht, das heißt, einer quantitativen chemischen Analyse unterworfen worden sind. So liegt z.B. ein Handstück eines quarzigen »*Thonschiefers*« vor mit der Angabe auf dem beiliegenden Zettel »Pkt. 9. Bl. XC, 25«. und mit dem Hinweis versehen, dass dieses Gesteinsstück am 3. Juli 1851 von Ostler und Strauß gesammelt worden ist. – Ostler und Strauß waren zwei der ersten Kartiergehilfen Gümbels bei der Landesauf-

Abb. 1. Dr. Adolph Schwager (1851–1918) bei Untersuchungen im chemischen Laboratorium. Schwager kam 1874 in die Geognostische Abteilung des Kgl. Oberbergamtes, das C. W. Gümbel leitete.

te weiter, dass nicht einzusehen sei, dass alle Kosten für das Laboratorium aus dem Fonds für die Geognostische Landesuntersuchung bezahlt werden sollten, weil auch chemische Untersuchungen für andere Zwecke durchgeführt werden müssten.

Die Königliche General-Bergwerks- und Salinen-Administration gab bereits am 30. November 1865 bekannt, dass beschlossen worden sei, das Bergamt München aus den von Gümbel beanspruchten Zimmern im Parterre in ein Zimmer im 2. Stock des Salinengebäudes zurückzuverlegen, aus welchem das Bergamt vor einiger Zeit ins Parterre umgezogen war. Es wurde bestimmt, dass in den geräumten Zimmern ein chemisches Laboratorium

nahme. – Mit roter Tinte hat Gümbel auf dem Zettel vermerkt, dass dieses Gestein das Untersuchungsobjekt Kobells mit der Nr. 12 war. Durch Vergleich mit dem Originial-Katasterblatt, das bei der Aufnahme benützt worden ist, lässt sich feststellen, dass die Tonschieferprobe ca. 1 km nordöstlich von Mammersreuth (TK 25 5940 Hatzenreuth), dicht an der Grenze Bayerns zur Tschechischen Republik, entnommen worden ist.

Die im Text erwähnten Briefe und Dokumente zur Geschichte der geologischen Landesaufnahme sind in Konvoluten enthalten, die sich nebst den Fotoalben zur Amtsgeschichte in der Bibliothek des Bayerischen Geologischen Landesamts befinden. – Die Anlagen stellen Transkriptionen von Dokumenten dar, deren Rechtschreibung und Zeichensetzung nicht geändert worden ist.

Der zuletzt genannte Adolph Schwager ist 1874 von Gümbel zunächst als Voluntär eingestellt worden und wurde 1875 zum »funktionierenden Assistenten« in der »Geognostischen Abtheilung des Königlich Bayerischen Oberbergamtes in München«. Erst 1894 erfolgte seine Ernennung zum »Assistenten 1. Ordnung« und 1902 sogar zum Landesgeologen. – Schwager führte als Chemiker im chemischen Laboratorium Gümbels zahllose sorgfältige chemische Analysen von Gesteins-, Mineral- und Wasserproben durch. Außerdem war er auch an der geologischen Landesaufnahme des Königreichs Bayern beteiligt. – Eine besondere Ehre wurde Schwager zuteil, als ihm von der Technischen Hochschule München, an der er Anorganische Chemie, Mineralogie und Geologie studiert hatte, der Titel eines Doktor-Ingenieurs ehrenhalber verliehen wurde. – Weiterführendes hierzu bringen REIS (1919) und SPERLING (2001).

Danksagung

Frau Elsa Bläbst danke ich für die Reinschrift der übertragenen Archivalien und des Manuskripts.

Literatur

AMMON, L. v. (1899): † Wilhelm von Gümbel. – Geognostische Jahreshefte, 11. Jahrgang (1898): 1–37, 2 Porträtbilder; München (Piloty & Loehle).

GÜMBEL, C. W. (1868): Geognostische Beschreibung des Königreichs Bayern. Bd. II. Geognostische Beschreibung des ostbayerischen Grenzgebirges oder des bayerischen und oberpfälzer Waldgebirges. – 968 S., 169 Abb. u. Tab., 16 Farbtafeln, 5 geologische Karten 1: 100 000, 1 Blatt Gebirgsansichten; Gotha (Justus Perthes).

SCHWAGER, A. & GÜMBEL, [C. W.] v. (1895): Mittheilungen aus dem chemischen Laboratorium der geognostischen Abtheilung des königl. Oberbergamtes, nach Analysen. – Geognostische Jahreshefte, 7. Jahrgang (1894): 57–94; Cassel (Theodor Fischer).

REIS, O. M. (1919): Landesgeologe Adolf Schwager. – Geognostische Jahreshefte, 29. und 30. Jahrgang (1916/1917): 333–336; München (Piloty & Loehle).

SPERLING, T. (2001): Wilhelm Carl von Gümbel. – Beitrag in diesem Buch.

Anhang 1

»Unterthänigst gehorsamste Bitte des kgl. Bergrathes Dr. Gümbel« an die K.G.B.u.S.A., die geognostische Untersuchung des Königreichs, hier insbesondere die Herstellung eines chemischen Laboratoriums bestreffend, vom 20. Oktober 1865.

München am 20^t Oct 1865

Ex officio
ad N. 9755.

U. g. B. d. kg Bergrathes
Dr Gümbel

die geogn. U. des K. hier insbesondere
die Herstellung eines chemischen Laboratoriums betreffend.

Exped 22^t Oct
G.

Kg G. B u S. Administration.

Durch die in Abschrift d.d. 11^t Oct. l. [laufenden] Js mitgetheilte allerhöchste Entschließung des Kgl. Staatsministerium der Finanzen vom 24^t Aug. l. Js. N. 9755 wurde verfügt, daß auf die Erbauung eines eigenen Hauses für ein chemisches Laboratorium im Hofe des Salinen Gebäudes dahier nicht eingegangen werden kann. Diese allerhöchste Entschließung veranlaßt den u.g. Unterzeichneten bei der Dringlichkeit der Sache wiederholt die unabweisbare Nothwendigkeit, welche die einiger Maßen genügende Lösung der Aufgabe einer geognostischen Landesuntersuchung ihrem Zweck entsprechend fordert, vorzustellen und für eine anderweitige Erledigung des in Frage stehenden Bedürfnißes eines chemischen Laboratoriums hohe Unterstützung anzurufen.

Die Nothwendigkeit, nicht bloß das Äußerliche der Gesteinsarten, die Begrenzung ihrer Verbreitung auf Karten darzustellen, ihre Lagerung, Altersverhältniße und ihre Wechselbeziehungen zu bestimmen und die organischen Überreste zu ermitteln, sondern auch auf das Innere, das eigentliche Wesentliche derselben einzugehen, liegt so klar vor Augen, daß diese, solle eine geogn. Landesuntersuchung in einer mit Recht geforderten Vollständigkeit ihre Aufgabe lösen keine weitere Ausführung bedarf um so weniger, als sie bereits auch bei hoher Stelle vollständig anerkannt und gewürdigt wurde und die allerhöchste Entschließung vom 24^t Aug l. Js. diese Bedürfniß keineswegs in Zweifel zieht.

Ein solches Eingehen auf die innere Natur der Gesteine ist aber nach dem gegenwärtigen Standpunkt der Wissenschaft rein unmöglich, wenn dem Geognosten nicht ein chemisches Laboratorium zur Vornahme der mannigfachsten chemischen Proben zur Verfügung gestellt ist, durch welches er sich Kenntniß verschaffen kann über die Zusammensetzung der Gesteine und Mineralien, welche er in der Natur beobachtet und gesammelt hat. Daher ist mit allen dergleichen geognostischen Instituten auch ein chemisches Laboratorium verbunden. Es sei erlaubt nur beispielsweise an die geogn. Reichsanstalt in Wien welche als eines der besten Muster aller ähnlichen Institute allgemein anerkannt wird, und mit welcher ein großes chemisches Laboratorium verbunden ist und an die aufs vorzüglichste organisirte geogn. Untersuchungscommissionen der einzelnen Staaten der nordamerikanischen Union, welchen immer eine chemische Sektion beigegeben ist, zu erinnern, um die Dringlichkeit des Bedürfnißes auch für die ganze Landesuntersuchung Bayerns zu constatiren.

Was den Zweck der chemischen Gesteinsuntersuchung anbelangt, so ist dieser ein doppelter. Sie allein giebt die auf andere Weise nicht zu erzielenden Aufschlüße über die Art der Mineralmenge, über die Veränderungen welche die Gesteine an sich im Laufe der Zeit erleiden, und durch den Einfluß benachbarter Gesteine erlangen. Die chemische Analyse der Gesteine ist der Anatomie, Phytotomie und Physiologie im Allgemeinen zu vergleichen, ohne welche Aufgabe die Zoologie und Botanik zur Herstellung loser Namenlisten herabsinken würde. Außer dieser rein wissenschaftlichen Seite ist aber auch noch eine praktische mit der chemischen Untersuchung verbunden. Es genügt an die Wichtigkeit der Analyse der Erze und aller zu technischen Zwecken dienenden Rohstoffe aus dem Mineralreich zu erinnern. Ohne chemische Untersuchung dieser Rohstoffe ist heut zu Tag ein rationeller Betrieb irgendeiner Montanindustrie undenkbar. Aber auch die Land- und Forstwirthschaft verschafft uns den Anstoß alle durch chemische Analyse ermittelbaren Bestandteile des Bodens und der Felsarten, welchen jene zur Grundlage dienen, die wahre Einsicht über die Ernährungsfähigkeit und die Mittel diese zu erhalten oder zu vervollständigen. Oft trägt in dieser Beziehung die Ermittlung der Quantität der Mengungsverhältnisse das Meiste bei zu einer rationellen Benutzung des Bodens. Wer könnte beispielsweise äußerlich einer aus Mergel bestehenden Knolle aus dem Lias Frankens ansehen, daß sie den für die Landwirtschaft so hochwichtigen Bestandtheil die Phosphorsäure bis zu 30 und 36 procent enthalte, wie es den u. g. Berichterstatter nachzuweisen geglückt ist. Der u. g. U. glaubt nicht unterlassen zu dürfen auf die sonst so glänzenden Recensionen über den ersten Theil der geogn. Publikationen zu verweisen, in welchen der zählbare Mangel der chemischen Analyse der dort beschriebenen Gesteine mit Nachdruck hervorgehoben wird. Wenn nun diese Lücke schon bei Gesteinen der Flötzformationen, wie sie das Alpengebirge fast ganz ausschließlich beherbergt, welche keine große Mannigfaltigkeit in ihrer Zusammensetzung aufzuweisen haben, und über deren innere Natur leichter nach dem äußeren Aussehen geschloßen werden darf, zu lebhaften Tadel Veranlassung gab, auf wie viel stärkeren Tadel müßte man sich bei Beurtheilung der zweiten Abtheilung der Publikation gefaßt machen, in welchem vorherrschend Urgebirgsfelsarten zur Sprache gebracht werden, wenn hier der chemische Theil nicht die gehörige Berücksichtigung gefunden hätte. Denn bei den Urgebirgsfelsarten denen alle organischen Überreste fehlen und die auch ihren Lagerungsverhältnißen nach weit schwieriger zu beurtheilen sind, gewinnen die chemische Ermittlung der Mineral Zusammensetzung und die genaue Kenntniß der Bestandtheile dieser Gemenge so hohe Bedeutung, daß man ohne dieselbe auf eine richtige Beurtheilung der Gebirgsverhältnisse vom jetzigen Standpunkt der Wissenschaft Verzicht leisten müßte. Der u. g. Berichtende, welchem als Leiter der geogn. Landesuntersuchung auch die Aufgabe der Bearbeitung des zur Publikation kommenden Textes übertragen ist, und welchem zunächst die Verantwortung für etwaige vorhandene Mängel und Lücken zufielen, glaubt diese Verantwortung nicht übernehmen zu können, wenn diese bereits zur Publikation vorbereiteten Ausarbeitungen der 2ten Abtheilung in offenbarer und fehlbarer Unvollständigkeit, wie sie ohne die Möglichkeit der Benützung eines chemisch. Laborator. bleiben müßte, zum Drucke gelangten.

Aus diesem Grunde fühlt sich ganz derselbe gedrungen, hohen Stelle eindringlichst um Abhilfe dieses Mangels und um so mehr um baldmöglichste Entscheidung zu bitten, als bereits in Kurzem mit dem Drucke des Textes begonnen werden muß, falls derselbe, wie bereits angemeldet, zur großen Internationalen Industrie Ausstellung nach Paris rechtzeitig fertig werden soll.

Um aber nicht bloß im Allgemeinen die Nothwendigkeit und das Bedürfniß darzustellen, sondern auch die Wege anzudeuten, auf welchen nach der unvorgreiflichen Ansicht des unterthänigst Berichtenden der beabsichtigte Zweck am besten und mit den geringsten Auslagen erreicht werden könnte, erlaubt sich ganz derselbe folgendes vorzutragen.

Die Räumlichkeiten für ein chemisches Laboratorium wie es in seiner allerbescheidensten Form den Zwecken der geogn. Landesdurchforschung entspräche dürfte, sollen aus zwei von einander abschließbaren Partien bestehen, der eine Raum zum Laboriren in welchem selbst bei sorgsamster Arbeit einmal schädliche Dämpfe sich entwickeln, daß die Wage, Bücher, Vorräthe und Utensilien aller Art nicht aufbewahrt werden können und ein zweites wenn auch ganz kleines Zimmer zum Aufstellen der Wage zum Arbeiten, und zum Aufbewahren der Utensilien im Allgemeinen. Diesen Anforderungen entsprechen nur die jetzt vom kgl. Bergamte München eingenommenen Räume im Parterre des Salinengebäudes, welche unter den möglichst geringsten Kosten in ein Laboratorium verwandelt werden können und zugleich den Vortheil bieten, daß das eine der Zimmer zugleich noch als Arbeitszimmer für die geognostischen Ausarbeitungen benützt werden könnte so daß ein Zimmer des jetzigen geognostischen Bureau's zur Erweiterung der Sammlungsräumlichkeiten, welche mit der Zeit wohl nothwendig wird, später verwendet werden könnte.

Die zweite verwendtbare Räumlichkeit, das Steingewölbe vis à vis des Stiegenhauses, eignet sich nach früherer gehorsamster Vorstellung des u. Berichterstatters schon einfach aus dem Grunde nicht zu dem fraglichen Zwecke, weil es nicht in zwei Räume von zureichender Helligkeit getheilt werden kann, weil es ohnehin im Winter zu wenig Licht besitzt, und in den kellerähnlichen kalten Räumen man ohne die größte Gefahr für die Gesundheit sich nicht aufhalten kann und Niemanden zumuthen darf, sich aufzuhalten. Diesen Raum selbst nur provisorisch zum Behelf für fraglichen Zweck herzurichten, würde umso weniger räthlich sein, als auch abgesehen von den eben erwähnten Mängeln die nicht unbedeutenden Kosten der provisorischen Einrichtung bei einer später dann doch nothwendigen definitiven Herstellung eines Laboratorium ganz verloren wären und eben dann doch nicht alle nothwendigen chemischen Untersuchungen wegen Unvollständigkeit der Einrichtung vorgenommen werden könnten. Der u. g. Unterzeichnete wagt die Frage nicht zu berühren, ob es überhaupt absolut nothwendig wäre, daß das kgl. Bergamt München im Salinen Gebäude seinen Sitz habe. Ganz derselbe beschränkt sich auf die Andeutung, daß dasselbe absolut ebenso gut jetzt, wie früher in demjenigen Zimmer des 2ten Stocks untergebracht werden könnte, in welchem dasselbe eine lange Reihe von Jahren ohne Alle Schwierigkeiten amtirt hat. In dem Falle des unabweisbaren Bedürfnißes einer zweiten Amtslokalität für das kgl. Bergamt ließ sich nach unvorgreiflicher Meinung wohl für den Amtsschreiber ein Raum in dem anstoßenden Saale des Rechnungs-Commissariats ermitteln oder ausscheiden. In jedem Falle scheinen die Zwecke einer geognostischen Landesuntersuchung so wichtig, die Verantwortlichkeit, ihre Zwecke bloß wegen Mangels der Beschaffung einer Amtsschreiber Lokalitaet für das kgl. Bergamt München nicht vollständig und ungenügend erreicht zu haben so groß, daß die Entscheidung kaum zweifelhaft erscheinen dürfte wenn es sich darum handelt, ob es eher zu entschuldigen wäre, einen so wichtigen Zweig der geognostischen Landesaufnahme, wie es der chemische Theil der Gesteinsuntersuchung ist, unbekannt zu lassen weil dem kgl. Bergamt München keine zwei Räume zugewiesen werden können, oder dem Amtsschreiber des kgl. Bergamtes irgend ein anderer Platz oder Raum im Anschluß an das für das kgl. Bergamt München allseitig anerkannt passende Zimmer in zweiten Stock des Salinen Gebäudes zuzugestehen. Eine Hohe Stelle wird die Nachdrücklichkeit nicht mißdeuten, mit welcher der u. g. U. einen Gegenstand befürwortet und einer hohen Stelle warm ans Herz legt, der in in seiner Stellung als Leiter der geognostischen Landesaufnahme als eine der wichtigsten Aufgaben der letzteren erscheint und den zu vernachlässigen, einer Vernachlässigung seiner Pflicht gleich käme. Hier kann von persönlicher Neigung oder Interessen nicht die Rede sein, wie es scheinen könnte, nur die Sache ist es und das gewiß nicht zu mißdeutende Bestreben, die ihm gestellte Aufgabe dem in ihn gesetzten Vertrauen entsprechend, möglichst vollständig zu erfüllen. Was ja an sich klar, daß durch die Herstellung eines chemischen Laboratoriums ihm statt persönliche Vortheile nur vermehrte Arbeit und vergrößerte Verantwortlichkeiten für die in dem Laboratorium ausgeführen Arbeiten zufiele.

Hoher Stelle wird es aus den oben entwickelten Gründen keinen Augenblick zweifelhaft bleiben, daß es dem u. g. Unterzeichneten unmöglich wird, bei der eben in Ausarbeitung begriffenen Publikation über das ostbayerische Urgebirge den allgemeinen Anforderungen an eine geognostische Beschreibung zu genügen, falls ihm nicht ein chem. Laboratorium zur Hand gestellt wird und Hochdieselbe wird daher gewiß auf irgend eine Weise dem ausgesprochenen Beürfniß abzuhelfen geeignete Vorsorge treffen, mit welcher Hoffnung verharrt,

E. Hohen Kgl. G. B. u S. Ad.

u. g.

G [1]

Anhang 2

»Unterthänigst gehorsamster Bericht des kgl. Bergrathes Dr. Gümbel« an die K.G.B.u.S.A., die Einrichtung eines chemischen Laboratoriums betreffend, vom 6. November 1865.

München am 6^t Nov. 1865
    Ex officio
    ad N° 757

U. g. B. des k. B. G.

Die Einrichtung eines chemischen
Laboratoriums bestreffend.

K. G. B u S. Adm.

Hoher Weisung vom 5^t l. M's N° 757 entsprechend beehrt sich der u.g.U. folgendes in nebenbezeichnetem Betreffe vorzutragen.

Die Bedenken, welche in Bezug auf die Herstellung eines chemischen Laboratoriums in den von dem kgl. Bergamte München eingenommenen Zimmern sich erhoben haben, betreffen hauptsächlich den Mangel einer <u>zweiten Rauchröhre</u>, welche nur mit unverhältnißmäßig großen Kosten neu hergestellt werden könnte. Es ist nicht zu verkennen, daß der Aufwand hierfür so bedeutend und die Ausführung mit so viel Unannehmlichkeiten und Störungen im Gebäude überhaupt verbunden erscheint, daß wohl wiederholt in Erwägung gezogen zu werden verdiente, ob sich denn doch nicht die Herstellung eines eigenen Gebäudes im Hofe zwecksentsprechender und wohlfeiler erweise, da bei allen <u>sonstigen</u> zu einem chem. Laboratorium verwendbaren Räumlichkeiten im Gebäude die gleiche Schwierigkeit der Beschaffung einer neuen Rauchröhre sich ergeben würde mit alleiniger Ausnahme des vom Hausknecht bisher bewohnten Zimmers neben den geognostischen Bureaus, weil hier der Kamin für das erste Zimmer des geogn. Bureau für das Sandbad benützt und der Kamin des Hausknechtzimmers für Glühofen und Abdampfraum disponibel wäre. Da aber der Verwendung dieses letzterwähnten Raumes das Bedenken für den Hausknecht eine andre passende Räumlichkeit zu gewinnen entgegensteht, so drängt es unabweisbar zu eingehenderen Erwägungen über die Verwendbarkeit der Zimmer des kgl. Bergamtes zurück.

Das Gutachten des Herrn Bau-Assistenten Voit bezüglich der Herstellung einer zweiten Rauchröhre scheint voll-

---

1   Abzeichung des »kgl. Bergrathes« Dr. Gümbel

kommen gerechtfertigt, wenn man für den Maaßstab des Bedürfnißes für die Zwecke der geognostischchemischen Untersuchungen jene eines Laboratorium <u>für öffentliche Lehrproben</u> anlegt. In letzren Falle, wo 10–15 junge Leute gleichzeitig arbeiten, ist es nothwendig, daß die Einrichtungen so getroffen werden, um <u>gleichzeitig alle möglichen chemischen Operationen</u> vornehmen zu können. Ganz anders verhält es sich dagegen bei den Untersuchungen, welche für die geogn. Zwecke nothwendig werden. Hier beschränkt sich das Bedürfniß auf einzelne Arbeiten, welche <u>nacheinander</u>, nicht gleichzeitig vorgenommen werden können. Man benützt erst den Glühraum, der überhaupt nur selten zur Verwendung kommen wird, falls man von merkantilischen Eisenerzproben und Kohlenuntersuchungen absehen würde, dann den Abdampf- und Sandbadraum. Die Nothwendigkeit der Herstellung einer zweiten Rauchröhre für mehr als zwei Feuer ergiebt sich nur für deren gleichzeitige Benützung, damit nicht die Säule des einen ausströmenden warmen Luftstroms den andern niederdrücke und dadurch den Zug für das zweite Feuer verhindere.

Dieß kann auf ein Minimum von schädlichen Einflüßen zurückgebracht werden, indem man die Einmündungen in die Hauptrauchröhre in verschiedene Höhe legt; vollständig beseitigt wird dieselbe durch Anbringung von Klappen, z.B. an dem Glühofen, was unbedenklich geschehen kann, da die gleichzeitige Benützung verschiedener Feuerherde vermieden werden kann. Es ist ganz besonders hervorzuheben, daß es überhaupt nur 3 Zimmer sind, die möglicher Weise einer Rauchröhre bedürfen, nämlich die zwei Feuer der Zimmeröfen, von welchen der eine zugleich das Sandbad enthält und das Feuer des Glühofens. Der Abdampfraum dagegen erhält keine Feuerung, hier geschieht das Kochen nur mittelst der Gasflamme, und es ist nur für Abzug der Gase eine Einleitung ins Kamin nöthig. Da aber wie oben dargestellt ist, ohne den Gang der Arbeiten zu stören, sehr leicht vermieden werden kann gleichzeitig mehr als zwei Feuer brennen zu lassen, in der Regel wohl nur der Ofen des inneren Zimmers beheitzt zu werden braucht, also nur <u>ein</u> Feuer brennt, so ergiebt sich von selbst, daß die Anlage einer zweiten Rauchröhre nicht nur nicht dringend geboten, sondern grade unnöthig erscheint und unbedenklich eine solche Einrichtung so getroffen werden kann, daß das vorhandene Kamin genügt.

Sollten übrigens Bedenken in dieser Richtung fortbestehen, so könnte im <u>äußersten Falle</u> der Glühofen wegfallen. Es wären damit freilich viele chemische Arbeiten ausgeschlossen und grade diejenigen, welche wegen ihrer praktischen Seite für die Zwecke der öffentlichen Verwaltung so oft begehrt und dringend nothwendig sind.

Da in jedem Falle von der Errichtung eines 2ten Kamins abgesehen werden kann, so mindern sich die Kosten um ein bedeutendes und der g. U. ist der Ansicht, daß für die Einrichtung des Laboratoriums die Summe von 1200–1400 fl vollständig genügt.

Es ist immerhin für den höchst erwünschten rascheren Fortgang der geognostischen Untersuchung unliebe Störung, wenn der dafür bestimmte ohnenhin nicht große Etat mit den Gesammt Kosten dieser Einrichtung belastet werden sollte. Indeß scheint es nicht unbillig, da diese Einrichtung nicht ledig den Zwecken der geognostischen Untersuchung dient, sondern auch vielfach für die allgemeinen Bedürfniße z.B. bei Eisenerz, Kohlen- etc etc Untersuchungen Verwendung findet, zudem das Inventar und die innere Einrichtung nach Beendigung der geogn. Untersuchung bei dem Inventar der hohen Stelle verbleibt, daß wenigstens ein Theil der Anlagskosten aus andern Mitteln gedeckt werden.

Unter wiederholten Hinweis auf die Dringlichkeit des Bedürfnißes eines chemischen Lab., welches ganz derselbe in s. geh Bericht vom 20^t v. M's Hoher Stelle dargelegt hat, bittet ganz derselbe um geneigteste hohe Befürwortung und verharrt

E H Kg G B u S. A

u. g.

G.

Verzeichnis der Veröffentlichungen Carl Wilhelm von Gümbels

Helmut Mayr

Kurzer Kommentar zum Literaturverzeichnis Gümbels

1899, ein Jahr nach Wilhelm von Gümbels Tod, veröffentlichte Ludwig von Ammon – ein enger Mitarbeiter und Schüler Gümbels – einen Nekrolog, der dessen Lebensweg, Verdienste, Auszeichnungen und Mitgliedschaften in wissenschaftlichen Vereinigungen aufzählt. Das beigegebene umfangreiche Literaturverzeichnis genügte den heutigen Ansprüchen nicht mehr und wurde – soweit die Literatur zugänglich war – überprüft und korrigiert. Ein wissenschaftlicher Kommentar zu seinen Publikationen – wie ihn sein Schüler Ludwig von Ammon oder sein Akademiekollege Karl Alfred von Zittel gegeben haben – wäre vermessen, da die von Gümbel angeschnittenen Forschungsbereiche heute derartig spezialisiert sind, dass ein grundlegender Kommentar zu Gümbels Verdiensten nur noch aus der Feder von Experten einen Sinn hätte. Darum seien an dieser Stelle lediglich einige Erläuterungen erlaubt, die auch einem Laien die nüchterne Aufzählung seiner zahlreichen Publikationen näher zu bringen versucht.

Zudem sollten diese Erläuterungen eigentlich mit den drei vorsichtigen Worten »Vorlage eines Versuchs ...« beginnen, als Erinnerung an die erste Publikation von Gümbel 1845, seinen Kommentar zu einer von ihm erstellten geologischen Karte von Bayern in den gelehrten Anzeigen der Bayerischen Akademie der Wissenschaften.

Gehen wir nur von der Anzahl seiner Publikationen aus, berücksichtigen wir dabei Fülle und Umfang seiner klassischen Geognostischen Beschreibungen des Königreiches Bayern in vier dicken Bänden, seine Geologie von Bayern in zwei voluminösen Werken, seine Tätigkeit als kartierender Geologe, gefragter Gutachter, als Akademiemitglied, dazu noch die reine amtliche Verwaltungstätigkeit, so drängt sich schon die Frage auf, wie dies alles zu bewältigen war. Dies zwingt uns dazu, einige Wesenszüge Gümbels im Zusammenhang mit seiner Karriere näher zu interpretieren.

Dazu gehörte sicherlich ein außergewöhnlich profundes Wissen in allen Bereichen der Naturwissenschaften, erworben während seiner Gymnasiasten- und Studienjahre unter hervorragenden Lehrern in München und Heidelberg.

Ebenso förderlich waren auch eine exzellente Beobachtungsgabe, eiserne Selbstdisziplin mit festgelegten Arbeitszeiten und ein paar von ihm selbst ausgesuchter und angelernter begabter Mitarbeiter, die ihn als Zulieferer unterstützten. Ihre Namen waren zwar damals auch bekannt, blieben aber auf Grund einer heute etwas kurios anmutenden Dienstabhängigkeit in Publikationen meist unerwähnt und wurden erst in späteren Jahren mit dürren Kommentaren in Gümbels Publikationen angegeben (»mit einem Beitrag von ...« oder »unter Mitarbeit von ...«).

1848 ging er als Berg- und Salinen-Praktikant nach St. Ingbert/Saarland und hatte dort die Funktion eines Markscheiders inne. 1851 wurde er als leitender Geognost nach München geholt, um als sogenannter »Berg- und Salinen-Praktikant« mit Hilfsarbeitern die geognostische Untersuchung des Königreiches Bayern (sprich geologische Kartierung und ihre Auswertung) durchzuführen.

Seine Situation war hier zunächst denkbar ungünstig. Er musste sich nicht nur gegen seine Vorgesetzten im Vorstand der Königlichen General-Bergwerks- und Salinen-Administration (v. Schenk, Schmitz) behaupten und auch der Kritik der ihm vorgesetzten Universitätsprofessoren Schafhäutl (Geognosie), v. Kobell (Mineralogie) und Wagner (Paläontologie) stellen, sondern sollte zudem – obwohl in schwacher Position – auch seinen Mitarbeitern ein anerkennenswerter Vorgesetzter sein.

Gümbel stand zu dieser Zeit sozusagen zwischen allen Fronten und war gezwungen, die auf ihn gesetzten Erwartungen zu erfüllen und sich durchzusetzen. Die Verhältnisse wurden erst besser, als ihm 1856 die alleinige Leitung der geognostischen Untersuchung übertragen wurde.

Gümbel war durch diese Auseinandersetzungen möglicherweise misstrauischer und härter geworden. Dies zeigte sich auch später, als er bereits unangefochten in hohem Amt und Würden war, als ein Nachfolger für den verstorbenen A. Oppel (Lehrstuhl für Paläontologie) zur Debatte stand. Er favorisierte in einem absolut nüchternen und finanziell-sachlich gehaltenen Berufungsgutachten, gegen Bewerber in unabhängiger professoraler Stellung, den jungen, vielversprechenden Zittel, weil der sicherlich keine so großen Honoraransprüche stellen würde. Nach oder vor Zittels Berufung nahm er ihm aber das Versprechen ab, nie Geologie zu lesen, da Gümbel selbst seit 1863 Honorarprofessor für Geognosie und Markscheidekunst an der Universität München war und 1868 Honorarprofessor für Geognosie und Geologie an der Polytechnischen Hochschule (jetzt TU) geworden war. Zittel hielt sich an diese Abmachung und konnte erst nach Gümbels Tod mit Vorlesungen über Geologie beginnen.

Betrachten wir den Reigen seiner Publikationen, so entdecken wir bestimmte Schwerpunkte. Sie konzentrieren sich auf bestimmte Zeitschriften und Themen.

Wichtig waren für Gümbel briefliche Mitteilungen und kurze Aufsätze im Neuen Jahrbuch für Mineralogie usw., dem damaligen offiziellen Sprachrohr der Geognosten und Mineralogen, das von seinen Lehrern in Heidelberg K. C. v. Leonhard und H. G. Bronn herausgegeben wurde. Hier galt es, seine laufenden und abgeschlossenen Arbeiten darzustellen und die in ihn gesetzten (möglichen) Erwartungen zu erfüllen, sei es durch Kurzberichte über Fortschritte in der geognostischen Landesaufnahme von Bayern oder Arbeiten von regionalem und überregionalem Interesse.

Eine zweite Schiene waren die Mitteilungen des Korrespondenzblattes des Regensburger zoologisch-mineralogischen Vereins, in dem er Mitglied war und nicht nur Themen aus der Oberpfalz, sondern auch der Alpen vorstellte.

Eine für die Rezension seiner Arbeiten weitaus wichtigere Zeitschrift waren die Abhandlungen, Verhandlungen oder Mitteilungen der österreichischen k.k. geologischen Reichsanstalt, in der u.a. die kritischen, aber weitgehend positiven Besprechungen seiner Arbeiten erschienen sind. Bedeutend vor allem deshalb, weil die österreichischen Kollegen auch an der Entwicklung der kompliziert strukturierten Alpen arbeiteten und – zu damaligen Zeiten – Gümbels Erkenntnisse durchaus bestätigen und honorieren konnten. Dieses Forum diente Gümbel in vielen Fällen als Diskussionsgrundlage über gemeinsame Probleme (z.B. Gliederung der alpinen Trias). Nachweislich schickte er Auszüge, Sonder- oder Andrucke seiner Arbeiten an diese wissenschaftliche Vereinigung vorab, die in vielen Fällen erst später offiziell erschienen und somit unterschiedliche Publikationsjahreszahlen aufweisen, eine »Freude« für Prioritätsforscher bei Arbeiten über Fossilien.

Nach 1867 werden auch grundlegende Arbeiten Gümbels – sicherlich auf Grund seiner Mitgliedschaft – in den Sitzungsberichten und Abhandlungen der Bayerischen Akademie der Wissenschaften häufiger.

Ebenso bedeutend sind seine geognostischen Beiträge zur engeren Heimat Pfalz und Bayern, die in dem 9-bändigen Werk »Bavaria« niedergelegt sind und zusammen mit den Texten anderer Autoren einen Großrahmen zur Geologie, Geographie, Geschichte, Volks- und Landeskunde Bayerns bilden.

Gümbel verstand es zudem, auch allgemein interessierende und überregional ansprechende Tagesthemen zu bringen, sowohl in wissenschaftlichen Abhandlungen, aber auch Zeitschriften oder Zeitungen, ob es sich nun um die Genese der marinen Manganknollen oder Wasser in Achaten (Enhydros) aus Uruguay handelte, ob es neu entdeckte japanische Gesteine oder Tropfsteinhöhlen waren oder der Boden von München bzw. eine Pflanzenrekonstruktion der Tertiärzeit das Thema waren. In dieser Hinsicht war er ein gesuchter Mitarbeiter von Zeitungen und zeitgenössischen Magazinen, der auf geologisch-paläontologisch-mineralogische Themen schnell reagieren konnte, wie seine populärwissenschaftlichen Darstellungen zu Vulkanausbrüchen, Steinmeteoriten und Erdbeben beweisen. Dabei sollte nicht vergessen werden, dass er viele seiner angeschnittenen Themen in- oder ausländischen Kollegen verdankte, die seinen Rat als anerkannter Allroundfachmann suchten und ihm Gesteins- oder Fossilproben überließen.

Ein Großteil seiner Publikationen befasst sich mit dem Thema Alpen. Als zäher Bergsteiger hatte sich Gümbel seine Kenntnisse, die in seinem ersten großen Werk (Geognostische Beschreibung des bayerischen Alpengebirges) niedergelegt wurden und ihm die verdiente Anerkennung seiner Zeitgenossen brachten, durchaus selbst erwandert. Dieses Thema hat ihn zeitlebens nicht mehr losgelassen, wie seine geognostischen Mitteilungen aus den Alpen und Anleitungen zu geologischen Beobachtungen zu diesem Thema beweisen. Vielfältig sind hier seine Verdienste um eine Schichtenfolge von Trias, Jura und Kreide, des Eozäns und des Flysches, inklusive der darin enthaltenen Fossilien. Selbst in seinem letzten Lebensjahrzehnt, als er seine angegriffene Gesundheit durch Badekuren in Thermen (Brenner, Bormio, St. Moritz, Gardasee) zu kräftigen versuchte, gönnte er sich keine Muße, er musste sich mit diesen Themen auch wissenschaftlich beschäftigen.

Als kartierender Geologe war Gümbel gezwungen, sich mit Systematik und stratigraphischer Reichweite von Fossilien zu beschäftigen, um eine halbwegs sichere Abfolge der Schichten zu erreichen. Dies ist sicherlich eine Erklärung des weiten Spektrums seiner paläontologischen Arbeiten über Foraminiferen und Ostrakoden aus Kreide, Trias und Tertiär, Muscheln, über devonische Ammoniten (Clymenien und Goniatiten), Trilobiten und Graptolithen. Nicht zu vergessen sein über Jahre verfochtener wissenschaftlicher Streit über die Foraminiferennatur des Eozoons. Gerade den nur mit dem Mikroskop gut erkennbaren Mikrofossilien gehörte seine besondere Zuneigung, wie wir aus Berichten von Zeitgenossen wissen. Gümbels Akademiekollege Zittel erwähnt einmal in einem Brief an einen Schweizer Kollegen, dass er vergessen hätte, Gümbel Mergelproben aus Italien mitzubringen, was ihm offensichtlich peinlich war.

Die schon während Gümbels Studienzeit vertieften Kenntnisse fossiler und rezenter Pflanzen (angeregt durch den Botaniker Ph. Bruch) führten ihn zur wissenschaftlichen Auseinandersetzung mit Floren der Vorzeit, so Algen (Diatomeen, *Lithothamnium*) und Keuper-Lias-Pflanzen.

Gümbels umfassende mineralogische Kenntnisse werden uns bereits ab 1853 vor Augen geführt, als er ein Verzeichnis oberpfälzischer Mineralien und ihrer Fundstellen publizierte, dem später noch weitere Verzeichnisse dieser Art über Fichtelgebirge und Frankenwald sowie zahlreiche kleinere Beiträge folgten. In der Gesteinskunde sind besonders seine Publikationen zu Genese und Alter kristalliner Gesteine wie der Münchberger Gneise oder die erstmals mit farbigen Schliffbildern ausgestatteten Abhandlungen über Grüngesteine des Fichtelgebirges hervorzuheben. Auch zur Bildung des Glaukonits wusste Gümbel einiges beizutragen. Neben der damals noch nicht so üblichen Verwendung von Mikroskopen zur Untersuchung an Dünnschliffpräparaten oder ausgeschlämmtem Material wurden mit dem Naturselbstdruck (Anätzungen von poliertem Gesteinsmaterial) neue Wege beschritten. Die Gesteinsbezeichnungen Proterobas, Lamprophyr oder Keratophyr sind auf Gümbels Forschungen zurückzuführen, ebenso andere Bezeichnungen oder Definitionen, derentwegen er mit den oben erwähnten Aufsichtspersonen zu kämpfen hatte.

Weitgehend unbekannt sind zwei weitere Aspekte seiner Tätigkeit. Seine Erfahrung, Kenntnisse und sein Ansehen machten ihn zum gefragten Gutachter, sei es zur Erschließung von Torfabbauen oder zur Beratung bei Verwendung von Bausteinen.

So berichtet die Tochter des Professors Ringseis in dessen Lebenserinnerungen über Gümbel, dass er anlässlich der Errichtung des Schlosses Neuschwanstein für Ludwig II. ein Baugrundgutachten anfertigen musste. Ein weit in die Zukunft vorausschauendes Gutachten für den Stadtmagistrat München führte zur wasserwirtschaftlichen Erschließung des Mangfalltales, bescherte den Münchener Bürgern ein sauberes Trinkwasser und verhalf Gümbel zur Würde eines Ehrenbürgers der Stadt.

Wenig gewürdigt sind auch seine Beiträge zur Allgemeinen Deutschen Biographie (ADB). In über 180 Artikeln werden die Lebenswege von Persönlichkeiten vorgestellt, die zu den Vorläufern, Pionieren und Klassikern der damaligen Geognosie und Mineralogie zählen. Die noch erhaltenen, mit Bleistift geschriebenen Zettelmanuskripte sind in engstem Zeilenabstand gehalten (Abb. 1). Randliche Bemerkungen beziehen sich selten auf Formulierungsänderungen, sondern sind sachliche Ergänzungen. In den von 1875–1898 verfassten Beiträgen finden sich nicht nur Pioniere der Geognosie wie Agricola, Beringer oder Baier, sondern auch Personen, zu denen der Autor eine engere Beziehung hatte, so wie zu seinen Heidelberger Lehrern v. Leonhard und Bronn oder seinem Münchener Kollegen Oppel, der in den Sitzungen der Bayerischen Akademie der Wissenschaften immer neben ihm gesessen hatte.

Wenn vor dem heutigen Stand der Forschung auch verschiedene Ansichten oder Ergebnisse seiner Arbeiten natürlicherweise nicht mehr zu vertreten sind, so ist seine Rolle als Grundlagenforscher nicht zu bestreiten, der sich den Problemen gestellt und mit den Methoden der damaligen Zeit optimale Lösungen erarbeitet hat.

Verzeichnis der Veröffentlichungen C. W. von Gümbels

1845 Geognostische Uebersichtskarte von Bayern. – Hydrographische Karte von Bayern. Im Maasstabe 1 : 500 000, herausgegeben im topographischen Bureau des Generalquartiermeister Stabs 1834; als Manuskriptkarte vervielfältigt (handkoloriert).

1845 Vorlage des Versuchs einer geognostischen Generalkarte von Bayern. – Gelehrte Anzeigen, **20**: 197; München.

1846 Geognostische Bemerkungen über den Donnersberg. – N. Jb. Miner. Geogn. Geol. Petrefakten-Kunde, **1846**: 543–576, Taf. X; Stuttgart.
[Verfasser bezeichnet sich als studiosus cameralium]

1848 Nachtrag zu den Geognostischen Bemerkungen über den Donnersberg. – N. Jb. Min. Geogn. Geol. Petrefakten-Kunde, **1848**: 158–168; Stuttgart.
[Verfasser bezeichnet sich als Bergcandidat]

1850 Ueber die Quecksilbererze in dem Kohlengebirge der Pfalz. – Verh. naturhist. Ver. Preuss. Rheinl. Westf. Reg.-Bez. Osnabrück, 7: 83–118; Bonn.

1853 Geologische Untersuchungen in Bayern. – N. Jb. Miner. Geogn. Geol. Petrefakten-Kunde, **1853**: 445–446; Stuttgart.

1853 Ein Gebirgsdurchschnitt auf der linken Rheinthalseite bei Landau. – N. Jb. Miner. Geogn. Geol. Petrefakten-Kunde, **1853**: 524–534, Taf. VII B; Stuttgart.

1853 Ueber die tertiären Diatomeen-Lager in den Braunkohlengebilden der Oberpfalz. – Korresp.-Bl. zool.-miner. Ver. Regensburg, **7** (6): 83–90; Regensburg.

1853 Verzeichniss der in der Oberpfalz vorkommenden Mineralien. – Korresp.-Bl. zool.-miner. Ver. Regensburg, **7** (10): 145–158; Regensburg.

1854 Ueber die geognostischen Untersuchungen in Bayern. – N. Jb. Miner. Geogn. Geol. Petrefakten-Kunde, **1854**: 164–166; Stuttgart.

1854 Uebersicht der geognostischen Verhältnisse der Oberpfalz. – Korresp.-Bl. Zool. Miner. Ver. Regensburg, **8**: 1–32, 37–48; Regensburg.

1854 Wärme des Bodens (in Südbayern und Temperaturverhältnisse der Quellen). – 45–76. – In: SENDTNER, O. [Hrsg.]: Die Vegetations-Verhältnisse Südbayerns., 910 S.; München (Cotta).

1854 Geognostische Untersuchung Bayerns. Ueber den Fortgang der geognostischen Untersuchungen im Bayerisch-böhmischen Grenzgebirge. – N. Jb. Miner. Geogn. Geol. Petrefakten-Kunde, **1854**: 164–166; Stuttgart.

1855 Geognostische Untersuchungen im Bayern'schen Walde: Krystallinische Schiefer; Kiesel-Mineralien; – im Algäu: Flysch; – im Vorarlberg und Tyrol alte Sediment-Gesteine; Veruccano; Pflanzenschiefer; Vils-Schichten; Wetzstein-Schichten von Ammergau; Hallstädter Schichten. Parallele mit Mittel-Deutschland. – N. Jb. Miner. Geogn. Geol. Petrefakten-Kunde, **1855**: 173–179; Stuttgart.

1855 Ueber die geologische Beschaffenheit der Umgegend der Zugspitz. – Jb. k.-k. geol. Reichs-Anst. **6**: 900–902; Wien.

1856 Beiträge zur geognostischen Kenntniss von Vorarlberg und dem nordwestlichen Tirol. – Jb. k.-k. geol. Reichsanst., **7**: 1–39, 17 Abb.; Wien.

1856 Ueber die neue Färberflechte *Lecanora ventosa* Ach. nebst Beiträgen zur Entwicklungsgeschichte der Flechten. – Denkschr. k.-k. Akad. Wiss., math.-naturwiss. Cl., 11 (2): 23–40, 1 Taf.; Wien.

1856 Der Grünten. Eine geognostische Skizze. – 1-20, 2 Taf.; München (Palm).
[Den Mitgliedern der XIII. Versammlung süddeutscher Forstwirthe gewidmet. 1856]

1857 Verzeichnis der im Fichtelgebirge, Frankenwald und den anstossenden Gebirgstheilen vorkommenden Mineralien. – Korresp.-Bl. zool.-miner. Ver. Regensburg, **11**: 142–163; Regensburg.

1857 Untersuchungen in den bayerischen Alpen zwischen der Isar und Salzach. – Jb. k.-k. geol. Reichsanst., **8**: 146–151; Wien.

1858 Molasse in Bayern. – Jb. k.-k. geol. Reichsanst., **9**: 107; Wien.

1858 Ueber das grünfaule Holz. – Flora, **41**; Regensburg (Bot. Ges.).

1858 Ueber das Vorkommen von Torf-Pechkohle (Dopplerit) im Dachelmoos bei Berchtesgaden. – N. Jb. Miner. Geogn. Geol. Petrefakten-Kunde, **1858**: 278–286, 2 Abb.; Stuttgart.

1858 Lagerstätte der Keuper-Lias-Pflanzen in Oberfranken; das Bonebed daselbst mit seinen fossilen Resten; die Thalassiten-Bank und ihre Schichten-Folge. – N. Jb. Miner. Geogn. Geol. Petrefakten-Kunde, **1858**: 550–553; Stuttgart.

1858 Geognostische-Karte des Königreichs Bayern und der angrenzenden Länder. – 1 : 500 000; 4 Bl.; München (Cotta).
[Nach Gümbels Aussage auf dem Stand von 1856]

1858 SANDBERGER, F. & GÜMBEL, C. W.: Das Alter der Tertiärgebilde in der obern Donau-Hochebene am Nordrande der Ostalpen. – Sitz.-Ber. k.-k. Akad. Wiss., math.-naturwiss. Cl., **30** (15): 212–225; Wien.

1859 Die Aequivalente der St. Cassianer Schichten im Keuper Frankens. – Jb. k.-k. geol. Reichsanst., **10**: 22–25; Wien.

1859 Ueber die Gleichstellung der Gesteinsmassen in den nordöstlichen Alpen mit ausseralpinischen Flötzschichten. – Amtl. Ber. 34. Versamml. Dt. Naturforsch. Ärzte, Karlsruhe: 80–88; Carlsruhe (Ch. Fr. Müller).

1859 Beiträge zur Flora der Vorzeit, namentlich des Rothliegenden bei Erbendorf in der bayerischen Oberpfalz. – Denkschr. kgl. bayer. Bot. Ges. Regensburg, **4** (1): 84–107, Taf. 8; Regensburg.

1860 Die geognostischen Verhältnisse der bayerischen Alpen und der Donau-Hochebene. – Bavaria, **I** (1): 3–66; München (Cotta).

1860 Bergwerks-, Hütten- und Salinenbetrieb. – Bavaria, **I** (2): 491–494; München (Cotta).

1860 Bemerkungen zur geognostischen Übersichts-Karte von Bayern. – N. Jb. Miner. Geogn. Geol. Petrefakten-Kunde, **1860**: 67-68; Stuttgart.

1860 SENDTNER, O. †, GÜMBEL, W. & RADLKOFER, L.: Die Vegetations-Verhältnisse des Bayerischen Waldes nach den Grundsätzen der Pflanzengeographie geschildert. – Abh. Kommiss. naturwiss. Erforsch. Kgr. Bayern, V: 505 S., 8 Taf.; München.

1861 Verzeichniss neuer Arten von organischen Ueberresten aus verschiedenen Schichten der bayerischen Alpen. (Als Prodromus aus der Geognostischen Beschreibung des bayer. Alpengebirgs und seines Vorlandes ausgezogen). – Korresp.-Bl. zool.-miner. Ver. Regensburg, **14**: 41–94; Regensburg.

1861 *Scaphites multinodosus.* – Verh. k.-k. geol. Reichsanstalt, **1861**: 3; Wien.

1861 Geognostische Beschreibung des bayerischen Alpengebirges und seines Vorlandes. – XX + 950 S., 34 Abb., 42 Taf.; Gotha (Perthes). [1 Blatt Gebirgsansichten, 5 Bl. geognost. Kt. 1: 100 000: I. Lindau, II. Sonthofen, III. Werdenfels, IV. Miesbach, V. Berchtesgaden] Hrsg.: Kgl. bayer. General-Bergwerks und Salinen-Administration [Preis: 96.– Mark] [Lieferungen 1858–1861] nach V. geol. R.A. [1. Lieferung 1–656; 2. Lief. 657–950; 1861.]

1861 Über das Alter der Münchberger Gneiss-Parthie im Fichtelgebirge. – N. Jb. Miner. Geogn. Geol. Petrefakten-Kunde, **1861**: 257–277; Stuttgart.

1862 Revision der Goniatiten des Fichtelgebirgs. – N. Jb. Miner. Geogn. Geol. Petrefakten-Kunde, **1862**; 284–326, Taf. V; Stuttgart.

1862 Die Streitberger Schwammlager und ihre Foraminiferen-Einschlüsse. – Jh. Ver. vaterl. Naturkd. Württemberg, **18**: 192–238, Taf. III–IV; Stuttgart.

1862 Zahn von *Anthracotherium magnum* in der Bayerischen oligocänen Molasse, neue Ammoniten der Gosau-Mergel, Foraminiferen in den Streitberger Kalken. – N. Jb. Miner. Geogn. Geol. Petrefakten-Kunde, **1862**: 465; Stuttgart.

1862 Die geognostischen Verhältnisse des ostbayerischen Grenzgebirges. – Bavaria, **II** (1): 3–46; München (Cotta).

1862 Die Dachsteinbivalve *(Megalodon triqueter)* und ihre alpinen Verwandten. Ein Beitrag zur Kenntniss der Faunen der Alpen. – Sitz.-Ber. k.-k. Akad. Wiss., **45**: 325–377, 7 Taf.; Wien

1862 & WINEBERGER, L.: VI. Beschreibung der größeren Tropfstein-Höhle im Staatswalde des Reviers Krottensee, Forstamtes Vilseck. - Forstl. Mitth., **III** (3): 52-57, 1 Taf.; München.

1863 Die geognostisch-mineralogische Sammlung des zool.-mineral. Vereines in Regensburg. – Korresp.-Bl. zool.-mineral. Ver. Regensburg, **16**: 169–173; Regensburg.

1863 Ueber das Vorkommen des Antozon-haltigen Flussspathes bei Wölsenberg in der Oberpfalz. – Sitz.-Ber. kgl. bayer. Akad. Wiss., math.-phys. Cl., I: 301–329; München.

1863 Über die Clymenien in den Übergangsgebilden des Fichtelgebirges. – Sitz.-Ber. kgl. bayer. Akad. Wiss., math.-phys. Cl., II: 372–373; München.

1863 Ueber Clymenien in den Uebergangsgebilden des Fichtelgebirges. – Palaeontographica, **XI** (3): 85–165, Taf. XV–XXI; Cassel.

1863 Analysen von oberbayerischen Pechkohlen, von Bohnerz und Molassemergel. – N. Jb. Miner. Geol. Palaeont., **1863**; 52–53; Stuttgart.

1863 Über das Alter der Münchberger Gneiss-Gruppe. – N. Jb. Miner. Geol. Palaeont., **1863**: 318–333, 1 Abb.; Stuttgart.

1863 Bayreuther Sandstein als Rhätische Stufe. – Verh. k.-k. geol. Reichsanst. **13** (4): 134; Wien.

1863 Bescheidene Bedenken gegen einige Angaben in Dr. WALTL's geognostisch-mineralogischer Schilderung der Umgegend von Passau. – Jber. Naturhist. Ver. Passau, **5**: 57–65; Passau.

1864 Über ein neues Erdharz-Euosmit aus einem Braunkohlen-Lager bei Thumsenreuth in der Bayer. Oberpfalz. – N. Jb. Miner. Geol. Palaeont., **1864**: 10–14; Stuttgart.

1864 Mittheilungen aus den bayerischen Alpen; Vorkommen des *Semionotus Bergeri.* – N. Jb. Miner. Geol. Palaeont., **1864**: 49–50; Stuttgart.

1864 Nicht zur Sache der Pfahlbauten. – Morgenbl. Bayer. Ztg.: 87–88; München [29. März 1864].

1864 Ueber das Knochenbett (Bonebed) und die Pflanzen-Schichten in der rhätischen Stufe Frankens. – Sitz.-Ber. kgl. bayer. Akad. Wiss., math.-phys. Cl., I: 215–278; München.

1864 Dr. Schrüfer und die Bonebedschicht in Franken. – Ber. naturforsch. Ges. Bamberg, **7**: 158–159; Bamberg.

1864 Ueber ein neu entdecktes Vorkommen von phosphorsaurem Kalke in den jurassischen Ablagerungen von Franken. – Sitz.-Ber. kgl. bayer. Akad. Wiss., mat.-phys. Cl., II: 325–346; München.

1864 Über das Alter der Wurzbacher Schiefer; Entdeckung von Orthis-Schale in einem chloritischen Schiefer bei Hirschberg. – N. Jb. Miner. Geol. Palaeont., **1864**: 457–460; Stuttgart.

1864 Über das Vorkommen von Süsswasser-Conchylien am Irmelsberge bei Crock am Thüringer Wald. – N. Jb. Miner. Geol. Palaeont., **1864**: 646–650; Stuttgart.

1864 Die Geognostischen Verhältnisse des Fichtelgebirges und seiner Ausläufer (Nordwaldgebirge). – Bavaria **III** (1): 3–71; München (Cotta). [Als Separatum bereits 1863 bei Straub/München erschienen]

1865 Untersuchungen über die ältesten Kulturüberreste im nördlichen Bayern in Bezug auf ihre Uebereinstimmung unter sich und mit den Pfahlbauten-Gegenständen der Schweiz. – Sitz.-Ber. kgl. bayer. Akad. Wiss., math.-phys. Cl., I: 66–103; München.

1865 Die Geognostischen Verhältnisse der Fränkischen Alb (Franken-Jura). – Bavaria **III** (1): 751–824 ; München (Cotta). [Bereits 1864 als Separatum ausgegeben]

1865 Die Nummuliten-führenden Schichten des Kressenberges in Bezug auf ihre Darstellung in der Lethaea geognostica von Südbayern. – N. Jb. Miner. Geol. Palaeont., **1865**: 129–170; Stuttgart.

1865 Vorkommen der *Voltzia heterophylla.* – N. Jb. Miner. Geol. Palaeont., **1865**: 63; Stuttgart.

1865 Ueber das Vorkommen unterer Triasschichten in Hochasien. – Sitz.-Ber. kgl. bayer. Akad. Wiss., math.-phys. Cl., II: 348–366, 1 Taf.; München.

1865 Culturschicht bei Bamberg. – Verh. k.-k. geol. Reichsanst., **15** (1): 10–11; Wien.

1865 Hünengräber im nördlichen Baiern. – Phosphorsaurer Kalk im Jura Mittel-Deutschlands. – Verh. k.-k. geol. Reichsanst., **15** (1): 18–19; Wien.

1866 Die geognostischen Verhältnisse des fränkischen Triasgebietes. – Bavaria, **IV** (1): 3–77; München (Cotta).
[Bereits 1865 als Separatum erschienen]

1866 Ueber das Vorkommen von *Eozoon* im ostbayerischen Urgebirge. – Sitz.-Ber. kgl. bayer. Akad. Wiss., math.-phys. Cl., I: 25–70, 3 Taf.; München.
[2 Taf. mit den Naturabdrücken]

1866 Entdeckung von Eozoon im ostbayerischen Urgebirge. – N. Jb. Miner. Geol. Palaeont., **1866**: 210–211; Stuttgart.

1866 Bestätigt das Vorhandensein von *Eozoon* im Urkalk von Maxen. – N. Jb. Miner. Geol. Palaeont., **1866**: 579; Stuttgart.

1866 Ueber neue Fundstellen von Gosauschichten und Vilser-Kalk bei Reichenhall. – Sitz.-Ber. kgl. bayer. Akad. Wiss., math.-phys. Cl., II: 158–192; München.

1866 Comatula oder Belemnites in den Nummulitenschichten des Kressenberges (als Erwiderung auf den Aufsatz von Herrn Prof. SCHAFHÄUTL S. 769 Jahrg. 1865 dieses Jahrbuchs). – N. Jb. Miner. Geol. Palaeont., **1866**: 564–568; Stuttgart.

1866 Ueber das Vorkommen hohler Kalkgeschiebe in Bayern. – Z. dt. geol. Ges., **18**: 299–303; Berlin.

1866 On the Laurentian rocks of Bavaria. – Canad. Naturalist and Geologist: December 1866; Montreal.

1867 Geognostische Verhältnisse. – Bavaria, **IV** (2): 3–61; München (Cotta).
[gemeint ist die Rheinpfalz]

1867 *Nullipora annulata*. – Verh. k.-k. geol. Reichsanst., **1867** (1): 3–4; Wien.

1867 Weitere Mittheilungen über das Vorkommen von Phosphorsäure in den Schichtgesteinen Bayern's. – Sitz.-Ber. kgl. bayer. Akad, Wiss., math.-phys. Cl., II: 147–157; München.

1867 Ueber einen Versuch der bildlichen Darstellung von krystallinischen Gesteinsarten mittelst Naturselbstdruck. – Sitz.-Ber. kgl. bayer. Akad. Wiss., math.-phys. Cl., II: 355–363; München

1867 Ueber die geognostischen Verhältnisse des Mont-Blanc und seiner Nachbarschaft nach der Darstellung von Prof. Alph. Favre und ihre Beziehungen zu den benachbarten Ostalpen. – Sitz.-Ber. kgl. bayer. Akad. Wiss., math.-phys. Cl., II: 603–637; München.

1867 Kurze Notiz über die Gliederung der sächsischen und bayerischen oberen Kreideschichten. – N. Jb. Miner. Geol. Palaeont., **1867**: 664–669, 1 Abb.; Stuttgart.
[Auch in Isis, Sitz. Ber. naturwiss. Ges. Dresden: 72–75 publ.]

1867 Skizze der Gliederung der oberen Schichten der Kreideformation (Pläner) in Böhmen. – N. Jb. Miner. Geol. Palaeont., **1867**: 795–809; Stuttgart.

1867 Ueber vulkanische Erscheinungen. – Westermanns illustr. dt. Mh., **6**: 413; Braunschweig.

1868 Verzeichnis der in der Sammlung des zoolog.-mineral. Vereins in Regensburg vorfindlichen Versteinerungen aus den Schichten der Procän- oder Kreideformation aus der Umgegend von Regensburg. – Korresp.-Bl. zool.-miner. Ver. Regensburg, **22**: 51–80, 2 Taf.; Regensburg.

1868 Ueber den Pyrophyllit als Versteinerungsmittel. – Sitz.-Ber. kgl. bayer. Akad. Wiss., math.-phys. Cl., I: 498–502; München.

1868 Beiträge zur Kenntniss der Procän- oder Kreide-Formation im nordwestlichen Böhmen in Vergleichung mit den gleichzeitigen Ablagerungen in Bayern und Sachsen. – Abh. kgl. bayer. Akad. Wiss., math.-phys. Cl., X (2): 499–578; München.

1868 Beiträge zur Foraminiferenfauna der nordalpinen Eocängebilde. – Abh. kgl. bayer. Akad. Wiss., math.-phys. Cl., X (2): 579–730, Taf. I–IV; München.

1868 Geognostische Beschreibung des ostbayerischen Genzgebirges oder des bayerischen und oberpfälzer Waldgebirges. – In: Geognostische Beschreibung des Koenigreichs Bayern. 2. Abt. – VIII + 968 S., 169 Abb., 16 Taf., 5 Bl. geognost. Kt.: 1: 100 000: VI. Regensburg, VII. Passau, VIII. Erbendorf, IX. Cham, X. Waidhaus-Zwiesel + 1 Bl. Gebirgsansichten; Gotha (Perthes).
[Einzelne Lieferungen konnten nicht ermittelt werden, Preis 108.– Mark]

1868 Foraminiferen in den Cassianer und Raibler Schichten. – Verh. k.-k. geol. Reichsanst., **1868** (12): 275–276; Wien.

1869 *Eozoon* im körnigen Kalke Schwedens. – N. Jb. Miner. Geol. Palaeont., 1869: 551–559; Stuttgart.

1869 Ueber Foraminiferen, Ostracoden und mikroskopische Thier-Ueberreste in den St. Cassianer und Raibler Schichten. – Jb. k.-k. geol. Reichsanst., **19**: 175–186, Taf. V–VI; Wien.

1869 Palaeontologische Mittheilungen. – Beil. allg. Ztg., 87; München.

1870 Ueber den Riesvulkan und über vulkanische Erscheinungen im Rieskessel. – Sitz.-Ber. kgl. bayer. Akad. Wiss., math.-phys. Cl., I: 153–200; München.

1870 Vergleichung der Foraminiferenfauna aus den Gosaumergeln und den Belemnitellen-Schichten der bayerischen Alpen. – Sitz.-Ber. kgl. bayer. Akad. Wiss., math.-phys. Cl., II: 278–288; München.

1870 Ueber Nulliporenkalk und Coccolithen. – Verh. k.-k. geol. Reichsanst., 1870 (11): 201–203; Wien.

1870 Vorläufige Mittheilungen über den Tiefseeschlamm. – N. Jb. Miner. Geol. Palaeont., **1870**: 753–767; Stuttgart.

1871 Die geognostischen Verhältnisse des Ulmer Cementmergels, seine Beziehungen zu dem lithographischen Schiefer und seine Foraminiferenfauna. – Sitz.-Ber. kgl. bayer. Akad. Wiss., math.-phys. Cl., I (1): 38–72, Taf. I; München.

1871 Die sogenannten Nulliporen *(Lithothamnium* und *Dactylopora)* und ihre Betheiligung an der Zusammensetzung der Kalkgesteine. 1. Die Nulliporen des Pflanzenreichs *(Lithothamnium).* – Abh. kgl. bayer. Akad. Wiss., math.-naturwiss. Cl., XI (1): 11–52, Taf. I–II; München.

1871 Die geologische Spezialkarte in Preussen. – Das Ausland, **44** (3): 58–61; Augsburg (Cotta).

1871 Die neueren Ansichten über die Entstehung der krystallinischen Gesteine. – Das Ausland, **44** (52): 1225–1229; Augsburg (Cotta).

1871 Ueber die dactyloporenähnlichen Fossilien der Trias. – Verh. k.-k. geol. Reichsanst., **1871** (5): 91–92; Wien.

1871 Ueber *Dactylopora.* – Verh. k.-k. geol. Reichsanst., **1871** (8): 127–128; Wien.

1872 Die sogenannten Nulliporen *(Lithothamnium* und *Dactylopora)* und ihre Betheiligung an der Zusammensetzung der Kalkgesteine. 2. Die Nulliporen des Thierreichs *(Dactyloporoideae)* nebst Nachtrag zum ersten Theile. – Abh. kgl. bayer. Akad. Wiss., math.-phys. Cl., XI (1): 229–290, Taf. D I–D IV; München.

1872 Die Geologie der Gegenwart. – Das Ausland, **45** (21): 492–498; Augsburg (Cotta) [Buchbesprechung].

1872 Die neueren Ansichten über die Entstehung der krystallinen Gesteine. II. Ursprung der krystallinischen Gesteine – Ausland, **45** (11): 252–254; München (Cotta).

1872 *Spirifer macropterus* in den Nereitenschichten. – N. Jb. Miner. Geol. Palaeont., **1872**: 77; Stuttgart.

1872 Über zwei jurassische Vorläufer des Foraminiferen-Geschlechtes *Nummulina* und *Orbitulites.* – N. Jb. Miner. Geol. Palaeont., **1872**: 241–260; Taf. VI–VII; Stuttgart.

1872 Gletschererscheinungen aus der Eiszeit (Gletscherschliffe und Erdpfeiler im Etsch- und Innthale). – Sitz.-Ber. kgl. bayer. Akad. Wiss., math.-phys. Cl., II (2): 223–255, 1 Abb.; München.

1873 I. Coccolithen im Eocänmergel – II. Coccolithen fehlen im Tiefschlamm unserer Alpensee'n. – III. Untersuchungsart der dichten Kalksteine. – IV. Arten der Oolithbildung. – N. Jb. Miner. Geol. Palaeont., **1873**: 299–304; Stuttgart.

1873 Fr. von Kobell's Stauroskop auch bei Dünnschliff-Untersuchungen nützlich. – N. Jb. Miner. Geol. Palaeont., **1873**: 400; Stuttgart.

1873 Lithologie des Meeresgrundes (nach DELESSE). – Das Ausland, **46** (9): 164–168; Stuttgart (Cotta).

1873 Lithologie des Meeresgrundes (nach DELESSE). – Das Ausland, **46** (10): 186–190; Stuttgart (Cotta).

1873 Das mitteldeutsche Erdbeben vom 6. März 1872. – Das Ausland, **46** (48): 941–944; Stuttgart (Cotta).

1873 Eine Specialkarte aus den Algäuer Alpen. – Beil. allg. Ztg. **63**: 942–943; München.

1873 Der Glärnisch. – Beil. allg. Ztg. **257**: 3909–3919; München. [Buchbesprechung]

1873 Geognostische Mittheilungen aus den Alpen. – I. Das Mendel- und Schlerngebirge. – Sitz.-Ber. kgl. bayer Akad. Wiss., math.-phys. Cl., III (1): 14–88; München.

1873 *Conodictyum bursiforme* Ètallon einer Foraminifere aus der Gruppe der Dactyloporoideen. – Sitz.-Ber. kgl. bayer. Akad. Wiss., math.-phys. Cl., III (3): 282–294, 1 Taf.; München.

1873 Mikroskopische Untersuchung alpiner Triaskalke und Dolomite. – Verh. k.-k. geol. Reichsanst., **8**: 141–144; Wien.

1874 Die paläolithischen Eruptivgesteine des Fichtelgebirges (als vorläufige Mittheilung). – 1-50; München (J. G. Weiss).
[Dem Herrn Prof. Dr. Franz Ritter von Kobell zur Feier seines fünfzigjährigen Doctorjubiläums gewidmet]

1874 Ostracoden im Stringocephalenkalk von Paffrath; über Dactyloporoideen und Gyroporellen. – N. Jb. Miner. Geol. Palaeont., **1874**: 68–70; Stuttgart.

1874 Geognostische Mittheilungen aus den Alpen. II. Ein geognostisches Profil aus dem Kaisergebirge der Nordalpen. – Sitz.-Ber. kgl. bayer. Akad. Wiss., math.-phys. Cl., IV (2): 177–203, 1 Abb.; München.

1874 Japanische Gesteine (Fusulinenkalk). – Das Ausland, **47** (24): 479–480; Stuttgart (Cotta).

1874 Die durch ein Eruptivgestein vercokte Kohle von Mährisch-Ostrau. – Verh. k.-k. geol. Reichsanst., **1874** (3): 55–56; Wien.

1874 Ueber neue Gyroporellen aus dem Gailthaler Gebirge. – Verh. k.-k. geol. Reichsanst., **1874** (4): 79–80; Wien.

1874 *Gyroporella* oder *Diplopora*? – Verh. k.-k. geol. Reichsanst., 1874 (10): 235–236; Wien.

1875 Bodenkunde und Geognosie. – Beil. allg. Ztg 33; München [2.2.1875: 489–491].

1875 Grundzüge für die Erforschung der geologischen Beschaffenheit des Boden und des Untergrundes vom Stadtgebiete München's. – In: 1. Bericht über die Verhandlungen und Arbeiten der vom Stadtmagistrate München niedergesetzten Commission für Wasserversorgung, Canalisation und Abfuhr in den Jahren 1874 und 1875, Anhang 1: 25–34, 10 Pläne. Mit Karten des Grundwasserstandes und des wasserdichten Untergrundes; München 1875 (Mühlthaler).

1875 Der skandinavische Aschenregen gegen Ende März 1875. – Das Ausland, **48** (24): 465–469; Stuttgart (Cotta).

1875 Über das von FRICKHINGER als »Wenneberg-Lava« beschriebene Gestein. – N. Jb. Miner. Geol. Palaeont., **1875**: 391–393; Stuttgart.

1875 Ueber die Beschaffenheit des Steinmeteoriten vom Fall am 12. Februar 1875 in der Grafschaft Iowa, N.-A. – Sitz.-Ber. kgl. bayer. Akad. Wiss., math.-phys. Cl., V (3): 313–330, 1 Taf.; München.

1875 Beiträge zur Kenntniss der Organisation und systematischen Stellung von Receptaculites. – Abh. kgl. bayer. Akad. Wiss., II. Cl., XII (1): 167–216, Taf. A; München.

1875 Abriss der geognostischen Verhältnisse der Tertiärschichten bei Miesbach und des Alpengebietes zwischen Tegernsee und Wendelstein. – 1–76, 1 Tafel + 2 geognost. Kt.-Bl. = 1 : 50 000 = Geognost. Ausflugskarte in dem bayerischen Alpengebirge zwischen Tegernsee und Wendelstein, 1 : 10 000 = Geognost. Karte und Profil der miocänen und oligocänen Molasse-Schichten im Leitzach-Thale bei Miesbach; München.
[»Den Theilnehmern an der allgemeinen Versammlung der deutschen Geologischen Gesellschaft in München 1875 gewidmet«]

1876 Ueber Erdbeben und ihre Ursachen. – Das Ausland, **49** (11): 201–204; Stuttgart (Cotta).

1876 Variolit von Berneck im Fichtelgebirge. – N. Jb. Miner. Geol. Palaeont., **1876**: 42–43; Stuttgart.

1876 Der Boden von München. – Beil. allg. Ztg. **109**: 1637–1639, 1655–1656; München.

1876 Geognostische Mittheilungen aus den Alpen. – III. Aus der Umgegend von Trient. – Sitz.-Ber. kgl. bayer. Akad Wiss., math.-phys. Cl., V (1): 51–105; München.

1876 Geognostische Mittheilungen aus den Alpen. – IV. Der Pechsteinporphyr in Südtirol. – Sitz.-Ber. kgl. bayer. Akad. Wiss., math.-phys, Cl., VI (3): 271–291; München.

1876 Ueber die Natur von Eozoon. – Korresp.-Bl. zool.-mineral. Ver. Regensburg, **30**: 178–180; Regensburg.

1877 Die geognostische Durchforschung Bayerns. Fest-Gedächtnisschr. **5** (17): 1–80; München (Akademieverlag). Anmerkungen. 1.) Geognostische Untersuchungen in verschiedenen Ländern. 43–47. 2.) Entdeckungen von Thierresten in Nordamerika. 47. 3.) Geognostische Verhältnisse im Ries. 47. 4.) Versuche behufs des Auffindens von Steinkohlen in Württemberg und in der Schweiz. 47–49. 5.) Das Verhältniss der Geognosie zur Agricultur. 49. 6.) Verhältniss der Geognosie zur Gesundheitspflege. 50. 7.) Die bayerische Steuerkataster-Vermessung. 50–51. 8.) Die geognostischen Karten verschiedener Länder. 51–54. 9.) Versteinerungen aus dem Grünsande von Regensburg. 54–55. 10.) Verlauf der Curven der magnetischen Horizontal-Intensität in Südbayern. 55. 11.) Geognostische Stellung des rothen Sandsteins in den Alpen. 55–67. 12.) Die Jurabildungen in den Alpen. 67–69. 13.) Jüngste cretacische Bildungen in den Alpen. 69. 14.) Die Schlierschichten am Rande der Traunsteiner Alpen. 70–72. 15.) Erratische Bildungen. 72–75. 16.) Das Fichtelgebirge. 75. 17.) Der Bergbau im Fichtelgebirge. 75–76. 18.) Das Vorkommen von produktiven Steinkohlenschichten am Westrande des oberfränkisch-oberpfälzischen Urgebirgs. 76–78. 19.) Die Eisenerze von Amberg. 79. 20.) Das Rhöngebirge. 79–80.

1877 Die Bewegung des Grundwassers unter dem Boden der Stadt München und Erläuterungen zu den Curvenkarten der Oberfläche, des wasserdichten Untergrundes und des Grundwasserstandes von München. 3. Beil. Zum II. Bericht der vom Magistrate München eingesetzten Kommission für Wasserversorgung, Canalisation und Abfuhr. 1877; München.

1877 Die Montan-Industrie Japans. – Das Ausland, **50** (37): 721–727; Stuttgart (Cotta).

1877 Die pflanzenführenden Schichten bei Neumarkt in Südtyrol. – N. Jb. Miner. Geol. Palaeont., **1877**: 805–806; Stuttgart.

1877 Ueber die geologische Landesaufnahme in Sachsen. – Das Ausland, **50** (37); München (Cotta).

1877 Vorläufige Mittheilung über das Vorkommen der Flora von Fünfkirchen im sog. Grödener Sandstein Südtyrols (Ullmaniensandstein). – Verh. k.-k. geol. Reichanst., **1877** (1): 23–26, 1 Abb.; Wien.

1878 Japanesisches Porcellan. – Thonindustrie Zeitung, **20**: 167; Coburg.

1878 Kurze Anleitung zu geologischen Beobachtungen in den Alpen. – 25–192, 63 Abb. – In: Anleitung zu wissenschaftlichen Beobachtungen auf Alpenreisen. – Z. dt. österr. Alpenvereins, **1878**, Beil; München.
[Beitrag auch 1882 in einem 2-bändigen gleichnamigen Werk in Wien vom selben Herausgeber erschienen]

1878 Einige Bemerkungen über Graptolithen. – N. Jb. Miner. Geol. Palaeont., **1878**: 292–296, 3 Abb.; Stuttgart.

1878 Das Gestein der Juliersäule, der Lavezstein im Oberengadin und Sericitgneiss in den Bündener Alpen. – N. Jb. Miner. Geol. Palaeont., **1878**: 296–300, 2 Tab.; Stuttgart.

1878 Phyllit- oder Sericitgneiss. – N. Jb. Miner. Geol. Palaeont., **1878**: 383–384, 1 Tab.; Stuttgart.

1878 Hygrophylit-ähnliches Mineral aus dem Röthelschiefer der Rheinpfalz. – N. Jb. Miner. Geol. Palaeont., **1878**: 385–388, 2 Tab.; Stuttgart.

1878 Die in Bayern gefundenen Steinmeteoriten. – Sitz.-Ber. kgl. bayer. Akad. Wiss., math.-phys. Cl., VIII (1): 14–72, 1 Taf.; München.

1878 Über die im stillen Ocean auf dem Meeresgrunde vorkommenden Manganknollen. – Sitz.-Ber. kgl. bayer. Akad. Wiss., math.-phys. Cl., VIII (3): 189–209; München.

1879 Geognostische Mittheilungen aus den Alpen. – V. Die Pflanzenreste-führenden Sandsteinschichten von Recoaro. – Sitz.-Ber. kgl. bayer. Akad. Wiss., math.-phys. Cl., IX (1): 33–85, 2 Tab.; München.

1879 Einiges Montanistische und Geologische aus der Pariser Weltausstellung von 1878. – Das Ausland, **52**: 67–71; München (Cotta).

1879 Vulkanische Asche des Aetna von 1879. – N. Jb. Miner. Geol. Palaeont., **1879**: 859–861, 1 Tab.; Stuttgart.

1879 Ueber das Eruptionsmaterial des Schlammvulkans von Paterno am Aetna und der Schlammvulkane im Allgemeinen. – Sitz.-Ber. kgl. bayer. Akad. Wiss., math.-phys. Cl., IX (2): 217–273; München.

1879 Geologische Notizen aus den Bergamasker Alpen. – Z. dt.-österr. Alpenverein, **10**: 405–408; München.

1879 Geognostische Beschreibung des Fichtelgebirges mit dem Frankenwalde und dem westlichen Vorlande. – In: Geognostische Beschreibung des Königreichs Bayern. III. Abt. – VIII + 698 S., 88 Abb., 35 farb. Schliffabb., Taf. A, B, 1 Bl. Gebirgsansichten, 2 GK 100 000: Münchberg XI; Kronach XII; Gotha (Perthes).
[Erschein. Jahr d. Kt. 1877, einzelne Lief. konnten nicht ermittelt werden]

1879 XII. Lithologisch-mineralogische Mittheilungen. 1. Gesteine der Kerguelen-Insel. 2. Das weisse Mineral der Pflanzenversteinerungen aus der Tarentaise. – Tschermaks miner.-petrogr. Mitth., **1879** II: 186–191; Wien.

1879 Ueber Bildung von Höhlen in Bayern. – In: Die natürlichen Höhlen in Bayern. – Beitr. Anthropol., II: 191–194; Taf. 14; München.
[Taf. = Höhlenkarte v. Bayern 1 : 250 000]

1880 Geognostische Mittheilungen aus den Alpen. VI. Ein geognostischer Streifzug durch die Bergamasker Alpen. – Sitz.-Ber. kgl. bayer. Akad. Wiss., math.-phys. Cl., X (2): 164–240; München.

1880 Ueber die mit einer Flüssigkeit erfüllten Chalcedonmandeln (Enhydros) von Uruguay. – Sitz.-Ber. kgl. bayer. Akad. Wiss., math.-phys. Cl., X (2): 241–254; München.

1880 Geognostische Mittheilungen aus den Alpen. – VII. 1. Die Gebirge am Comer- und Luganer-See. – 2. Das Verhalten der Schichtgesteine in gebogenen Lagen. – Sitz.-Ber. kgl. bayer. Akad. Wiss., math.-phys. Cl., X (4): 542–623, 2 Abb.; München.

1880 Ein Pflanzenbild aus der Tertiärzeit am Fusse unserer Alpen. – Beil. Allg. Ztg. **122**: 1785–1786; **123**: 1802–1804 Augsburg.
[Nach einem Vortrag im Gartenbauverein München am 7. April 1880]

1880 Spongien-Nadeln im Flysch. – Verh. k.-k. geol. Reichsanst., **1880** (12): 213–215; Wien.

1880 Röthikalk. Magnesit von Elmen. – Verh. k.-k. geol. Reichsanst., **1880** (15): 276–277; Wien.

1880 Aus den Alpen. – N. Jb. Miner. Geol. Palaeont., **1880**: 286–287; Stuttgart.

1881 Der Bayrische Spessart. Geologische Skizze. – Dt. Geogr. Bl., IV: 5–32; Bremen.

1881 Geologisches aus dem Berner Oberlande. – Beil. allg. Ztg. **27**: 386–388; Augsburg (Cotta).

1881 Nachträge zu den Mittheilungen über die Wassersteine (Enhydros) von Uruguay und über einige süd- und mittelamerikanische sogen. Andesite. – Sitz.-Ber. kgl. bayer. Akad. Wiss., math.-phys. Cl., XI (3): 321–368; München.

1881 Geologische Rundschau von Kissingen. – In: SOTIER, A. (1881): Bad Kissingen. – 1–28; Bad Kissingen.

1882 Beiträge zur Geologie der Goldküste in Afrika. – Sitz.-Ber. kgl. bayer. Akad. Wiss., math.-phys. Cl., XII (2): 170–196; München.

1882 Geologische Fragmente aus der Umgegend von Ems. – Sitz.-Ber. kgl. bayer. Akad. Wiss., math.-phys. Cl., XII (2): 197–239; 3 Abb.; München.

1882 Ueber die Bildung der Stylolithe und über Fulgurite. – Z. dt. geol. Ges., **34**: 642–648; Berlin.

1882 Kreide in Salzburg; – Gyroporellen-Schichten in den Radstädter Tauern. – Fischführende Schichten bei Traunstein. – Verh. k.-k. geol. Reichsanst., **1882** (15/16): 286–290; Wien.

1883 Mittheilungen über den bayerischen Wald. Geologische Skizze. – Dt. geogr. Bl., **6** (1): 1–47; Bremen.

1883 Beiträge zur Kenntniss der Texturverhältnisse der Mineralkohlen. – Sitz.-Ber. kgl. bayer. Akad. Wiss., math.-phys. Cl., XIII (1): 111–216; Taf. I–III; München.

1884 Ueber Fulgurite. – Z. dt. geol. Ges., **36**: 179–180; Berlin.

1884 Ueber die Beschaffenheit der Mollusken-Schalen. – Z. dt. geol. Ges., **36**: 386–398; Berlin.

1884 Geologische Aphorismen über Karlsbad.– Fremdenblatt IV (32): ?–?; Karlsbad.

1885 Uebersicht über die geologischen Verhältnisse des Regierungsbezirkes Oberbayern. – In: Die Landwirthschaft im Regierungsbezirke Oberbayern. – 3–24, 1 geol Kt. = Uebersichtskarte der geologischen Verhältnisse des Kreises Oberbayern nach den Ergebnissen der geognostischen Landesuntersuchung namentlich den Arbeiten von Dr. v. Ammon und Dr. Penck und nach den eigenen Beobachtungen entworfen von Dr. C. W. v. Gümbel königl. Oberbergdirektor. München 1885; München (Gebr. Parcus).
[Gewidmet den Theilnehmern an der XXVI. Wanderversammlung bayer. Landwirthe im Jahre 1885 zu Tölz.]

1886 Kurze Bemerkungen über die Nummulitenschichten am Nordrand der Alpen. – Verh. k.-k. geol. Reichsanst., **1886** (15): 367–374; Wien.

1886 Das Petroleum vom Tegernsee. – Beil. allg. Ztg. 44/45; München.

1886 Ueber die Natur und Bildungsweise des Glaukonits. – Sitz.-Ber. kgl. bayer. Akad. Wiss., math.-phys. Cl., XVI (3): 417–449; 1 Taf.; München.

1886 Geologisch-mineralogische Untersuchung der Meeresgrundproben aus der Nordsee. – Die Ergebnisse S.M. Kanonenboots »Drache«; 25 S.; Berlin (Mittler).

1886 Geologisches aus dem Engadin. – Jb. naturforsch. Ges. Graubünden, **31**: 2–71, 2 Abb.; Graubünden.

1887 Die miocänen Ablagerungen im oberen Donaugebiete und die Stellung des Schlier's von Ottnang. – Sitz.-Ber. kgl. bayer. Akad. Wiss., math.-phys. Cl., XVIII: 221–325, 7 Abb.; München.

1887 Geologisches aus Westtirol und Unterengadin. – Verh. k.-k. geol. Reichsanst., **1887** (16): 291–296; Wien.

1887 Geognostische Karte des Königreichs Bayern. – 1 : 100 000, No. XIII Blatt Bamberg; Cassel.

1887 Kurze Erläuterungen zu dem Blatte Bamberg (No. XIII) der geognostischen Karte des Königreichs Bayern. – 55 S.; Cassel.

1888 Geognostische Karte des Königreichs Bayern. – 1 : 100 000; No. XIV Blatt Neumarkt, Cassel. Kurze Erläuterungen zu dem Blatte Neumarkt (No. XIV) der Geognostischen Karte des Königreiches Bayern. – 50 S.; Cassel.

1888 Geologie von Bayern. – I. Grundzüge der Geologie. – 1144 S., 504 Abb.; Kassel. 1. Lief., 1-208, 1884; 2. Lief., 209-478, 1885; 3. Lief., 479-718, 1887; 4. Lief., 719-959, 1887. 5. Lief., 960-1086, 1887; 6. Lief. 1088–1144; 1888. – Preis: 108.– Mark [Existiert auch lt. erhaltenem Titelblatt als eigener Band ohne Bezug auf Geologie von Bayern]

1888 Algenvorkommen im Thonschiefer des Schwarz-Leogangthales bei Saalfelden. - Verh. k.-k. geol. Reichsanst. **1888** (9): 189-192; Wien.

1888 Ueber Natur und Entstehungsweise der Stylolithen. – Z. dt. geol. Ges., **40**: 187–188; Berlin.

1888 Die mineralogisch-geologische Beschaffenheit der auf der Forschungsreise S.M.S. »Gazelle« gesammelten Meeresgrundablagerungen. – In: Die Forschungreise S.M.S. »Gazelle« in den Jahren 1874–1876 unter dem Kommando des Freiherrn von Schleinitz. II. Physik und Chemie. – 1-48; Berlin.
[Mit einem Nachtrag von Dr. Egger über durchgeführte Bestimmungen von Foraminiferen.]

1888 Nachträge zu der geognostischen Beschreibung des bayerischen Alpengebirgs. – I. Algäuer Alpen. 1. Cretacische Gebilde. 2. Diluviale Braunkohlenbildung im Imbergtobel. 3. Das Auftreten krystallinischer Schiefer im Rettenschwanger Thale bei Hindelang. II. Aus den Tölzer Vorbergen. 1. Das Vorkommen von Nummulitenschichten bei Ober-Kammerloh. 2. Das Vorkommen von Petroleum am Tegernsee. III. Aus den Berchtesgadner Bergen. 1. Ueber die Ablagerungen an Boden der tiefsten Stelle des Königssees. 2. Liasschichten im Salzberg von Berchtesgaden. – Geognost. Jh., **1**: 163–185; Cassel.

1889 Ueber einen aufrechtstehenden Kohlenstamm der Pilsener Mulde. – Verh. k.-k. geol. Reichsanst., **1889** (11): 203–204; Wien.

1889 Ueber einen Nummulitenfund bei Radstadt. – Verh. k.-k. geol. Reichsanst., **1889** (12): 231–232; Wien.

1889 Das Erdbeben vom 22. Februar 1889 in der Umgegend von Neuburg a. D. – Sitz.-Ber. kgl. bayer. Akad.Wiss.; math.-phys. Cl., XIX: 79–108; München.

1889 Geologische Bemerkungen über die warmen Quellen von Gastein und ihre Umgebung. – Sitz.-Ber. kgl. bayer. Akad. Wiss., math.-phys. Cl., XIX: 341–408; 1 Abb.; München.

1889 Geognostische Karte des Königreichs Bayern. – 1 : 100 000, No. XV Blatt Ingolstadt; Cassel.

1889 Kurze Erläuterungen zu dem Blatte Ingolstadt (No. XV) der geognostischen Karte des Königreichs Bayern. – 1–34; Cassel.

1889 Geognostische Karte des Königreichs Bayern. – 1 : 100 000, No. XVI Nördlingen; Cassel.

1889 Kurze Erläuterungen zu dem Blatte Nördlingen (No. XVI) der geognostischen Karte des Königreichs Bayern. – 1–43; Cassel.

1889 Die geologische Stellung der Tertiärschichten von Reit im Winkel. – Geognost. Jh., II: 163–175; Cassel.

1890 *Lithiotis problematica* Gümb. Eine Muschel. – Verh. k.-k. geol. Reichsanst., **1890** (3) : 64–67, 1 Abb.; Wien.

1890 Uebersicht der geognostischen Verhältnisse Bayerns. – 69–99. – In : Die Landwirtschaft in Bayern. 128 S.; München (Oldenbourg)

1891 Geologische Bemerkungen über die Thermen von Bormio und das Ortlergebirge. – Sitz.-Ber. kgl. bayer. Akad. Wiss., math.-phys., Cl., XXI: 79–120, 4 Abb.; München.

1891 Geognostische Karte des Königreichs Bayern. – 1 : 100 000, No. XVII Blatt Ansbach; Cassel.

1891 Kurze Erläuterungen zu dem Blatte Ansbach (No. XVII) der geognostischen Karte des Königreichs Bayern. – 1–32; Cassel

1891 Geognostische Beschreibung der Fränkischen Alb (Frankenjura) mit dem anstossenden fränkischen Keupergebiete. – IV. Abt. der geognostischen Beschreibung des Königreichs Bayern. – 111 Abb., 763 S., 5 GK 100; Kassel.
[Nr.: XIII. Bamberg, XIV. Neumarkt, XV. Ingolstadt, XVI. Nördlingen, XVII. Ansbach; + Anhang: Ammon: Versteiner. Fränk Lias, + GK Übersichtskarte 1 : 500 000; Übersichtskarte der Verbreitung jurassischer und Keuperbildungen im nördlichen Bayern v. AMMON & THÜRACH. Es wurden keine Lieferungen festgestellt.]

1892 Eröffnungsrede zur Festversammlung in der Pollichia. – Pollichia, **49/50** (5): 11–37; Dürkheim a.d. Haardt.
[Festschrift zur 50jährig. Stiftungsfeier der Pollichia, eines naturwissenschaftl. Vereines der Rheinpfalz.]

1892 Geologische Bemerkungen über die warme Quelle des Brennerbades und ihre Umgebung. – Sitz.-Ber. kgl. bayer. Akad. Wiss., math.-phys. Cl., XXII: 139–187, 1 Abb.; München.

1892 Ueber die Bezeichnung Röthelschiefer. – N. Jb. Miner. Geol. Palaeont., **1892** I: 160–161; Stuttgart.

1892 Ueber anstehenden Radiolarien-Jaspis in der Schweiz. – N. Jb. Miner. Geol. Palaeont., **1892** II: 162–163; Stuttgart.

1893 Geologische Mittheilungen über die Mineralquellen von St. Moritz im Oberengadin und ihre Nachbarschaft nebst Bemerkungen über das Gebirge bei Bergün und die Therme von Pfäfers. – Sitz.-Ber. kgl. bayer. Akad. Wiss., math.-phys. Cl., XXIII: 19–101; München.

1893 Vorlage einer Untersuchung des Kreismedicinalrathes Dr. Egger in Landshut über die durch das Forschungsschiff »Gazelle« in den Jahren 1874–1876 gelotheten Foraminiferen. – Sitz.-Ber. kgl. bayer. Akad. Wiss., math.-phys. Cl., XXIII: 17–19; München.

1893 Die Amberger Eisenerzformation. – Sitz.-Ber. kgl. bayer. Akad. Wiss., math.-phys. Cl., XXIII: 293–320; München.

1894 Geologie von Bayern. II. Bd. Geologische Beschreibung von Bayern. – 1184 S., 350 Abb., 1 geol. Kt. (1:1 000 000); Cassel.
[1. Lief. 1–192, 1892; 2. Lief. 193–288, 1892; 3. Lief. + 4. Lief. 289–480, 1892; 5. Lief. 481–576, 1892; 6. Lief. + 7. Lief. 577–752, 1892; 8. Lief. 753–832, 1892; 9. Lief. 833–912, 1893; 10. Lief. + 11. Lief. 913–1056, 1893; 12. Lief. 1057–1120, 1894; 13. Lief. 1121–1184, 1894; Preis 200.– Mark]

1894 Bei dem Bleihüttenprocess in Freyhung erzeugte Monticellitartige Kristalle. – Groth's Z. Krystallogr. Miner., **22**: 269–270; Leipzig.

1895 Naturwissenschaftliches aus der Umgebung von Gardone Riviera am Gardasee. – In: HEINZELMANN, H.: Gardone Riviera. – 2–26; München.

1895 Geologische Übersichtskarte von Süddeutschland. – 1:500 000; München (Karl & Weigmann).

1895 SCHWAGER, A. & GÜMBEL, [C. W.] v.: Mittheilungen aus dem chemischen Laboratorium der geognostischen Abtheilung des königl. Oberbergamtes nach Analysen, ausgeführt von SCHWAGER, erläutert von Dr. von GÜMBEL. – Geognost. Jh., **7**: 57–94; Cassel.
[Inkl. 109 Analysen verschiedener Wässer und Gesteine]

1896 Vorläufige Mittheilung über Flyschalgen. – N. Jb. Miner. Geol. Palaeont., **1896**: 227–232; Stuttgart.

1896 Das Vorkommen und der Bergbau tertiärer Pechkohle im Wirtatobel bei Bregenz. – Oesterr. Z. Berg- u. Hüttenwesen, **44**: 1–6; Taf. VI; Wien.

1896 Neuere Aufschlüsse in dem Pfälzisch-Saarbrücker Steinkohlengebirge auf bayerischem Gebiete. – Z. prakt. Geol.; **1**: 169–174; Berlin.

1896 Ueber die Grünerde vom Monte Baldo. (Grünerde von Verona, Terra Verde di Brentonico, Seladonit Glockers z.Th.). – Sitz.-Ber. kgl. bayer. Akad. Wiss., math.-phys. Cl., XXVI: 545–604; München. [mit Beitr. v. REIS, O.; SCHWAGER, A.; PFAFF, F.W.]

1896 Geologische Übersichtskarte von Bayern und den angrenzenden Ländern. – 1:1 000 000; München (Piloty & Loehle).

1897 Kurze Erläuterungen zu dem Blatte Speyer (No. XVIII) der Geognostischen Karte des Königreichs Bayern. – 77 S. + 1 GK 1:100 000; Cassel.

1898 & AMMON, L. v.: Das Isarprofil durch die Molasseschichten nördlich von Tölz. – Geognost. Jh., **10** (1897): 1–23, 6 Abb; München.

1898 Ueber die in den letzten Jahren in Bayern wahrgenommenen Erdbeben. – Sitz.-Ber. kgl. bayer. Akad. Wiss., math.-phys. Cl., XXVIII: 3-18; München.

1898 Bestimmungen von Gesteinen aus Togo. – In: SEEFRIED, X.: Beitrag zu Geologie des Schutzgebietes Togo. – Danckelmanns Mitth. Forschungsreisenden Dt. Schutzgeb. **XI** (4); 227–235; Berlin(Asher).

Wahlspruch Gümbels:

Wir klopfen drauf und dran,
Bis uns wird aufgetan

Aufschrift seiner Urnensäule:

»*Te saxa loquuntur*« –
Von dir sprechen die Steine!

Zwischen den Jahren 1875–1898 verfasste Gümbel noch 183 Beiträge zur Allgemeinen Deutschen Biographie.

Verzeichnis der Beiträge Gümbels für die Allgemeine Deutsche Biographie (1875–1898)

Agricola, Georg
Anker, Math. Jos.

Bach, Karl Phil. Heinr.
Baier, Joh. Jak.
Ballenstedt, Joh. Gg. J.
Baumer, Joh. Wilh.
Becher, Joh. Phil.
Beringer, Joh. Barth. A.
Beroldingen, Fr. Cölest. v.
Bischof, Karl Gustav
Braun, Karl Frdr. Wilh.
Breithaupt, Joh. Frdr. Aug.
Bronn, Heinr. Gg.
Buch, Leop. v.
Burkart, Herm. Jos.

Cancrin, Franz, Ludw. v.
Carnall, Rud. v.
Charpentier, Joh. Frdr. Wilh. v.
Charpentier, Joh. v.
Corda, Aug. Jos.
Cramer, Joh. Andr.
Cžižek, Joh. Bapt.

Delius, Chrstph. Traugott
Dieffenbach, Ernst

Ebel, Joh. Gottfr. v.
Emmerling, Ludw. A.
Engelhard, Moritz v.
Erker, Lazar.
Escher, v. d. Linth, Arnold
Eschwege, Wilh. Ludwig v.
Esper, Joh. Friedr.

Ferber, Joh. Jak.
Fiedler, Karl. Gust.
Fischer-Ooster, K. v.
Fischer v. Waldheim, Gotthelf.
Flurl, Matth. v.
Fötterle, Franz
Freiesleben, Joh. Karl
Fromherz, Karl
Fuchs, Joh. Nep. v.
Fuchs, Wilh.
Füchsel, G. Christ.

Geier, Joh. Daniel
Gellert, Christ. Ehregott
Gerhard, Karl Abraham
Germar, Ernst Frdr.
Giesecke, Karl Ludw. v.
Gläser, Friedr. Gottlob
Glenck, K. Chr. Frdr.

Glocker, E. Fr.
Grailich, Wilh. Jos.
Greßly, Amanz
Gruner, Gottl. Siegm.
Gumprecht, Thadd. Edw.
Gutberlet, Wilh. K. J.
Gutbier, Chr. Aug.
Gümbel, Theodor

Haidinger, Karl
Haidinger, Wilh. v.
Hasse, Traug. Leber.
Hausmann, J. Fr. L.
Heim, Joh. Ludw.
Henkel, Joh. Frdr.
Herder, Sig. Aug. W. v.
Hermann, B. Fr. Joh.
Herwig, Engelh.
Hessel, Joh. Fr. Chrstn.
Hessenberg, Frdr.
Hingenau, Otto Bernh. Frh. v.
Hoffmann, Chrstn. Aug. Siegfr.
Hoffmann, Frdr.
Hohenegger, L.
Hollunder, Chr. F.
Hugi, Franz, J.

Jäger, G. Frdr. v.
Jasche, Chr. Fr.
Jugel, Joh. Gottfr.
Jugler, Friedr. Ludw. Ch.
Junge, Karl Aug.

Kapf, Gg. Friedr.
Karsten, Dietr. Ludw. Gust.
Karsten, Hermann
Karsten, Karl Joh. Bernh.
Kaup, Joh. Jak.
Keferstein, Christ.
Kenntmann, Joh.
Kiesling, Joh. Gotth.
Knorr, Gg. Wolfg.
Koch, Karl Jac. Wilh.
Köchlin-Schlumberger, Jos.
Kudernatsch, Joh.
Kurr, Joh. Gottl. v.

Landgrebe, Georg
Lange, Joh. Joach.
Lange, Karl, Nicol.
Langer, Joh. Heinr.
Langsdorf, Joh. Wilh.
Lasius, Georg Sigm. Otto
Lehmann, Ernst Joh. Traug.
Lehmann, Joh. Gottlob

Lempe, Joh. Frdr.
Lenz, Joh. Georg
Leonhard, Gustav
Leonhard, Karl, Caesar v.
Leydolt, Franz
Liebener, v. Monte Christallo Leonh.
Lill von Lilienbach, Karl
Linbrunn, Joh. Georg Domin. v.
Lommer, Ch. Hieron.
Lottner, Heinr.
Ludwig, Rud. Aug.
Lupin, Frdr. Frhr. v.

Mandelsloh, Graf. Frdr. v.
Merian, Peter
Meyer, Chr. E. H.
Mohs, Friedrich
Moll, Karla Maria Ehrenbert Frhr. v.
Morlot, Chr. Adolf v.
Müller, Franz Joseph
Müller, Franz Joseph Freiherr v. Reichenstein
Münster, Graf Gg. v.
Mylius, Gottl. Frdr.

Naumann, K. Frdr.
Nidda, Otto Ludw. Krug v.
Nöggerath, Johann Jacob
Nose, Karl Wilhelm

Oppel, Albert
Otto, Ernst v.
Oeynhausen, Karl v.

Partsch, Paul Maria
Peters, Karl Ferd.
Pfaff, Alexius Burkh. Imman. Frdr.

Raumer, K. Gg. v.
Reuß, Aug. Eman. v.
Reuß, Franz, Ambrosius
Ribbentrop, Heinr. Gottl.
Richter, Reinhard
Riepl, Frz. Xaver
Ripking, Berendt
Ritter, Albrecht
Rittinger, Peter v.
Roehl, Ernst, K. v.
Rolle, Frdr.
Römer, Friedr. Adolf
Rose, Gustav
Rosthorn, Franz v.

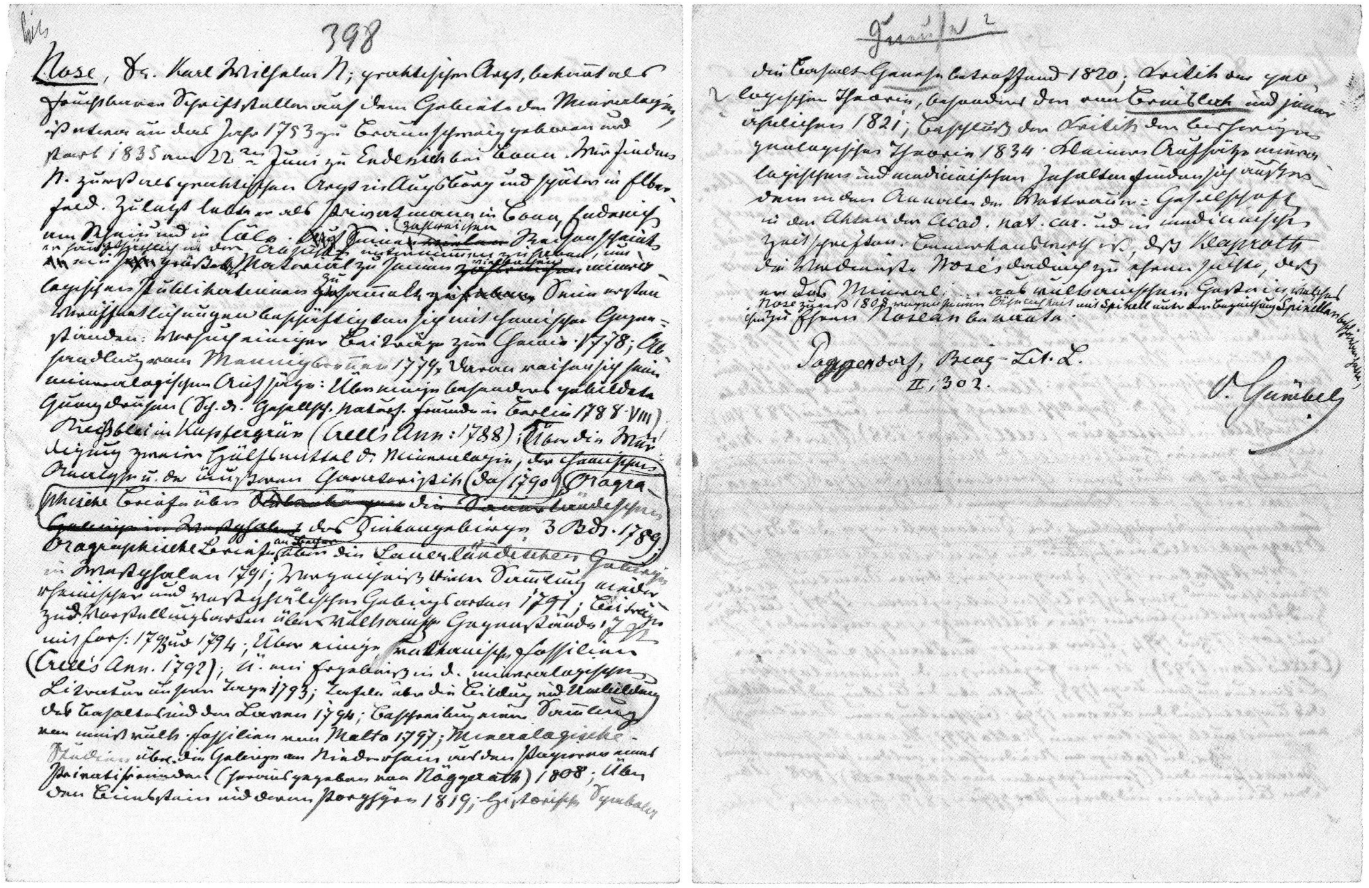

Rumpf, L.
Ruprecht, Anton v.
Russegger, Jos.

Sadebeck, Alex
Sandberger, Guido
Sartorius v. Waltersh, Wolfg. Frhr.
Schimper, Phil. Wilh.
Schlönbach, Urban
Schlotheim, E. Fr. v.
Schmid, E. E.
Schmieder, Karl Chrstph.
Seebach, Karl Albert Ludw. v.
Sternberg, Kasp. Maria Graf v.
Stifft, Chr. Ernst

Stoliczka, Ferd.
Studer, Bernhard

Theobald, Gottfr. Ludw.
Trebra, Frdr. Wilh. H. v.

Ullmann, Joh. Chrstph. U.
Unger, Franz

Veltheim, Aug. Ferd.Graf v.
Veltheim, Franz Wilh. W. v.
Vogelsang, Herm.
Voigt, Joh. K. Wilh.
Voith, Ignaz v.

Walchner, Friedr. Aug.
Websky, Chrstn. Frdr. Martin
Wehrle, Alois
Weisbach, Albin Jul.
Weiss, Christ. Ernst
Weiss, Christ. Sam.
Werner, Abrah. Gottl.
Westfeld, Chr. Fr. G.
Winkler, Georg Gustav
Wolf, Heinr. Wilh.
Wiser, Dav. Frdr.
Woltersdorf, Joh. Luc.

Abb. 1. Originalmanuskript Carl Wilhelm von Gümbels über Karl Wilhelm Nose für die Allgemeine Deutsche Biographie.

Index

A

Abdampfherd 177
Abdampfraum 182
Abgabepreis 106
Abrechnungen 54
Acetabularia 139
Achate 57, 184
Actinoporella 142
Adelsmatrikel 63, 82
Afrika 191
Agassitz, Louis 20
Agricola, Georg 136, 185
Akademiemitglied 183
Aktinocyclina 136
Aktualitätsprinzip 151, 160
Albert von Belgien, König 68
Alberti, Friedrich von 80, 119
Albisheim 10
Alfred-Krupp-Denkmal 65
Algäuer Alpen 189
Algen 132, 185
Algenvorkommen 192
Allenstein (Ostpreußen) 52, 80
Allgäu 33, 34
Allgemeine Deutsche Biographie 185, 193
Alpen 33, 35
    bayerische 55
        geognostische Ausflugskarte 125
        geognostische Untersuchung 33, 34
Alpengebirge, bayerisches 41
Alpenkarte, Meyersche 16
Alpenuntersuchung 33
Alpenverein 62
Alpine Trias 143
Alpiner Muschelkalk 143
Amberg 37, 65, 97, 101, 113, 190
    Gümbelstraße 65
Amberger Eisenerzformation 193
Ameisenarbeit 30
Amerika 13, 41
Ammon, Johann Georg Friedrich Ludwig von, Dr. 7, 9, 41-43, 72, 88, 90, 91, 128, 143, 183
Ammoniten 185
Analysen 176, 178-180
Analysenergebnisse 176
Analysenwaage 176
Andrian, Freiherr von 97
Annweiler 14, 52, 69, 70
Ansbach 192

Apennin 66, 132
Aragonit 132, 134
Archaeolithothamnium 131
Archäologie 57
Arco, Ludwig, Graf von 112
Aschaffenburg, Forstschule 14
Aschenregen, skandinavischer 189
Asenturm 67
Asterocyclina 136
    priabonensis 136
    stella 136
Atlasblätter 102, 104, 106, 113
Ätna 191
Atzbach (b. Wetzlar) 10
Aufschlussansichten 168
Augsburg 62, 97

B

Bach, Heinrich 121
Bad Ragaz 16
Badenweiler 20
Bahlingen (b. Freiburg) 70
Baier 185
Baiershof 56
Balbier, Josephine 51, 52
Baldinaire, Anna Barbara 12, **13**
Baldiron-Sole 176
Ballotage 61
Bamberg 29, 57, 96, 97, 99, 114, 187, 192
    Naturalien-Kabinett 97
    Naturaliensammlung 29
Barmen 68
Barre, Albert 59
Barth, Dr. 109, 111
    Afrikareise 109
Baugrundgutachten 56, 185
Baumer, Albrecht von 88, 90
Bayberger, F. 128
Bayerische Akademie der Wissenschaften 17, 24, 26, 60, 61, 68, 70, 122, 145, 184, 185
    Mineralienkabinett 93
    Mitglied 36
    Präsident 16
Bayerische Ständeversammlung 27
Bayerische Versicherungsbank 50
Bayerischer Wald 55, 122, 125, 161, 162, 165, 166, 168, 169, 172, 173, 186
    geognostische Übersichtskarte 57
    Landschaftsdarstellungen 37

bayerisches Urtier 148, 149
Bayerisches Waldgebirge, geognostische Karte 121, 170
Bayern
    geognostische Durchforschung 190
        Antrag zur 26
    geognostische Karte 32, 98, 106
    geognostische Landesaufnahme, Beginn 29
    geognostische Übersichtskarte 18, 32, 36, 109, 113, 120
    geologische Karte 119
    geologische Übersichtskarten des Königreichs 119
    geologische Uebersichtskarte, handkoloriert 113
    hydrographische Karte 18
    Terrainkarte 31
    topographischer Atlas 104
Bayreuth 95-97
    Kreis-Naturalien-Kabinett 95-98
Bayreuther Sandstein 187
Beaumont, Elie de 112
Beckler 88, 90
Beczkó (Ungarn) 47
Belemnitellen 188
Belemnites 143, 188
Bellenhofen 19
Benediktenwand 23
Berchtesgaden 27, 39, 40, 176, 177, 186, 192
Berchtesgadener Alpen 121
Berg- und Hüttenämter 28, 97, 98, 99, 113
Bergamasker Alpen 191
Bergämter 37, 97, 113, 176, 178, 180, 181
Bergbaukunde 16
Bergen 97, 98, 99
    Maximilianshütte 37
Bergün 193
Bergzabern (Pfalz) 52
Beringer 185
Berlin 17, 20, 23, 41, 42, 62, 68, 114
    Botanischer Garten, Direktor 20
Bernatz, J. M. 108, 109, 111
Berneck 190
Berner Oberland 191
Bernstein 56
Beyrich, A. H. Ernst 41, 114
Bezold, A., Bergmeister 94, 97, 112

Biebel, Kriegs-Commissär 23
Bierbrauereigeschäft 13
Bilin und Teplitz, geognostische Karte der Umgebung 114
Billing, Ludwig 88, 90
Biographien 57, 194-195
Bischoff, Prof. 61
Bismarckdenkmal 65
Bitsch 15
    Apotheke 15
Bleibergwerk (Höllental) 23
Bleistiftzeichnungen 166, 167
Blum, Johann Reinhard, Dr. **20**, 21, 100
Blutenburgstraße 65
Bobenthal 13
Bodenmais 50, 97, 98, 157, 159, 160, 161, 162, 163, 164, 176
    Gottes Gabe, Grube 159
Bodenschätze, nutzbare 29
Bodensee 19, 34
Bodenwöhr 28, 98
Böhm, G. 132
Böhmen, Reise nach 37
Böhmerwald 122
Böhmische Masse 165
Böhmischer Pfahl 165
Bonn 23, 28, 41, 62, 110
Bonndorf 19
Boos, Philipp Heinrich 12
Bormio 39, 184, 192
Borscht, Wilhelm von **64**, 84
Bosch, Bertha 37
Böse, E. 129
Botanik 16
Brackenheim 14
Brady 147
Brandholz 176
Brandtner Riegel 157
Brasilien 17
Braun, Heinrich Alexander **20**
Braunkohlen 187
Braunkohlenbildung 192
Bräuwastel 18
Bregenz 193
Bregenzer Wald 98
Brenner 184
Brennerbad 39, 193
Brentonico 132, 193
Brom 176, 177
Bromgehalt 176
Bronn 36, 100, 185
Bronn, Heinrich Georg, Dr. 20, **21**, 36, 100, 124, 131, 184, 185
Bronzefunde 57

Bruch, Philipp **15**, 73, 185
Bryologia europaea 15
Bryologie 15
Bryozoen 141
Buch, Christian Leopold von **17**, 20, 76, 112, 113, 119
    Hexenstich 17
Buchbinderhandwerk 13
Buchner 16
Budapest 140
Buhl, Ludwig, Dr. 60
Bundespräsident **14**, 69
Buntsandstein 121
Burggrub 96
Buttermühle 154

C

Calcit 134
Carpenter, W. B. 145, 146, 147, 148
Cassianer Schichten 133
Ceratobuliminidae 134
Chaetetes 140
    annulata 139
Chalcedonmandeln 191
Chemie 16, 17, 177
Chemiker 179
chemische Analytik 175
chemische Untersuchung 178, 180
Chiloguembelina 133
Cholera 125
Choleraepidemie 57
Clark, W. B. 129
Clessin, S. 128
Clymenien 132, 185, 187
Coccolithen 131, 143, 188, 189
Comatula 143, 188
Comer See 191
Conchylien 187
Conodictyum bursiforme 141, 189
Coquand, Henri 80
Corallinaceae 131
Cordieritgneisgebiet 164
Cotta, Bernhard von 35, 61, 114, 122, 124
Cotta, J. G. (Buchhandlung) 106
Credner, Hermann 41
Crinoiden 139
Crock 187
Cushman, J. A. 134

D

d'Halloy, Omalius 94
Dachelmoos 186
Dachsteinbivalve 132, 187
Dachsteinkalk 132
Dactylopora 140, 143, 189
Dactyloporoideen 189
Dannenfels 10, 11, 13, 18, 22, 65, 67, 76, 91, 113
    Dorfschule 14
    Kirchenbuch (Taufbuch) der Gemeinde 13
Daßdorf 12

Dasycladaceen 139, 140, 142
Dasycladales 142
Daubrée, Gabriel Auguste 80
Dawson, J. W. 145, 146, 147
Dechen, Ernst Heinrich Carl von, Dr. **23**, 24, 36, 41, 80, 110, 124
Deckentektonik 124
Deggendorf 112, 122
Deisenhofen 58
Deshayes, Gérard Paul 80
Deutsch-Französischer Krieg 40
Deutschland
    geognostische Karte 113, 119
    geognostische Übersichtskarte 121
Diabas 44, 153, 154
Diatomeen 185, 186
Dichroitgneis 154
Dicyclinidae 133
Dinkelsbühl 26
Diplopora 140, 142
    annulata 139, 141, 142
    nodosa 141
Diploporen 142
Discocyclina 136
    applanata 136
    aspera 136
    nummulitica 136
    tenuicostata 136
    variecostata 136
Dittmar, Alphons von, Dr. 88, 90
Doelter, Cornelius 41
Doktor honoris causa 59
Doktorgrad ehrenhalber 36
Dolomiten 139
Donau 30, 101
Donaugneis 147
Donauleiten 56
Donaurandbruch 165
Donauwörth 17
Donnersberg 11, 13, 14, 18, 23, 24, 74, 76, 185
Dresden 62, 146
Druckkosten 30
Dünnschliffe 131, 141, 156
Dünnschliff-Methode 143
Dünnschliffuntersuchung 152
Dyck, C. von, Eisenbahn-Direktor 46
Dyck, Clotilde 46
Dyck, W., Dr. 46

E

Echinodermen 133
Egger, Joseph Georg, Dr. 66, 133, 192, 193
Ehrenbürger 79, 185
Ehrenbürgerrecht 111
Ehrenbürgertafeln 64
Ehrenbürgerurkunde 64
Ehrenprofessor 36
Ehrhardt, von, Dr. 64

Eichner, Franz 88, 90
Eichstätt, Mineraliensammlung 93
Eisenerz 34, 190, 193
Eisenerzbergbau 37
Eiszeit 16, 28, 57, 128, 189
Elie de Beaumont, Jean Baptiste Armand Louise Léon 80
Elmen 191
Emmrich, H. 122
Ems 39, 191
Engadin 192
Engelhardt 146
Engelhardt, Katharina Elisabeth 12, **13**
England 112
Enhydros 184, 191
Enkelkinder 52, 53
Eorupertia 134
    cristata 134, 135
Eozän 133, 134, 184
Eozoon 145, 146, 147, 148, 149, 185, 188, 190
    bavaricum 145, 147, 148, 149, 150
    canadense 145, 146, 147, 148, 149
    Diskussion 150
    Struktur 150
Epidiorit 153
Erbendorf 56, 186
Erdbeben 57, 184, 189, 190, 192, 193
Erdöl 57
Erdpfeiler 189
Erdpyramiden 57
Erlangen 14, 17, 28, 50, 51, 52, 53, 113
Erläuterungsbände 55
Ernennungsurkunde 41, 61
Eruptivgesteine 40
Erz 162, 163
Erzkörper 157
Erzlager 157, 162
Erzmineralparagenese 157
Erzzone 162
Eschenbach 94
Escherich, Hermann 88, 90
Esinokalk 139
Essen 65
Etschtal 189
Euler, Caroline 49
Euler, Markscheider 49, 113
Euosmit 56, 75

F

Faksimile-Nachdruck 7, 67
Fall 23
Familientag 69
Favre, Alphonse 80
Feilitzsch 154
Feldaufnahmen 157
Feuerbestattung 44

Fichtelberg 94, 97, 98, 112, 154
Fichtelgebirge 38, 55, 56, 67, 125, 146, 151, 152, 168, 187
Fichtelgebirge, geognostische Übersichtskarte 29
Finanzmittel 27
Fischer, Heinrich 88, 90
Fischer, Theodor, Verlag 47, 54, 107
Fitting, Theodor 88, 90
Fluoritgänge 172
Flurkarten 9
Flurkatasterblätter 125
Flurl, Mathias von 91, 93, 119, 175
    Mineralienkabinett 91, 175
Flussspath 187
Flysch 121, 132, 184, 191
Flyschalgen 193
Flyschgesteine 132
Foraminiferen 66, 133, 134, 140, 141, 142, 145, 146, 147, 148, 150, 185, 187, 188, 189, 193
Foraminiferenfaunen 133, 188
Forsteinrichtungskarten 35, 102, 125
Förster 14
Forsthaus 13
Forstwissenschaft 14
Fötterle, Franz 35, 102, 122
Fraas, E. 129
Fraas, Oscar 80
Franken, geognostische Aufnahmearbeiten 40
Frankenalb, Kartierung 39
Frankenwald 125, 153
Frankfurt a.M. 52
Fränkische Alb 55
Fränkische Schweiz 133
Frankreich
    geologische Generalkarte 94
    geologische Karte 99
Freiberg 37, 41, 96, 114
    Bergakademie 17
Freiburg i.Br. 20, 49, 50, 52
    Botanischer Garten, Direktor 20
    Universität 20
Fresnoy, du 112
Freudenstadt 51
Frickhinger, Albert 80, 114
Friedhöfe 56, 82
Friedrichshafen (Bodensee) 37
Fuchs, Johann Nepomuk von, Dr. 16, 95, 97, 100, 175
Fulgurite 57, 191
Fünfkirchen 190
Funktionszulage 25
Fürsteneck 38
Fürth 113
Furth 122
Füssen 18, 19
    Gasthaus zur Post 19
Fusulina japonica 133
Fusulinen 133

G

Gailthaler Gebirge 189
Gaisberg 19
Gangdiabas 153, 154
Ganggesteine 151, 152
Gardasee 135, 184, 193
Gardone Riviera 193
Garmisch 23, 35, 42, 53
Garter 147
Gastein 39, 192
Gastrochaena
   annulata 139
   herculea 139
Gaudryina subglabra 134
Geburtsurkunde 9, 10
Gedenktafeln 67
Geheimes Hausarchiv 33
Geinitz, Hanns Bruno 80, 146
Geländeansichten 168
Geländearbeiten 157, 168
Geländeaufnahmen 169
Geländebefunde 160
Gelquarzit 162, 163
General-Bergwerks- und Salinen-
   Administration, Vorstand
   26
Generalkonservator 70
Generalquartiermeisterstab 18,
   31, 106, 122
Geognosie 16
Geognostische Ausflugskarte 41
Geognostische Beschreibung
   Bleistiftzeichnungen 166, 167
   Preis 54, 106
   Versandlisten 55
   Zeichnungen 109
Geognostische Kommission 105
   Auflösung 31
Geognostische Landesuntersu-
   chung, Sammlung 47
Geognostische Sammlung 105
geognostisch-montanistischer
   Verein für Tirol und
   Vorarlberg 99, 114, 121
Geologe, größter 17
Geologenkongress 42
Geologenversammlung 128
Geological Survey 99, 114
Geologische Landesanstalt
   Berlin 58, 72
geologische Landesaufnahme 91,
   93
Geotopschutz 174
geowissenschaftliche Sammlungen
   46, 47
Gerberhandwerk 52
Gerhartsreiter Graben 134, 135
Gerhartsreiter Schichten 133
Gerster, Carl, Dr. 88, 90, 148
Gervillia 17
Gerweck, Bezirksförster 20
Geschichtswissenschaften 52
Gesteinsanalysen 178

Gesteinsklassifizierung 153
Gesteinsnamen 153, 154
Gesteinsuntersuchung 180, 181
Gewehrfabrikant 97, 113
Gewerbsschulen 113
Geyer 129
Gießen 20, 176
Gimbbell 10
Gimbel 10
Gimpel 10
Glärnisch 189
Glasherstellung 172
Glashütten 172, 173
Glashütte, Poschingersche 172
Glasindustrie 173
Glaß, Wilhelm von 88, 90
Glaukonit 146, 185, 191
Glaukonitkörner 147
Gleißental 57
Gletscher 16
Gletschererscheinungen 189
Gletscherschliffe 189
Globigerina 135
Globigerinenmergel 135
Glock, Friedrich 88, 90
Glühofen 177, 181, 182
Glühraum 182
Gmelin
   Agnes 53
   Elisabeth Friederike 50, **51**
   Familie 74
   Hermann 53
   Irene 53
   Martha 53
   Paul 53
   Sibylle, geb. von Horstig 53
Gneisbildung 160
Gneisverband 161
goldene Uhr 49-52
Goldküste 191
Goniatiten 185, 187
Göppingen 51
Gosaumergel 188
Gosauschichten 188
Gotha 31, 32, 35, 36, 44, 54, 106-
   108, 110, 121, 122
Göttingen 17
Götzreuther Schichten 133
Grafenau 172
Grafschaft Iowa 189
Granatserpentinit 44
Granitmarmor 131, 140
Graptolithen 132, 185, 190
Greß, Jakob 88, 90
Grödener Sandstein 190
Gronen, Edmund 107, 115
Gronen, Georg 88, 90
Großforaminiferen 133, 135, 136,
   141
Groth, Paul 41
Grundwasser 190
Grundwasserstand, Karten 128
Grünerde 193
Grüngesteine 185

Grünsand 190
Grünstadt 13
Grünten 186
Gudden, Helmut, Dr. 178
Guembelina 133
Guembelitria 133
Guembelitriella 133
Guembelitrioides 67
Gugenheimer, Moritz 29, 88, 90,
   101
Gümbel
   Adolph 12, **13**
   Albert Heinrich Karl Ludwig
     49, 50, **52**, 80, 83
   Albert, (Enkelsohn) 50, 52, 86
   Amalie Salomea, geb. Mohr
     12, 14, 23
   Anna, geb. Müller 50, 52, 86
   August Wilhelm 12, **14**, 52
   Auguste Adele Friederike 49,
     50, **52**, 80
     Brechdurchfall 52
   Auguste Charlotte Friederike
     52
   Carl Ernst 12, **13**
   Carl Wilhelm siehe Wilhelm
     Carl
   Charlotte, geb. Roos 50
   Christian Ludwig, Dr. **13**
   die Pfälzer 76
   Edmund Julius Josef 50, 52,
     86
   Elisabeth, geb. Gmelin 51, 53
   Emma Caroline Charlotte 49,
     50, 80
   Emma Julie Caroline von, geb.
     Wahl 43, 48-50, 52
     Erkrankung 35, 82
     Tod 85
   Ernestine 12
   Ernestine Sophie 12
   Eugen 50, 51, 53, 84
   Familie
     Chronik 9, 76
     Stammbaum 10
     Wappen 10
   Friederike 12
   Friedrich (ältester Bruder) 12,
     48, 50
   Friedrich Johann 10, 12, **13**
   Friedrich Ludwig 12, **13**, 52,
     53
   Friedrich Wilhelm 12
   Georg Friedrich Christian 12
   Gertrud 12
   Heinrich Carl Christian **13**
   Henriette Karoline 12
   Hermann Heinrich 12, **14**, 51
   Hermine Franziska Emilie
     Margaretha 48-50, **51**, 80
     Taufpaten 51
   Johann 12, **13**
   Johann Christian Friedrich 12
   Johann Georg 12

   Johann Georg Konrad 12
   Johann Valentin **10**, 12, 13
   Johannes **10**, 12
   Johannette Luise 12
   Julie, geb. Jakoby 52
   Justine 12
   Karoline Adele Ottilie Klara
     49, 50, **52**, 69, 80
   Katharina Margarethe 12
   Katharina von, geb. Labroiße
     43, 53, 65, 66, 68, 84
     Nachlassverzeichnis 84
     Stiefkinder 53
     Tod 85
   Lina siehe Karoline
   Ludwig Christian, Dr. 12, **13**,
     48, 52
   Margarete 12
   Margaretha, geb. Obenauer
     51
   Paul 50, 51, 53, 84
   Sophie 53
   Theodor Wilhelm 12, **13-15**,
     16, 17, 23, 69, 75
   Walter 50, 51
   Wilhelm (Enkel) 50, 51, 53, 82,
     84
Gümbel, Wilhelm Carl
   Abiturzeugnis 16, 83
   Abschiedsfeier 18
   Ahnen 10, 12
   Ahnentafel 12
   ärztliches Zeugnis 52
   Assistenten 41, 42, 133
   Auszeichnung 45
   Badeaufenthalt 36
   Badekuren 184
   Berufung nach München 27
   Bezüge 87
   Bibliothek 57
   Blinddarmentzündung 20, 52,
     53
   Darmentzündungen 71
   Dickdarmentzündung 42
   Ehefrau 43, 44, 48, 49
   Eheschließung 48, 53
   Ehrenbürgerrecht 58, 64
   Ehrenbürgerwürde 131
   Ehrendoktorwürde 136
   Ehrungen 58
   Eltern 10, 12
   Enkel 49, 52, 53
   Ernennung 60
     zum Bergmeister 30
     zum Bergrath 36
     zum Honorarprofessor
       36, 45
     zum Oberbergdirektor 41
     zum Oberbergrath 40
   Ernennungsurkunde 60
   Exkursion 46
   Fahrkartenprüfung 70
   Familie 48, 50
   Feldtagebuch 9, 37, 38

Geburt 10
Geburtsakt 10
Geburtshaus 11, 65, 67
Geburtsort 10, 11, 14
Geburtstag, 70. 53, 65, 66
Geburtstag, 72. 66
Geburtstagskarte 66
Geburtsurkunde 9, 10
Gehälter 87
Geschwister 10, 12
Glückwunschkarte 66
goldene Uhr 49-52
Grabmal 43, 44
Grabstätte 44
Großvater 10
Gymnasialzeit 15
Gymnasium 16
Heidelberger Studienzeit 21
Jahreseinkommen 54
Klassenkamerad 48
Krankenlager 52
Krankheit 43
Kur- und Badeaufenthalte 39
Kuraufenthalte 46, 133
Kuren 39
Lebenslauf 16, 17, 44, 59, 85, 86
Lehrbuch der Geologie 46
Lehrtätigkeit 48
Lehrveranstaltungen 45
Leichenfeier 43
Leidenszeit 20
Letztwillige Verfügung 42, 43
Magen- und Darmleiden 20, 39, 43, 48
Magenleiden 36, 72
Markscheiderstelle 25
Mitarbeiter 29, 37, 42, 45, 57, 66, 88, 90, 101, 105, 137, 157, 168, 183
Mitgliedschaft in naturwissenschaftlichen Gesellschaften und Vereinen 88
Molketrinkkur 36
Nachkommen 48, 50
Nottrauung 53
Orden 62-64, 87
Ordensverleihungen 87
Patenenkelkind 50-53
persönlicher Adel 62
Polytechnische Schule, Absolutorium 20
Promotion 59
Promotionsantrag 59
Promotionsurkunde 59, 85
Reisen 46
Remontoiruhr 51
Schüler 183
Schulunterricht 14, 15
Staatsexamen mit Auszeichnung 21
Staatsexamen 21, 100, 131
Staatsexamenszeugnis 21, **22**, 83
Stammtafel 50
Sterbedatum 72
Student der Mineralogie 20
Tagebuch 9, 17, 18, 22, 23, 81, 168
Taufe 13
Testament 69
Todestag, 100. 7, 67
Traubenkur 39
Trauerfeier 43
Trauerzeit 20
Trauung 48
Trauzeugen 48, 53
Trinkkur 42
Unterschrift 30, 72
Urgroßvater 10
Urlaub 36, 42, 53
Urne 44
Urnensäule 44, 137, 193
Vater 10
Verbrennung 42, 44
Verehelichung 52
Verehelichungsdatum 53
Vorlesungen 46
Wandgrabmal 44
Wohnhaus 43
Wohnung 43
Gümbel
    Wilhelm Friedrich Emil (Sohn) 48, 49, **50**, 51, 53, 80
Gümbelia 66, 133
Gümbelina 66, 133
    ruthenica 66
    tasmanica 66
Gümbelit 61, 62, 76, 132
Gümbelites 66
Gümbelitria 66
Gümbelitriella 66
Gümbell 10
Gümbelstag 53, 69
Gümbelstraße 65
Gumpel, Mechel [Michel] 10
Gumppenberg, Freiherr von 96
Günther 49
Gutachten 56, 185
Gutachter 183, 185
Gymbel 10
Gymnasial-Absolutorium 16
Gyroporella 140-142
    aequalis 141
    annulata 142, 143
    curvata 143
    infundibuliformis 141
    pauciforata 143
    podolica 142
    vesiculifera 142, 143
Gyroporellen 142, 143, 189, 191

H

Haadinger, Mechaniker 176
Haeckel, Ernst 80
Haenchen, Pfarrer 53
Hahn
    Christian Gottlieb 13
    Felicitas 13
    O. 147-149
Haidinger, Wilhelm von 34, 114
Haimhausen, Sigismund von, Graf 91
Haindl, Edmund 88, 90
Halle 17, 119
Hallein 27
Hallstätter Kalk 124
Hammer 134
Hanau 20
Hänchen, Emil 51
Hänchen, Franziska 51
Hanus, Wilhelm 48
Hanzawaia cushmani 133
Haselgebirge 121
Hatzenreuth 179
Hauer, Franz von **34**, 35, 36, 40, 41, 79, 80, 102, 110, 121, 122, 124
Haupt, Andreas, Dr. 97, 99, 114, 115
Hauptsalzämter 98, 113
Haushalter, Carl Ludwig, Dr. 88, 90
Haymann 146
Hedderich, Martin 12
Heidelandschaft 168
Heidelberg 13, 20, 21, 40, 100, 112, 131, 183, 184
    Mineraliensammlung 21
    Universität 20, 21
Heilbronn 14
Heimbach, H. 129
Helvetikum 131, 133, 135
Heraclites 66
Herb, Joseph Anton 33, 88, 90
Herde 178
Hermann, Friedrich Benedikt Wilhelm von, Dr. **26**, 28, 30, 31, 33, 34, 44, 74, 100, 105, 106, 108
Hertlingshausen-Wattenheim 13
Heterohelix 133
Heterostegina 136
Heuss, Theodor, Dr. 69, **14**
Hexenstich 17
Hildburghausen 59
Hilfsarbeiter 29
Hilfsgeognosten 29
Himmelwitzer Dolomit 143
Hindelang 192
Hinterriß 23
Hintze, Carl 41
Hochebene 57
    bayerische 55
Hochstätten 14
Hochstetter, Ferdinand von 29, 147
Höchstetter, Julius 33, 88, 90
Hof 96, 154
Hoff, K. E. A. von 151
Hoffmann, Hans 9
Hofmeister, Familie 13
Höfner, v. 20
Hohenaschau 46
Hohenberg (b. Wunsiedel) 147
Hohenheim 61
Höhenmessungen 35, 104
Hohenschwangau 18, 19, 41, 63
Höhenverzeichnis 125
Hohenzollern, Karl von, Prinz 68
Hohl 13
Höhlen 57
    Bayern 191
Hohlstraße 11, 13, 67
Höllenthal 20
Holzschnitte 108
Homburg 13
Homotrematidae 134
Hornung, Joseph 88, 90
Horstig
    Emma von, geb. Gümbel 49
    Ernst Rudolf Karl von, Dr. 50, 81
    Gerhard-Rudolf von 74
    Horst-Eberhard von 50
    Oskar Eugen von 49, **50**, 81
    Rudolf Reinhard von 50, 81
    Sara von 53
    Wilhelm Edmund von 49, 50, **52**, 53, 81
Huber, Bergmeister 94, 112
Hühnerkobel 157
Hünengräber 57, 188
Huronische Formation 145
Hüttenamt 176
Hutton, J. 151
Hydatopyrogenesis 160
Hydrogeologie 41

I

Idstein 13
Illerfeld 93
Illerthal 19
Illit 62
illuminierte geognostische Karte 99
Imbergtobel 192
Immelnsee 44
Ingolstadt 28, 192
Inkelthalerhof 14
Inkohlungsprozess 56
Innsbruck 35, 140
Inntal 189
Irmelsberg 187
Isar 34, 57, 186
Isarprofil 193
Isartal 23, 57
Isoetes lacustris 20
Italien 66

J

Jachenau 23
Jahresetat 27
Jakobsweiler 13
Jakoby, Julie 12, **13**
Japan 133
Japanesisches Porcellan 190
Jarosit 57
Jena 41, 51, 59
    Universität 59, 60, 111, 124, 136
    Universitätsarchiv 59
Jolly 60, 61
Jones 146, 147
Jubiläum, 150-jähriges 7
Juliersäule 190
Jung, Mechaniker 176
Jungtertiär 132
Jura 119, 121, 122, 124, 128, 133, 184
Jurakalk 38
Jurist 13

K

Kaiser 16
Kaiser, Cajetan Georg, Dr. 16, **44**, 45
Kaisergebirge 189
Kaiserslautern 48, 49, 52, 65, 113
Kaiserstuhl 20
Kalkalgen 131
Kalkalpen 121
Kalke 147
Kalklager 145
Kalkspat 132
Kalkstein 150
Kammer der Abgeordneten 26, 100, 115
Kammer der Reichsräthe 27
Kanada 145
Kanarische Inseln 17
Karlsbad 39, 42, 191
Karlsruhe 40, 45
    Polytechnische Schule 20, 45
Karpaten 132
Karreriella subglabra 134
Kartierarbeiten 160
Kartierung 157
Kassel 47, 51, 52, 54, 107
Katasterblatt 101, 179
Katasterkarten 125
Keferstein, Christian 119
Kehlheim 44
Kelheim 101
Kemnath 94
Keratophyr 153, 185
Kerguelen-Insel 191
Kersantit 154
Kesseltal 57
Keuper 124
Kieslagerstätten 164

King 147
Kirchdorf 169
Kirchenbuch 9
Kirchheimbolanden 10, 13
Kirchzarten 20
Kissingen 39, 40, 98, 175, 191
Kistenfeger, Georg 88, 90
Klais 23
Klassenkamerad 48
Kleinforaminiferen 133, 134
Kleinhans, Friederike 12, **14**
Kleinhanß, Johannes 12
Kleinschrod, Carl 94-96, 101, 113, 175
Klingenmünster 13
Knochenbett 187
Knorr, Joseph von **40**, 41, 83
Kobell
    Aegid, Ritter v. 28
    Franz von, Prof. Dr. 16, 17, 24, 27, **28**, 41, 60, 61, 76, 100, 176, 178, 179, 183
Kochsalz 176
Kochsalzerzeugung 176
Koeß, L., Vikar 48
Kohlenbergwerk, Peißenberg 43
Kohlengrube, Mittelbexbach 25
Kohlenvorkommen 56
Kohlerevier 32
    Peißenberg 34
Kölbel, Luise Margarethe 12, **13**
Kommission 33
    der Akademie-Mitglieder 100
    zur naturwissenschaftlichen Untersuchung Bayerns 24
    zur wissenschaftlichen Untersuchung Bayerns 121
Köngen 51
König von Rumänien 68
Königin von Rumänien 68
Königshofen 96
Königshütte 94, 98
Königssee 131, 192
Konstanz 19
Konstanzer Hof 19
Koralle 150
Korbach 50
Korobkov, I. A., Dr. 135
Korobkovella 135
Kramer, Carl 88, 90
Kranzegg 19
Kraut, Julius, Professor 65, 68-70
Kreide 38, 121, 122, 124, 131-133, 184, 185, 191
Kreide-Formation 188
Kreideschichten 188
Kreis-Naturalien-Kabinett 95-98
Krematorium 42-44
Kressenberg 37, 143, 187, 188
Kreuth 17
Kronach 96, 99
Kronprinz 16
Kronprinz von Preußen 68

Kronprinzessin von Preußen 68
Krottensee 187
Krumma (Böhmen) 146
Kulmbach 96, 99
Künkele
    Lina, geb. Gümbel 80
    Philibert (= Philipp Albert) 50, 52, 86
    Philipp 50, **52**, 69, 86
    Theodor, Dr. 52, **69**, 82

L

Laboratorium 175-182
Labroiße
    Angelika, geb. Berna 52
    Katharina 12, 50, **52**, 53, 80, 85
    Wilhelm 52
Ladin 142
Lagergranite 161
Lagerstätte 161-163
Lagerstättengenese 157, 161
Laifle, Engelbert 48, 49
Lam 164
Lamont 99
Lamprophyr 153, 154, 185
Landau 13, 14, 20, 22, 23, 48
    Gewerbeschule 14
Landgerichtsübersichtsblätter 104
Landgerichtsübersichtskarten 31, 106, 125
Landschaftsansichten 166, 168
Landschaftsdarstellungen 168
Landshut 62
Landwirtschaftsschulen 113
Latemarkalk 143
Laubmann, Heinrich 29, 89, 90, 101
Laubmooskunde 15
    europäische 15
Lauenstein 96
Laurentische Gneise 145
Lavezstein 190
Lehrbuch der Geologie 46
Lehrpfad 174
Leipzig 34, 41, 110, 114
    Credit- und Spar-Bank 56
Leithakalk 140
Leitzachtal 41
    geognostische Karte 125
Lenzkirch 20
Leonberg 16
Leonhard, Gustav 21
Leonhard, Karl Cäsar von, Dr. **20**, 21, 23, 93, 94, 100, 112, 131, 184, 185
Lepidocyclina 136
Leppla, August, Dr. **58**, 71, 72, 77, 89, 90
Lethaea geognostica 21
Leucophyr 153
Lias 121, 132
Lichtenfels 96

Liebig, Justus von 60, 61, 177
Lieferungen 47
Limburg 49, 50, 52
Lindau 19, 27
Linth, Arnold Escher von der 35, 102, 122, 124
Lithiotis problematica 132
Lithiotis-Kalke 132
Lithothamnienkalke 131
Lithothamnien-Schuttmergel 134
Lithothamnium 131, 140, 185, 189
    nummuliticum 131
    torulosum 131
Lituolacea 133
Logan, W. E. 145, 146
Lombardei 139
London 42, 62, 111
Loretz, Martin Friedrich Heinrich Hermann, Dr. 41, 89, 90
Löwenberg, Konrad 12
Löwmühl 56
Ludwig I. 28, 95, 97, 175
Ludwig II. 41, 46, 56, 62-64, 79, 185
Ludwigstadt (Frankenwald) 59
Luftröhrenerkrankung 56
Luganer See 191
Luitpold
    Prinz 63
    Prinzregent 62, 64
Lupin, Friedrich Freiherr von 93
Lutz, Martin 98
    Tagebuch 98
Lyell, Sir Charles 80, 146, 151

M

Mährisch-Ostrau 189
Mailand 39
Maisried 164
Malm 141
Malstatt-Burbach 50
Mammersreuth 179
Mandeslohe, Graf von 119
Manganknollen 184, 190
Mangfalltal 41, 57, 58, 111, 185
    Quellen 58
Mannheim 16
Mans, Barbara Elisabetha **10**, 12
Mans, Johannes 10
Markscheiderstelle 25
Marlesreuth 154
Marmoladakalk 139
Marquard, Georg 89, 90
Martius, Carl Friedrich Philipp von, Dr. 14, 16, **17**, 60, 61, 99
Mathildenzeche 42
Maxen 146, 188
Maximilian I. Joseph 28, 93
Maximilian II. 16, 27, 28, 32, 34, 36, 98, 100, 110, 121
Maximilianshütte, Bergen 37

Maximilians-Orden für Wissenschaft und Kunst   63, 64, 83, 87
Mayer, Alois   65
Mayer, Karl   80
Mayr, Georg   89, 90
Medaille   32, 37, 58-60, 111
   silberne   36, 37, 58
Meeresgrund   189
Meeresgrundablagerungen   192
Meeresgrundproben   191
Megafossilien   132
Megalodon triquetra   187
Megalodonten   132
Megalodus   132
Meinel, Wilhelm   89, 90
Meinhold, Christian   95, 98, 175
Mendelgebirge   189
Menges, Joseph Wilhelm   **65**
Merk, Philippine   12
Merz, Heinrich   10
Merz, Valentin   10
Mesophyllum   131
Mespelbrunn (Spessart)   10
Metabasite   122
Metamorphose   160, 161
Meteoriten   57
Mexiko   133
Meyer, Hermann   89, 90
Michelbach   50
Michelsberg (Böhmen)   56
Miesbach   190
Mikrofossilien   185
Mikropaläontologie   131, 132
Mikroskop   56
Mineralien- und Gesteinssammlung   93, 175
Mineralkohlen   191
Mineralogie   16, 17
Mineralogie-Vorlesung   17
Mineralquellen   193
Minette   154
Mittelbexbach, Kohlengrube   25
Mohr, Amalie Salomea   12, **14**, 23
Mojsisovics Edler von Mojsvár, Johann August Georg   80
Molasse   131, 186
Mollusken-Schalen   132, 191
Mont-Blanc   188
Monte Baldo   132, 133, 193
Monte Brione   135
Montgelas, Freiherr von   93
Moosbach   166, 171, 172
Moose   15, 17
Mooser, Martin   65, 82
Moosflora   14
Mori   132
Morlot, A. von   114
Morphilius, Philippine   12
Mühlthal   58
Müller, Anna   50, 52, 86
Müller, Friedrich   51, 68
Münchberg   187
Münchberger Masse   56

München   14, 16-18, 20-23, 26-29, 40, 41, 49-52, 54, 55, 58, 61, 62, 65, 69, 70, 91, 97, 98, 100, 106, 113, 131, 140, 175, 183
   Alter Nördlicher Friedhof   43, 44, 52, 80, 137
   Amalienstraße   53
   Arcisstraße   137
   Bayerisches Geologisches Landesamt, Sammlung   47, 54, 57, 178
   Bergamt   178, 180, 181
   Bezirksbergamt   37
   bierbegeistertes   23
   Botanischer Garten, Direktor   17
   Gabelsbergerstraße   43, 52, 53
   geognostische Sammlung   25
   geologische Staatssammlung   28
   Glaspalast   32, 58
   Graphische Sammlung   66
   Gümbelstraße   65
   Gymnasium   52
   Hauptbahnhof   41
   Krankenhaus links der Isar   53
   Landshuter Allee   65
   Ludwigstraße   96, 113
   Luisenstraße   43
   Marienplatz   64
   Maximilians-Universität   111
   Mineralogische Staatssammlung   28, 67
   Museum Reich der Kristalle   67
   Neuhausen   65
   Nymphenburger Straße   65
   Oberbergamt   29
   Paläontologische Staatssammlung   28
   Paläontologisches Museum   134
   Pasing   51, 53
   Polytechnische Hochschule   184
   Polytechnische Schule   18, 37, 46
   Polytechnische Schule, mineralogische Sammlung   46
   Porzellanmanufaktur Nymphenburg   28
   Reichsarchiv   52
   Schellingstraße   49, 68
   Staatssammlung für Paläontologie und historische Geologie   67, 134
   Stadtarchiv   68
   Stadtmuseum   65
   Technische Hochschule   46
      mineralogische Sammlung, Konservator   37, 44
      mineralogisch-geognostische Sammlung   46

   Sammlung   39, 46
   Technische Universität   37
      Sammlungen   54
   Universität   16, 17, 20, 24, 26, 28, 36, 44, 45, 121, 184
   Universitätsbibliothek   47
   Wasserversorgung   41, 57, 58, 64, 65, 78, 111, 128, 190
   Zieblandstraße   44
Mundartdichtung   28
Münster, Graf von   95
Murchison   146
Murnau   23
Muschelkalk   121
Muscheln   185
Museum   67
Mutterlauge   176

N

Nachdruck   91
Nachlassverzeichnis   84
Nadeldiorit   152
Nägeli, Prof.   61
nährstoffarme Standorte   168
Naila   154
Nannoplankton   131, 135
Nassau-Weilburg, Grafen von   10
Naturalienkabinett   97, 115
Naturdenkmal   165
Naturdenkmal Pfahl   174
Naturdrucke   152
Naturhistorische Vereine   62
Naturschutz   174
Naturselbstdruck   151-155, 185, 188
Naturwissenschaftlich-technische Kommission   27
Naumann, Carl Friedrich   34, 36, 61, 80, 110, **114**, 124
Naumann, Edmund Heinrich, Dr.   89, 90
Nemkovella
   strophiolata strophiolata   136
   strophiolata tenella   136
neoneptunistisches Genesemodell   172
Nepotismus   33
neptunistisch   160
Nereitenschichten   189
Neubeuern (a. Inn)   134, 140
Neuburg a. d. D.   37
Neues Jahrbuch für Mineralogie, Geognosie, Geologie und Petrefaktenkunde   20
Neukirchen   134
Neumann, Joseph   68, 69
Neumarkt   192
Neumayer, Franz   49
Neumayr, Melchior, Dr.   41, 80, 89, 90
Neuschwanstein   185
Neustadt a. d. Haardt   53
Niederauerbach   13

Niederflörsheim   14
Niederlande, geologische Generalkarte   94
Nies, Friedrich   80
Nordhalben   61, 96
Nördlingen   192
Nördlinger Ries   40
Nordsee   191
Nothhaas, Leopold   89, 90
Nottrauung   53
Nullipora   139
   annulata   139, 140, 143, 188
Nulliporen   40, 131, 140, 142, 143, 189
Nulliporenkalk   188
Nummulina   189
Nummuliten   191
Nummulitenschichten   143, 188, 192
Nummulites   133, 136
Nürnberg   28, 52, 113
Nymphaea   20

O

Obenauer, Margaretha   12, **14**
Oberappelations-Gericht   28
Oberau   23
Oberbayern   191
   Uebersichtskarte   128
Oberbergamt   40-42
   Bonn   23
   Gründung   40
   München   29
Oberinnthaler Kreis, Geognostische Uibersichts-Karte   114
Obernzell (b. Passau)   147, 149
Oberpfalz   37, 187
Oberpfälzer Wald   55, 122, 125, 168
Ochsenkopf   67, 154
Oebbeke, Konrad, Dr.   46, 89, 90
Ohbruck   38
Ohlstadt   23
Olsztyn (Polen)   52
Oolithbildung   189
Operculina   136
Ophicalcit   146, 147, 151
Oppel, Anna   52
Oppel, Albert Karl, Dr.   52, 60, **61**, 76, 80, 122, 184, 185
Orb   98
Orbiculites circumvulvata   133
Orbitoclypeus multiplicatus   136
Orbitoides   136
Orbitopsella praecursor   133
Orbitulites   189
   praecursor   133
Orden der Württembergischen Krone   64, 83, 87
Ortho-Gneis   161
Ortlergebirge   192
Osangularia mexica   133

Urkalklagen 145, 147
Uruguay 184, 191
Utrecht 14

V

Vaihingen / Enz 51
Varignano 135
Variolit 190
Vaterländisch-geognostische Sammlung 96
Venedig 39
Verdienstorden
    der Bayerischen Krone 27, 40, 62, 63, 83, 87
    vom heiligen Michael 28, 62, 63, 83, 87
Verein für Feuerbestattung 43
Vergletscherung 128
Verlagsvertrag (mit Justus Perthes) 31
Verona 39, 193
Versammlung der Deutschen geologischen Gesellschaft 41
Versandlisten 55
versteinerte Kuhtritte 132
Victoriellinae 134
Viechtach 166-172, 174
Viehbetrieb 33
Villiers, Brochant de 112
Vilseck 187
Vilser-Kalk 188
Vitriolhütte 160, 163
Vogel, von 60
Voit, Bau-Assistent 181
Voit, Carl von 9, 58
Voith, Ignaz von 97, 113, 122
Voltzia heterophylla 187
Vorarlberg 34, 99, 102, 114
Vorderriß 23
Vulkanausbrüche 184
Vulkane 57
Vulkanische Asche 191
vulkanisch-exhalativ 162

W

Waage 176
Waagen, Wilhelm, Dr. 89, 90
Wagenbreth, Wilhelm 65
Wagner
    Franz Michael von 96, 97
    Andreas Johann, Prof. Dr. 16, 24, 27, **28**, 99, 100, 131, 183
    Leopold 89, 90
Wahl
    Adele 52
    Clara 52
    Emil, Gymnasialprofessor 49
    Emil, Oberleutnant 48, 50
    Emma Julie Caroline 12, 48-50, 81
    Lina 50
    Otto 52
Waldhaus 122
Waldsassen 101
Wallerstein 56
Wallgau 23
Waltl, Prof. 122
Wappen 63
warme Quellen 192, 193
Wasserbedarf 58
Wasserentnahme 57
Wasserleitung 57
Wasserversorgungsangelegenheiten 42
Weggang, Juliane 12, **13**
Weiherhammer 94
Weilheim 18
Weiß, Joseph Friedrich 112
Weißenburg (Elsass) 15
Weißenstein 166, 168, 169, 172
Weltausstellung
    London 58, 60, 111
    Paris 36, 37, 58, 59, 190
    Philadelphia 41, 58
    Wien 133
Weltrich, Appolonius 99
Wendelstein 41, 124, 128, 190
Wendelsteinstock 41
Wenneberg-Lava 189
Werdenfels 98
Werfener Schichten 121
Werner, Abraham Gottlob 17, 96, 151
Wetterling-Berg 143
Wetterling-Kalk 143
Wettersteingebirge 42, 43, 54, 71, 121, 129, 142
    geologische Karte 78
Wettersteinkalk 124, 139, 140, 143
Wiederaufforstung 33
Wien 34, 40, 41, 99, 101, 110, 115, 140-142, 175, 177
    geologische Reichsanstalt 34, 35, 40, 47, 62, 99, 101, 110, 114, 140, 175, 177, 184
    montanistisches Museum 34
Wiener Geologen 66, 111
Wiener Wald 132
Wiener Zollkonferenz 27
Wilgartswiesen 13, 48, 50
Wilting (b. Cham) 166
Wimhof (b. Vilshofen) 149
Wineberger, Ludwig **56**, 57, 114, 121, 122
    Luftröhrenerkrankung 56
Winebergit 57
Winklarn 113
Winkler, G. 122
Winnweiler 13
Winter, Andreas Friedrich 96
Winterbach 13
Winzergneis 165
Winzergranit 165
Winzer-Zone 165
Wirtatobel 193
Wirtelalgen 139, 141, 143
Wittmann, Ernestine 12, **14**
Wittstein, G. C., Dr. 176, 177
Wolf, Joseph Ludwig von 96
Wolfach 20
Wolfstein 14

Wolkenbruch 15
Wölsenberg 187
Wölsendorf 172
Wunsiedel 29, 97, 99, 113, 114, 146, 176
    Sammlung fichtelgebirgischer Mineralien 29
Wurmer, Cölestin 33, 89, 90, 171
Württembergisches Oberbergamt 56
Wurzbacher Schiefer 187
Würzburg 52, 62
Würzburg, Universität 14, 113
Wyon, L. C. 60

Z

Zeche Gottesgab 57
Zeichenlehrer 15
Zeichnungen 109
Zeitler, Kurt, Dr. 66
Zeppelinheim 50
Ziegelhausen (b. Heidelberg) 21
Zirkel, Ferdinand 41
Zittel, Karl Alfred von, Dr. 9, 41, 42, 70, 77, 80, 147, 183, 184, 185
Zoologie 16
Zoologisches Kabinet 28
Zöplitzer Granatserpentinit 44
Zuccarini 16
Zugspitze 71, 139, 186
Zweibrücken 14-16
    Apotheke 15
    Gewerbeschule 14, 15
    Gymnasium 13-15
    lateinische Schule 15
2. Weltkrieg 44
Zwergplankton 131
Zweybrücken, Carl von, Herzog, Mineralienkabinett 93
Zwiesel 56, 122, 164, 172